心 育 研 究 书 系

Focus Interview Studies
on Mental Health Education

心理健康教育
焦点访谈研究

俞国良◎著

北京师范大学出版集团
BEIJING NORMAL UNIVERSITY PUBLISHING GROUP
北京师范大学出版社

实乃至理名言。现在摆在我案头的几部新书稿，即"心育研究"系列，是国良在多年调查研究基础上形成的心理健康教育报告，其最大的亮点在于一切从调研中来，一切从实践中来；其最大的创新在于理论探索和政策研究相统一，调查研究与实验研究相结合。因而，国良在心理健康教育领域是拥有"发言权"的。与此同时，他是教育部高等学校心理健康教育专家指导委员会副秘书长、教育部中小学心理健康教育专家指导委员会秘书长，以及国家卫生健康委员会精神卫生和心理健康专家委员会委员。可以说，他不只拥有"发言权"，他的"发言"还是十分重要的！几部新书稿虽然内容不同，各有侧重，但互相之间交叉渗透，统一于理论与实践的相互促进之中，统一于"立德树人"的教育根本任务之中，统一于社会心理服务体系的建设之中，统一于回应新时代对心理健康教育的期待之中。据我所知，这可能是他就心理健康教育问题的一次集中"发言"。

在研究问题上，他强调学术研究与实践应用相结合。选题是开展研究的前提与基础，心理健康教育研究既存在着学术问题，也存在着实践问题。一方面，我们需要了解心理健康的前因与后果，把握学生心理健康状况发展的一般规律，这属于心理健康教育研究中的学术问题；另一方面，我们需要在实践中预防学生心理行为问题的发生，促进学生心理素质的提高，这属于心理健康教育研究中的实践问题。国良开展的系列研究，既对心理健康教育的学科地位、理论思想、研究趋势、发展路径等一系列问题从学术上予以了回答，也对心理健康教育实践中存在的问题进行了归纳，并提出了能够指导实践的具体对策。按照他的观点，心理健康教育领域的研究是"跨学科的交叉融合式的应用基础研究"，这一属性决定了心理健康教育研究应兼具理论意义与实践关怀。

在研究视角上，他重视宏观视角与微观视角相结合。从我国心理健康教育发展的历史来看，其进步发展依靠的是自上而下的顶层设计和自下而上的实践探索之间的相互作用。国良作为教育部多个心理健康教育政策文件的起草人，能够从宏观的视角把握心理健康教育全局，从政策制定的角度探讨心理健康教育的发展。他的系列研究并不是将心理健康教育作为一个孤立的研究领域，而是在社会心理服务和思想政治教育的框架下，在"立德树人"和"幸福中国"的目标下对心理健康教育进行

序

书桌上放着"老学生"俞国良教授近几年撰著的几部"新书稿",我感慨良多。

一是感慨时间过得真快,弹指一挥间,已有 26 年师生情缘,可是往事历历在目。现在,50 多岁的老学生叩请即将奔"八"的老导师命序,时不我待,于是欣然作序。应该说,俞国良教授是中国心理学界一位有学术造诣、社会影响、责任担当的心理学家。然而,为什么国良能成为这样一位颇有建树的学者呢?我想有三个原因。第一,他曾长期接受心理学的正规教育。他是原杭州大学(现浙江大学)心理系的本科生和研究生,是北京师范大学发展心理研究所的博士研究生。这充分表明了正规专业教育对国良的发展,尤其是对他的创新精神起到了一个奠基作用。第二,他善于纳新。国良于 1993 年 9 月成为我的博士生,因成绩优异而提前答辩。1995年 12 月,北京师范大学授予他博士学位。其中有一年我将他送到美国佐治亚大学进行联合培养。在这一年中,他为博士论文的创新吸收了国外大量的新材料、新文献、新研究,他把这个特点一直贯彻到了现在的研究和他对博士研究生的培养上。第三,他勤奋刻苦。国良是一个在农村长大的孩子,二十多年风风雨雨的求学生涯铸就了他勤奋刻苦的秉性。我清楚记得,他在 1990 年的第一部 31 万字的专著《校园文化导论》的后记中,反复强调自己是一个农民的儿子;在 2000 年 7 月 18 日中央电视台《东方之子》的专访中,他则多次向主持人白岩松阐述勤奋对于成长、成才的重要性。国良就是凭着这种吃苦耐劳的"拼命三郎"精神、严于自律和勤能补拙的正确心态,为日后发展打下了良好基础。

二是感慨无论做人、做事,还是做研究、做学问,"没有调查就没有发言权",

探讨，这种高站位让我们可以"鸟瞰"心理健康教育。另外，他的系列研究也处处体现着自下而上的微观视角，反映着教育一线的实践探索。众所周知，当前国内高校都十分重视的"5·25"大学生心理健康节，最初就是由北京师范大学率先发起的，并将这一先进经验扩展到了全国。

在研究方法上，他追求理论研究与实证研究相结合。心理健康教育处于教育科学与心理科学的交叉点上，在研究方法上应注重理论研究与实证研究相结合。一方面，心理健康教育的研究应充分吸收心理学、教育学等相关学科的重要理论成果，在对学科发展历史进行回顾的基础上，在与国际心理健康教育发展态势的比较中，厘清心理健康教育与其他学科的关系，探讨心理健康教育的教育理念、发展路径与具体要求；另一方面，心理健康教育研究应综合运用访谈法、测量法、实验法等实证研究技术，收集心理健康教育的一手资料，突出心理健康教育研究的科学性与客观性。国良特别重视实证研究的价值，在全国范围内对学校心理健康教育现状进行了广泛而深入的调研，将大中小学校"一网打尽"，为今后的研究提供了重要参考。

在研究结论上，他将探索普遍规律与特殊规律相结合。个体心理发展是连续性与阶段性的统一，这决定了在对学生进行心理健康教育的过程中，既要重视普遍规律，也要重视特殊规律。毫无疑问，心理健康教育过程存在着普遍的教育规律，这些规律适用于所有群体。但需要注意的是，对于不同的群体来说，心理健康教育规律可能会有所区别，有所侧重。例如，他提出要以人为基本研究对象，以人的发展为研究核心，以现实教育问题为导向，运用心理学的研究方法，坚定地站在教育学的立场上，不断强化心理学与教育学研究范式的有机结合，建立跨学科的交叉融合式研究的新范式；在对学生心理健康的操作性定义进行界定时，他认为，学习、自我、人际、情绪是不同年龄阶段学生心理健康的共同维度，这是心理健康教育需要重视的"普遍规律"。但对于中学生来说，社会适应已成为心理健康的重要内容；相比于初中生，高中生的心理健康教育还包含着生涯规划，这些都是心理健康教育需要强调的"特殊规律"。

我衷心希望，上述研究成果是该研究领域的一个重要标志，更是一架可供攀爬的登山梯。

现在社会上有一句老人不爱听的话，叫作"长江后浪推前浪，前浪死在沙滩上"。作为一个老学者，我却持有迥然不同的理念。我的教育理念是：培养出超越自己、值得自己崇拜的学生！我希望我的学生"打倒"导师、超越导师；我也希望我学生的学生"打倒"我的学生、超越我的学生，形成"长江后浪推前浪，一浪更比一浪高"的局面。这样，我们国家的兴旺发达、中华民族的繁荣富强才有希望！因此，国良的研究成果足以说明，我相当一批弟子已经远远地超过了我。我十分欣赏这样的一句口头禅——"长江后浪推前浪，东流前浪捧腹笑"，愿与知我者共勉。同时，这也是一个老学者治学心路的真实写照！

是为序。

林崇德

于北京师范大学

2019 年 9 月

自 序

————

这是"心育研究书系"之《心理健康教育焦点访谈研究》。

《焦点访谈》是中央电视台 1994 年推出的访谈类节目。这里借用此词,旨在记录我从 2000 年至今所接受的全国各类媒体记者的访谈,真实地反映我个人对心理健康教育研究"焦点""热点"问题的看法与认识,留此存档,也可作为我国心理健康教育事业蓬勃发展的一个佐证。

大约 2000 年前后,我尚在北京师范大学、中央教育科学研究所(现中国教育科学研究院)工作时,当时除忙碌、繁重的行政和教学科研任务外,多次受教育部委托从事全国中小学、中职学校心理健康教育调研和政策编制工作,以及到中国人民大学后的全国高等学校心理健康教育调研和政策编制工作经历,终使我痛下决心,逐步放弃原来的社会心理学、发展与教育心理学等研究领域,专注于心理健康教育研究,聚焦"心育研究"。经过近 20 年的不懈努力与辛勤耕耘,已略有斩获:除一些教材、著述外,媒体访谈算是一个副产品。

如何更有逻辑地梳理这些媒体访谈?这个问题实实在在难住了我。几经思虑,遂决定以访谈时间为"纵坐标"、访谈内容为"横坐标",进行整理、归类。

从时间跨度上看,心理健康教育随着我国改革开放进入大众视野,并由研究与实践推动,逐步融入国家教育政策体系中,在进程上历经孕育与初创、探索与规范、深化与全面发展三个阶段。

第一阶段:心理健康教育的孕育与初创期(1978—1999 年)。这是心理健康教育由萌芽至落地生根的阶段,包括"心理健康教育"名称的确立,心理健康教育逐步进

1

入各级各类学校课堂，以及心理健康教育政策初具雏形。特别是1999年，教育部成立中小学心理健康教育专家咨询委员会，颁布《关于加强中小学心理健康教育的若干意见》，这是该阶段的标志性成果。

第二阶段：心理健康教育的探索与规范期（2000—2010年）。这是心理健康教育初步扎根于社会教育系统之中，内部整合、自成体系的阶段，包括心理健康教育融入社会发展，心理健康教育得到多方发力，以及大中小学、中职学校心理健康教育政策体系初步建立。

第三阶段：心理健康教育的成长与发展期（2011年至今）。这是心理健康教育以独立的面貌在教育系统中茁壮成长、根深叶茂的阶段。在这一时期，心理健康教育的概念、理论与方法不断更新，新的制度规章不断建立，政策体系在完善中创新发展。其标志一是心理健康教育政策逐步向多元化、集约化以及法制化、规范化发展；标志二是心理健康教育逐步向心理健康服务方向发展。特别是党的十九大报告提出加强社会心理服务体系建设，其核心是心理健康服务体系建设；"十四五规划"更是明确指出，"建设高质量教育体系……重视青少年身体素质和心理健康教育""全面推进健康中国建设……重视精神卫生和心理健康""维护社会稳定和安全……健全社会心理服务体系和危机干预机制"。

2000年至今的媒体访谈，大概属于发展进程中的第二、第三阶段，据此谋定为上、下两篇。

在内容安排上，本书包括中小学校心理健康教育研究、高等学校心理健康教育研究、心理健康教育理论政策研究、心理健康教育学科融合研究和心理健康教育前沿问题研究五个方面。

一是"中小学校心理健康教育研究"。对于中小学生而言，在他们的成长和发展过程中，心理健康教育至关重要。首先，我们所做的工作是摸清"家底"。从2014年开始，我们选取我国中部地区两个地级市的城市和农村中小学生为研究对象，对中小学生心理健康教育的现状进行了较为系统的调查研究。在盘清了"家底"后，我们还需要知道"中小学校心理健康教育"的"另一个家底"，即中小学各学段心理健康教育的历史回顾与展望。在此基础上，我们开始编制"分学段中小学生心理健量表"。毫无疑问，中小学生心理健康的结构、特点与影响因素以及量表编制的相关研究，为进一步探索中小学心理健康教育教师在如何培育学生心理健康素养急需的胜任特征与教育能力、工作职责与工作内容、工作程序与工作途径上，奠定了坚实的科学基础。

二是"高等学校心理健康教育研究"。可以说，高等学校既是社会发展的"上风口"，也是社会现实的"风向标"，更是时代精神气质概貌的"浏览器"。据此，我们有的放矢地做了一些工作。第一，2016 年年底，受教育部思想政治工作司和高等学校心理健康教育专家指导委员会委托，主持完成了《高等学校学生心理健康教育指导纲要》编制研究。第二，为了把握高职院校心理健康教育的现状和特点，2016 年年初至 2017 年 6 月，受中国职业技术教育学会德育工作委员会委托，主持完成了"高职院校心理健康教育工作和学生心理健康状况调查"课题研究。第三，为了了解目前普通高校学生、专兼职教师和教育管理者对心理健康教育的认知与评价，我们对全国 7 省市的 11 所普通高校进行了大样本纸质问卷调查。此外，还对不同地区、不同类型高等学校心理健康教育现状进行了比较研究。

三是"心理健康教育理论政策研究"。心理健康教育作为一个新兴的研究领域，不仅需要国家教育政策宏观指导、规范，而且需要教育理论工作者苦心孤诣，以理论思维引路，不断提高"摸着石头过河"的效率和效益，即理论联系实际。第一，心理健康教育一定要提高站位，即站在社会心理服务、社会心理建设的高度上。第二，全面推进和深化心理健康教育工作，必须树立"大心理健康教育观"。第三，心理健康教育随着我国改革开放进入大众视野，并由理论与实践的推动逐步融入国家教育政策体系中。第四，这是我作为教育部相关心理健康教育政策的亲历者、当事者和编制研究者，对此的认识与理解。第五，从心理健康教育研究方法论角度，提出了加强心理科学与教育科学的交叉融合研究，建立心理健康教育学新学科的设想。

四是"心理健康教育学科融合研究"。心理健康问题既有基础研究的属性，又具应用研究的秉性，这决定了心理健康教育应是多学科的研究对象。从心理学、教育学交叉融合研究的历史演变进程看，这种多学科研究范式的形成有一个过程。从心理学、教育学交叉融合研究后形成的丰硕成果看，只要心理健康教育研究需要，无论是心理学的量表法、实验法、统计法，还是教育学的调查法、文献法、历史研究法，都是适合的。毫无疑问，多学科交叉融合视角下的心理健康教育研究，是由时代和社会发展的需要、趋势所决定的，也是由其主干母学科的历史演变所决定的。因此，赋予心理健康教育研究更多客观的、科学的逻辑属性，重要的是构建以人为研究的基本对象，以人的发展为研究核心，以现实教育问题为导向，运用心理学的研究方法，坚定地站在教育学的立场上，不断强化心理学与教育学研究范式的有机结合，开展多学科的交叉融合式研究。

五是"心理健康教育前沿问题研究"。心理健康教育，唯其"前沿"必须要有新意、要有创新。我们从理论研究、领域研究和应用研究三个方面进行了探索。在理论研究前沿上，我以为提倡心理健康，一定要提高思想站位，即站在时代和教育的制高点上。以时代而言，社会转型是新时代的核心特征，是时代的制高点；以教育而言，"立德树人，育人为本"是教育的制高点。在领域研究前沿上，"他山之石，可以攻玉"。学习、追踪和借鉴国外研究成果为我所用，洋为中用，这是借以发展、壮大自己的一条重要路径。在应用研究前沿上，我们更要有清醒认识，心甘情愿坐"冷板凳"十年。

毫无疑问，上述"纵坐标"的时间跨度和"横坐标"的内容安排，其汇合点即访谈主题的出发点。

需要特别指出的是，上述采访或专访文章分别发表在《人民日报》《光明日报》《环球时报》《科学时报》《中国教育报》《中国青年报》《中华读书报》《中国社会科学报》《前线》《人民论坛》《中小学管理》《黑龙江社会科学》《中小学心理健康教育》等全国报刊上。所收录访谈紧紧围绕"心理健康教育研究"的主题选择，并以发表时间为序，共有采访专访稿 70 多篇。应该说，这些采访专访稿，很好地反映了记者提问时的敏捷和智慧，充分体现了他们的社会责任感和使命感，难能可贵；特别是他们对我的信任与支持，我当感激涕零！同时，这也是我作为一个心理健康教育研究者、工作者对上述问题的思考与探索，属一己之见，仅供参考。实际上，采访的话题总是有限的，问题的答案也是有限的，更多的内容则是在话题和答案之外。所谓

"身在庐山，不知真面目"，这就需要诸位展开想象的翅膀了。

多说一句，所谓"律人先律己，正人先正己"。本书的主体内容，即上、下两篇的心理健康教育访谈，都是对别人而言的；而附录中的三封信，则是对孩子和自己所言的。我坚信，"健康是生活的出发点，也就是教育的出发点"（陶行知语），所以，"各美其美，美人之美，美美与共，天下大同"（费孝通语），真善美也！

俞国良

于北京西海探微斋

2021 年 9 月 12 日

目录 | CONTENTS

上篇

心理健康教育的探索与规范期

（2000—2010年）

减轻负担　首重心理①

教育部下达"减负"令后，在教育界乃至全社会引起巨大反响。尽管大众对此认识还不一致，一些家长甚至忧心忡忡地认为"减负"后学生的学习负担不仅没减反而增加了。然而不可否认的是，就学生的身心健康而言，"减负"能使他们参加体育锻炼的时间增加，可以缓解学生由竞争压力带来的精神紧张，一些心理及卫生等方面存在的问题也迎刃而解。"减负"对增强青少年的体质具有积极意义。

近年来，青少年体质下降一直是人们关注的热点问题。青少年的身体机能、素质与十年前相比变化不大，但有的指标，如肺活量、耐力、灵敏度、柔韧度呈下降趋势。导致青少年体质下降的原因有很多种，而沉重的学习负担无疑是诸多因素中最直接、最主要的。在"减负"后学生至少将在以下几个方面受益。

"中小学生最大的负担是心理负担，我认为这是'减负'的关键。"中央教育科学研究所心理学教授俞国良在接受记者采访时直言不讳地说。

俞教授是通过对北京市朝阳区新源里第二小学、北京市第五中学等几所重点和非重点中小学校进行座谈得出上述结论的。在座谈中，中小学生并不认为自己的学习压力有多重，反倒是人际关系处理不好、不喜欢学习、焦虑、烦躁等问题较为突出。

浙江的一项调查表明：在调查的 34 所中学 4698 名中学生中，有心理健康问题的占 15.7%，其中有严重心理问题，如懦弱、自卑、忧郁、破坏、孤僻的

---

① 载于《中国教育报》，2000-03-23，记者李小伟。引用时有改动。

占0.9%；浙江省城乡不同类型学校2961名大中学生心理卫生测查结果表明，有较严重心理卫生问题的占16.7%。一些学生因心理健康问题而休学、退学，甚至有的严重到自杀。

中小学生的心理问题主要表现在以下几个方面。

首先，在学习上学生没有快乐感，以致产生厌学情绪，对学习和学校感到恐惧。

其次，人际关系紧张，主要表现在同伴交往、师生关系以及与父母的关系处理不好。

再次，自我意识强。大部分学生自我意识强，而社会意识、责任意识等淡漠，关心自己比关心他人要重。

最后，社会适应能力弱，一些孩子一旦离开父母就什么都做不了。

学生的心理问题也是一个社会问题，其产生的根源主要来自家庭，从一个侧面反映了家庭教育的严重问题。俞国良教授认为，对于孩子的家庭教育，几乎每一个家长都非常重视，但大都感到力不从心，他们不知道如何教育自己的孩子，不知道如何配合学校教育，在家庭教育中也存在许多误区，他们许多错误的观念和做法并没有达到教育孩子的目的。俞国良教授指出，目前，社会各界和新闻媒体都在呼吁减轻学生负担。"显性"负担（来自学校的课业教辅等）已日渐减轻，但"隐性"负担（来自家庭的压力）却愈演愈烈。俞国良教授通过调查，自编了一个小学生日常生活压力量表。量表中发生比率较高且与家庭相关的日常生活压力主要有：父母表扬我（92.1%）、父母将自己与别的孩子比较（82.7%）、只有自己一个人在家（82.3%）、考试考坏了（80.6%）、父母对我期望高（74.4%）、父母的意见与我的相冲突（64.1%）、父母说我成绩不好（64.1%）。

由此可见，家长期望过高，望子成龙心切，把自己的愿望和要求强加给孩子，认为上大学才是唯一出路等观念上的问题，加上教育方式不当、教育手段错误、家教知识缺乏，给中小学生带来了超过其心理承受能力的压力，造成他们精神上的高度紧张，导致有的孩子以逃学、厌学、撒谎、攻击、自杀和违法犯罪来解脱。

　　俞国良教授认为，要真正落实"减负"，家长观念的更新非常重要，在学校"减负"的同时，来自家庭的负担也应该减。此外，在对孩子的教育中家长的心态要摆正，方法要恰当。做家长的要把家长素质和做父母的素质区别开来；把昨天的教育、今天的孩子、明天的人才区别开来。千万不能以损害今天儿童的健康，来换取明天儿童的发展。只有这样，才能使学生轻松愉快地学习、生活、成长、发展。

教师心里有话等待倾诉①

- 某省半数中小学教师有心理问题。
- 教师的心理健康水平直接影响学生。
- 目前没有针对教师的心理辅导机构。

通过对 2292 名教师抽样检测，发现 51.23%存在心理问题②

前段时间，国家中小学心理健康教育课题组对辽宁省 14 个地市 168 所城乡中小学的 2292 名教师进行了抽样检测，结果表明，有 51.23%的教师存在心理问题，其中 32.18%的教师有轻度心理障碍，2.49%的教师已构成心理疾病。课题组组长王加绵教授认为教师的心理问题主要集中在 6 个方面：自卑心态严重，小学教师尤甚，有 68.82%的教师认为自己与进机关、做生意的同学相比，差距很大；嫉妒情绪突出，在职业提拔等方面互相猜疑；虚荣心理明显；焦虑水平偏高；性格忧郁孤僻；逆反心理较强。其中最突出的问题是工作节奏快，对自己事事追求完美而导致的焦虑水平偏高，脾气暴躁，易被激怒。

---

① 载于《北京青年报》，2000-04-14，记者李东颖。引用时有改动。

② 该调查采用"症状自评量表"（简称 SCL-90）。该量表主要包括精神病症状学内容，把它作为教师群体心理健康水平的测评工具显然不妥；同时该量表评定的是一周内的心理健康症状，而教师心理健康状况是长期积淀的结果，且易受重大生活事件的影响；再加上该量表编制于 1975 年，属于引进修订版，量表常模过时、信度较低，据此得到的调查结果，其科学性和准确性有待商榷，仅可供参考。本书其他文章涉及此调查结果的，不再一一赘述。——著者注

教师对学生的影响是全方位的，深刻而长久

为了研究教师心理健康对中小学生心理健康的影响，课题组对 12 所中小学的师生进行对比调查，结果发现，心理健康水平高的班主任，他们的学生的心理健康水平也高，反之亦然。王教授说，这是因为在班级的"心理场"中，教师占据着主动、支配地位，同时，教师与学生的"有效接触"时间每天达 7~8 小时，比家长还多，学生，特别是中小学生，由于他们的认知能力有限，很容易把教师的一切视为自己效仿的榜样。

中央教育科学研究所心理学教授俞国良认为，教师对学生的影响是全方位、深刻、长远的，好的教师能为学生创造一个良好的心理成长环境，所以教师的人格、心理健康程度比他的专业知识水平更重要。我们在上学时都有过这样的体验：由于喜欢某个教师，喜欢他教的学科，因此这个学科也学得特别好。俞国良教授认为，教师本身是学生观察模仿的对象，尤其是小学阶段，学生接受教师是全方位的，而学生在这个时期形成的某些东西可能会影响他的一生。

社会竞争必然要在学校有所反映；教师的心理健康需要全社会的关心

一段时期以来，关心中小学生心理健康，减轻他们的课业负担，是教育部门工作的重点，为此也出台了一些措施，但措施的最终执行者——教师，他们的心理健康问题、减负问题似乎还未引起有关部门的足够重视。

俞国良教授认为，心理健康教育要提倡双主体，即学生、教师同等重要。教师有心理问题这并不奇怪，在现代社会中人人都会有或多或少的心理问题，但由于教师影响的是千百万学生的成长，所以教师的心理是否健康便尤为重要。我们的教育部门首先应对教师进行心理健康教育知识的普及，教师本身的家庭成员、亲戚朋友甚至学生家长也要理解和信任老师，学校也应为教师提供休息、娱乐的场所，社会要为其提供心理咨询、治疗机构，其实教师的心理健康需要全社会的理解和关心。

俞国良教授认为，学生"减负"了，教师却应该"加负"。这个"加负"并不是指像以前那样加班加点给学生补课，而是自身补上心理健康这一课，有心理问题并不可怕，要慢慢学会自我调节，培养多方面兴趣，提高与人交往、适应社会的能力。

学生心理问题不容忽视①

记者目前在北京几所高校采访中了解到，大学生存在心理问题的程度已经相当严重。某高校的统计表明，在1998年学生因心理问题导致休学、退学的占休学、退学总数的60%~70%，在1999年这一比例为80%左右。

多年从事大中小学生心理研究的中央教育科学研究所教授俞国良认为，大学生的心理问题不是一时形成的，与中小学教育有关，是长期积淀的结果。好像煮饺子，饺子熟了后自然会浮起来，心理问题积淀多了也会暴露出来。他举例说，某高校一名学生进校不到半年就提出要休学，原因是依赖性强、社会适应能力差。原来这名学生在家时一切有父母操心，什么事都不用做，上学后离开父母他感到自己什么都不会，同学的冷嘲热讽和许多方面的不适应，最终使他选择了休学。这些情况反映出学校教育、家庭教育和社会教育往往偏重智力开发，而对非智力的一些综合素质的培育却不够重视。

一些教育界人士认为，大学生心理问题与学习、竞争压力有关。教育孩子是一门科学，也是一门艺术，如果违反孩子身心健康成长的客观规律，那么教育必然要失败。这就要求家长必须学点教育学、心理学知识，了解现代教育的特点、规律和发展趋势。在这些方面，专业的教育工作者要提供帮助。

在日前召开的"心理学为素质教育服务"研讨会上，包括全国政协委员、北京师范大学心理系教授张厚粲在内的心理学专家呼吁，应加强学生心理健康教育，规范心理咨询等服务，成立专门的机构为素质教育进行全方位的服务。

---

① 载于《中国教育报》，2000-05-02，记者李小伟。引用时有改动。

灵魂工程师的内心世界①

2000 年 4 月初，国家中小学心理健康教育课题组对外公布了一项不大乐观的调查结果。

SCL-90 心理健康量表对辽宁省 14 个地市、168 所城乡中小学的 2292 名教师的抽样测试结果表明，有 51.23% 的教师存在心理问题，其中 32.18% 的教师属于轻度心理障碍，16.56% 的教师属于中度心理障碍，2.49% 的教师已构成心理疾病。

从分布态势上看，小学教师的心理健康问题最为突出，其次是初中、高中。城市教师心理障碍率高于乡村教师，小学女教师心理障碍率高于小学男教师。

教师的焦虑也是民众的困惑

王成全博士/北京师范大学心理健康与教育研究所

从专业角度来讲，我对 51.23% 这个比例表示怀疑。调查所用的 SCL-90 量表最近一次修订是在 20 世纪 80 年代，而且此量表侧重反映的是被试在某一时段的心理健康状况，测试结果和测试时间有很大关系，如在期末考试阶段和放假时两次测试，结果可能会很不一样。用这样一个反映阶段性状态的测试结果说明教师的整体心理状态是否恰当，仍要商榷。

但是，这个测试结果，即使不是这么一个比例，中小学教师的心理健康问题也确实应该得到重视了。

---

① 载于《南方周末》，2000-06-16，记者刘天时。有删节。

对于教师的心理健康问题，我的理解是不必大惊小怪。那是我们时代的一个投影。教师心里的焦虑也是社会民众的困惑。因为重视教育，孩子的成长是大多数家庭期望的焦点，教育、教师承载了太多的压力。

长期以来，在我们国家全社会对教师这个概念的理解还是有问题的，我们赞美的是春蚕精神、蜡烛精神，强调的是奉献、责任，可是比较而言，忽视了教师作为一个平凡人的需要、获得，对他们的关爱是不够的。对教师的评价体系和管理系统也是教师心理健康问题产生的影响因素。

我们现在的口号应该是促进教师的成长，给教师以幸福。社会善待教师，教师善待学生。

师生关系是教改重要环节

詹万生/中央教育科学研究所德育研究中心

我们正在编写一本关于教师职业道德的书，还有一系列专题片，其中我们都有意识地加入了心理健康的内容，当然这还不够。新的德育概念是心理和伦理的结合。真正健康的人是心理、生理、伦理三方面的健康。新型的、民主的、现代的师生关系，是教育改革的重要环节。教师的心理健康问题正在凸显出来。

教师应补心理健康课

俞国良/中央教育科学研究所

教师心理素质在以下几个方面对学生影响深远：精神是振作还是萎靡；兴趣是否广泛；性格是粗暴还是温和；意志是坚强还是软弱；生活是有条不紊还是杂乱无章。

好的教师能为学生设计一个良好的心理成长环境，所以教师的人格、心理健康水准甚至比他的专业知识水平更重要。

  首先我们的教育部门应对教师进行心理健康教育知识的普及，其次教师的家庭成员、亲戚朋友甚至学生家长也要理解、信任教师，学校也应尽量为教师创造一个宽松、和谐的环境。

让孩子远离游戏厅[①]

　　小枫是五年级的学生，有一段时间他的爸爸妈妈老出差，爷爷奶奶只关心他的生活起居。小枫放学后没事可做，在同伴的怂恿下，去了几次电子游戏厅，从此，他迷上了电子游戏，就连睡觉时也想着电子游戏。眼看就要毕业了，小枫不仅学习成绩一落千丈，还经常旷课、逃学、两三天不回家。因为玩电子游戏，小枫不知挨过多少次打，也不知写了多少次检查，可他就是管不住自己，总想往电子游戏厅跑。小枫的父母实在没有办法了，他们只能呼吁政府加大对电子游戏厅的管理力度。

　　近年来，电子游戏厅如雨后春笋般在城镇、乡村遍地出现。虽然国家明令禁止电子游戏厅对未成年人开放，但经营者在金钱的诱惑下，往往对此规定置若罔闻，有的甚至还提供吃住，不少学生玩游戏达到上瘾的地步，逃学、几天不回家的现象时有发生。为了达到玩电子游戏机的目的他们不择手段地骗家长、同学的钱，甚至抢劫他人的财物等，走上了犯罪的道路。

　　沉迷于电子游戏，不仅使学生无心学习，成绩下降，而且危害身体健康。心理学家指出，迷恋电子游戏的学生整天沉浸在虚拟世界里，大大减少了与现实世界中的人和物接触的机会，久而久之，他们就会变得孤僻、冷漠，缺少与人沟通的能力，逃避现实，自制力降低。

　　研究表明，经常玩电子游戏的青少年比其他的青少年更具有攻击性和暴力倾向。

[①] 载于《中国教育报》，2006-06-29，记者李小伟。引用时有改动。

中央教育科学研究所心理学教授俞国良认为，孩子迷恋电子游戏和成人迷恋网络一样，其原因是多方面的。首先，学习压力过重，加上家长期望过高，致使许多孩子心理不堪重负。与此同时，在遇到困难、挫折、失败时，这些孩子又找不到合适的宣泄途径，就寄希望于玩电子游戏来宣泄压抑的情绪，获得成功的体验，从而对自己产生认同感，找回自信。其次，对那些在学校和家庭中人际关系较为紧张的孩子而言，电子游戏所营造的虚拟世界，可以使他们避免现实中的许多不愉快，在自己能控制的这个虚拟世界中得到愉快的情绪体验。另外，许多电子游戏还富有挑战性、赌博性，有的甚至有许多不健康的黄色内容，这对于心理还不成熟，处于"疾风暴雨"期和"心理断乳"期的孩子来说，都极富诱惑力。

俞国良教授指出，孩子迷恋电子游戏常常是因为自制力太差，管不住自己。这就需要社会为孩子提供健康的成长环境。为此，俞国良教授和一些有识之士呼吁禁止在学校周边开设电子游戏厅以减少孩子接触电子游戏的机会。

然而，解决问题的关键还在于提高孩子对电子游戏的"免疫力"，俞国良教授提醒家长不妨从以下几个方面对孩子加以引导。

其一，为了避免孩子迷上电子游戏，父母要多和孩子接触、交流，主动了解孩子的学习、生活情况，与孩子交朋友，营造一个宽松、和谐、民主的家庭气氛，不要因家庭不和睦而将孩子"赶"到了电子游戏厅。

其二，应注意为孩子提供丰富多彩的娱乐活动，培养孩子丰富的兴趣爱好，如下棋、听音乐、进行体育锻炼等，使孩子觉得待在家里比在电子游戏厅更有趣、更快乐。

其三，鼓励孩子参加集体活动，在集体活动中孩子不仅可以增加与同伴的交往和接触，提高人际交往能力，还锻炼意志力、自我控制能力等，从而使心理得到健康发展。

其四，为了矫正孩子迷恋电子游戏的行为，家长可以榜样的力量来感化他们。例如，家长自己首先戒除电子游戏或其他上瘾行为，以达到帮助孩子的目的。对已经沉迷于电子游戏中不可自拔的孩子，专家建议采用行为疗法来矫正。例如，家长和孩子约法三章，限制他们每天玩电子游戏的时间，严格按照规定的时间玩电子游戏；严格限制孩子的零花钱，不能让孩子有过多的钱去电子游戏厅。同时，家长可以在家庭中开展一些孩子感兴趣的有益活动，以转移孩子的注意力。

事实上只要不沉迷于其中，适当地玩电子游戏对孩子还是有益的。一项调查表明，游戏机玩得好的孩子思维敏捷，尤其动手能力强，而玩游戏机对于培养抗挫折能力和启智、益智也很有帮助。

目前在我国，学校的计算机教育日渐普及，这为学生的素质教育提供了良好的"硬件"。学校在为学生提供丰富多彩的多媒体教学活动的同时，可以通过举行游戏通关比赛等形式，认可游戏玩得好的学生的能力，使他们的学习成果和实践能力得到肯定与鼓励。如此，相信学校会在和游戏厅的竞争中占到先机，把去游戏厅的学生"抢"回来。

我们是否真有资格做家长①

这周公布了高考分，众考生几家欢喜几家忧，而其他年级的学生家长又趁机给自己的孩子紧紧弦。学习成绩可能是这周家长和孩子谈得最多的话题，也是他们最沉重的心事。

昨天上午，就在这篇报告发稿的同时，众多中小学生家长到图书大厦向十余位心理学专家、教育学专家和医学专家咨询，焦点话题仍然围绕着高考。原定11：30结束的咨询活动，拖到12：00才勉强结束，意犹未尽的家长还要求组织相关的讲座。

这次咨询活动的起因是教育部师范教育成果的一个"副产品"——《素质教育家长课堂——"减负"后家长怎么办》这本书。此前一天，本报记者采访了这个课题组的组长、心理学教授俞国良博士。

■比考试成绩更重要的

我们完成的这个国家自然科学基金项目，主要是研究家庭环境对学习不良学生的影响。在发表专业性学术论文之余，我们发现研究的结果很有意思，就写成这本《素质教育家长课堂——"减负"后家长怎么办》。希望我们的研究结果，能为大多数家长所理解，也能给他们提供一些建议。

在调查的时候我们发现，家长最关注的仍然是孩子的学习问题。有的家长把所有的希望全部寄托在孩子身上，很可能还把自己不能实现的愿望也放在孩子的身上，加上我们的传统是注重读书学习。社会经济、科技发展越来越强烈

---

① 载于《北京青年报》，2000-07-30，记者谭璐。

的背景，使父母就更重视孩子的学习成绩，这当然无可厚非。

但我个人观点，父母实际上应该更关心孩子个性的发展、非智力因素的培养，而不是学习成绩，应该从做人上给孩子更多的指导。但是现实中的情况恰恰相反。

一个人的智力因素、认知能力是和非智力因素有关的。比如，有的孩子成绩特别好，但并不等于他喜欢学习，他有学习兴趣。我们说"减负"，就是让孩子觉得"我愿意学，我喜欢学"。这跟"家长、老师要求我学"是不一样的。

■未来生存，仅有智力远远不够

要适应未来的挑战必须具备几方面的综合素质。第一是要具备基本的智力。从认知的角度看，智力包括感知能力（特别是观察能力）、记忆能力、想象能力、语言能力、操作能力、思维能力等，其中思维能力是核心；从智力的构成要素看，其核心要素是语言能力（主要是阅读、书写、听和说等方面的能力），逻辑和数学能力（如计算和求证），空间认知能力。对于我国孩子而言，培养创新能力和实践能力尤其重要。另外特别要指出的是，评价一个人智力的高低不能只看智商有多高，还要看是否善于运用自己的知识和各种资源解决日常生活中的实际问题，即智力高的人应该是"智慧"的，而不是智商很高的"书呆子"。

第二要具备良好的社会交际能力。是否具备处理错综复杂的人际关系的能力，是否具有良好的社会交际能力，直接影响着事业的发展和人生的幸福。具体到社会交往中，要了解彼此的权利和义务，能客观地了解并关心他人，要善于沟通并保持自己人格的完整性。

第三要具备健全的人格。这包括丰富多彩的情感体验、稳定而灵活的性格、积极向上的人生观、合理的归因方式、适度的成就动机、正确的自我观念等。健全的人格最重要的是能正确地认识自我，客观地评价自我并悦纳自我，善于自我反思和自我监控，积极追求更加完善的自我。

第四是要具备健康的身心。健康不仅是没有疾病和病态，而且是一种个体在身体上、精神上、社会适应上健全安好的状态。

■最大的误区仍是老生常谈的问题

在调研中我们发现，在我国家庭教育中存在着很多误区，我们总结了"六多六少""六种无度"，就是"知识传授多，智力开发少；对学生关心多，综合素质培养少；脑力劳动多，体力劳动少；身体关心多，心理指导少；硬性灌输多，启发诱导少；期望要求多，因材施教少""无微不至地呵护、无节制地满足、无边际地许诺、无原则地让步、无分寸地褒贬、无休止地唠叨"。

我们对 1000 名学生进行调查，对 50 名学生、50 名老师、100 名家长进行访谈，发现在家庭教育中，最大的误区还是老生常谈的问题，就是过分注重知识，注重智力的开发，而放松非智力因素的培养和思想道德教育。这些听起来是虚话，但实际上是很实在的。

现在中小学教育教学大纲也开始重视非智力因素，特别是一个人的人格特征。一个人很聪明但特别懒惰，你想他会成功吗？

非智力因素很难量化，但我们可以培养。例如，良好的学习习惯、对学习的兴趣，这些是可以看得到的；是他自己要学，还是父母强迫他学，这也是可以看得到的。

■家长不必无所不能

家长要让孩子去体验，而不是告诉他一些道理就行了，为什么现在有的学生考试不好就跳楼自杀，教师批评他一句话，他就情绪失控了，这些情况都是因为有的学生承受挫折能力很差。这本来在家庭教育里是可以培养的。

家庭教育要特别强调"身教"，道理要讲，但家长的榜样更为重要。家长自身也要强调学习，更新观念，有意识地学习家庭教育的知识。

我小时候生长在农村里，父母并没在学习上给我多少帮助，但在做人上给我的教育很多。那时我到学校要走 3 小时的路，星期天我还要参加劳动，一天挣 4 个工分，两角 4 分钱。这种教育培养了我勤奋的特点，这对我以后的发展帮助很大。

把问题归因于外部，孩子承受挫折的能力就比较低。孩子碰了椅子跌倒了，父母说"这地方不好，是这椅子可恶"，这种情形在现实中极为多见。

上学后，考试成绩不好就归因于"我上的学校不好，没有人考上大学"，这样虽然可以获得心理平衡，但对个人发展绝对是错误的。

■七岁至十八岁是最重要的阶段

我们看到的现状是，父母、老师要求孩子学，而不是孩子自己愿意学，他是被动的。如果家里有良好的学习氛围，孩子主动爱学，那么父母的最大负担也就不是负担了。从某种程度上说，学习兴趣可能比学习方法更重要，有兴趣他才会去研究、探索好的方法。

让孩子体验到成功，这也很重要，所有的事情都是失败的、受批评的，没有成功的体验，就不会有兴趣。家长、老师不要一味地说孩子不行，也不要去比较。

"3 岁看大，7 岁看老"的说法不确切，我觉得 7~18 岁最重要。这一年龄段能够决定个体往哪个方向发展，发展的速度怎么样，是打基础的阶段。大多数人的智商是差不多的，但为什么有的人成功，有的人不成功？非常重要的原因是非智力因素，包括记忆力、思维能力、想象能力产生的效力。

■新世纪怎样做父母

家长最关心的是孩子以后怎样在社会上生存下去。孩子的智力条件等都在同一起跑线上，可是有的成功了，有的失败了，关键是他们对社会的适应能力。未来需要的人才不是"一"字形人才，知识博而薄，也不是"丨"字形人才，知识深而窄，而是强调"T"字形人才，既有知识面又有专业，而且在交点上能够创新。

　　有了孩子，并不等于作为父母就会教育孩子了。21世纪的家长面临着种种挑战。孩子难以教养，家长又缺乏相应的家庭教育知识与能力。每位父母都该自问自省：我是不是真的有资格做家长？能不能承担起家庭教育的责任？

　　然而不论怎样讲，我们所做的仅仅是给家长提供建议，究竟怎样做才能针对具体的孩子因材施教，还须靠父母在家庭教育上用心良苦。

素质教育"加减法"①
——访教育专家俞国良

2000 年伊始，教育部实施了"切实减轻学生负担，全面推进素质教育"的政策，在社会上引起了强烈反响，一些家长在如何教育孩子的问题上彷徨、犹豫，不知所措。承担着国家自然科学基金项目和全国师范教育科研项目的中央教育科学研究所教育心理研究室主任俞国良教授建议家长做好素质教育的"加减法"，在学生"减负"时，家长应当给自己"加负"。

目前学校在"减负"，而许多家庭却在"加负"，找家庭教师的越来越多，书店里的教学辅导书、参考书的销售异常火爆，甚至脱销。家长望子成龙心切，比学校"片面追求升学率"还严重。同时，"减负"后一些孩子空余时间多了，无所事事，不知如何安排，涌向电子游戏厅。此情此景令俞国良教授忧心忡忡。他说："'减负'不仅要减少不合理的、过重的课业负担，还要减轻学生的心理压力。"

记得一位教师讲过，她参加的一次绘画比赛，要求半小时内完成一幅题目为《远足》的作品，一位孩子画了人物、山水。而获得一等奖的另一位孩子只画了水壶、毛巾、旅游鞋三件静物，让人们去想象。对此，俞国良认为，它反映出有的学生的思维是固定的，就像做一道题目一样，只会按照一种答案来思考问题，平时没有这种思维的训练。这与应试教育及传统的家庭教育模式有很大关系。他说："家庭教育既是一门科学，又是一门艺术。目前的升学考试都在向着全面考察学生的能力和素质的方向发展，仅用原来那套'应试'教育的方法培

---

① 载于《北京晚报》，2000-08-05，记者沈文愉。引用时有改动。

养出来的孩子根本无法适应目前和将来的竞争。家长们应当正确理解'减负'的重要性，要从几个方面做好'减负'和'加负'，即孩子的分数要'减负'，能力要'加负'；智力因素要'减负'，非智力因素要'加负'；饮食营养要'减负'，心理健康要'加负'；自我中心主义要'减负'，自立要'加负'；享受要'减负'，吃苦要'加负'；学习成绩要'减负'，对思想品德的培养要'加负'。"

俞国良的"减负观"①

中小学生"减负"问题可以说是今年学校、家长、社会和传媒议论较多的话题之一了。听说中央教育科学研究所教育心理研究室主任、心理学博士俞国良教授用"素质教育加减法"辩证看"减负",闻者心服口服,记者特意登门向他请教。

"从某个角度看,一个人承担必要的负担是对社会发展负责任的表现。在这个社会上一点负担都没有的人是不存在的。我们说的'减负'主要是指把学生身上过重的课业负担减下来,绝不是说学生就可以一点负担都没有。"俞国良教授首先这样阐明他的"减负观"。

在应试教育的影响下,学生的家庭生活空间被过重的课业负担占满,家长所能做的就是怎样让孩子吃饱穿暖,不生病不耽误学业。而中小学校实行"减负"之后,我们看到的却是,为数不少的家长忙不迭地给孩子报名上各种特长班,用各种各样的技能培训来填补孩子来之不易的课余时间,以为把"减负"后空闲下来的时间占满了,就算是尽到家庭教育的责任了。其实这又是一种新的误区。在我们看来,让孩子上各种技能训练班仍属于具体的技能教育,不能与我们所讨论的家庭素质教育"同日而语"。

俞国良教授认为,"减负"的根本目的是促使我们的教育模式从应试教育向素质教育转变,为祖国的现代化建设培养更多更好的人才。要达到这一目的,必须辩证地看"减负",搞清楚加什么,减什么。

俞国良教授举出几个例子:有的家长说,孩子的功课我也辅导不了,又不

---

① 载于《中国人口报》,2000-10-16,记者王家玲。引用时有改动。

懂电脑，怎么去教育孩子？这些对家庭教育"怯场"的思想，说明许多家长还没把家长自身的素质和做父母的素质区分开来。家长自己从事什么工作并不重要，关键是有没有为人父母的意识和素质，是否掌握恰当的家庭教育方法，能不能在孩子面前身教与言教并重，并不一定非得有"大百科全书"一样的本事才能教育好孩子。

一位教育学家讲过这样一个故事，一次他去朋友家做客，看见朋友家6岁的小女儿站在刚好够着洗碗池的小板凳上刷碗。他欲上前帮忙却被主人制止，说这是家里定下的规矩，每个人必须干完自己的那份家务事。显而易见，这个家庭更强调的是孩子自己动手做事的能力。

总之，在孩子的成长过程中，家庭教育这堂课是不可缺少的。如果说以往过重的学习负担使我们的孩子和父母缺失了这种机会，那么"减负"后我们正好补上这一课。

新世纪老人如何与孙辈相处①

寻找"共同点"沟通代际

记者：我国已进入人口老龄化国家行列，这意味着为人祖父母者将越来越多，他们的年龄也越来越高，进入新世纪，传统的代际关系在迅速改变。祖父母的角色如何与时代同步呢？

俞国良：有资料指出，约有三分之一的老人表示，祖父母这个角色难，原因之一是，在教育第三代方面，他们与第二代有"代沟"。另外，也有一些老人不愿担当这个角色，认为"祖父母"是一种与老年相关的称呼，自己并没有"老"。还有人认为，退休后就应该享受清福，教育孙辈是其父母的事，于是对孙辈采取"疏远"式的西方家教方式。新世纪，老年人要坦然接受祖父母角色，担负起这份富有挑战性的社会责任。

勿溺爱纵容　不越俎代庖

记者：现在，一方面，有的孙辈在胎儿时就接受胎教，以后的教育就更受重视，原来的祖孙生活方式在改变；另一方面，老年人退休后存在"也该歇歇了"的思想。物质生活提高后，照顾孙辈的出发点应该怎样调整？

俞国良："种花养草哄孙子。"一些祖父母将孙辈作为"老来找乐"的一种方

---

① 载于《中国老年报》，2001-02-22，记者李立新。引用时有改动。

式，并没有把照料孙辈当成一种责任，这种出发点是错的。因为这样"找乐趣"，会纵容、娇惯孙辈，会一"趣"遮百"丑"。

多数祖父母对孙辈走在路上怕碰了、坐在凳上怕摔了、放在手上怕掉了，自觉不自觉地就代替儿女负起养育的责任。还有的老人在照料孙辈中寻找充实感。其实，这种越俎代庖大可不必，对孙辈的照顾力所能及即可，不应全力以赴。

互教互学　携手共进

记者：现在，孙辈喜欢的，祖辈听不懂看不惯，如何与孙辈沟通呢?

俞国良：祖父母的身教是最重要的，祖父母的身教直接影响到孙辈的品质。我记得小时候因为贫困，10岁的我和72岁的爷爷一起参加生产队的劳动，无论是烈日炎炎还是寒风呼啸，爷爷始终在田头辛勤劳动，即使有时我和几个伙伴"偷懒"了，爷爷也只是笑笑，自己仍埋头苦干。爷爷的身教对我影响很深，现在回忆起来，仍然历历在目，我是从泥土中和爷爷的手缝中"爬"出来的博士。

教育是一盘永远也不会下完的"棋"。祖父母首先要与孙辈站在同一平台上，如果凭着"吃过的盐比他们吃过的饭多"的心态，以长辈自居，发号施令，武断行事，就会失去孙辈的尊重。祖父母在发表意见时，最好先听听孙辈的意见，再耐心说服、以理服人，尽量避免做"裁判"，要多听听孙辈的困难、烦恼，适当给予点拨。在这个过程中，祖父母也会真正得到"老年新生"，达到一种新的精神境界。

教师：别让"心病"绊住脚①

　　本期点击的是中小学教师心理健康问题。选中此话题的原因首先在于这个问题应当得到重视，其次在于围绕教师心理问题曾经出现过比较惊人的调查结果。欲使学生心理健康，应先让教师心理健康。中小学教师心理状况如何？在"解析"中，中央教育科学研究所教育心理室主任俞国良提出了自己实践和学术双重层面的深刻见解。青岛市四方区已经在几年前就开始了教师心理健康教育的实践，这项工程正使教师得益，学生得益。如何看待中小学教师心理健康问题？通过"E天天调查"这个阵地，网友们畅所欲言。而在"背景""数字""判断"等栏目中，提供的是这一话题的旁白和"画外音"。

【背景】

　　根据联合国教科文组织的定义，心理健康不仅指没有心理疾病或病态，指个体社会生活适应良好，还指人格的完善和心理潜能的充分发挥，亦即在一定的客观条件下将个人心境发挥成最佳状态。目前在我国，心理健康既指心理健康状态，也指维持心理健康，预防心理障碍和行为问题，进而全面提高人的心理素质。

　　进行心理诊断常用的"症状自评量表"，简称SCL-90，这个量表目前被广泛用于教师心理健康测验。国内修订的该量表共有90个项目，涉及感觉、思维、情感、意识和行为习惯，有的项目还涉及人际关系和饮食习惯。测试时要求被试回答所有90个项目，限定回答近一个星期的体验。

---

　　① 载于《中国教育报》，2001-02-28，记者刘华蓉。引用时有改动。

【数字】

据联合国教科文组织估计，世界上 20%～30% 的人有不同程度的行为异常，在美国，至少有 6%～8% 的教师有着不同程度的适应不良。

我国一个进行中小学生心理健康教育研究的课题组在 2000 年发布自己的调查结果说，有 51.23% 的教师存在心理问题，其中 32.18% 的教师有轻度心理障碍，16.56% 的教师有中度心理障碍，2.49% 的教师已经构成心理疾病。69% 的被检测教师自卑心态严重，嫉妒情绪、焦虑水平也偏高，这个课题组对辽宁省 14 个地市、168 所城乡中小学的 2292 名教师进行了检测，采用的是 SCL-90 心理健康量表这一工具。

另据有关信息，目前我国正常人群心理障碍发生率在 20% 左右。

【判断】

对中小学教师中 50% 左右的人存在心理问题的调查结论，心理学专家俞国良教授持保留态度，认为实际情况应当没有这么严重。如果照此推算，在 1200 万中小学教师中就可能有 600 万人有心理问题，这是一个很惊人的数字。俞国良教授认为，在一个省的范围内进行的心理调查并不能说明全国的问题，而且在心理测试和调查中所使用的标准与工具是否合理也值得思考。SCL-90 量表是美国人首先设计出来的，我国还是在 20 世纪 80 年代修订过这个量表，量表可能并不能适应今天已经变化了的社会环境。量表只能作为一种判断参考，对教师心理问题进行仔细研究就会发现，教师在不同时间段会出现不同的心理状况。例如，在学期中和学期末、假期进行测试，调查结果可能大相径庭，一次调查和一个量表的测算不能准确判断出问题的实际情况。对教师进行心理诊断的内容应当包括教学、自我认识、人际关系、社会适应等方面。重视教师心理健康的维护和调节是十分重要的，但是不能夸大和过分渲染教师中出现的问题。

【解析】

俞国良教授曾经在浙江萧山对教师心理问题进行过 5 年时间的实证调查和研究，并多次发表文章论述教师心理问题。在和记者的谈话中，俞国良教授认为，教师的心理健康程度和职业道德水平的提高可以相互结合起来共同促进，心理健康工作应当作为师德建设的一个突破口，在教师的培养和培训中得到重视。

美国曾经有一项调查发现，教师在 40 分钟的课堂教学中，往往有 30 分钟的时间在用目光和优秀学生交流，而自觉不自觉地，眼光投注到后进学生身上的机会要少得多，这反映出教师在心理上已经将学生分类，并且对后进学生有一种下意识的排斥和拒绝。将眼光投注到自己喜爱对象身上的行为对于一般社会成员而言非常正常，但是身为教师，对学生的区别对待将对学生的一生产生深刻影响。俞国良教授认为，教师职业的特殊性使教师心理健康标准既包含一般人的心理健康标准，同时也具有教师职业的特殊性。要做个好教师并不容易，但要做个人格健全的教师，对于大多数教师而言是可以追求得到的。

教师心理问题四大症状

俞国良教授在研究中总结出了教师心理问题的四大症状。

一是生理—心理症状。这一症状表现为抑郁，精神不振，对学生漠然、冷淡；焦虑，对外界担心和过分忧虑；有说不出原因的不安感，无法入睡等；一些人表现为不关心身边的事情，但是对以后可能发生的事却忍不住担忧。在抑郁和焦虑心态中，常常还会出现身体症状，如失眠、无食欲、咽喉肿痛、腰部酸痛、恶心、心动过速、呼吸困难、头疼、晕眩等。

二是人际关系症状。教师心理不健康会直接影响其与他人的关系，教师既是学生的老师，也可能是一家之长，要做家庭主要事务的承担者和社会模范公民，但很多教师缺乏时间进行自我心理调节，一旦心理出现问题，就极容易在人际关系中表现出不适应。例如，有些教师在与他人的交往中沉溺于倾诉自己的不满，没有耐心听取他人的劝告和建议，拒绝从另一个角度看问题；有的教师则表现出攻击性行为，如冲家人发脾气、体罚学生等。

三是职业行为症状。如果教师心理不健康，受害最大的就是学生。这种症状在职业上主要表现为：逐渐对学生失去爱心和耐心，并开始疏远学生，备课不认真甚至不备课，教学缺乏新意，讲课乏味；对教学中出现的问题小题大做，出现过激反应，处理方法简单粗暴，甚至打骂学生；有的教师则缺乏责任感，对学生出现的问题置之不理，听之任之。

四是教师的职业倦怠。这是教师出现最多的问题，教师在教学生涯中面对的常常是相近年龄段的孩子，做着带有一定重复性的工作，如何克服自己的倦怠，保持对学生的热情和爱心，对每一个教师都是一种考验和挑战。

对于教师而言，心理问题的出现，往往会使他们对学生缺乏耐心，在缺乏积极进取和负责任精神的情况下，心理出现问题的教师将开始厌恶本职工作，用消极态度从事教育事业，这种情况一旦普遍存在，将对学校教师群体的整个士气产生极大不良影响。

教师心理问题为什么会出现？

教师心理问题的出现是在外界压力和自身心理素质的互动下形成的，总听到有的教师说"压力太大""教师难做"之类的话，若一个教师总是处在重重压力之中而忧心忡忡难以排解，心理问题的出现就变得在劫难逃。

和大多数社会成员一样，在社会发生急剧变化的时候，社会成员不得不面临更大的心理压力，教师也不例外。教师劳动的特殊性带来的角色模糊、角色冲突、角色负荷过重使一些教师感到压力和紧张，社会对教师的期望是为人师表，教师常常不得不掩盖自己的喜怒哀乐，在教师和身为一个普通人之间，教师常常会面临角色转换之间的压力；教师职业的神圣感和教师实际工作现状之间产生的反差，也容易让教师难以避免在内心深处存在的角色冲突。

素质教育对教师的要求越来越高，教师要不断学习和提高，帮助每个学生成才，在承担繁重的教育教学任务的同时，还要避免表现出烦躁、沮丧、厌烦等情绪，导致心理上的过重负担。

随着社会的进步，学生获取信息的渠道变得多样化，教师的权威性受到挑战，传统的教师角色也受到了挑战，这使教师在面对学生时总是感受到压力。

一所学校的管理是否能给教师提供一个教育教学的良好氛围和环境，也会直接影响到教师心理承受的压力有多大。升学率、实行淘汰的聘任制、教师的职称评定、对教师的奖惩条例等，都使教师不可能两耳不闻窗外事，"一心只教圣贤书"。

但是，在相同的压力和环境下，并非所有的教师都会出现心理问题，有的教师即使在面对压力的情况下，仍然能够保持心理的健康和稳定。俞国良教授认为，这主要有两个原因：人格因素和个人生活的变化。研究发现，不能客观认识自我和现实，目标不切实际，理想和现实差距太大的教师或有过于强烈的自我实现和自尊需要的教师更容易出现心理问题。在个人生活出现重大变化，诸如亲人死亡、离婚等事情发生时，心理问题更容易发生。

如何让教师少生"心病"？

俞国良教授认为，全社会和学校以及教师个人都应当对改善教师心理素质做出努力和贡献。要提高教师心理健康水平，除了在宏观的社会体制层面对教师工作的支持和保障外，还必须在社区、学校和个人层面采取各种措施减轻教师的心理压力。

通过制定各种政策提高教师的社会地位，形成尊师重教的社会风气，维护教师的合法权益，改善教师的福利待遇，提倡全社会都来关心、支持、配合教师做好教育工作，提高教师工作的积极性，减少并杜绝教师的消极心理。在学校内部乃至整个社区和全社会形成教师的社会支持系统，能够有效地维护和促进教师的心理健康。同处一个教研组的教师之间的互相支持，也能够大大降低教师职业带来的心理压力，而学校管理者特别是校长的支持和关心，能够有效地减轻教师的心理压力，减少教师心理问题的发生。

俞国良教授发现，教师心理问题产生的直接原因往往是学校情境和教学活动，社会层面的支持只是为促进教师心理健康提供了必要的前提，要切实有效地帮助教师提高心理健康水平，还必须从学校和个人层面入手，改善教师工作环境，如降低师生比，缩短工作时间，给教师更多的工作灵活度和自主权，提供更多训练提高的机会等。

俞国良教授还认为，要维护教师整体的心理健康，从师范生选拔就要开始。

孩子的心有多重①

一个小学生，每天放学后都要数着路边的电线杆回家。他知道，从学校到家一共有 89 根电线杆，如果某一天他只数到了 88 根，他就要回到学校重新数起。

一个小男孩，走到马路中间的时候，发现自己的鞋带开了，他一动不动地站在车流中间，直到民警带着他过马路。他说："妈妈告诉我，有困难就找民警。"

中央教育科学研究所教育心理研究室主任俞国良告诉记者：研究表明，10% 左右的孩子存在着心理问题，更多的孩子需要心理方面的关怀，这个问题不可忽视。

心理问题是科学问题

过去，很多孩子在心理上出现的问题都被归结为思想品质的问题，解决问题的方法以批评教育为主。俞国良教授认为，这不是科学的。

比如，儿童撒谎可以分为两种类型，一种是故意撒谎，另一种是过失性撒谎。故意撒谎是思想品质问题，而过失性撒谎则是心理问题。孩子为了不让家长打他，为了逃避教师的责罚，编造了一些假话，这种撒谎出于一种防御心理，不是思想品德问题。解决心理问题就要用心理学的办法，这才是科学的态度。

俞国良教授认为，心理健康教育是学校德育的一部分，却是学校德育不能

① 载于《光明日报》，2001-04-26，记者蔡闯。引用时有改动。

替代的。据统计，在目前发生的刑事案件中，青少年犯罪占 70%；而在少年犯罪中，14~16 岁少年引发的案件又占 70%。这些青少年，最初几乎都表现出心理不够健康的状况，如果他们及时得到教育引导，相当大的一部分刑事犯罪是可以避免的。

由于生活水平的不断提高，特别是目前独生子女越来越多，青少年的心理问题也暴露得更多了。嫉妒、自卑、任性、焦虑等心理状态经常出现在一些少年儿童身上。如果任其发展或者教育管理不当，都会进一步加重他们的心理负担，不仅影响他们成才，甚至影响他们一生的生活。

需要治疗的是少数，需要教育的是多数

正确对待青少年心理健康问题，是教育工作者的责任。俞国良教授认为，对我国少年儿童心理健康状况的估计应该实事求是，忽视不行，夸大也不行。

据有关部门统计，我国中小学心理健康状况良好，存在"严重心理不足"的中学生比例不到总数的 3%，小学生比例为 4.2%。因此，俞国良教授认为，对中小学生心理健康的培养应注重"教育"，而不是"治疗"。

既然是教育，就应该面向大多数学生，而且应采取引导、启发的方式。目前，我国不少地区的学校都开设了中小学生心理健康教育课，一些学校还配有专门的心理教师，这对中小学的心理健康起到了积极的作用。

经过长期的研究，俞国良教授认为中小学生的心理问题主要表现在学习、自我、人际关系、生活和适应几个方面。在接触到的案例中，有的学生必须边看电视边读书，有的孩子在 3 口之家切蛋糕，一定要切成 4 块，父母各一块，自己留两块……俞国良教授说，中小学生对学习的兴趣、学习的方法和习惯等都可以通过心理教育调节而得到改善；同样，他们对周围环境、人际关系的适应程度，也可以通过心理教育来提高。一些事情，看似是小事，但是如果采取不科学的教育、调节，就会导致更为严重的后果。他强调，对于大多数中小学

生来说，心理教育应该是正面的、系统的，必须及时、科学地提高他们的心理素质，这不仅是预防心理疾病的需要，更是培养高素质人才的需要。

关键是提高教师素质

国外有教育专家指出，学生在学校接受一天的教育，不及他上学路上10分钟受到的教育效果明显。俞国良教授说，这句话有一定的道理，这说明，对于学生而言，潜移默化的教育更重要。

教育是一个非常繁杂的系统工程，环节众多，学生对教育的接受是没有选择的。因此，教育者必须提高自己的素质。解决了教师的心理问题，才能解决学生的心理问题。

俞国良教授在研究中发现，教师对于体罚学生，认为"应该绝对禁止"的占39%，认为"可以"或"偶尔可以"的占61%，这是部分教师维护自己家长式权威的心理反映，也是他们难以忍受各方压力、心理失衡的体现。一方面，这些教师需要端正教育观念，接受现代的、合理的教育理念；另一方面，解决他们的心理问题刻不容缓。

我国对中小学生的心理健康越来越重视，北京、上海、天津等地都有相应的措施和机构。研究、从事心理健康教育的人员也越来越多。目前，中小学生的心理教育教材就达300多种，但它们之间的联系还不够紧密，对学生的要求也不同，难以形成系统。俞国良教授认为，让中小学生保持健康的心理，应该充分发挥学校心理健康教育主渠道的作用，让心理教育全面渗透在学校教育的全过程中，同时，更要调动家庭和社会力量，创设符合青少年儿童健康成长的环境。

七月，由稚嫩的肩膀扛起

——又到一年高考时①

第一篇　听一听高三人的故事

临考的日子……

每年的7月，高考似乎已经成了抛不开的主题。今年的7月，是本周刊创刊后首次与高考相逢，我们自然地想走近高考，走近那些高三人。有这样一名高中生，她的名字叫王晶，是一名高三的学生。在临近高考的日子里，她用日记记录了自己的心境。

5月22日　星期二　晴

"二模"前一天。

马不停蹄地忙了一个月，终于等到"二模"了。我居然有些幸灾乐祸，看：在家长的督促下，在教师的带领下，在众多人士的关注下，我们与试卷展开了一次又一次的激烈战斗，所幸的是将以我们的胜利告终。留下的是疲惫、憔悴，甚至有九死一生的感觉。

尽管杨柳边、课桌旁、灯影下，苦读的身影随处可见，但是我清楚，时间真的不多了，哪怕一刻也不能让它轻易溜走。

6月15日　星期五　阴

班里有人拿到了复旦大学的推荐表，学校给了我一张上海交通大学的，我

---

① 载于《中国教育报》，2001-07-04，记者段旻雯。有删节。

没要。于是，议论四起。

"傻!"

"穷牛气!"

"虚伪，想要就要嘛!"

只可惜，我喜欢那句话："走自己的路，让别人说去吧!"其实，真的选择一条什么样的路，此时，我根本说不清楚。

爸爸来了! 自从上高中以来，爸爸妈妈从没有来过学校。然而这个时候，如同千千万万个家长一样，他还是来了!

爸爸，如果你不来，我会像每天一样静静地看书，默默地学习。可是你来了，我陡然在心里涌起一阵感动。你走了，我却难以平静下来。你斑白的头发在风中向我诉说着对我的希望，你沉重的脚步留下了对我的鼓励。我时常希望自己就是那高飞的凤凰，但事实上，我只是擦着枝头低飞的小鸟。这么多年来，我一直想用稚嫩的肩膀分担一份厚重的责任，如今，我却发现，我只做了一点点。我多么想对您说："爸爸，您的女儿不会让您失望!"

第二篇　大一学生如此看待

冲刺岁月……

意外地收到一封邮件，意外地被字里行间的高考经历所吸引，于是，开始联络这个把文章的标题定为"高考'制胜心经'"的女孩子。她叫刘萌萌，是某大学 2000 级的学生。我们一起来看看，去年的这个时候她是怎么走过来的。

Cry in the night

六月，天气闷热，高考倒计时进入最后 30 天!

最后的 30 天，该是奋力冲刺的时候了，可我偏偏和大多数人一样，被诸多的考试失败、单词健忘的阴云笼罩着，烦躁、不安、郁闷甚至想放弃，有这样的心境如何面对高考?

有位同学"偏执"的做法启发了我，他也是一到考试就紧张得睡不着觉。于是，在"二模"考试的前一天，他坐上了疾驰的列车北上赴京，半夜又坐车赶回来，整整一夜，他都在"奔驰"，一路奔波给了他一颗奔腾的心。第二天早上参与"二模"考试，他发挥正常。

就这样，我也找到了我的排解方式——cry in the night，一次哭个痛快！于是，在高考前的一个月里，我几乎每天夜晚在放学路上都会痛哭流涕。我要让眼泪带走我所有的郁闷与哀伤，留下平和的心去迎接明天的挑战！

爸爸的一剂心药

7月6日晚，我激动得难以入眠，在床上"烙饼"。父亲见状，便拿来微量的安眠药让我服用，我便很快进入了梦乡。

考完试，父亲告诉我："那一点安眠药根本不足以入眠，那只不过是一种心理的暗示。你会以为安眠药在起作用，很容易就进入梦乡了。"

的确，高考前"精神高度兴奋容易导致失眠，是一种心理上的障碍"，心病还得心药医，我很感谢老爸的一服心药。

拍拍肩，握握手，足矣！

"高考是在考孩子，也是在考家长"，这句话一点也没错。考生家长虽不能左右考生的一切，却可以影响考生的考试心情。

我的体会，在考生考试前，家长应尽量少谈论高考事宜，对考生的成绩应持无所谓的态度（即使是装出来的），这些会给考生带来相对轻松的氛围。

另外，家长将考生送至考场是很重要的。因为考生在进考场前，有很长一段时间是众多人守候在考场外的，容易让人紧张与不安。有家长陪同考生前往，除了确保考生的安全外，还可以让考生在等候时有依靠，有温暖。家长只要和孩子微笑着握握手，拍拍肩，说句"加油"，足矣！

当考生考完一门后，家长对此门考试最好绝口不提，可以针对考生的反应做简单的安慰与鼓励，让考生感到今天和平常没有什么不同，保持一颗平常心。

考生到达了考试地点，见到了同学，所需要的只是轻松的话题、彼此的微笑、相互的鼓励。

第三篇　品一品专业人士对高考的认识

换一种观念看孩子

俞国良：中央教育科学研究所教育心理研究室主任，博士生导师。多年从事发展心理学研究，尤其致力于学习不良儿童的心理发展研究和儿童青少年智力与个性、社会性发展研究。

应该承认，无论高考怎么改革，它都是社会关注的焦点。但是，作为家长，怎么看待高考，怎么对待要参加高考的孩子，怎么衡量孩子是否成才，怎么在自己和孩子之间架起一座可以很好沟通的桥梁，都是需要静下来想一想的问题。

看着身边的孩子，家长往往习惯了用年龄的群体标准来评价个体。比如，我们常常听到有家长对孩子说："你看谁谁家的孩子今年考上了名牌大学，谁谁家的孩子又得了数学竞赛大奖。"孩子具有不同的智力或非智力因素，处于不同的成长环境中，因此具备不同的发展模式。家长看孩子，应该更多地从这个孩子而不是从其他孩子的角度出发，要善于发现这个孩子的优势，有针对性地引导孩子成长。

同时，评价孩子成才的标准不应该简单地建立在衡量其知识积累多少的基础上，因为真正使孩子今后能够很好地生存下去的资本是能力，而不是知识本身。所以，要把评价孩子是否成才的标准建立在衡量其是否会检索知识和运用知识的基础上。只有这样，才能使更多的家长重视孩子非智力因素的培养，使孩子拥有健康的心态和不断提高的能力去适应社会的进步。

此外，家长与孩子之间的亲子观也应该有所转变。把成年人的愿望强加给孩子，将自己未曾实现的理想寄托在孩子身上，甚至以一切为了孩子为由按照自己的意愿限制孩子，这些都属于狭隘的亲子观，是不利于孩子的健康成长的。

　　从孩子降生的那天起，家长就应该认识到，孩子是一个独立的生命个体，需要得到充分的理解。随着孩子逐渐长大，家长要学会尊重孩子的兴趣，用发展的眼光看待孩子的成长，而不是依据自己的心理定势来决定对孩子的认识。

　　如果目前多数家长的成才观和亲子观不改变，高考对孩子的压力根本不可能减少。

面对青少年新漫画　肩上的担子有多重①

　　20 世纪 80 年代中后期，《花仙子》《铁臂阿童木》《聪明的一休》《米老鼠和唐老鸭》《机器猫》……一批外国动画片如潮水般涌入国门，对青少年的欣赏习惯产生了冲击，阅读期待也有所改变，从而培养了一个"顽固"的卡通群体，也因此骤然形成了一个巨大的卡通消费市场。许多不法书商趁机捞油水，涌现大量盗版国外漫画，特别是日本作品。其中，一些色情、暴力的漫画藏入孩子的书包，成为威胁他们身心健康的隐患，也引起了家长和老师的深深忧虑。而今市场上出现的口袋本漫画，因为体积小，似乎更加容易逃避查封的"灾难"和家长老师的"搜捕"。

　　中央教育科学研究所教育心理研究室主任、博士生导师俞国良教授认为："卡通之类的读物可以满足青少年的好奇心和探求欲望，拓宽知识面，获得快乐，培养其求知的兴趣。但消极的、色情的、凶杀的、暴力的卡通，会对青少年的心理健康产生极大的负面影响。首先，影响学生智力的发展。卡通故事本身提供了一种理想化的固定模式。这种固定模式影响到青少年的正常思维与分辨是非的能力，甚至影响到想象力和创造力的发展。因为想象力和创造力的发展需要与现实生活结合起来。其次，会形成不良的性格特征。面对卡通中的特别夸大的理想人物，他们自认为无法比较，便有一种自卑感，还可能自暴自弃，孤僻，不与人交往。面对凶杀暴力的场面，他们会有一种恐惧的心理，而这将影响到他们对生活的热情。还有的青少年从卡通中学会欺骗、说谎，甚至对暴力行为进行刻意的模仿。最后，影响青少年的社会化发展。青少年的人生观、

---

　　① 载于《北京日报》，2001-12-23，记者傅恺。有删节。

价值观正在形成，由于生活经验有限，他们就会对卡通中的某些形象产生误解，不利于发展良好的社会适应能力。"

北京安贞医院心理医生廉小淞女士也认为："儿童是在模仿大人和外人的行为中成长起来的，这是人类的天性之一。卡通形象具有很强的超时代特点，成了青少年模仿的首选对象。所以，我们要以健康的、积极的、善良的形象来引导他们的成长。"

系统化性教育读物走向"前台"①

　　系统全面的性教育在我们的青少年教育中曾长期处于空白状态，对青少年进行系统全面的性心理、生理、道德、健康教育的读物在国内也一直难觅踪迹。近日，随着国内首部关于青春期性教育的系列读本在哈尔滨正式出版，系统化性教育读物开始浮出水面，走向"前台"，为目前社会上急需的青少年青春期性健康教育提供了阅读依据。

　　据该系统读本的编写负责人、哈尔滨医科大学公共卫生学院流行病学教研室教授王滨有介绍，这套系列读物针对初中、高中、大学等不同年龄段的青少年，共分 3 册，内容由浅入深，主要涉及青春期性发育、性心理特点和障碍、性保健和自我保护，以及性犯罪预防、性伦理学、婚恋期性教育、性生活避孕、性功能障碍等。与市场上为数不多的一些普及性知识、研究性心理学的科普书相比，王滨有认为这套读本更加系统、全面，读者针对性更强，比起一般读物的课外阅读环境，这套书可以通过学校课堂这一更正规的渠道教给学生正确的知识，树立正确的道德观念。

　　就在黑龙江省推出国内首套用于在课堂内进行青春期性健康教育的系列读本，并引起各路媒体关注的同时，北京出版社也推出了引进英国版权的《青春期预备手册——身体的秘密》。与前者相比，该书保留了原版全彩色印制、画面生动活泼的特点。据该书责编雷鸣介绍，与现有的国内作者编写的有关性教育的科普读物相比，《青春期预备手册——身体的秘密》一书对人体的生理结构、如何怀孕等问题毫不避讳，不给青少年读者造成神秘感。同时还用很大篇幅介绍

---

　　① 载于《中国新闻出版报》，2002-02-08，记者杨为民。有删节。

如何培育孩子成长，并对生活细小方面都做了详细说明，也体现了国外多年积累的性教育读物出版经验。但他也承认该书也还存在读者对象细分不够、针对性不强的弱点，在发行过程中，也遇到与中国父母接受观念不一致的问题。因此，他们正着手于有关方面研究，准备推出一套读者对象根据年龄更加细分，适合学校课堂使用的性教育读物。

中央教育科学研究所从事儿童心理方面研究的俞国良教授认为，我国的青少年性教育，在学校和家庭都存在较大困难。相关读物内容大多比较片面，性心理、生理、道德、健康等内容含量较少。而在我国香港地区，香港教育署1971年设立中小学性教育计划，1986年开始正式编写中学性教育指导，1996年确定从幼儿园孩子到高中生都应是性教育的对象，将性教育的内容渗透到生物、伦理、家政、常识等各个学科课程中。他介绍，国外的性教育大致与社会发展同步。西方性教育起源于19世纪末的美国，而系统的性教育开始于20世纪50年代到70年代。例如，瑞典1942年开始分小学、中学、大学不同阶段对少年儿童进行性教育，1956年瑞典政府将性教育规定为中小学必修课；在20世纪60年代芬兰的性教育开始进入中小学课堂；美国1967年开始施行中小学连续12年性教育；德国和日本也大多从20世纪70年代后将性教育引入课堂。俞国良教授认为，儿童和青少年的性教育是一个系统工程，除生理和心理知识外，性文化、健康、伦理、法律规范也应教给他们，性教育应从娃娃抓起，让他们学会保护自己，学校应正确引导并采取适当的方式。由此谈及国内性健康教育读物的出版，俞国良教授认为，目前国内此类图书编写出版缺少系统性，对知识的强调较多，性道德、伦理、文化、健康的内容较欠缺；引进版图书要考虑怎样与国内实际相结合；而在如何加强国内编写的读物的生动性、趣味性方面，应发挥多媒体作用，形式更加多样，要注意考虑读者对象的年龄特征，加强针对性。

警惕教师的"心理杀手"①

2002 年年初，北京教育科学研究院基础教育科学研究所的一份调查报告显示：九成中小学教师感觉精神压力大。教师群体的职业压力使得越来越多的教师遭遇"心理杀手"的威胁，教师的心理问题引起社会人士的广泛关注。

北京市教育科学研究院的专家认为，造成教师压力增加的原因主要包括：社会发展和教育改革提高了对教师的要求；社会和学校评价教师的标准与学生的分数、升学率紧密相关；现在的教育教学和教师管理制度对教师的要求过高、评比和检查过多；教师职业的特殊性使其言行受到更多地关注。

针对教师难以释怀的"心结"，俞国良主任建议：有关部门应制定各种政策来维护教师的合法权益，改善教师的福利待遇，形成尊师重教的社会风气；学校应改善教师的工作环境，如降低师生比、缩短工作时间、给教师更多的工作灵活度和自主权、提供更多训练和提高的机会等；同时，教师的心理健康应作为教师职业道德建设的一个突破口，在教师培养和培训中得到重视。从心理学的角度，教师要注意提高自己的压力应对技术，常见的方法有放松训练、时间管理技巧、认知重建策略和反思。

俞国良主任强调说，教师的信念和职业理想是教师在压力下维持心理健康的重要保证，对教师事业和教师职业的热爱、对学生的爱和宽容，对提高教师心理健康水平是至关重要的。

---

① 载于《现代教育报》，2002-02-20，记者罗德宏。引用时有改动。

随着事业单位聘任制改革的全面推行，有关人士认为，教师机构要着眼于教师评价和考核管理系统的改革，取消各种名目繁多的检查评比，妥善安排好落聘教师的出路，把教师从过重的心理负担中解脱出来。

生态道德教育　不容回避的话题[①]

最近，北京动物园的黑熊惨遭一名大学生伤害，原因只是该学生想验证一下黑熊是否如书上所说的那样嗅觉灵敏。这虽然是个别人的一种极端行为，但受过十几年教育的大学生竟有如此行为，发人深思。如何使学生树立起一切自然存在物都有按照生态学规律持续生存的权利观，以及不仅对他人、社会，而且对其他生命形式自然承担责任的义务观？专家指出，新形势下的生态道德教育已不容回避。

为了人类自身的持续发展

当前，世界生态环境问题日益严峻，严重威胁着人类的健康，制约着经济社会的发展。越来越多的人开始认识到人与自然的和谐共进，这才是人类作为一个物种持续发展的关键所在；作为地球上唯一具有理性的自然存在物，人类有权利利用自然，满足自身的生存发展，但也有义务尊重自然，保持生态的稳定性。为此，越来越多的国家以行政、法律手段限制破坏自然生态的行为。然而，尽管环境科学日益发达，环境立法日趋完善，现实生活中却仍旧存在着大量有法不依、破坏生态环境的现象。

生态道德教育长期被忽视。1998 年国家环境保护总局与教育部共同组织了一次全国公众环境意识调查，调查显示有 1/3 的人认为"人应征服自然来谋求幸福"，近一半的人对我国环境状况变化趋势表示乐观，仅有 8.3% 的人较多地参

---

① 　载于《人民日报》，2002-03-04，记者王淑军。有删节。

与环境保护活动。这意味着仍有很多人不能正确认识人与自然的关系，更多的人则对我国的环境状况认识欠缺，对自身的环保责任不明确。

数字也暴露出学校生态道德教育的尴尬处境。中央教育科学研究所俞国良教授认为，长期以来我国学校德育内容主要是围绕如何处理人与他人、集体和社会的关系组织的，而相对忽略了如何处理人与自然，包括人与其他生命体的关系的教育内容。虽然从 20 世纪 80 年代起我国的环境教育就已经起步，但也基本停留在知识的传授上，而没有自觉地将其纳入德育内容中、渗透进学校的各个环节里，更谈不上对"理性生态人"最为重要的情感体验、习惯养成及价值观的培养。

"可以想象，一种缺乏指导纲要和评价标准的教育，在以应试为中心的学科格局下会处于什么样的处境，它的实效性和针对性会有何保证。"俞国良教授说，加强生态道德教育并把其纳入学校德育中，也是当前学校德育改革的题中应有之义。

重新构建学校德育

将生态伦理纳入学校德育，使如何处理人与自然的关系成为新的道德对象，必然引起德育内容的重新构建。

为使生态道德教育在学生中得到长期、有效地进行，俞国良教授建议加强与现有德育课程及各学科的渗透，开设相关选修课，同时从学生的生活经验和身边的生活环境出发，通过建设生态校园、开展社区服务等方式，开展丰富多彩的生态德育实践活动，从而使学生在学习知识和参与活动的过程中，树立起可持续发展的生态伦理观，并最终转化为自觉的行动。

人格与心智同步发展①

"伤熊事件"引起了社会各方面的广泛关注。② 一个学习成绩不错、智商不低的大学生，何以干出这种令人痛心的事情？

潜在心理障碍不可忽视

据不完全统计，有20%左右的大学生存在潜在的心理健康问题。而解决这一问题的途径却很有限。一些高校开设了心理课，但这些课程仍以传授知识为主，与学生的日常生活、实际环境离得太远。不少高校也设立了心理健康咨询中心一类的机构，但这样的中心要么门可罗雀，要么成为个别依赖心理极强的学生寻求保护的地方。心理问题，正在成为高校面临的学生工作难点之一。

中央教育科学研究所教育心理研究室主任俞国良认为，目前很多大学生的心理问题往往被学习成绩所掩盖，一些成绩好的学生的内心孤独、冷漠，这种人格上的缺欠可能会影响到他们的智力发展，但在只追求分数而忽视全面素质发展的教育体制下，这种影响往往表现不出来。在心理学上，这种人群被称为"心理障碍症候群"，一旦有适合的机会和环境，他们潜在的病态就会表现出来。"伤熊事件"只是一个引人关注的事例而已，类似的事例还有。要真正挽救刘海洋这样的学生，加强大学生心理健康教育是非常必要的。

---

① 载于《光明日报》，2000-03-21，记者蔡闯。引用时有改动。
② 指2002年在北京动物园发生的一起震惊国人的"硫酸伤熊"事件，熊受到了重伤。事件曝光后，在社会上引起极大反响。刘海洋的恶劣行径受到了全社会的强烈谴责。——著者注

　　高校的心理健康教育不仅是一门课程，更必须与学生的生活实践、生存环境相结合。俞国良主任特别强调了"体验"的意义。他说，母亲对刘海洋的爱是单向的，同学与刘海洋的交往是单向的，刘海洋总是处于自我中心，缺乏与自然、环境的交流，从没有体验过关爱别人，这是他缺乏自我控制力的原因之一。在他的心目中，没有尊重生命个体的意识，也没有攻击人或动物的"私人空间"的犯罪感，为了一点"好奇"就动用如此残忍的手段"试验"，而且完全出于无意识，这说明他的心理极不成熟，与其年龄反差太大，处于"童稚期"。而这一事件本身，再次证明了心理健康是多么重要，尤其是对于压力大、学业重、期望值高的大学生而言。

德育教学必须走向实际

　　思想品德课、法制课、政治课是大学生必修的课程。刘海洋当然也上过这些课，而且成绩也不差，但这些课何以对他起不到应有的作用？

　　不少高校德育教师告诉记者，德育课在大学的处境"比较难"，这些课能否受到学生的欢迎，主要看教师"讲得好不好"，而且一些学生对这类课程的态度也是虚以应付。

　　首都师范大学德育教研室主任赵君华说，德育课必须在提高学生文化基础、人文基础的前提下，进而提高学生的思想修养。德育教育应该与知识积淀相结合，在学生获取知识的同时，潜移默化地提高他们的思想道德水平。

　　提高大学生的人文素养、培养人文精神，是提高道德水平的有效途径。赵君华指出，人文素质是道德素质的基础。人文精神就包含着关爱、交往、对自身精神人格的把握等内容。而这些，正是刘海洋极其欠缺的。同样，这也是一些大学生德育教育普遍的薄弱环节。因此，高校德育工作必须进一步加强。

　　德育工作者指出，加强德育，绝非强化灌输手段，增加上课时间。道德具有两重含义：一是人的内在品德；二是指整个社会的规范。大学德育课应该是大学生通过学习社会规范和文化知识，引起内在的认同，进而提高道德水准的过程，必须通过知识的"内化"，做到"知行统一"，达到教育的目的。

共同建设完整的成长环境

成长环境不完整，是刘海洋悲剧的重要原因之一。单亲家庭、独生子女，往往使一些学生的成长环境受到损害。过分地溺爱、管制、纵容、压抑……都会使学生产生不良情绪，心理受到伤害，进而在人格、道德上留下欠缺。

一位教师说，她曾经做过一个试验，让大学生给自己和自己所属群体的道德打分。结果，大学生普遍认为自己的道德水平高于整体的道德水平，但实际情况却并不如此。由此，给大学生讲基础道德太有必要了。大学生的道德培养，就应该从要求他们"主动擦黑板""主动向老师打招呼"做起。

中国人民大学财政金融学院 2000 级学生孔祥乐说，在当今社会高度发展的过程中，"竞争"被放在了更重要的位置，衡量一个人是否优秀的标准更倾向于：能否在工作中顺利地完成任务，能否击败对手取得较大的经济效益或社会地位。这种标准无形中使人们忘记了最根本的"德育"，使大学生在平时将更多的精力放在提高分数、钻研学术上，同时一些做人的最基本素质的培养被忽略，如社会责任感、善良、正直、正义感等。然而这些素质是一个人才应有的必备素质，对于祖国未来栋梁的大学生而言更是如此。

造成部分大学生道德水准不高、心理素质较差的原因并非只存在于学校。不少教育工作者指出，学生出了差错，并不能简单地说某某高校的政治思想工作、管理水平不行，而是应该引起整个社会的警惕。只有提高整个社会的人文环境、道德意识和法制观念，类似的悲剧才不会重演。当然，对于知识结构相对扎实、文化水平相对较高的大学生来说，人格与心智同步发展显得更为重要。如果心智的增长伴随着人格的失落，那么受害者将不仅仅只是几只熊而已。

让教师的心理更健康①

开坛语：教师，作为一种特殊的职业工作者，一直被誉为"人类灵魂的工程师"，它曾是无数孩子心中待圆的梦和瑰丽的理想。因而，当接连不断的体罚学生的事件被曝光，当学生的心理问题被越来越多的人关注，追根溯源，有许多的矛头开始指向了教师。许多人在追问，现在的教师怎么了？其实，无论教师的实际地位是否真的能够那样辉煌和荣耀，他也是一个普普通通的人，有着所有平凡人所具有的喜、怒、哀、乐，他也会有压力有困扰，会面临或多或少的心理上的问题。所以，就让我们多给他们一份关心和理解。

特邀专家：

俞国良（中央教育科学研究所心理室主任）

吴瑞华（中国科学院心理研究所研究员）

申继亮（北京师范大学发展心理研究所所长，博士生导师）

近半数的教师心理健康受到影响

申继亮：现在报纸、电视，还有一些杂志，多多少少都在谈教师心理健康问题。我手头上也有一些这样的数字，有 51.23% 的，有 48%、30% 以上的。这些数字的来源的真实性我不怀疑，它们都是通过量表和一些调查得来的。但是关键问题是我们怎么看这些数字，这些数字到底能说明什么问题，这是很重要

---

① 载于《现代教育报》，2002-03-29，记者谢凡。有删节。

的一个方面。现在有一种倾向就是把这个数字绝对化,好像给人感觉有这么多的人是有很大问题的,我始终不同意这种观点。

我认为这些数字不是什么大不了的问题。第一,实际上,这些数字跟医学里检查出来的数字的含义不同,它里面有很多没有确定的问题存在,如标准问题,心理健康的标准是连续的,绝对心理健康的人没有,只有相对健康的。由极其严重到相对健康是一个连续体,我们现在非要划一道线,把一个连续体切开,这是不科学的。第二,心理状态是一个变动的过程,在相对范围之内很有弹性。比如说个体在生活当中遇到重大事件,如丧失亲人,其情绪就会变得抑郁,一测肯定会不正常,但并不是说这个问题就会一直影响下去,可能过了若干时间以后,经过调整,个体就会恢复原来的状态。它是一个相对时间段的感受,我们所描述出来的数据百分比是一个带有情境性、时间性的内容。

从另外一个角度看,教师确实存在有问题的,任何一个正常群体里都有百分之十几到百分之二十左右的人有这样那样轻微的或严重的问题。教师也是正常人,作为一个群体,他也有很多不良的习惯性的毛病。所以这些数字应该引起我们重视,但重视并不等于害怕。

俞国良:教师心理不健康有各种各样的表现。比如,不能适应环境,作为教师不能够与学校环境协调一致;比方说对家庭背景不一样的学生会不会一视同仁;公开课失败了,会不会迁怒于学生;对学习困难、学习不良的学生,会不会说"你真笨";对于班级里的差生,是不是怂恿班级里的其他同学不要去理他,不要跟他讲话;对于上课不遵守纪律的学生会不会损伤他的自尊心;是不是鼓励学生打小报告;对于不遵守纪律的学生是不是要罚加作业,包括体罚;等等。这些问题都是因为教师对环境不适应,而心理健康一个最根本的标准就是能有效适应环境。

教师的心理健康问题涉及教师本身一个系统的东西。最严重的是他的人格方面的一些缺陷,作为教师,人格特征是很重要的。例如,有的教师有一种强迫性的人格,比较追求完美,有的教师要把自己的观点强加给学生,这是一种轻微的强迫性的人格特征；有的是冲动性的，动不动就训斥学生，或者当学生回答不出问题时就讽刺、挖苦，甚至体罚；有的教师比较自卑，他自己看不起自己，这在他的行为里也会表现出来。

另外，个体无法应付超出他个人能量或资源的工作，始终以一种应激状态去做出反应，在这种情况下他容易从一个极端走向另外一个极端。

影响教师心理健康的因素逐渐增加

申继亮：现在教师出现了这样那样的问题，我认为跟压力有关系。我们调查发现，从压力强度上来讲，感觉很大压力、比较大压力的人约占70%，国外大约有三分之一。压力的来源主要有以下几方面。第一，考试压力，虽然是不让排名，但教师报告上来后，这还是头一位的。有的学校甚至实行末位淘汰，跟奖金挂钩之类的，这对教师造成的压力很大。第二，从教师的报告来看，现在教师的工作负荷比较大，尤其是带毕业班的，工作超时。再加上现在继续教育的要求，各种各样的会，各种各样的培训，都变成强制性的了。第三，家庭生活方面，现在医疗、住房等一系列在改革，但是工资很有限，尤其是广大普通教师收入很有限，所以来自家庭方面的压力也很大。第四，工作上对职业发展的期望，大家都想评职称，都想当先进，因而产生一些矛盾，如机会少、自我提高的条件不充分等，学校评估又把很多这样的教学之外的指标加进去，这也构成了教师的心理压力。

俞国良：影响心理健康的因素有很多，但是我觉得有两个因素是比较重要的，一个是家庭因素，另一个是个人因素。心理健康教育中的宏观环境是重要的，但是起根本作用的是个人的微观环境。另外，教师的角色本身是一种终生的身份，他所面对的对象的同质性远远大于异质性，如小学教师面对的就是6～12岁这个年龄段的学生。这种职业特点本身可能就会导致一些心理行为问题，教师的一些压力实际上跟他面对的对象是有很大关系的，他每天面对的是单调的同一年龄段的对象。

吴瑞华：第一，现在影响教师心理健康的因素逐渐增加，不光是教师，对于所有群体，随着竞争激烈，心理不健康的因素都在增加，这是大前提。第二，长期以来一个最大的问题是，教师的压力过重。教师的心理压力大往往造成师生关系紧张，尤其是教师对一些学习成绩不理想的学生有偏见，这种偏见导致了学生的反抗，带来的直接效果就是师生关系对抗，这就导致了教师、学生双方心理不健康。第三，可能有的地方班级学生人数过多，有的地方拖欠教师的工资，经济上不去，这都是导致教师心理不健康的因素。

教师心理健康有几个层面

俞国良：首先是教师的行为层面，包括基本教学行为、教育行为、人际互动、师生之间的互动。其次是教师的知识层面，包括文化知识，我们更强调教师的条件性知识。条件性知识指关于教育学、心理学等这些基本的知识，包括对学生心理情况的了解。我们要提供适合学生发展需要的教育，而不是让我们的教育去选择学生。再次是教师的能力层面，包括基本的智力和职业能力，但重点是教师的教育监控能力。就是说，教师能够把教育活动本身作为一个意识对象来不断对自己的教育行为进行调节、监控、检查、反馈，实际上这就是教师的反思能力。最后是教师的观念层面，包括世界观、价值观、人生观，但是我们更强调教师的教育效能观。因为教育实质上是教师对学生能不能学好，对自己能不能教好，自己能够教到什么程度，学与教两者之间关系的一种信念、一种期望。教师心理健康问题涉及他对自己的一种信念和期望，这个我觉得是比较重要的。在教师心理健康中，还有一个更重要的，是他的人格层面。

教师心理健康不但要符合一般人心理健康的一些基本要求，更重要的是要体现出教师这种职业的特殊要求。

师源性心理伤害并不都是因为教师的心理问题

俞国良：从某种程度上说，一个教师的心理健康状况如何，会对学生产生深刻的、长期的影响，因此教师的心理健康比他的专业知识、他的教育方法更为重要。教育的一个重要目的是教会学生在学会做人的过程中学会做事，在做事的过程中学会做人。这个目标怎么实现，我认为教师起着非常重要的示范和榜样的作用。这中间，我更倾向于示范作用。教师提供了一种范式，学生可以模仿，但是一个教师对情绪不能自我控制，教师不能为人师表，自己的言行举止违反了教师这种特殊职业的一些特点，那么这个示范只是一个反面的示范。

申继亮：教师出现的一些问题行为，对学生造成的伤害，被称为师源性心理伤害。这里我们要做区分，我简单来讲一个标准。第一类，如果教师有一定计划，或有一定目的，在头脑比较清醒的情况下对学生实施惩罚，这类行为对学生造成的伤害，我觉得是严重的职业道德问题。第二类，出于好心，动机是好的，但是方式不适当，这类是大量存在的，属于观念问题。第三类，在一种严重的情绪亢奋的情况下做出失当行为，这属于心理健康的问题。教师人格不正常或有问题只是极少数，更大量的是教育方式、教育观念不适应时代要求所造成的。

有心理健康的教师才有心理健康的学生

俞国良：有心理健康的教师才有心理健康的学生，这是一个前提条件。所以，对教师心理健康知识的普及是很重要的。第一，我认为可以把教师心理健康教育纳入教师继续教育工程，以及教师职业道德的范畴内，作为教师职业道德教育的一个重要组成部分。第二，针对教师如何保持自己的心理健康，有条件的话，应该进行一些培训。第三，更重要的一个做法，在师范大学招生中应该有反映心理健康的测试，我认为至少应该把新生中存在明显的、严重的心理行为问题的心理不健康者清除出去。有的人可能人格特征有缺陷，比较粗暴，容易冲动，或者非常自卑，这些人至少可以排除在外。另外，师范大学中教师的素质也是非常重要的。第四，建立有效的社会支持系统，如制定对教师的工作量、教学效果的考评标准。解决教师的后顾之忧，如工资、住房、聘任等这些问题。要保持教师的心理健康，我认为这是一个系统工程。

增进教师心理健康，从关心教师做起

俞国良：增进教师心理健康没有灵丹妙药。第一，解决认识问题。一些心理问题是自然的，是可以解决的，并不是非常可耻或不能跟人讲的一件事情。第二，要学习一些方法、措施，自己做好自己的保健医生。第三，要培养积极向上的情绪情感状态。第四，采用合理的工作方式，提高工作效率。急事急办，重事重办，小事缓办，处理好学习跟娱乐、跟教学的关系。第五，要学会自己进行心理调适。

吴瑞华：第一，社会要爱护教师，切切实实解决教师的实际生活问题，给教师提供一个宽松的环境。第二，升学考试要淡化一点，对教师要有一个科学的评价指标。班容量要适当地减少，要给教师算清工作量，不要让他们长期处于一种超负荷的状态。第三，教师要加强自己的修养，提高自身在学生中的威信。一个有威信的教师的心理一定是健康的，提高教师的威信也是教师心理健康不可缺少的内容。第四，教师要带着感情色彩爱学生，即使学习成绩不佳的学生也有可爱的地方。教师要热爱学生，热爱全体学生，这才是真正教育上的爱护学生。第五，除了教学以外，教师要学习一些恰如其分的教育方法，这是非常重要的。在气头上尽量不要处理问题，这对自己、对学生的心理健康都有利。对于一些老师来说，要缓和师生关系，师生关系一缓和，其他问题就相对好办一些。教师的心理不健康，很多体现在师生关系紧张上。

从教师这个角度来说，这几年我们对教师各个方面的关怀并不够。所以当教师出现一些行为问题时，我们应该分清楚问题产生的背景，不要只是一味地加以批评。另外，学校的心理咨询员不光要面向学生，还要面向教师。教师心理跟学生心理是相关联的，教师心理不健康，一定会在学生身上体现出来，在教育方法上体现出来。

怎样让孩子保持心理健康①

编辑同志：

　　我的孩子自从上了高中以后，变得越来越不听话。老师反映他上课注意力不集中，成绩也有明显的下降，我想与孩子聊聊，他却爱理不理的，这使我很头疼，不知孩子到底怎么了，是不是有什么心理问题。我该怎么办呢？

四川读者　陈立华

　　在现代急剧变化的社会中，不仅成人要承受形形色色的诸多心理压力，而且本该天真烂漫的儿童青少年也要直面来自学习、生活、家庭和社会的种种负担，于是心理健康问题日益凸显并受到广泛关注。据估计，我国有5%的人患有不同程度的精神障碍；在3.4亿17岁以下的未成年人中，有各类学习、情绪、行为障碍者3000万人，其中，中、小学生心理障碍患病率分别为21.6%和32%。

　　因此，家长要关心的不仅仅是孩子的身体状况，心理状态如何更是需要特别关注的。究竟什么是心理健康？第三届国际心理卫生大会认为，心理健康是指在身体、智能以及情感与他人的心理不相矛盾的范围内，将个人心境发展成最佳的状态。笔者以为，心理健康是一种生活适应良好的状态，凡对一切有益于心理健康的事件或活动做出主动、积极反应的人，其心理便是健康的，反之，便谓之存在心理障碍或心理行为问题。这里包括形成、维持与保护、促进与提高心理健康状态等含义。无论何种说法，一定要避免对心理健康的绝对化、片面化理解，不要认为有一点缺陷和问题就是心理不健康而乱扣"帽子"，或者认

---

① 载于《光明日报》，2002-04-25。引用时有改动。

为心理健康的人没有烦恼，没有不良情绪和消极行为。

　　一个人是否心理健康是相对的。正因为心理健康是相对的，与其说正常与异常有性质上的差异，倒不如说有程度上的差异。一方面，心理健康绝对不能用类似于"体温超过 38 摄氏度就是发烧"的标准来评判。另一方面，心理健康也不仅是指没有心理疾病，它与人们学习、生活和工作中的心理状态密切相关。第一，心理健康的人是能够学习的，在学习中获得智慧和能力，并将获得的智慧和能力用于进一步的学习中；第二，心理健康的人应该有良好的人际关系，在保持个人独立性的同时能乐于与人交往，并建立信任、稳定、和谐和建设性的亲子关系、同伴关系和师生关系；第三，心理健康的人能正确认识自己，接纳自己，能调控自己的情绪，始终保持乐观向上的心态，形成和维护健全的人格；第四，心理健康的人能面对生活中的问题，正视现实，适应环境，对生活和社会具有良好的适应能力。当然，心理健康的标准可以有很多，在衡量一个人心理是否健康时，要把各方面情况综合起来判断，选择正确的坐标系，学会辩证地看问题，这也是人们在学习和生活中如何维持与促进自己心理健康最为关键的。

　　青少年期是一个从幼稚走向成熟的过渡期，是一个朝气蓬勃、充满活力的时期，是一个开始由家庭逐渐迈进社会的时期，同时也是一个变化巨大、面临多种危机的时期。在青少年的心理问题中最常见也最严重的要数青少年抑郁症。从陈立华所谈的情况看，还不能确定孩子患有抑郁症。但如果您的孩子在一段时间内心情不愉快、烦闷；对平时感兴趣的事情觉得乏味；思考能力下降、注意力难集中、记忆力减退；学习失去了动力甚至厌学；对成绩下降变得无所谓或对什么都无所谓；甚至感到活着没意义，产生轻生的念头。这时您就应及早求教于心理专科医生，以防不良后果的发生和疾病的进一步发展。

　　随着青少年与社会的交往越来越广泛，他们渴望独立的愿望日益变得强烈。因人际关系压力而烦恼的年轻人通常表现为自卑、过分注意他人评价、容易受到伤害、虚荣心强、怕丢面子等。家长应帮助孩子改变一些不恰当的认知态度，引导他们客观分析自己的现状，学会接纳自己，允许自己有缺点，有失败。完美的自我是不存在的，不要过分苛求自己。

良好的家庭氛围对孩子的性格和心理健康也有很重要的作用。因此，父母应与子女互相尊重，有充分的思想和情感交流，这种充满民主气氛的家庭有助于孩子养成开朗、自信、积极的心态。

如果说人生最大的财富是生命，那么，我要说，人生最大的收获是心理健康！一个乐观、心理健康和对生活充满感恩的人，患病的概率比一般人要小得多。为此，我衷心希望不仅父母们能够保持心理健康，还能够把孩子也培养成身心健康的合格人才。

教育心理研究的"东方之子"①

人物简介：俞国良，男，1963 年 9 月出生于浙江萧山益农镇。先后就读于东方红小学、夹灶初中、衙前中学。1982 年考入杭州大学心理学系，1993 年攻读发展心理学博士学位，师从著名心理学家林崇德教授，1995 年赴美国佐治亚大学进修学习，同年在北京师范大学获博士学位。历任浙江大学哲学社会学系助教，浙江教育学院讲师，北京师范大学发展心理研究所副教授、教授、所长助理、书记，《心理发展与教育》杂志社常务副主编兼编辑部主任。现任中央教育科学研究所教育心理研究室主任、教授、博士生导师，教育部中小学心理健康教育咨询委员会委员和教育部新课程标准编制组成员。

2000 年 7 月 18 日，一位萧山人成为中央电视台《东方之子》栏目的主角，他就是俞国良。整整两年后的 7 月 18 日，记者联系上了俞国良，在一番乡音对答中他爽快地答应了采访请求。

一个地道的萧山农民的儿子，是怎样走进《东方之子》的呢？面对记者的探究，俞国良用带着浓重萧山口音的京腔，叙述着过去 38 年的历程。

贫穷，是最初也是最深刻的记忆。对于 20 世纪 60 年代的萧山人来说，吃饱饭是一种奢望。某天，吃过午饭就没了晚饭的米，母亲去借米却失望而归，流着泪回了家。这一幕深深地印在了年幼的俞国良的脑海里。那时，最好的"下饭"是一碗蛋花汤，全家六口人，一碗蛋花汤，分配上的困难和强烈的欲望构成了深刻的矛盾。过年了，一身"新衣服"是哥哥姐姐穿过后改制的，却仍让他盼望着

---

① 载于《萧山日报》，2002-08-19，记者宣舒平。引用时有改动。

并且高兴着；5毛、1块的压岁钱，那是最大的"私有财产"。上中学后每个星期天都要回家参加劳动，为的是赚4个工分，2毛4分钱。在衢前中学读书，一个月的伙食费是2块钱，最盼望的是周六的中饭，因为有一块肉可以下肚。

"贫穷是什么？"《东方之子》主持人白岩松这样问过。"千金难买少时贫。贫穷是一种财富。"俞国良这样诠释。

但记者还有一问："贫穷是普遍的，而成才却是个别的，缘何？"

"立志，勤奋。"俞国良用这四个字概括。立志是一个过程：十岁时想吃饱饭，二十岁时想考入大学，三十岁时想成为博士，四十岁时想做博导。不断地立下每个人生阶段的志向，并且扎扎实实地前行，俞国良提前实现了这些目标：十九岁考入大学，三十二岁成为博士，三十五岁当上北京师范大学的教授，三十六岁荣登博导。勤奋是基础。成功需要机遇，机遇只青睐勤奋的人。他对自己指导的硕士、博士生常说这样一句话："你们比我聪明，但我比你们勤奋。"正是因为勤奋，他才成为一名出色的教育心理研究专家。

采访俞国良最困难的是谈他的成就。他认为"成就少谈为好，还年轻呐"。不得已，就从谈他的研究方向迂回过去。从20世纪90年代初起，他开始研究创造力。他认为，每个人都具有创造力，创造力是人的智力发展的最高阶段，培养中小学生的创造力是非常重要的。《创造力心理学》等一批专著和论文的发表，奠定了他在这一研究方向上的学术地位。他先后承担并完成了国家自然科学基金项目、全国"九五""十五"教育科学规划项目教育部重点课题，取得了国内领先的研究成果，走在全国学术界的前沿，发表论文40余篇。

那么，《东方之子》怎么会采访您呢？这是记者又一迂回战术。2000年全国掀起素质教育热潮，中央电视台要找一位教育心理专家谈谈。于是从教育部、中央教育科学研究所一步步找到了俞国良。为什么不采访别人偏偏采访俞国良？在记者的"逼问"下，他不得不打开了他的书柜。读大学时，他热衷于写诗，曾有"农民诗人"的雅号。到快毕业时，他已开始出版教育心理专著。近20年来，他出版的专著、译著、主编著作多达20余种，在国内外学术刊物上发表论文、研究报告 70 余篇，承担了国家自然科学基金项目、全国教育科学重点项目、教育部人文社科重大研究项目等课题 11 个。此外，他还兼任：中国科学院心理研究所、北京师范大学、天津师范大学、西南师范大学（现西南大学）的教授、博导，中国心理学会理事、学术委员、理论心理与心理学史专业委员会副主任，全国教育科学规划心理学科评审组成员等 13 个职务。因此，《东方之子》选择了他。

其实，采访他的中央媒体并非仅此一家。除《东方之子》外，中央电视台的《焦点访谈》《社会经纬》《科技之光》《科技博览》等先后多次专题报道，新华社、人民日报、光明日报、经济日报、中国教育报等全国各大媒体均对他进行了多次采访报道。

面对码满了半柜子的著作，高达半尺的专题报道的报纸，记者看到了一个金光闪闪的富矿，才深刻地理解了一个农民儿子的勤奋，一个钱塘江畔萧山人的精神，一个中国教育心理研究专家的事业心。一个令萧山人骄傲的"东方之子"就是这样站立起来的。

"还是谈谈萧山吧"，俞国良并不回应记者敬佩的感叹，轻轻说。"我要感谢萧山的父老乡亲，我的历任老师。没有他们也就没有我的今天。"事实上，俞国良时时不忘回报萧山，为萧山争取了两项国家级的课题并亲自担任总指导，先后邀请了 10 余位全国著名的专家教授到萧山讲学，为萧山培养了 3 名特级教师，为萧山教育界推荐、发表教育论文多篇……

在为萧山的教育做出实际努力的同时，俞国良还关注着萧山未来的发展。俞国良说："我最愿意看到萧山的教育和萧山人的素质，能与发达的经济相匹配。萧山要实现可持续发展，必须高度重视基础教育，重视基础教育的高水平平衡，与经济发展一样，要使基础教育也达到全国领先水平。"俞国良一谈到萧山的未来，便滔滔不绝，一脸的真诚、坦率与焦急，一个赤子的心态袒露无遗。

中小学心理健康教育有了新教材
——心理健康教育专家细说原委①

根据教育部 2002 年 8 月颁布的《中小学心理健康教育指导纲要》精神而编写的《中小学心理健康教育教材》(学生用书和教师用书)共 24 册近日正式出版,相关课程将于 9 月份开课,全国两亿多中小学生将接受系统的心理健康教育。

这套教材在编写上考虑到了不同年龄学生的身心特点和阅读心理等,既可以作为学生心理健康教育课程的教材,又可以作为第二课堂的课外阅读教材。每一课还分若干个栏目,都以活动和实践为主,通过个案分析、具体活动、实践动手、切身感受和自我调节等,使中小学生形成健康的心理素质,维护并促进他们的心理健康。

该教材主编俞国良是中央教育科学研究所教育心理研究室主任、教授、博士生导师,教育部中小学心理健康教育咨询委员会委员,多年来一直从事心理健康教育研究。

俞教授认为,现在中小学心理健康教育存在着学科化、医学化、片面化、形式化、孤立化等问题。心理健康教育不同于语文、数学,不是一个学科;也不等同于思想品德教育,更有针对性、实效性;多数孩子的心理是健康的,并且在主观上是要求心理健康的。

他在接受记者采访的时候一再强调,心理健康教育的目的是培养身心健康、具有创新精神和实践能力的高素质人才。这套教材就是本着以上指导思想编纂的。

---

① 载于《北京青年报》,2002-08-19,记者储智勇。引用时有改动。

　　他还说，影响孩子心理健康的因素绝不仅仅是学校教育，社会、家庭都会对孩子产生潜移默化的影响。这套教材也是给家长看的，要让家长意识到教育孩子要"智力因素+非智力因素"两条腿走路，不能只重学习成绩和升学率而忽视了孩子的心理健康教育，否则，对现在压力大、学业重、期望值高的青少年来说是非常危险的。

诊脉中小学心理健康教育
——访中央教育科学研究所教育心理研究室主任、
博士生导师俞国良教授①

近些年来，我国对中小学心理健康教育从行政上、从各级行政部门的领导与管理上，都给予了极大的关注与重视。2002 年 8 月，教育部就中小学心理健康教育下发了 14 号文件。当前中小学心理健康教育的总体形势是好的，但也不容乐观。据初步统计，小学生有心理和行为问题的约占总数的 10%，初中生约占 15%，高中生约占 19%，大学生有潜在心理健康问题的约占 20%。我国心理健康教育当前主要问题在哪里？应当采取什么对策？就此，记者专访了中央教育科学研究所教育心理研究室主任、博士生导师、《中小学心理健康教育》特邀副主编、中国心理学会理事俞国良教授。

心理问题是长期积淀的结果

记者：现在中小学生表现出来的心理问题日渐增多，这与心理健康教育开展得不够是否有关系？

俞国良：心理问题不是一时形成的，而是长期积淀的结果。这有点像煮饺子，煮到一定的火候才会浮起来。学生心理问题的日渐增多，是多因素的诱发，当然跟心理健康教育开展得不够有密切关系。最近几年，虽然有些学校率先开展了心理健康教育，但这方面的师资、课程教材、研究资料、评价机制都较薄

---

① 载于《现代教育报》，2002-09-11，记者希南。引用时有改动。

弱，不同地区心理健康教育发展的均衡性、理论研究与实际结合的紧密性、方法途径的系统性和时效性、信息资料的科学性和共享性等也非常欠缺，个体与全体、教育与矫正、心理素质与其他素质、心理健康教育与学科教育、心理健康教育与德育等区分得不够明确。因此，目前人们对"浮上来的饺子"日渐增多现象有时感到无从下手，甚至感到困惑。其实，心理健康教育有其自身的规律，焦急不得。

心理健康教育谨防学科化倾向

记者：中小学心理健康教育作为教育的重要组成部分，越来越受到社会、学校、家长的关注，有些学校甚至把心理健康教育纳入学校的正规课程来运作，不知俞教授怎样看待这个问题。

俞国良：现在，有些学校把心理健康教育当作一门学科来对待，在课堂上系统地讲述心理学的概念、理论知识，采用传统的"教师讲、学生听"这样单调乏味的教学方式，弄得学生在课本上勾勾画画，课下还得认真背书、做作业，更有甚者，有的还安排心理健康教育考试。这种把心理健康教育学科化的倾向是不对的。心理健康教育的宗旨是帮助学生解决学习、生活、人际关系等方面的烦恼，以及出现的诸多不适应的发展倾向，帮助他们减轻心理负担，释放内心的焦虑和心理压力，帮助学生轻装上阵。如果搞心理健康教育反而加重学生的负担，学生非但不能受益，反受其害，这是有违心理健康教育的宗旨、原则、目标的。这个问题不能不引起广大中小学教育同人的警觉。心理健康教育固然要让学生掌握一定的知识，目的是帮助学生有效地对心理问题进行自觉调控，而不是系统地传授心理学知识，而且方法、途径宜多种多样，要强调学科间的融合，要贯穿于丰富多样的活动中，反映在环境的优化和对潜在教育资源的利用上。

心理健康教育要谨防医学化倾向

记者：有人认为心理健康教育就是进行心理咨询和心理治疗。中小学心理健康教育跟社会上有心理障碍的人看心理医生能相提并论吗？

俞国良：心理健康教育是面向全体学生的。人要生存，要发展，要学习和工作，必须具备两个条件：一是身体健康，二是心理健康。这是一个健康人的两个支柱。"人"字由两笔支撑，一笔代表身体健康，另一笔代表心理健康，缺任何一笔都不能成为一个健康的"人"。为了身体健康，要开展体育活动；不言而喻，要心理健康，同样也要开展心理健康教育活动。有人认为心理健康教育就是治疗学生的心理疾病，把中小学心理健康教育医学化，"治疗"和"指导"的意识比较强，研究问题时选择心理障碍的较多，选择发展性问题的较少，这就违背了心理健康教育的本质和内在规律；有的学校成立了心理咨询室，让校医充当心理辅导员，像医院记录病历一样对学生的心理情况进行登记；一些学校的领导和教师对心理健康教育认识不清，进行错误的宣传导向，使学生认为只有心理有疾病时才去心理咨询室，而一旦去咨询了，就意味着自己存在心理疾病，会遭到同学的嘲笑和非议。这些医学化的倾向严重地阻碍了心理健康教育的顺利进行。据我了解，学生的心理行为问题主要包括学习、自我、人际关系和社会适应能力等方面的一些问题，是发展性问题。从临床个案和调查统计来看，真正有严重心理疾病和心理障碍的，不到学生总数的1%，绝大部分属于发展过程中出现的轻度或中度心理健康问题。这说明中小学生总体上是心理健康的，只是在成长发展的过程中出现了一些不适应性而需要不断进行心理调控的问题，不能同医学意义上的心理疾病、心理治疗简单地混为一谈。

心理健康教育谨防片面化倾向

记者：有人在心理健康教育中进行心理测验，通过测验打分来判断学生的心理问题，这种做法的科学性如何？

俞国良：心理健康教育过多地关注于各种心理测验，甚至依赖测验所得的分数来判断学生的心理问题，这种做法不仅不科学，而且很有害。这样做会给学生的心理造成很大的压力。有的学生在参加心理测验后，由于分数偏低，不仅遭到同学的嘲笑，而且在心理上留下阴影，总觉得自己和其他同学不一样，甚至把自己归为"另类"，结果导致心理真的出现问题。这是片面性的一种。在教育对象上，心理健康教育趋向于选择中学生，认为中学生出现问题较多，而小学生年龄小，不会有什么心理问题；以为毕业班的学生面临升学，没有时间去思这想那，实际上是误解。这些是选择教育对象上的片面性。在内容上，心理健康教育主要关注学生的生活心理教育，如青春期教育、人际关系能力培养、耐挫折能力培养，以及学生的性格、情绪等方面的内容，而忽视学生的学习心理(包括学习动机、学习兴趣、学习能力、考试心理、学习适应性等)，忽视职业心理(包括帮助学生职业定向、升学考试及职业分析、为兴趣的了解与测试方面提供咨询服务等)，这就在内容上陷入了片面性。此外，中小学心理健康教育重视心理咨询，轻视心理辅导；重视调适性心理，轻视发展性心理；偏重学生个体，忽视学生群体。这些都是与心理健康教育的目标背道而驰的。

心理健康教育谨防形式化倾向

记者：有一种说法认为，心理健康教育其实就是德育的新别名，这是不是一种误导？

俞国良：现在的确有人把心理健康教育同德育混为一谈，把心理健康教育简单地看作学校德育的一个组成部分；有的人甚至认为没有必要单独进行心理健康教育；还有人把心理问题同思想品德问题混为一谈，把心理问题当作思想品德问题来处理，用德育的方法来对待心理问题，这是认识上的错误。例如，同样是逃学撒谎，故意撒谎是思想品德问题，而过失性撒谎则是心理问题。这两种不同质的问题不能混淆。事实上，心理健康教育与德育是两个不同的范畴，两者的目的、任务、实施方法有明显的区别。不认识这种区别，开展心理健康教育就会流于形式。此外，有些学校虽然名义上设立了心理咨询室，开设了心理健康教育课，配备了教师，但观念跟不上，宣传不力，有硬件无软件，硬件也就形同虚设。心理健康教育形式化的倾向也应当引起大家的重视。

心理健康教育谨防孤立化倾向

记者：有人以为，心理健康教育仅针对学生，这个认识是否也有问题？

俞国良：现在有些地方一提心理健康教育就以为是针对学生的。其实，教师也有心理健康教育问题。须知，只有心理健康的教师才能培养出心理健康的学生。调查研究表明，教师偏偏就是一个容易产生心理问题的职业。据统计，美国有37%的教师有严重的心理紧张和焦虑，有6%～8%的美国教师有不同程度的不适应。为人师表的教师，要最大限度地满足学生、家长和学校的需要，不能表现出烦躁、沮丧等情绪，这就不能不造成教师过重的心理负荷，同时教师角色的多重性——在学校里是教师，在家庭中是家长、是孩子的教师、是主要劳动力，在社会上是模范公民，这些角色使教师没有时间和精力进行必要的心理调节。因此，学校既要抓好学生的心理健康教育，更要关注和关心教师的心理健康教育。需要强调的是，心理健康教育要始终贯穿一条主线，即活动性、体验性、调适性和实效性的有机结合，教育内容应随年龄特征不断调整、扩充，在心理健康教育中，学生是主体，教师是主体，家长同样是主体，不能孤立化。

心理健康教育必将进入良性轨道

记者：我国心理健康教育的总体形势看好，但面对现实中的问题，应当采取什么对策？

俞国良：我是搞心理学专业的，对事业的光明前途充满信心。据我所知，为了推进我国心理健康教育的发展，将会采取一系列措施。第一，加强中小学心理健康教育师资队伍建设；第二，充实中小学心理健康教育的内容和模式；第三，丰富中小学心理健康教育的途径和方法；第四，实现中小学心理健康教育的现代化。当然，心理健康教育要进入良性轨道仅靠学校是不行的。一个健康的社会心理环境对有效的心理健康教育显得尤为重要。

让心灵荒漠变绿洲
——心理专家、中央教育科学研究所俞国良教授谈心理健康教育①

据世界卫生组织估计，全世界20%～30%的人存在不同程度的心理健康问题。研究表明，一个社会各个成员心理健康水平的高低，不仅是这个社会文明程度的标尺，也是该社会稳定与发展的"晴雨表"。

记者：现代社会生活及工作节奏的加快以及竞争的加剧，使人们承受的心理压力越来越大，如果没有适当的减压办法，很容易出现心理健康问题。那么，该怎样抑制心理问题的产生？

俞国良：据世界卫生组织估计，世界上20%～30%的人有不同程度的心理问题或行为异常。在日常学习、生活和工作中，人们经常会遇到诸如压抑、紧张、焦虑、孤独、悲观、抑郁、自卑、恐惧、愤怒、嫉妒、退缩和人际交往困难等状况，消极心态的持续和占主导地位，便是心理不健康的表现。一般来说，如果一个人经常性或大部分时间内在表达感情上有问题或对自己缺乏自信，如怯场、无法拒绝、无端发怒、决策困难、遇事优柔寡断等；或者对行为无法自我控制且干扰了正常的日常生活，如酗酒、吸烟过量、无法控制的恐惧和强迫重复某个动作行为等；或者经常性失眠、幻听、洁癖、有自杀倾向和莫名的恐惧感等，此时求助于心理咨询专家，听听他们的意见或许有所帮助。在更多情况下，衡量是否需要求助于心理咨询专家，取决于个人对自己心理是否健康的经验标准，即根据人的主观感受来判断。无论如何，当个人无法承受心理压力

---

① 载于《辽宁日报》，2003-01-10，记者高慧斌。引用时有改动。

时，与人交谈、倾吐和宣泄，对于释放心理压力是有益的。

记者：心理健康问题已不是个人的问题，而是一个社会问题。心理问题的日益增多，与社会及学校心理健康教育开展得不足是否有关？

俞国良：心理问题不是一时形成的，而是长期积淀的结果。心理问题日益增多，肯定与心理健康教育开展得不够密切相关。以中小学为例，研究者发现当前我国中小学生心理健康状况不容乐观。据一个有近 4 万所中小学的某省估计，该省目前只有 25% 的学校对心理健康教育工作有较明确的认识，并已开始这方面的实践。可见，心理健康教育要真正收到教育效果，尚有待时日。

记者：据了解，目前中小学校心理健康教育课在相当多的地方还流于形式，甚至在大学也有欠缺，您认为是什么原因？怎样才能开展好心理健康教育？

俞国良：据我了解，大、中、小学的心理健康教育，都存在着学科化、医学化、片面化、孤立化和形式化倾向。特别是心理健康教育流于形式，虽然各级学校名义上都设立了心理咨询室或中心，开设了心理健康课，配备了专兼职老师，但由于教育者自身教育观念的影响，用传统的教育思想和一般的思想政治工作方法来进行心理健康教育，加上宣传力度不够，心理咨询室形同虚设，心理健康课也没有真正发挥作用。有的学校把心理健康教育和德育混为一谈，往往把学生的心理问题当作思想品德问题来处理，用德育的方法来对待心理问题，这使得心理健康教育没有收到应有的教育效果。有的学校将心理健康教育简单地看作学校德育的一个组成部分，认为没有必要单独进行心理健康教育。

有效地开展心理健康教育，要建设一支专兼职结合的心理健康教育教师队伍，加强专业知识培训，逐步形成持证上岗制度；要重视教师自身的心理健康，使每位教师都树立关心学生心理健康的意识，都能成为学生心理健康的"保健医生"；要充实心理健康教育的内容。心理健康教育的重点要以全体学生为对象，对其存在的普遍问题进行指导，同时还要兼顾极少数有心理障碍的学生的心理治疗与行为矫正。心理健康教育要始终贯穿一条主线，即活动性、体验性、调适性和实效性的有机结合，教育内容应随年龄特征不断调整、扩充，强调在心理健康教育中学生、教师、家长都是主体。

记者：光靠学校开展心理健康教育能否达到预期效果？社会该为此做些什么？

俞国良：开展心理健康教育，仅仅依靠学校是不够的。虽然学校是心理健康教育目标实施的主渠道，但社会心理健康教育则为实现上述目标提供了保证。因为学生在人校前已经带有社会的色彩，在校学习时，又接受社会的广泛影响，针对其负面影响带来的心理问题，学校只能在有限的空间和时间里对其进行正面引导与教育。因此，建立一个良好的社会环境、健康向上的社会风气和适宜的学习、生活环境显得尤为重要。建立学校、家庭和社会心理健康教育网络，势在必行。

记者：目前开展心理健康教育最大的困难是什么？还需要哪些方面的支持？

俞国良：目前最大的困难是专业人员的严重匮乏。心理健康教育是科学性、专业性很强的教育活动，要求从教人员掌握相应的心理学、教育学知识，要由学过专业知识、受过专业训练的人员来承担这一工作。我国现在在校的中小学生有近 2.5 亿，如果按照美国每 4000~5000 名学生配备一名专职心理健康教育教师的标准，我国仅中小学就需要 5 万多名。按照我国目前的状况，即使每个心理学专业的本科毕业生都去从事心理健康教育工作，在几十年内也不能满足目前对这方面人才的需求，更何况因为学校的人员编制、职称等一系列客观原因，不愿到中小学工作而流失的心理学、教育学专业毕业生也为数不少。况且，本科毕业的学生也不能马上胜任心理健康教育工作，而要经过 3~5 年的实际工作经验积累后，才称得上是一名"专业"的心理健康教师。

在家上课应注意些什么^①

编辑同志：

　　我的孩子正在上八年级，由于防控非典目前放假在家，通过北京市教委等开设的"空中课堂"和"课堂在线"进行学习。我发现他有些知识理解得不透彻，作业常出错，他说有的问题好像懂了，但做题时又犯迷糊。针对电视和网上学习，孩子应该注意什么？怎样才能提高教学效果？家长又该如何辅导孩子学习呢？

北京读者高阳

　　接到来信后，记者电话采访了北京市第35中学齐副校长。他说，开辟"空中课堂"，是非常好的一件事情。教师也希望学生充分利用这个自主学习的机会，制订落实学习、生活和锻炼计划，并对每天学习和活动的内容进行记录，请家长签字。

　　他建议，学生可以根据个人及家庭的实际情况，有选择地把"空中课堂"的学习内容安排进自己的学习中。第35中学的教师根据各科教学要求，也给学生布置了一些作业。学校还提供了一份一日作息时间表，供学生和家长参考。为取得较好的效果，家长可根据孩子的情况协助其制订出一日时间安排表，以便实施和监督。

　　中央教育科学研究所教育心理研究室主任俞国良教授认为，如何在多媒体、网络背景下进行有效的学习与辅导，对于孩子和家长来说是一个新课题。这种

---

① 载于《光明日报》，2003-05-10，记者刘小兵。引用时有改动。

76

把课堂授课的优秀教案通过多媒体、网络转化为学生在家学习的方式，有助于学生有目的、自主性学习，也有助于学生学习能力、自我调控能力和分析解决问题能力的培养。这是一种全新的学习方式，是信息化社会的必然趋势。他建议，学生要适当调整学习行为，选择有效的学习方法。教学实践表明，多媒体、网络教学的效果主要取决于学习方法。中小学生要根据学科的特点，选择不同的学习方法。语文学科可以采取自主学习与参与学习等方法，学生通过网络浏览器来查询各种信息，从网络学习资源中获得更多的语文知识，并充分交流和表达自己的思想；对于英语学科，通过常规学习方法和反馈式、协作式的学习方法，运用多媒体、网络上的教学软件来模拟教师指导学生，展现英语的交际性、实用性和综合性特点；数学学科借助探究学习、合作学习和程序学习的方法，学生通过电子留言板与教师讨论，通过网络与同学进行实时在线讨论，真正理解和掌握数学知识、数学思想和方法；对于理化学科，学生依靠逻辑推演、动手操作、组块和图表记忆等学习方法，提高自己的分析综合能力、应用知识能力、记忆能力和创造能力。当然，教师和学生在选择学习方法时，还要注意年级、个性、能力和学习风格等差异，有的放矢，才能事半功倍。

中小学心理健康教育进展如何?①

编者按: 教育部《中小学心理健康教育指导纲要》颁布实施近一年了。这一年中,各省市心理健康教育进行得是否顺利,有哪些成熟的经验可供借鉴,又有哪些方面的问题需要注意,一直是人们关注的焦点。日前,教育部中小学心理健康教育咨询委员会委员、中央教育科学研究所教育心理研究室主任、博士生导师俞国良教授接受本刊专访,为我们剖析中小学心理健康教育发展的现状。

现状:特色心理健康教育浮出水面

记者: 俞教授,您是教育部中小学心理健康教育咨询委员会委员,曾参与起草了教育部《中小学心理健康教育指导纲要》(以下简称《纲要》)。如今,《纲要》颁布已近一年,我国中小学心理健康教育的现状如何,能否给我们做一评述?

俞国良: 据普遍反映,《纲要》的颁布,使心理健康教育在学校教育中的地位得到正式确认,中小学开展心理健康教育的积极性和主动性大大提高。学校多方面、多途径、多角度地开展学生心理健康教育工作,增强了德育工作的针对性、实效性和主动性,使德育工作落到了实处,学生的心理健康水平得到提高。这些成绩的取得,与以下几个方面的努力密不可分。

第一,国家和教育部从政策上重视中小学生心理健康教育工作。1999 年 8 月 13 日,教育部下发《关于加强中小学心理健康教育的若干意见》;2002 年 8

---

① 载于《中小学管理》,2003(7),记者孙金鑫。引用时有改动。

月1日，《纲要》出台。这些文件在教育界和社会上引起了很大反响，从政策上确认和强调了中小学心理健康教育的重要性。

第二，各级教育行政部门加强了对中小学心理健康教育的领导。大部分省市成立了由领导专家与一线教师组成的中小学心理健康教育研究和指导委员会，规划、指导、协调、检查中小学心理健康工作，并培训相关人员。

第三，各中小学校长、教师认识到了心理健康教育的重要性。一些学校开始开展全员、全程、全方位、多层次、多形式的心理健康教育。

第四，教师培训工作开始受到重视。许多省市开展了卓有成效的工作，如举办心理健康教育培训班，编撰教师培训用书，配合有关高校举办心理健康专业的研究生课程班，制定中小学专兼职心理教师资格认定办法等。

记者：这些地区都开展了哪些比较有特色的活动？能给我们举些例子吗？

俞国良：我们调研所接触到的几个实验区的一些做法值得关注。例如，北京市中关村第一小学、北京市第四中学成立了心理咨询室，由校外专业心理人士进行定期辅导咨询，定时向全校师生和家长开放，取得了很好的教育效果。四川省成都市第七中学配备心理学专业毕业的专职心理教师，在学生中开展群体心理咨询和个体心理咨询，将心理健康教育与研究性学习相结合；天津市第一中学强调班主任工作中的心理健康教育，使班主任的日常工作与心理健康教育结合起来，成为班级活动的一部分；河北省石家庄市组成讲师团，向教师和学生宣讲心理健康知识；河北省张家口市宣化第四中学把心理健康教育工作作为转化后进生的突破口；等等。可以说，各实验区都摸索出了一套有自身特色的、符合本校学生发展需要的、有实际效果的心理健康教育方法。目前，我们正在对这些实验区的工作进行深入调研，对他们的工作进行系统总结，希望能从他们的工作中挖掘、整理出可供借鉴推广的经验。

问题：每个环节都不可忽视

记者： 目前中小学心理健康教育工作的确取得了很多成绩，但同时我们也注意到，在实施过程中出现了一些不尽如人意的地方，请您谈谈这方面的情况好吗？

俞国良： 从总体上看，目前的中小学心理健康教育工作的确存在着学科化、医学化、片面化、形式化、孤立化等不良倾向，区域发展也很不平衡。这些都不利于心理健康教育的良性发展。涉及具体操作层面，以下几个方面尤其值得关注。

一、教师

第一，人员来源问题。心理教师最好由受过专业训练的人员担任，在这方面发达国家做得比较好，如在美国，每 4000～5000 名学生就配备一个具有专业资格与水平的专职心理健康教育教师。中国目前的中小学生人数，若按美国的标准，就需要 5 万多名专职的心理教师。把全国每年心理系、教育系培养的毕业生全部算进来，也需要几十年后才能实现这个目标。

第二，个人素质问题。心理咨询工作者应该具备三方面的素质：高尚的个人道德素质、健康的自身心理素质、扎实的专业素质。对于专业素质，一个合格的心理教师既要具有心理学、教育学知识，又必须掌握一定的心理咨询技能。

第三，职业资格问题。在西方发达国家，心理咨询师是一项专业化水平很高的职业，只有取得心理咨询职业证书的人才能持证上岗。在学校从事心理咨询的人，既应该有心理咨询的资格证书，又应该有教师证书。但问题是由谁来发这个证书。我国目前有几个省市是由教育厅发证。我个人认为，由教育行政部门来发证不太合适，也不应该由教育科研部门与行政部门联合发证，而应该由一个专门的职业资格评定部门作为第三方来颁发。目前这个工作还没有得到应有的重视，不过上海市现正努力通过第三方来发证。

第四，工作评价问题。心理健康教育肯定不应该考试，那么，怎样评定心理教师的工作？我们认为，评价心理教师的工作，可以从以下几方面考虑。

首先，看学生有无变化，如学习兴趣、人际关系、精神面貌是否发生变化，可以通过家长反映、教师评价等获得。对此可参考思想品德课的一些考评方法。

其次，教育资料是否丰富、恰当，教育方法是否多样。

最后，是否合理使用教育资源，教育目标是否实现。

二、心理咨询室

建立咨询室应注意以下几点：位置不应该与教师办公室、团队办公室、活动室等放在一起，应该有独立的房间，具有一定的私密性；装饰和装修简洁、大方、温馨即可。据说有一个学校的心理咨询室花了50多万元进行豪华装修，根本没有这个必要。咨询室的名字可以温馨一点，不必直接叫"心理咨询室"，让学生敬而远之，可以改叫"知心小屋""心灵港湾"等学生喜闻乐见的名字。

三、教材

《纲要》提出，"各种心理健康教育自助读本或相关教育材料的编写、审查和选用要根据本指导纲要的统一要求进行。自2002年秋季开学起，凡进入中小学的自助读本或相关教育材料必须按有关规定，经教育部或省级教育行政部门组织专家审定后方可使用。"但是，由于地方保护主义以及经济利益的驱使，一些地方出现了让人担忧的问题，甚至所编写的教材与《纲要》的精神不符，用3个词来形容就是"八仙过海""各行其是""自食其果"。究其原因，一是编写者并不是教育、心理专业人员，二是对《纲要》的精神不了解。我们鼓励教材的多样化、趣味化，让学生乐于接受，但更应该科学规范，符合《纲要》的要求和学生的需要，对学生的发展负责，让学生在阅读过程中有所收益。

四、课时

心理健康课叫课但又不是课，介于课与非课之间，但仍然要保证教学时间。心理健康课只是心理健康教育的一种形式，而不是必须。因此我们建议学校每1~2周，就应该有1个单位的教学时间（如25分钟、30分钟、45分钟）进行心理教育；还可以在班会、团会、社会实践课上进行心理健康教育。

未来：教师培训是关键

记者： 针对目前存在的这些问题，您有何建议？您认为今后中小学心理健康教育应该如何进行？

俞国良： 有3件事情需要重点关注。

第一，加强心理健康教育的师资队伍建设。各级各类学校应该逐步建立起在专家和校长的领导下，以思想品德课教师、班主任和团队干部为主体，专、兼职心理健康教师为骨干，全体教师共同参与的心理健康教育工作机制。已往的心理健康调查表明，学生的某些心理问题与教师有密切关系，提高全体教师对心理健康的认识，也可以避免教师在工作中对学生造成的心理伤害。

尤其要加强对班主任的心理健康教育知识的培训。按照我国目前的实际情况，中小学心理健康教师都由心理学专业的人来充当，不切实际也不可能。在教师队伍中，班主任是与学生接触时间最长，接触频率最高，最了解学生，因而对学生心理健康影响最大的人。班主任工作中的某些内容已经包括许多心理健康教育的内容，如优良班风的营造、学习指导、生活指导、升学指导等。现在只是将原来无意识中进行的心理健康教育，转变为目的性更加明确、内容更加丰富、方法更加科学的教育活动。把心理健康教育纳入班主任工作和班级活动中，是完全可行且十分必要的。

第二，借助课改的时机，将心理健康教育内容渗透到其他课程中去，使心理健康教育与创新精神的培养结合起来。21 世纪的教育如果还不关注人的精神世界的健康，就是对人的不负责任。创新教育是一个系统工程，心理健康教育是其中的子系统，只有在切实、有效地实施心理健康教育的基础上，创新教育的目标才能全面稳妥地得以实现。借助课改的良机，提高各科教师的心理健康教育意识，在各学科教学中渗透心理健康教育，是心理健康教育发展的重要途径。

第三，丰富心理健康教育的内容和方式。中小学生的心理健康问题是发展性的，因此，中小学心理健康教育的重点要放在发展性问题上，以全体学生作为心理健康教育的对象，对学生在成长中普遍遇到的问题予以指导，同时还要兼顾个别有心理障碍学生的行为治疗与矫正。根据学生的不同年龄特征和认知特点，心理健康教育内容和模式的侧重点应该有所不同，小学以游戏和活动为主，初中以活动和体验为主，高中兼顾体验和心理调适，但其中要贯穿一条活动主线，即突出实践性和实效性。同时中小学心理健康教育的内容应该从生活辅导拓展到学习辅导、职业辅导并重，注重学生心理潜能的开发。

记者：最后，能简要概括您关于心理健康教育的理念吗？

俞国良：概括来讲，就是"两个关键""三个主体""四个发展""五个方面"。"两个关键"：教师是关键，课堂教育与学科渗透是关键。"三个主体"：以学生、教师、家长为主体。"四个发展"：要让学生全面发展、全体发展、创造性发展和可持续发展。"五个方面"：让学生在学习能力、自我意识、人际关系、生活能力、社会交往能力五大方面都得到充分发展。

心理学读物首选名人传记①

导读专家：中央教育科学研究所教育心理研究室主任 俞国良教授

青少年正处于人生观、价值观的形成阶段，在这一时期读一些心理励志类图书，从中学习一些积极的理念是大有裨益的。但是，并不是说但凡图书市场上出现的心理励志书就合适。我认为，故事性较强的、读后有较大思考空间的心理励志书以及名人传记是青少年心理学读物中较好的选择。

现在的青少年是在电视机前和网络中成长起来的，他们所接触到的新事物、新观点之多、之广可能是成年人无法想象的，而他们的一些思想和观念可能也是成年人无法理解的。而如今一些按传统思路做出来的心理书，强调对意义、观点的提炼，忽略了青少年自己的思考判断能力，把成年人的价值观强加给青少年，这很容易引起青少年读者的反感，达不到预期的效果。

从学术上讲，每个人在思考时都会与自己的生活经验相联系，因而在潜移默化的励志教育问题上，故事性强的心理励志书和名人传记是很好的载体。这些书中所描绘的故事或人物经历与青少年的生活距离比较近，他们可以从书中读到与自己的生活经历相似的地方，这样就会产生亲近感和认同感。对青少年价值观念的培养不应该直接灌输，而应该用社会主流的价值观去引导，让他们在思考和与同龄人讨论的过程中逐渐做出判断，最终形成自己的人生观和价值观。

---

① 载于《中华读书报》，2003-07-23，记者赵晨钰。引用时有改动。

　　这类书可能从表面上看比较散，主题不够明确，但是相比于"如何讨得上司欢心""做一个人见人爱的女孩"等实用性极强、目标明确、灌输式的励志书而言，《假如给我三天光明》《盔甲骑士》等这种留有一定思考空间的引导式励志书更加贴近青少年的阅读习惯。

.

中小学德育怎样改①

北京市某中学学生李某因打抱不平，殴打一个平时总欺负别人的同学，导致被殴打者肾衰竭。李某因故意伤害罪被判 7 年有期徒刑。此案近日在新闻媒体披露后，引起强烈反响。

青少年犯罪和与此相关联的中小学德育问题，已经引起社会广泛关注。据中国青少年犯罪研究会最新统计资料，近年来，青少年犯罪比例呈上升趋势。很多教育工作者、学者认为，造成这种情况的原因很多，而中小学德育存在某些薄弱环节，是其中一个重要原因。

学生们爱不爱上德育课

据中央教育科学研究所教育心理研究室主任、中国科学院博士生导师俞国良教授介绍，有关方面对北京、重庆、广东、宁夏等省（自治区、直辖市）2000名中学生进行抽样调查的结果显示：12.4%的学生认为思想道德课是他们最喜欢的课之一，24.4%的学生将其列入最不喜欢的课之一。在认为其重要性上，86.7%的学生认为十分必要，12.3%的学生持否定态度。66%的学生希望通过思想道德课学到很多东西，认为应该学；45.3%的学生认为思想道德课有帮助；11.4%的学生认为要考思想道德课，必须学；21.4%的学生认为思想道德课有趣，应当学。75.7%的学生认为思想道德课能贴近生活，49.9%的学生希望思想道德课通过活动来进行，87.4%的学生希望思想道德课能与社会焦点问题相

---

① 载于《光明日报》，2003-08-14，记者周骅。引用时有改动。

结合，但对灌输式教学方式不欢迎。74.6%的学生希望思想道德课增加与人沟通、青春期教育、性教育等内容。这表明，多数学生对目前思想道德课的内容能够接受，但认为其方式、方法要改变。

学校德育存在哪些薄弱环节

专家比较一致的看法是，我国中小学德育取得了很大成绩，也面临挑战。俞国良认为，多种原因导致在实际工作中，中小学道德教育存在四个薄弱环节。

一是教育目标相对滞后。科技迅猛发展，社会急剧变化，对公民的素质提出了综合化、多维度、开放性的要求，我国现有道德教育目标显得相对滞后。二是教育内容缺乏必要的稳定性和科学性。中小学道德教育一直注意联系政治生活，多是一对一的政策问题，缺乏科学的筛选。而且品德教育教材变动频率过高，致使教师过多地把注意力放在适应教材变化上，而无暇钻研教学方法，消化所教授的内容。在内容的现代化方面，如性道德教育、网络道德教育、环境道德教育、生态伦理教育等，还未能深刻反映到德育课程中。三是教育内容脱离学生生活实际，以成人的思维模式让学生接受。我国中小学生的思想品德课教材注重思想内容，而忽视为学生提供能产生真实感受和体验的东西，也很少顾及对学生解决问题能力的培养，不注意发挥他们的主体性和积极性，很难让学生产生兴趣。四是教学方法单一。在教学中不够重视学生道德批判能力，单向灌输较多，缺乏应有的讨论，不能给学生提供适当的实践机会，没有充分利用各种有效的教育资源，也没有营造出道德教育所需的良好物质环境和人文环境。

专家认为，首先要有明确的目标。中小学德育要以培养学生成为具有民族精神的好公民，对自己、对社会、对国家承担应有的责任和义务为目标。要针对青少年生理、心理特点，贴近他们的生活，从小学生的生活圈、中学生的社会公共生活面出发，让学生学会生活，以不断提升生活质量。要强调道德、心理、法律、国情、政治、经济、文化、生活统一在人格教育上，让"爱国守法、明礼诚信、团结友善、勤俭自强、敬业奉献"成为做人的基本道德规范。

俞国良教授建议，中小学德育应注意人文性，关注学生个性的发展和独立思考能力、自我教育能力、道德认知、判断、反思能力的培养，即培养学生的问题意识。在内容编排上，以学生的道德发展需要为中心，选取学生能理解、接受的内容，关注学生的思维特点和兴趣，使学生觉得这门课有助于他们解决生活、学习中的问题，能得到启发。应采取多样化的途径和方法。在课堂上，多采用案例分析、道德讨论、角色扮演、价值澄清等，平时辅以课外活动，如社会实践、社会调查和亲子沟通。道德教育既可以体现国际性、开放性，同时也可以利用地方史、历史遗物、纪念碑等地域性资源。例如，编写面向西部地区的教材时，就可以结合延安的革命历史和变迁，带领学生参观革命战争时期留下的遗迹，激发他们的爱国主义意识。教学的灵活性、生动性、形象性以及教材的图文并茂、语言活泼、深入浅出等方面，也要加强和改进。

相互配合才能春风化雨

记者听到最多的说法是，家庭是社会的细胞，是教育的根本。学校教育如果不能与家庭教育、社会教育结合，是无法奏效的。中央教育科学研究所课题组最近对483名家长、362名中小学生进行问卷调查，对100名家长、50名学生、50名教师进行访谈调查，数据显示出家庭对孩子影响最大的因素：37.9%的人认为是思想道德，17.4%的人认为是脾气性格，15.7%的人认为是社会适应能力，13.3%的人认为是身心素质，10.8%的人认为是学习成绩，3.5%的人认为是劳动态度与习惯，1.4%的人认为是其他方面。这说明，家长以身作则对孩子思想道德的形成具有深远影响。"夫孝，德之本也，教之所由生也。"不忘先人美誉，不忘先祖的养育之恩，从而规范自己的言行，这是家庭道德教化的根本。家长应以其言行风范，为子女做出榜样，使其乐于接受教育。同时，家长还要了解和掌握科学的方法，配合学校，使德育春风化雨，无处不在。

在学术的层面上把握儿童心理学①

在国际上，我国儿童的创造能力曾被列为 15 个被调查国中的倒数第二名；在问及父母最关心孩子的问题时，父母的回答是"如何使孩子成为对社会最有用的人"，孩子的回答却是"父母只关心我们的学习成绩"；在问及教师"是否爱自己的学生"时，95%的教师回答是"爱"，但只有5%的学生认为教师爱他们。

由此可见，家长及教师都自认为了解自己的孩子和学生，但实际上并不了解。而新近出版的"儿童心理与行为研究书系"旨在指导读者有效对待当代儿童的心理与行为。

在第 28 届国际心理学大会召开前夕，安徽教育出版社出版了由心理学家沈德立教授主编的"儿童心理与行为研究书系"，这是我国第一套系统反映国内外儿童心理与行为研究成果和进展的专著型教材，基本上包括了目前儿童心理与行为研究中极具影响力的若干领域，其中，《实验儿童心理学》《智力发展心理学》《社会性发展心理学》可作为专业基础课教材；《创造力发展心理学》《道德发展心理学》《阅读发展心理学》《学习能力发展心理学》《发展心理病理学》《超常儿童发展心理学》可作为专业方向课教材。针对本书系的出版目的、具体内容、特点等，记者采访了该书系常务副主编、中国人民大学教授俞国良。

记者：心理学研究目前在我国发展的情况是怎样的？

俞国良：心理学是一门横跨自然科学和社会科学的交叉科学，它是用严格

---

① 载于《科学时报》，2004-08-05，记者陈盈。引用时有改动。

的科学方法对人的心理现象，以及社会、自然关系中的心理活动进行研究的一门重要科学。20 世纪 90 年代以来，对心理学的研究越来越深入，1999 年，科技部把心理学确定为我国 18 个优先发展的学科之一，2000 年国务院学位委员会又将心理学确定为一级学科，今年，我国又将举办心理学界的"奥林匹克"大会——国际心理学大会。但与发达国家相比，我国的心理学研究依然存在着很大的差距，从事心理学研究工作的人仅 1 万人左右，即每 13 万中国人中，只有 1 名心理学工作者，按人口比例居于世界末位。而只有我国人口六分之一的美国，却有心理学工作者 20 万人，按人口比例是我们的 130 倍。因此，我们需要大力加强心理学的研究和普及工作。

记者：儿童心理学与普通心理学有何不同？其特殊性表现在哪些方面？

俞国良：儿童心理学是研究儿童心理发展规律和儿童各年龄段的心理特征的科学。重点是关于个体从出生到成熟（青年）的心理发展的研究。普通心理学研究人的最一般的心理规律：心理过程和心理特征的一般规律。两者均属于心理科学的范畴。首先，儿童心理学是心理科学的分支，而普通心理学是心理科学中概论性质的基础理论。其次，儿童心理学的研究以普通心理学的研究为依据，对儿童心理发展的规律和年龄特征进行专门的研究。最后，儿童心理学的研究成果能丰富普通心理学的内容。

记者：为什么说这是我国第一套系统反映国内外儿童心理与行为研究成果和最新进展的书？

俞国良：我国关于儿童心理学的普及读物不少，但学术著作并不多见，而且都是由各出版社零散出版，儿童心理学方面的专题研究目前尚是一个空白。20 世纪 90 年代初由心理学家林崇德教授主编的一套"儿童青少年心理学丛书"（8 册，浙江教育出版社）出版，这套书主要从不同年龄阶段（如婴儿、幼儿、小学生、初中生和高中生等）角度，阐述儿童心理的发生、发展特点和规律，对于儿童心理学专业人才的培养、普及儿童心理学的知识发挥了积极作用，但毕竟离现在已有十余年了。进入21世纪后，面临知识经济初露端倪、科学技术迅猛发展、竞争日益加剧的宏观环境，加上儿童心理发展的性质、任务、内容和结构发生了深刻变化，这使得与儿童发展密切相关的一些重要课题又重新成为研究者关注的对象。诸如，如何加深对儿童认知发展、个性社会性发展的了解，如何有效解决儿童不断增加的心理行为问题，如何更好地认识、了解儿童的潜能和开发儿童的潜能，怎样使儿童成为适合21世纪社会发展需要的创造型人才和创新型人才，怎样更快更好地促进儿童的道德发展、促进学习能力和阅读能力的提高，以及减少社会变革引起的家庭结构、功能、需要变化和政治变革对儿童的消极影响等。为解决上述难题，需要从儿童心理发展的专门领域，如认知发展、道德发展和个性社会性发展角度，学习能力、阅读能力和创造能力等方面，以及临床心理学、病理心理学、神经心理学视野，来讨论国内外研究者提出的儿童心理发展新思路、新思想和新理论，以此来迎接21世纪对儿童心理发展提出的挑战。

记者：编撰这样一套书，我们借鉴了哪些方面的经验及成果？

俞国良：从儿童心理发展的专门领域来编撰一套丛书，有很大的难度。一是迄今为止尚未见到从上述角度来讨论儿童心理发展的专著，无"鉴"可借。二是大多数领域，如阅读能力发展、学习能力发展和创造能力发展目前正处于开创性研究阶段，特别是临床发展心理学、发展病理心理学和认知神经发展心理学属于尚未开发的处女地。国外研究显示，儿童忧郁症、自闭症患者，具有攻击行为的儿童，其基因排序与正常儿童的基因排序不同。三是各位作者都是各单位的学术骨干或学科带头人，承担着繁重的教学和科研任务……这些无疑给编撰工作增加了难度。但是，这项工作是为儿童所做的，是神圣而光荣的，是历史和时代赋予的，每一位作者都尽自己最大的努力写好自己的专题，把国内外最新的研究成果和自己多年来的研究心得介绍给广大读者。

尊重教育鼓起成功的风帆①

浙江省瑞安市安阳实验小学，在以尊重为灵魂的学校文化中，教师尊重学生，学生爱戴老师，德育成为"一壶烧开了的水"！

"尊重教育教学规律，特别是尊重儿童的身心特点、成长和发展的特点；尊重他们的人格和权利，尊重他们的兴趣和个性发展。"学校将尊重学生的人格作为教育的出发点。

二年级一名学生有偷东西的坏习惯，有一次又偷了隔壁班级书柜里的书。班主任胡老师决定对这件事特殊处理，于是她特意把该生单独请过来，送给他两本书，并语重心长地说："听说你爱看书，老师很高兴，特意送你两本书，希望你从书中明白道理。"后来，这个聪明的男孩喜爱上了阅读，做坏事也离他越来越远了。一天，该生向胡老师坦白了偷书的事，胡老师避开"偷"字说："你借了书要向人家说明，老师带你去还书。"慢慢地，该生在各方面都取得了很大进步。

"既要尊重有特殊天赋的学生，又要尊重学习不良的学生；教育要面向全体学生，在教育的殿堂里，不应该有被遗忘的角落。"安阳实验小学从来不排斥有缺点的学生。

一年级有一名学生表现一般。后来，细心的姜老师知道该生从小就跟着做生意的父母在北京生活，学了一口标准的普通话。上语文课时，姜老师请该生朗读，还真行。老师惊喜之余对该生大加表扬，并说"他在朗读方面有天赋，如果认真学习，长大了很可能会成为电视台的播音员"。当全班同学向这名学生投去羡慕的目光时，他的脸涨得通红。以后，该生发生了巨大的变化，作业写得

---

① 载于《中国教育报》，2004-08-08，记者李小伟。引用时有改动。

更好了，上课发言更踊跃了。

以尊重教育理念分析传统学生评价，发现后进生总是与正面评价无缘。2002 年开始，学校制订了《安阳实验小学"星卡"激励性评价方案》。星卡分绿星卡、红星卡、黄星卡 3 种。绿星卡代表对学生点滴进步的激励；黄星卡代表对学生过失的一种警告，以鞭策他们及时改正错误；红星卡是最高奖励，代表荣誉和收获。10 张绿星卡能换得 1 张红星卡。凡学生在各方面有细微进步，均可获得绿星卡。

专家点评：

尊重教育意味着什么?

在目前林林总总的教育模式中，浙江省瑞安市安阳实验小学实施的尊重教育意味着什么呢?

尊重教育意味着尊重教育规律和学习规律。学校是教育人的场所，学校教育则是人的习惯、规范和人格得以形成的必要途径，教育者以育人为本是为了让学习者学会做人，做一个"人性丰富的中国人"。这就需要教育者通过多元评价，来展示每个学习者全方位的、丰富的自我。

尊重教育意味着了解学生、热爱学生。了解学生的生理、心理特点是开展教育的基础，而热爱学生则是教育取得成效的关键，更是教育和转化后进生的一剂"灵丹妙药"。尊重教育离开了一颗"爱心"将会寸步难行。

尊重教育意味着尊重学生、信任学生。尊重学生是把他们作为鲜活的生命个体，有自己的理想、兴趣、爱好、人生观和价值观，有独特的性格、能力、情感和创造性；信任学生则是把他们置于与教育者平等的地位上开展对话。

尊重教育意味着尊重双方的权利、义务和责任。学生有受教育权、生命权、隐私权、财产权和发展权，同样教育者也有自己的权利、义务和责任，双方需要彼此互动和沟通。尊重教育要求教育者和学生共同成长。

让抑郁远离青少年
——与心理学专家俞国良对话①

11月9日，以《南京大屠杀》一书闻名的华裔女作家张纯如，在美国加利福尼亚州北部开枪自杀，而她生前患有抑郁症的事实也在她过世后被披露出来。

抑郁症患者中50%的人有自杀念头，这50%的人中又有15%～20%实现了自杀。

目前，在大学里，抑郁症是一种常见的心理障碍。那么，我们该如何正确认识抑郁症，了解各种引发抑郁的因素，又如何及早预防抑郁的蔓延呢？为此，记者近日走访了教育部心理咨询委员会委员、中国人民大学心理研究所博士生导师俞国良教授。

郁闷≠抑郁

记者：最近几年，在全世界范围内，抑郁症的患病比例在逐年上升，在我国又是一个什么样的比例？抑郁症对健康的影响程度到底有多大？

俞国良：根据研究者估计，世界范围内抑郁症的发病率为5%～10%。在美国，七个成人中大概就有一个得抑郁症，巴西是7%的比例，德国是10%，土耳其是4.2%。有份材料表明，目前抑郁症是仅次于心血管病的人类第二大疾病，到2020年，它会成为影响人类健康的第一大心理障碍。

我国抑郁症的发病率没这么高，在20世纪90年代有个统计，发病率是

---

① 载于《现代教育报》，2004-11-26，记者张爱民。引用时有改动。

1.5%。这和中国人的情绪表达方式也有关系，情绪不好时就埋在心里，所以，表面上看起来比例是很低的。

　　记者：*现在的大学生甚至中小学生都常常把"郁闷"当成口头禅挂在嘴边。这种"郁闷"和我们所说的"抑郁"之间有着怎样的距离呢？*

　　俞国良：现在的青少年常常感受到比较大的课业压力和就业压力，但"郁闷"并不等于抑郁，这是不同的概念。现在人们常把"抑郁"和其他概念混为一谈。

　　抑郁是一个心理学概念，情绪低落是最明显的特征，具体心理表现是对事物失去兴趣、容易疲劳、注意力不集中、思维和反应比较迟钝，遇到困难和挫折后内疚感很强，严重时会想到自杀；生理上则表现为经常失眠、食欲不振、体重减轻、浑身乏力、头痛头晕等。这些症状如果持续两周以上，就算是抑郁状态。

　　刚才你提到的"郁闷"是一个生活概念，而抑郁是个科学概念。我们常说"我很郁闷"，不会说"我很抑郁"。郁闷可能持续时间比较短，几小时、几天就过去了，抑郁则一般要持续两周以上，会不同程度地影响正常的生活和工作。

　　记者：*在人的气质类型中，有一种是抑郁质，是不是抑郁质的人就容易产生抑郁呢？*

　　俞国良：人们容易认为抑郁质的人容易产生抑郁，这种观点是没有科学依据的。抑郁质只是一种气质类型，一个人是不是抑郁跟气质类型没多大关系。抑郁是一种心理状态，更多的情况是在后天环境、情境中个人的人格特征等受到一定影响产生的。

　　记者：*那么，是不是处于抑郁状态就是患了抑郁症呢？*

　　俞国良：我们要分清楚抑郁和抑郁症的不同。两者的区别在于抑郁是一种心理状态，抑郁症则是一种神经症，是一种心理疾病或心理障碍，有轻度、中度、重度之分。我们一般说的抑郁症以轻度、中度为主，它的很多表现和抑郁有类似的地方。情绪低落是抑郁和抑郁症的共同现象，但如果这种情绪低落至少持续两年、间隔的时间不超过两个月，才算是抑郁症。抑郁作为一种心理状态，每个人都会有，但抑郁症的比例则少多了。

是什么引发了抑郁症

记者：有很多青少年经常会出现情绪低落的现象，情绪低落就是得了抑郁症吗？抑郁症的产生跟每个人的性格是不是有很大关系？

俞国良：有人认为情绪低落就是得了抑郁症，其实，没这么严重。引发抑郁症的，首先是个体自身的原因。比如说，自我期望水平比较高，学习负担比较重，课业压力很大，加上形形色色的各种考试，他认为自己没有能力完成。

其次是人际交往上的困难。目前，40%的学生感觉同伴关系、师生关系、亲子关系紧张，这种现象也越来越普遍。现在学生大多数是独生子女，容易以自我为中心，不知道该怎样和人交往；而且中学生自我封闭、情绪不稳定、与人沟通不畅、跟父母亲之间价值观有分歧、兴趣及学业存在冲突等都是引发抑郁的因素。

最后是人格特征，如性格内向、自卑、情绪不稳定，特别是对困难、失败的错误归因，很容易导致抑郁。如果把失败总是归结为不可控的因素，如能力、运气、家庭背景等，这些不是学生自己能左右的因素，就会导致他情绪不良，使他体验到更多的挫折感。

记者：应该也受到生理原因的影响吧？

俞国良：对，我接下来要谈到的就是生理上的原因。

首先，缺乏睡眠。连续两个星期的睡眠混乱，会大大增加得病概率。在大学生心理咨询中，抑郁症比例是相当高的，和现在大学生普遍睡眠不足也有关系。中学生连续两个星期的睡眠混乱，也可能会大大增加患抑郁症的可能性。

其次，可能和自身体质有关。某市有个大学生因为体质不好，有慢性胃病，结果总是精神紧张，一考试就更紧张，导致了抑郁症的产生，最后跳楼自杀了。看来，躯体疾病或药物也可能引发抑郁症。

最后，这还跟生物学上的一些因素有关。在严重的抑郁症中，生物和遗传因素占到50%以上。

记者：最重要的应该是哪种因素呢？

俞国良：首先最重要的原因，跟社会心理因素有关。比方说家庭的经济条件两极分化很厉害，如果哪个学生家里无力支付自己的学费、生活费及其他各种读书所需费用了，就很容易导致学生情绪不良。而且，有些学生的攀比心理严重，这导致他心里总会有种失落感。家庭背景中单亲家庭、父母关系紧张的隐性离婚家庭，以及家庭的人际沟通不畅通等，都会导致青少年情绪低落。

其次就是生活环境的改变。现在的青少年是互联网上成长的一代，他们试图在聊天室、网络游戏中控制虚幻的世界；但毕竟网络和现实有差别，这容易使他们在现实里更加失落。这就是所谓"踏着铃声进课堂，宿舍里不声不响，互联网上互诉衷肠"。

最后就是重大生活事件，比如说考试失败、父母离异、父母下岗、班主任批评等，如果没有正确地对待，没有正确进行归因，都容易产生抑郁。

记者：似乎学习困难的学生更容易产生抑郁？

俞国良：根据我们的调查，学习困难学生患抑郁症的比例比较大，36%的学习困难学生有抑郁症。但我们寻找根源的时候，不能把抑郁简单地归因于某种外部刺激，或者归因于有缺陷的人格和个性。有时候，许多抑郁症患者没有确定的发病原因。什么人都有可能得抑郁症，许多有才华的成功人士也有抑郁症。

早发现、早治疗

记者：因为很多人对抑郁症了解不够，是不是相应的治疗也不够呢？

俞国良：是的，在我们国家，95%的抑郁症患者没有得到很好的诊断和治疗。

记者：俗话说"心病还要心药医"，抑郁症作为一种心理疾病，也主要依靠心理治疗吗？

俞国良：我们国内现在基本上针对轻度的抑郁症采用心理治疗，已经确诊为重度抑郁症的大多采用药物治疗。心理治疗需要专业人员的帮助和支持，对于个人来说可分为自我调节和寻求帮助，最重要的是注意早发现、早治疗。

学会自我调节，积极的乐观的人生态度最重要。比如，面对仅有的一片面包，有人说"我只有一片面包了"，有人说"我还有一片面包啊"，这种自我调节是很重要的。再就是面对压力、面对挫折时，要能够适应环境、调整心态。我们的青少年对挫折的承受力比较低，这方面需要培养。而且要有良好的生活方式，该睡的时候睡，该吃的时候吃，避免生活规律的紊乱。

要培养良好的非智力因素，尤其是人格特征。

要学会有效地认识自己、调控自己。有问题了，就去找心理医生看，去寻找一些自己感兴趣的、有价值的事情做，从而发现自己的生命价值。自己没办法的时候，也要依靠其他人，向身边的亲人、朋友、同学倾诉，寻求帮助。社会要提供一个比较温暖的、和谐的生活环境。社会支持和帮助也很重要。

抑郁和轻度的抑郁症主要靠自我调适就可以得到较好的控制。

记者：到什么程度时需要采用药物治疗呢?

俞国良：青少年的抑郁一般主要通过心理治疗，而成年人则要通过心理治疗、药物治疗二者的结合。其中，重度的抑郁症主要依靠药物治疗。因为中学生通过教师、家长的心理教育，有可能情绪好转，培养健康的心理状态；而大学生或者成年人懂得一些人生道理，别人讲的东西有时候也听不进去，这时候就需要采用药物治疗。总之，及时向精神科医生和心理咨询专业人士求助，早期诊断和及时治疗最为重要，特别是有明显的自杀倾向时，光靠心理治疗和劝说是不够的，积极的药物治疗非常重要。

记者：这是不是对中小学阶段的心理健康教育提出了新的要求?

俞国良：我的理解是，抑郁症是一步一步积累起来的。情绪低落，相当长一段时间的情绪障碍可能会逐步演变成抑郁症。所以，抑郁症在大学的发病率远远高于中小学，这是一点一点积累起来的。

因此，中小学的心理健康教育要引起大家的重视。抑郁症的各种早期表现，更应该引起教师的注意，当学生不爱说话、自怨自艾、情绪低落、不合群、自信心下降、注意力不集中、身体不舒服时，不要认为这主要是性格内向的缘故。如果学生情绪低落没有得到很好的疏导，导致人格培养中出现缺陷，后果是很严重的。

面对危机　校长如何思前"善"后①

1月19日，本报报道了江西省某中学学生在遭到教师批评后跳楼自杀的事件。学校认为事件发生在家里，校方没有责任。这种态度激怒了家长，他们准备走上法庭讨说法。在这个案例中，校方的做法是否妥当？面对校园危机，学校究竟应如何处理？

否认、逃避不是解决之道

俞国良：就这个案例来说，它主要反映了这个校长处理突发事件的能力比较低。突发事件就是突然发生的事件，包括灾难性事件。在面临这种事件的时候，校长往往会受到比较强烈的刺激，心理处于一种高强度的紧张、焦虑状态，从而产生心理危机，造成内心不平衡。

作为一个校长，他的应对能力无法帮他处理好这种危机事件。因此在面临这样的局面时，他的心态会发生变化，包括如下几个方面。首先，从情绪方面说，他会恐惧、紧张、焦虑，考虑这件事情会不会影响他的前途，会不会对学校造成不好的影响。这种恐惧是他自己很难控制的，并会导致他情绪非常不稳定。其次，从认知方面说，他的心态可能比较敏感，有一种戒备心理，只要有人一提到这件事，他就会马上否定，推卸责任。而过分敏感、过分戒备就会让他对事情失去正确的判断。最后，从行为方面说，他在逃避现实、逃避问题，为自己开脱责任，已经失去了有效处理问题的能力了。他把焦点集中在自己身

---

① 载于《现代教育报》，2005-01-26，记者魏娜。引用时有改动。

上，而不是集中在与环境的关系上。这是从横向上说的。

从纵向上说，这个校长在遇到这类事件时的心理反应可以分为三个时期：第一个时期是冲击期；第二个时期是防御期，此时防御机制马上发挥作用，这个校长担心自己和学校受到影响，因此他要否认这件事情跟学校的关系，否认学生会因此自杀的合理成分；第三个时期是解决期，他认为推卸责任后问题就会得到解决，但是这个问题对于他来说只是一种暂时的解决。在别人看来，这件事还远远没有解决。发生怎样的情况，主要取决于这个校长对事件的认知和评价，而认知和评价又反映了这个校长的综合素质。

防止恐慌，积极应对

俞国良：校长要克服逃避危机的心理障碍，要注意以下几个方面。第一，培养处理突发事件的能力。要有良好的心理素质，要多学习处理危机的方法。第二，事情发生以后要冷静，沉着应对，这与他的师德修养、法制观念、道德观念、管理理念有密切关系。第三，要积极面对现实，否认、逃避不是解决问题的办法。很重要的一点就是要角色置换：校长要从家长的角度出发考虑该怎么办，这样有利于稳定其情绪。另外，校长要有责任意识，有爱心。第四，校长要有效地进行心理调节。和家长一起讨论、沟通，听听家长的心声，最终达成谅解。

中小学生存在四类心理问题①

北京市中小学"阳光心语行动"现场会在中国人民大学附属中学召开。记者从会上获悉，明年北京将开始试点在学校课程中安排心理健康实践教育课。

北京师范大学心理学系教授林崇德介绍说，目前中小学生心理问题主要表现为四种类型。第一类是人际关系处理不好。这其中包括亲子关系、师生关系、同伴关系等。问题学生中的42%是人际交往出了问题。第二类是厌学。因为学习压力太大，造成学习障碍，有4‰的学生甚至会因为极度厌学而产生学校恐惧症。第三类是不能准确认识自己和评价自己。第四类是对生活问题和就业问题感到烦恼。

中国人民大学心理研究所所长俞国良认为，在学生心理健康问题上，家长承担的责任比教师多。"家长参与关注孩子的心理，可以减少75%的青少年心理问题。"俞国良分析，家长的不足主要存在于三方面。一是只强调学习，忽视其他教育；二是忽视自身素质的提高；三是容易把自己在工作和生活中的情绪迁怒到孩子身上。除了家长的原因之外，"独生"也是造成孩子心理偏差的原因之一。自我中心主义、团队精神欠缺、情感脆弱、社会适应能力差几乎成为独生子女的通病。

在现场会上，团市委有关负责人表示，"阳光心语行动"将成为学校心理教育的一部分。

---

① 载于《北京晚报》，2005-11-18，记者李莉。引用时有改动。

中职生：驿动的心寻求最佳平衡点①

近日，由中国人民大学心理研究所所长俞国良教授主持的中等职业学校学生心理健康状况和特点的调查研究显示，在学习、成长、生活和职业等维度，中职学生的心理健康状况存在着显著的不平衡性，他们在学习方面兴趣不足、缺乏动力，职业认知程度也并不像人们想象得那样高，而在生活自理能力、人际交往能力等方面的表现又明显好于普通中学生。中职学生究竟拥有怎样的一颗"心"？让我们走近他们，了解他们。

走进中等职业学校，当你在实训基地看到专心操作大型机床的数控专业学生，当你在校园职业大赛看到在 T 台上自信展示其设计作品的服装专业学生，当你在招聘现场看到一举一动都恪守职业礼仪的酒店管理专业学生时，你会为他们的训练有素、学有所长感到欣喜，但是，你也许没有想到，在这认真而又青春的面孔后，隐藏着的是一颗颗敏感、驿动的心。面临学习、生活以及就业的多重压力，他们比普通中学的同龄人承受着更重的负担，也因此而产生更大的心理压力，有研究者认为，中职学生的心理健康问题应当引起人们的重视。

抽烟、喝酒等不良嗜好，常是学习受挫、缺乏自信所致

对自己的学习能力缺乏自信，用无能为力、放任自流的态度对待学习，进

---

① 载于《中国教育报》，2006-12-10，记者刘琴。引用时有改动。

而对生活失去了追求。这是在中职学生中存在的一个普遍问题。

中职学生正处于身心成长的过渡期，由稚气逐渐走向成熟，开始以审视的眼光看待自己，以敏感的触角感知周围世界。这段成长的岁月，既有阴霾，也有阳光，关键要看以怎样的心态去面对。

在北京某寄宿制职业学校就读的白晶晶(化名)是个聪明伶俐的漂亮女孩，但从入学那天起，她就没少让班主任操心。

一个周五，白晶晶的母亲去学校接晶晶回家，班主任将她请到了办公室，问道："白晶晶在家抽烟、喝酒吗?"原来，有公寓老师反映，白晶晶经常去校外的小商店买烟、买酒，偷偷带到宿舍。她的母亲听了灰心地说："晶晶小时候是个好孩子，还曾经被评为'三好学生'，可后来不知怎么就变成这个样子了，经常戴首饰，喜欢穿时髦衣服、紧身迷彩裤，还常常背着我们抽烟、喝酒。"

任课教师对白晶晶也感到头疼，她上课时从不认真听课，不是肆无忌惮地跟同学谈天说地，就是旁若无人地打瞌睡，但是一见到老师就成了闷葫芦，一问三不知，实在问急了就逃课、离校，还扬言要离家出走，让大家眼不见为净。

对于这样一个"问题少年"，老师经过深入了解后发现，白晶晶有比较严重的心理障碍，和同学在一起聊天时经常说觉得生活没意思，对什么都不感兴趣。于是老师多次找她谈心，苦口婆心地开导她，终于使她说出了心里话。她说事实上她心里很喜欢这所学校，喜欢这里的同学和老师，也非常想好好学习，只是考试一再失败让她觉得自己"不是读书的料""对生活没有信心"。

因为学习成绩差，所以变得越来越不爱学习，进而厌倦上学读书，开始想办法逃课，甚至养成抽烟、喝酒等不良嗜好，这些是中职学生中存在的一些问题。这在此次中职生心理健康调查中表现得很突出：在学习、成长、生活和职业四个维度中，中职学生在学习方面的得分最低，学习动机、学习习惯、体脑协调性等基本呈现出从一年级到三年级逐步下降的趋势。大部分学生对调查问卷中的"一学习就觉得疲劳或厌烦""现在的学习对将来找工作没什么用"等问题选择了"总是"或"有时是"。

但实际上，学习成绩不佳只表明以前的学习习惯不良，并不代表以后也无所作为，许多中职学校学生的真实经历表明，如果能够正确看待自身的优缺点，扬长避短，在中职学校也可以发掘自身的特长，同样有展示与发挥的舞台。

某职业中专会计专业的黎丽（化名）就是个颇具代表性的例子，刚进入职业学校时，她也像很多同学一样，觉得既无奈又迷茫，生活仿佛完全失去了色彩，她从不参加集体活动，见到老师也从不打招呼，可老师并没有因此放弃她，而是从她的简历上发现她学过舞蹈，有文艺特长，于是就推荐她参加学校一年一度的"校园之星"大赛，并且发动同学鼓励她、支持她，最终黎丽赢得了大奖。之后黎丽像换了个人似的，变得热情、开朗起来，不仅积极参加班级活动，对专业学习也提起了兴趣，中职三年级到公司顶岗实习时，她凭借优异的成绩、过硬的专业素质进入了一家有名的外资公司。

对此，心理专家解析道：中职学生在基础教育阶段学习基础和学习习惯较差，自信心不足，对自己确定的目标通常都难以坚持下去。在刚进入中职时，大部分学生面对一个崭新的开始，学习时还是比较主动和积极的，但随着职校生活的展开，入学时的设想可能没有立即实现，起先的壮志和决心就慢慢消失了。如果不及时加以引导，这种挫折感容易延伸开来，影响他们对待生活的态度，这就需要职业学校的教师多从学生的特长入手，肯定优点，正向引导，帮助学生走出消极、低沉的不良心态。

情绪暴躁、行为过激，往往与对职业生涯的迷茫联系在一起

进入中职学校之后，有些学生认为这就相当于告别了美好的前程，"理想自我"与"现实自我"的巨大落差，让他们不愿意正视与接受现实，很难将所接触到的职业信息与自己的人生联系起来。

一位中等职业学校的校长向记者讲述了这样一件事，他到外地开会，刚下飞机正在与人寒暄时，突然手机铃声大作，电话那端声音急促："校长，刚才有

几个打篮球的男生不知因为什么事吵起架来，其中一个学生受伤，已经送到医院抢救去了，您赶快回来处理吧!"事态紧急，这位校长顾不得参加会议了，转身买了返程机票，急匆匆地赶回了学校。

"处于青春躁动期的学生就是这样，需要特别关注，他们不善于调节自己的情绪，行为容易过激，学校管理容不得半点马虎。"一位在中职学校干了十几年德育工作的老教师深有感触地对记者说。

中等职业学校二年级学生方宽(化名)最近的行为就让老师很是担心。课间，他和几个男同学聚在一起闲聊得正起劲，忽然，一个同学挥动的手不小心碰了他的头，他马上大吼一声:"你干吗? 想打架?"那个同学一看他的样子，也急了，立刻"回敬"一句:"怎么着，你想打人?"他一听，二话没说就抡起拳头朝那个同学的脸上打去。

老师说，方宽原本不是一个情绪易冲动的孩子，但他这段时间不知怎么迷上了电脑游戏，一有时间就钻到电脑房，沉浸在游戏里不能自拔。现在，连他看人时的眼神都变了，不是正常地平视对方，而是半低着头，极不友好地向上翻着眼睛看人，脾气也明显暴躁起来，常因为一点小事就发生肢体冲突。

老师经过多次与他促膝长谈，才逐渐搞明白个中原委，原来方宽对自己学的餐饮专业不甚满意，觉得"没出息"，而且父母也时不时地挖苦、讽刺他干的是"伺候人的活儿"，让他在亲戚朋友面前都抬不起头来。想到今后一辈子都要从事这样"没有前途"的职业，他越来越灰心丧气，渐渐对周围的人和事产生了强烈的抵触情绪，一心只想钻到游戏世界里忘记现实生活中的烦恼。

研究表明，14~19岁青少年的心理发展特色鲜明:一方面是智力迅速发展，逻辑思维逐渐形成;另一方面是情绪和情感比较强烈，很容易动感情。对于这两方面，记者在采访过程中感触很深，中职学生面临着学习、生活和工作的多重压力，对未来有自己的设想，但现实又偏偏不如人意，再加上自控能力较差，他们常会把内心的这种痛苦和失望用偏激的方式表现出来，使别人对他们的评价更加消极。

心理专家认为，中职学生对未来有着美好的向往和追求，但往往过于理想，不能立足于现实。在进行职业设计时，很多学生一心只想成为企业家、干部、白领，普遍存在眼高手低的情况。进入中职学校之后，一部分学生认为这就相当于告别了美好的前程，"理想自我"与"现实自我"产生的巨大落差，让他们不愿意正视与接受现实，很难将所接触到的职业信息与自己的人生联系起来。心理健康调查显示，中职学生经过 3 年的专业学习，除了在"职业胜任感"方面随年级升高呈上升趋势之外，在"职业兴趣""职业选择""职业价值观"等方面的年级差距并不明显。这提醒职业学校要进一步加强对学生的职业指导，帮助他们摒弃对劳动者的偏见，正确认识不同职业的社会分工和社会价值，从而确立现实可行的职业理想和人生方向。

归根结底是内在动力不足，显示外在社会评价还需改进完善

一旦中考失利，进入中等职业学校，似乎就脱离了"正轨"，以升学为主要目的的学习动机不够强烈，以就业为基础的人生发展尚待开启，只有十五六岁年纪的他们很难摆脱这种虚无感。

对比普通高中生与中职学生的心理状况，心理学人士发现二者之间的区别还是比较明显的。经常为中学生做心理咨询的中国科学院心理研究所博士生侯瑞鹤告诉记者，普通高中生的问题一般集中在学习成绩提不上去、担心考不上大学等问题上，他们的学习目标很明确，学习动力比较充足；而中职学生的困境主要是行为习惯不良、情绪比较急躁，明显表现出学习动力不足、职业目标缺乏，他们的强项是想法比较多元、动手能力强。

处于同样年龄阶段的中学生之所以会产生不同的心理表现，其深层原因主要是其在社会评价中所处的位置不同，而这种外在的强制性评价标准替代了学生对自身存在价值的认知，一旦在评价体系中处于不利地位，他们就会失去精神上的支撑与动力，陷入一种迷茫无助的状态。

外在评价是如何影响人们的心理和行为的？有一个寓言故事形象地说明了这一问题。一个老太太屋外的大草坪上总有一群孩子在嬉闹玩耍，他们无忧无虑，自得其乐，但老太太觉得很吵，她要想个办法阻止这群孩子。一天，孩子们做完游戏正要散去时，老太太走近他们，奖励了每人5美分硬币。得到意外的收获，孩子们高兴地离开了。第二天，老太太又给了每人10美分，孩子们更是欢天喜地。第三天，孩子们早早地就来了，无心做游戏，只盼着老太太快点到来，可姗姗来迟的老太太告诉他们，自己没那么多钱，只能给5美分，孩子们很失望。第四天，老太太抱歉地说自己一分钱也没有了，以后再也不能给他们钱了。于是，孩子们彻底失望了，他们决定再也不来玩了，因为什么也得不到。

在这个故事里，老太太"成功地"用金钱取代了孩子们在玩耍中感受到的乐趣，当孩子们得不到奖品时，他们已经忘记了自己的本来目的，对玩耍彻底失去了兴趣。在某种程度上，中职学生就像那群孩子，在他们的天性中也充满求知与好奇，渴望学习，憧憬未来，但在上小学和中学时，由于学校、教师、家长对他们的评价主要集中在学习方面，认为只有考上好中学才能考上好大学，考上好大学才能找到好工作，"学而优则仕"的上千年文化积淀形成了社会大众的普遍看法。因此长期处于这种环境下的学生潜移默化地接受了这种思维模式，并以此来判断自己的价值。

在这种情况下，对于一些成绩平平、学习基础和学习习惯不够好的学生来说，一旦无法快速形成新的价值判断，心理问题就在这时乘虚而入。

另外，中等职业学校学生的家庭环境、家庭资源不佳，不能给他们的发展提供更多的社会支持。北京教育科学研究院职业教育与成人教育研究所的一项以北京13所中等职业学校的3800多名2002级新生为样本的调查数据表明，中职学生大多来自这样的家庭："中低"文化水平（高中或高中以下）、"中低"收入水平（2500元以下），以及"中低"就业水平（农民、企事业基层职工或个体经营者、劳动者）。重庆市教育科学研究院的调查也有类似结论：在2000年入学的

3.6 万余名中职学生中，家庭月收入低于 1500 元的占 94.6%。受自身文化水平和个人发展经历所限，职业学校学生的家长难以为子女提供有效的教育与指导，家庭经济情况对子女教育成本的负担能力也十分有限。

以上种种因素，特别是家庭因素的影响，导致中职学生的心理状态与同龄青少年相比更为复杂和不稳定。美国心理学家霍尔早就指出，"青少年正处于人生中的疾风怒涛时期"，中职学生既处于这种由儿童到成人的过渡过程中，又面临着比一般青少年更大的生活与就业压力，与现实、社会、就业的距离更短，他们要在 3 年中完成从一名初中生到一名劳动者的转变，完成从一个懵懂少年郎到一个成熟社会人的转变，这使他们的心理问题变得更加迫切，更需要来自社会的关怀和帮助。

从某种角度看，处于这一特定时期的中职学生就像是走在一段平衡木上，如果能够掌握好心理的平衡与协调，就能顺利通过，走好人生之路的开端；但如果调节不好，失去了平衡，也很容易重重地摔下来，造成痛楚和创伤。许多研究表明，心理疾病发病的高峰阶段是青少年时期，品德不良行为最容易出现在青少年时期，而青少年违法犯罪所占的比例也较高，这警示我们，应该切实重视起对中职学生的心理健康教育，用科学的指引与爱心的呵护，帮助他们走出心灵的疾风暴雨，走向明媚阳光。

做父亲更要做"慈父"①

俞国良教授是国内著名的教育心理学家，也是一对龙凤胎宝贝的"新好爸爸"。这样身份的爸爸是不是很"专业"呀？俞教授的回答却出人意料："给宝贝讲那么多道理，他们听不懂的，身教重于言教，给他们创造一个好的成长环境才最重要。"

在俞国良教授看来，做父亲就要做"自己生自己养自己教"的"慈父"，这才是做父亲的责任。

做父亲是男人崇高的荣誉

谈起龙凤胎宝贝，俞教授连说缘分。在妻子怀孕时，他们已知道是双胞胎，但并不知道是龙凤胎。有一天陪妻子散步，路过一个商店，看到橱窗里的一男一女两个洋娃娃特别可爱，俞教授爱不释手，把这两个洋娃娃买了下来。当时他肯定没想到，自己再过几个月真的得到了一男一女两个宝贝。

几个月后，已回贵州待产的妻子在一个周五打来电话，说定在下周一剖宫产，于是俞教授赶紧去订机票，他买到了最后一张机票。

当天他赶到了贵州，晚上十点多妻子就出现了产前征兆，十二点进了手术室。"我记得很清楚，12 点 48 分，医生出来用贵州话说一样一个，我没听懂，不是有两个？怎么只有一个？后来才明白是龙凤胎。"现在想起来俞教授都忍俊不禁，认为很多都是机缘巧合，"星期五最后一张机票飞过去，结果当天就生

---

① 载于《妈咪宝贝》，2007(1)，记者任丽萍。引用时标题有改动。

了，如果真的按计划再拖两天对女儿就不好了，因为女儿当时已经喝了几口羊水。"

虽然工作非常忙，俞教授却认为这件事一定要亲历现场，亲自欢迎宝宝（姐姐）和贝贝（弟弟）来到这个世界上。孩子们一天天长大，他更加深有感触："经过那么多年，我们在物质上、精神上、心理上的准备都比较充分，而且我们俩都是搞这方面研究的，但没想到养孩子还是比想象中艰辛。做父亲真的不容易，做好父亲其实是一个男人崇高的荣誉，同时也是最困难的一件事，你要对他负责，同时意味着对社会负责。"

在宝宝和贝贝 100 天的时候，俞教授要去广东开会。妻子抱着两个小家伙送他到电梯口，俞教授感慨道："当时我感觉到自己肩上的担子更重一些，这么懂事的孩子一定要把他们培养好。"

养不教，父之过

俞教授给我们讲了一个故事。1995 年他在美国佐治亚大学进修学习时，当时研究室的主任是一位华人，他工作非常繁忙，但给自己规定了一条"铁的纪律"，每天下午三点半接孩子是雷打不动的，任何会议、工作、应酬都不能打扰。俞教授说他自己也以此为榜样，挤出陪宝贝们的时间。有时候熬夜到很晚，第二天起床来不及刷牙洗脸就去送宝宝和贝贝上幼儿园。每天下午从幼儿园接他们回来都会问他们高不高兴。

"现在有很多爸爸对孩子的态度是自己生、别人养、老师教，自己只承担生的责任，把孩子送给爷爷奶奶养，而把更重要的教育的责任都推给老师。有些人到了 45 岁左右，功成名就，才有时间想一想孩子的事，可是这时候孩子什么都不行了。与其五年后或十年后会后悔，还不如现在做得好一些。"

俞教授的观点是自己生、自己养、自己教，因为家庭是孩子踏入社会的第一步。"养不教，父之过"，这种责任需要去反思、去体验，不能患得患失，有所失才能有所得。"如果用于工作的时间更多，我可以出更多的成果，但现在想把孩子养好，成果就可以出得少一点嘛。我现在抽出一两小时来陪孩子，这是一种权衡。"

事实上，正是这两年，俞教授出版了自己20年的心血结晶——80万字的《社会心理学》，成为教育部普通高等教育"十一五"国家级规划教材。

身教重于言教

贝贝有一次生病，上午没去幼儿园，下午感冒好一点，他就自己要求去上绘画班，要不然今天讲的他就不会了。俞教授口中虽然说认为挺好玩，但其实我们能感觉到他由衷的骄傲。"我觉得可能是家里经常有博士、硕士学生来，这种潜移默化的影响对他起了作用。"

俞教授在家里工作的时候，贝贝就经常到书房来，问问爸爸"这本书是干什么的？""你刚才跟那位阿姨或者叔叔说什么呢？"有时俞教授在炒菜，宝宝就在旁边看，说炒得很好吃。

"作为父亲，第一要热爱生活，第二要认真工作，第三要终身学习，这样就给孩子一种氛围，给他们讲道理他们不懂，自己去做了反而会影响他们。"

2000年，俞教授做客《东方之子》，当时主持人白岩松问他这么年轻（当时35岁）就成为教授，是不是因为他很自信，俞教授回答："不是，是因为进取，一个人要永远不断地进取。考大学、毕业、工作，考硕士、博士，评副教授、正教授、博士生导师，这一路走过来，是因为自己积极向上。做到了这样，你在家里就有了威信。"

父亲不仅是养育者，还是保护者、指导者；父亲不只是父亲，还是"慈父"，在精神上、思想上，更多的是指导者、规范者。比如，宝宝和贝贝喜欢在爸爸的书房里玩，玩10分钟左右，俞教授就会跟他们讲，明天一位阿姨要来谈论文，爸爸要先看看她的论文，爸爸要工作了，宝宝和贝贝就会出去玩，不打扰爸爸工作。

"我觉得作为父亲的能力不仅表现在学识智慧上，更重要的是应该营造一个宽松、愉快、有利于孩子成长的环境。"

"三心"表达父爱

父亲和母亲不同，对爱的表达更含蓄更内敛。"我父亲也在北京，在我小时候还打过我。但他现在晚上来到我的书房，经常说很晚了应该休息了，他不会像母亲那样给我倒杯牛奶，他有自己的方式。"俞教授说，"做一个普普通通、实实在在的父亲，需要'三心'。"

第一要有耐心。有时候第二天早晨八点上课，凌晨一点宝贝们开始哭闹。"我也不能把他们扔出去，平时工作压力就很大，晚上他们还闹。但他们不懂这些，所以我只好克制、忍耐，有了耐心才会有爱心。"

第二要有诚心。如果自己错了，得很真诚地向孩子道歉。"有时候开车带他们出去，看见红灯后一个急刹车，有点危险，我就对孩子们说，'爸爸刚才注意力不集中，对不起'。"

第三要有平等之心。作为父亲不是高高在上的。"我和孩子是平等的，我可以是他们的一个朋友。我平时经常和贝贝玩打鬼子的游戏，看宝宝做手工。"

专业的无意识影响

俞教授自己是专家，早教方面的书也编过很多本，如"婴幼儿启蒙"（丛书，共30册）《中国独生子女教育百科》等，但他认为："其实我们这个专业对做父亲角色的帮助可能是无意识的。"现在很多家长看到一个方案，就一板一眼地照着方案去做。俞教授却表达了不同看法："实际上孩子的成长千差万别，教育孩子和生产产品有很大的不同，我们应该提供适合孩子发展需要的教育，而不是用我们的教育框定他们的发展。教育是动态的，而不是静态的，我们要看他们有什么需要，再去引导他们。"

"让孩子自由地成长，在这过程中给予适当的引导和启发，让他跳起来够苹果，而不是把苹果送到他手里去。"这是俞教授的为父之道。

小档案

父亲：俞国良

中国人民大学心理研究所所长，中国科学院、北京师范大学兼职教授，国内著名教育心理学家。

姐姐：宝宝

生日：2003 年 4 月 18 日

最爱吃的美食：番茄鸡蛋汤，妈妈爸爸做的都好吃

最喜欢的玩具：布娃娃、做饭的工具、吹泡泡的玩具

什么时候最开心：妈妈给买小手表

弟弟：贝贝

生日：2003 年 4 月 18 日

最爱吃的美食：鱼等肉类

最喜欢的玩具：枪、宝剑

最喜欢的绘本：《恐龙大灾难》

什么时候最开心：妈妈给买枪和宝剑

让社会心理学走进大众
——俞国良教授访谈[①]

初春和煦的阳光洒进会客室，房间里气氛怡然。因为是熟人，所以访谈更像是讨论。讨论的主题是心理和谐与社会和谐，属于社会心理学的范畴，这正是俞教授的研究领域。

记者：建设社会主义和谐社会作为我国的基本治国方略，已经为社会公众所广泛接受。在推进和谐社会建设中，心理学的地位和作用应该怎样阐述？

俞国良：在社会公共生活中，和谐可以理解为人们在处理和协调各种关系时的平衡状态。心理和谐的人通常情绪稳定，心态平和愉悦，处事冷静客观，有较强的情绪调节和控制能力；易于与他人相处，富有团队精神，拥有良好的人际关系；根据自己对事物的认知，有所为有所不为。此外，健全的人格也很重要，要有科学的人生观和价值观，并以此支配自己的情感和行为；在保持人格独立性和自主性的同时，把自我与外部环境更好地融合在一起，使自我的独立性和自主性更容易为他人所认同、理解、接纳。

社会和谐在本质上应该是个心理学的概念，心理和谐是整个社会和谐的个体基础。《中共中央关于构建社会主义和谐社会若干重大问题的决定》中指出："注重促进人的心理和谐，加强人文关怀和心理疏导，引导人们正确对待自己、他人和社会，正确对待困难、挫折和荣誉。加强心理健康教育和保障，健全心理咨询网络，塑造自尊自信、理性平和、积极向上的社会心态。"构建社会主义

---

① 载于《当代中国》，2007(4)，记者张永太。引用时有改动。

和谐社会，心理学工作者责无旁贷，任重道远。

记者：中国传统文化对国人心理素质的影响主要表现在哪些方面？

俞国良：心理学是用严格、科学的方法对人的心理学现象及其在社会、自然关系中的心理活动进行研究的一门学科，它强调群体、环境对个体心理发展的影响。中国传统文化以儒家学说为核心，加上道家的中庸之道，几千年来在国民思想中根深蒂固，对国人心理素质的形成与发展更是影响深远。

这种影响首先表现在人的"成就动机"方面。在西方，个体的成就动机主要是"自我取向"；而在东方，特别是在中国，社会标准和群体意识对个体发展影响更大。其次是对思维方式的影响。再次是忽视人的主体性因素的作用。失败了就找外部原因，不找自身原因，而个人的自信、进取、勤奋等又恰恰是成功的重要因素。当然还需要机遇，但是机遇只钟情于有准备的人。最后是对个体性格特征的影响。有些人缺乏主见和冒险精神，讨论、决策时很少发表自己独特的观点，跟风随潮。从心理学角度看，这些对人的成长与发展有着比较大的消极作用，是需要我们注意的。

记者：您怎样评价我国的心理学教学与科研现状？与发达国家相比，我们的差距主要表现在哪些方面？

俞国良：20 世纪 80 年代以来，心理学由于在社会生活各个领域的广泛应用，已经从"隐科学"变成了"显科学"，成为 21 世纪的强势学科。专家预测，新世纪的科学突破将从生命科学和心理科学开始。我国对心理学的重视也达到了空前程度。1999 年，科技部将心理学列入 18 个优先发展的基础学科之一；2000 年，国务院学位委员会将心理学确定为一级学科；2002 年，中国科学院心理研究所被确定为进入国家知识创新试点工作的基地性研究所。截至 2000 年，全国只有 4 所高校设立心理系，在校本科生 100 余人；到 2006 年，全国已经有182 个心理系、所等心理学教学与科研单位，在校本科生 6000 多人，在校硕士、博士生 3000 多名。在我国，这一代心理学工作者终于迎来了心理学的最好发展阶段，这是我们引以为豪的。

但与发达国家相比，我们的差距还是明显的。在选题方面，西方心理系研究者所选课题与社会生活密切相关，实用性很强；而我们的选题虽然具有学术价值，但实用性不强，特别是对社会政策的咨询、解释和支持力度有待于进一步加强。在研究技术方面，西方已经进入更微观的量化阶段。功能性核磁共振脑成像技术研究发现，不同的心理与行为由大脑的不同区域指挥完成。例如，人脑有 100 多亿个神经细胞，爱因斯坦这样伟大的科学家大约开发了其中的13%，高于普通人。对于结果分析，我们还不能把定性分析和定量分析有机结合起来，研究的结果也大都锁在抽屉里，没有体现出社会价值。我们目前所使用的研究方法，也大都是借鉴美国等西方国家的，还没有形成自己的研究方法体系。全美高校有 1600 多个心理系，仅哈佛大学就有两个，几乎是我们的 10 倍；美国每百万人口有 130 个心理工作者，而我们只有 10 个。

之所以差距这样大，除了历史原因外，主要还是经费投入不足。西方国家将心理学列入自然科学范畴，大多数发展中国家把心理学列入社会科学范畴。在我国，心理学则介于自然科学与人文社会科学之间，而国家对自然科学与人文社会科学的经费投入差距是巨大的。

记者：我国不少城市都设立了心理咨询机构，您认为这些机构的业务水平如何？您对我国心理咨询师资格认证的科学性和权威性如何评价？政府主管部门应该采取哪些行政和法律手段加强宏观管理？

俞国良：心理咨询属于临床心理学，或称心理咨询学范畴，是心理学中影响最大的一个分支。在美国的心理学博士中，从事临床心理学的人数占一半以上。心理咨询在西方是一个很普遍的服务行业，但对临床心理医师的资质要求却很高：在美国，从事心理咨询需要硕士及以上学历，从事心理治疗则需要博士学历；在此基础上，还要经过在职培训，系统学习 3000 小时以上，并要在督导人员指导下经过数百甚至不少于 1000 小时的临床实践才可执业。

中国心理学会临床与咨询心理学专业委员会曾就从业人员的资质问题制定了标准，但缺乏权威性。目前的执业人员大都只接受了短期的简单培训，整体素质较低，专业水平良莠不齐。我们曾对北京地区和全国高校的心理咨询机构做过调查，这些机构的心理咨询人员普遍对自己的水平和能力缺乏信心，更何况其他地区和单位呢？

不改变现状，作为以实证科学为基础的心理学就有被异化和庸俗化的危险。要改变这种状况，需要长期的努力，采取行政和法律的综合手段。教育部门要鼓励、提倡大学的心理系设置临床心理学或心理咨询学专业，以逐步满足社会需求；政府主管部门要统一制定资质标准和行业管理规范，改进培训方式，提高培训质量。此外，应该呼吁将心理健康教育课程列为中、小学的必修课程，为儿童和青少年的心理健康奠定基础。心理学作为一门综合性学科，其应用涉及社会生活的各个领域，心理健康关乎整个民族发展和人口素质，政府应该协调各个方面的工作，建立全国性的心理健康服务体系，包括教育体系、心理辅导与咨询体系、心理疾病与危机干预体系，提高全民族的心理健康水平，促进社会和谐。

记者： 在我国，心理学真正被重视，是 20 世纪 80 年代的事情，比西方晚了差不多一个世纪，其科普任务比其他学科更加繁重。作为心理学专家，您认为应该怎样推进心理学知识的普及？

俞国良： 首先，要纠正人们对心理学的一些错误认识。心理学是以实验为基本研究手段的实证性学科，有完整的体系和研究方法，对于普通人来说，不要把心理学与算命、相面等迷信手段混为一谈。其次，扩大专业队伍，拓宽研究领域。我国对心理学的应用研究也远远不够，政治心理学、经济心理学、管理心理学、教育心理学、临床心理学等，都应该进入我们的视野。再次，要增强心理学界的服务意识。心理学的发展取决于社会的认同，只有为社会、为公众提供更多的服务，社会才会承认你的价值，给你更多的支持。我相信，心理学有多大发展归根结底取决于心理学为社会与生活提供了多少服务。最后，提倡多样化的普及手段，专家讲座、电视媒体、平面媒体、网络媒体等，都应该为普及心理知识做些工作。

还有一个很重要的问题，就是我们的研究成果还没有走出象牙塔，这种现象应该尽快改变。把科学研究与大众普及结合起来，让专业研究成果社会化，用心理学知识解决社会生活中的现实问题，让百姓把日常生活概念上升为科学概念，是心理学家义不容辞的社会责任。用大家能听懂的话讲出大家原来不懂的道理，这样的心理科学才有意义和价值。

在采访俞教授归来的路上，我想起了心理学史专家墨菲（G. Murphy）说过的一句话："社会心理学一只脚站在实验科学的基础上，另一只脚则处于社会变革的波涛起伏之中。"多么精彩的诠释！心理学是大众的科学，它应该走进我们中间来，走到我们的日常生活里来，让我们的人民和民族多一些成熟与理性，让我们的社会多一些和谐与宽容。

我们需要平和的心态①

2007 年，股市、基金前所未有地火爆，众多股民、基民每天都在关注着大盘的涨落；2007 年，各家电视台的选秀节目你方唱罢我登场，众多选手怀揣着一夜成名的梦想转战各地；2007 年，关于假新闻、假论文的报道相继曝光，让人们大跌眼镜……在这些看似风马牛不相及的现象背后，我们可以感到一股急功近利的风潮，浮躁已经成为时代的通病。人们身处其中，虽然明明知道心浮气躁的坏处，可还会身不由己地被浮躁的风气推着走。在新年伊始，我们应该好好反思，为何浮躁之风愈演愈烈？究竟什么是浮躁，它因何而来，又该如何被摒弃？

浮躁就像一个黑洞，在无声无息中吞噬着人们本来宁静的灵魂。究竟人们的心理发生了怎样的变化，让浮躁之风如此甚嚣尘上？

中国人民大学心理研究所所长俞国良教授告诉记者，浮躁是一种病态心理。"它由个体通过群体发生，再由群体到个体不断整合。"他认为，浮躁表现为对现实的恐惧和对未来的担忧，可以"总结为飘、急、虚、粗、桀骜，即飘忽不定、急功近利、弄虚作假、粗心大意以及桀骜不驯"。

从个人来看，心浮气躁主要有以下几个原因。首先，价值观混乱，对诱惑缺乏自制力。俞国良告诉记者，而今在一个社会转型期，当集体主义和个人主义出现矛盾时，人们想到的往往是"取之于民，用之于己"。国家食品药品监督管理局原局长郑筱萸、上海市委原书记陈良宇等人面对权钱诱惑，全然抛弃了本分工作、踏实做人的信念。

---

① 载于《生命时报》，2008-01-01，记者蔡原，驻日特约记者邓晨。有删节，标题有改动。

其次，个人面对的机会多、选择多。北京师范大学心理学院教授郑日昌分析，这是因为，现在每个人面临的自主选择越来越多，生活就容易失去重心。

最后，攀比心理作怪。如今那些靠走捷径获利的人，更容易成为人们效仿的对象，这也导致了浮躁。2007年，股指不断冲高。看到别人一夜暴富，有些人就按捺不住了。据《北京青年报》报道，一位典当行的副经理称，某客户抵押了自己的三套房子，将300多万现金投入股市。股民的热情成就了股市的繁荣。2007年5月28日，沪申股市证券账户总数突破1亿，短短半年，账户总数增加了2200万户，"全民炒股"已成为一股热潮。

北京大学心理学系教授沈政对此深有感触："现在的浮躁，就是'物极必反'的体现。"国家在高速发展的同时，也拉大了人与人之间的差异。有些人通过投机一夜暴富，这让人们怀着"他们行，为什么我不行"的心态，这也是浮躁的根源之一。

浮躁，让人们注重的只是当下。对此，俞国良表示，这种心理会使一个人的创造力下降。"研究一个新课题需要花很大气力，可有些人为了追求短期效益，势必去模仿或剽窃。"2007年12月14日，复旦大学发布公告，该校外国语言文学学院博导及青年教师所编教材存在严重抄袭现象。这种浮躁的心态如果蔓延开来，势必会影响科研人员的创新能力，直接影响科技新成果的诞生，造成整体社会生产力的下降。

同时，"社会上各种民事纠纷频频发生、人与人之间关系紧张，也是浮躁的后果。"沈政分析，这是因为浮躁让人很难给自己一个准确的定位。"现在焦虑、抑郁、紧张，成为大多数人都要面对的难题。"沈政表示，尤其是对于年轻人来说，攀比心可能使得他们失去道德底线，不择手段，即便得到了想要的，也快乐不起来；对于中年人来说，浮躁会让他们想趁剩下的十几年时间尽快实现自己的理想，于是忙于应酬，心力交瘁。

更严重的是，浮躁还会催生一些违法违纪现象，而个人行为一旦渗透到社会中，对整个国家、社会都会产生极其恶劣的影响。

其实，在任何国家的社会转型期都会遇到浮躁的困惑，我们遇到的问题同样也困惑过日本人。现在很多日本人看到我们的浮躁，都有似曾相识的感觉。因为，在 20 世纪六七十年代日本经济腾飞之时，也曾出现过类似的浮躁景象。当时，日本为了显示国富民强，到处建造鳞次栉比的高楼大厦，并四处安置霓虹灯，于是一到晚上，很多城市都会呈现出一派灯红酒绿的景象，整个社会也显得躁动不安。此后，经过社会转型，各种盘根错节的关系逐渐被理顺，浮躁现象自然好了很多。

面对社会转型中必然出现的浮躁，我们已经意识到了它的存在和危害，人们开始追求踏实的生活。这种趋势从 2007 年《士兵突击》一片的成功中可见一斑。许三多坚韧、执着、踏实，可以不理会外界的变化，坚持做自己认为"有意义的事"。而这正是很多人在追求目标时所缺失的精神。

俞国良教授认为，要想摒弃浮躁心态，首先，要弘扬优秀传统文化。"其中有很多精华的东西和勤劳、善良、朴素的美德。尤其对于孩子来说，更要从小培养他们对家庭、自己、他人负责任的态度。"我们要多看一些有关心理的、有关中国优秀传统文化的书籍、作品，能陶冶人的情操，让人更了解自己的心态，从而更好地摆脱"浮躁"。

其次，要培养独立思考的能力。"要根据自己教育、家庭、环境的实际情况，给自己设立一个更加实际的生活目标。"沈政强调，"不要总想着能遇到什么意外的机会发大财。"

最后，注重心理和谐。"人们还要学会适应环境，顺应潮流"，郑日昌提醒人们，"有时候，我们改变不了环境，就要学会接受现实和自我调整心态。一方面，我们要努力工作，做出成就；另一方面，俗话说'人比人，气死人'，不要和别人攀比。同时，还要适当地降低自己的欲望。"

危险游戏毒害青少年①

　　英国专家进入自杀多发小镇辅导学生。20 日，英国《泰晤士报》在重要位置报道了这则新闻。不久前，这个因青少年自杀事件多发而"著称"的小镇又传噩耗，一名 16 岁少女自杀身亡。在心理专家进入的同时，英国媒体再次呼吁关注青少年心理健康，而这一问题也恰恰是困扰很多国家的顽疾。

"自杀小镇"又现轻生者

　　据英国《泰晤士报》20 日报道，英国威尔士南部的布理真德镇被称为"自杀小镇"。自从去年 1 月以来，该镇及周边地区已经发生 16 起自杀事件，死者全部为 27 岁以下青少年。2 月 19 日，"自杀小镇"再次发生悲剧，16 岁的詹娜·帕里在离家不远处的一棵树上上吊身亡。詹娜的死震动了整个小镇，也令全英国的目光再次聚焦这个神秘的"自杀小镇"。詹娜的朋友说，他们不知道詹娜为何要自杀，但她明显深受别人自杀的影响。最近，詹娜一名好友的 17 岁表亲扎克里·巴奈斯自杀了，这令詹娜非常伤心。其实，在詹娜之前，很多青年的自杀原因至今也未查明。警方无法解释他们为什么要自杀，而且很多人选择上吊。有人猜测，这有可能与一家死亡网站有关。那里刊登了一些鼓励青少年自杀的游戏或暗示性的语言。

　　警方此前一直否认这些自杀事件彼此有关联，如今也终于承认，很多年轻人已经将自杀视为一种解决问题的手段。为了防止"自杀潮"的进一步扩大，威

---

① 载于《环球时报》，2008-02-21 日，记者王亮亮。引用时有改动。

尔士议会卫生部部长埃德温娜·哈特 19 日宣布，政府将采取行动派专家深入布里真德镇每一所学校对学生进行辅导，鼓励学生说出自己的问题并且正视自杀的后果。这一行动效仿苏格兰降低自杀率的"选择生命"计划，该计划在实行 5 年来大大降低了苏格兰的自杀率。如今，威尔士已经取代苏格兰成为全英自杀率最高的地区。

多国流行"窒息游戏"

死亡游戏诱惑一些人选择自杀，不仅仅存在于英国。据美国《时代》杂志报道，一种"窒息游戏"近年来在美国青少年中流行，成为威胁青少年生命的隐患之一。"窒息游戏"也称"昏死游戏"，其原理就是通过各种人为的方法，使一些人体器官的功能发生紊乱，主要是使心脏的血液不能流到大脑，导致大脑短暂性缺血，出现窒息。"窒息游戏"不仅仅在于会导致游戏者丧生，还有可能造成游戏者严重受伤。非致命性后果包括脑损伤、癫痫、眼睛出血以及失去知觉后跌倒造成的脑震荡和骨折。

美国疾病预防与控制中心 2007 年首次在全国范围内对这种游戏进行调查，结果发现，将近 20% 的美国青少年玩过这种游戏，迄今已造成至少 82 人丧生。另外，英国、加拿大、澳大利亚等国也出现过因"窒息游戏"而导致青少年死亡的案例。

日本也曾出现过青年人由于心理压力过大，导致杀害父母等亲人的极端事件。虽然日本年轻人并没有过多的考学压力，但父母望子成龙的心态也在无形中形成了一种压迫。再加上日本漫画或影视作品中出现的血腥、暴力内容，也让很多孩子走上歧途。

韩国近年来的情况比较乐观。《环球时报》记者从韩国青少年委员会了解到，近年来，韩国青少年自杀问题已经有所减少，自 2005 年以来，国家制定了很多相关规定，构筑全社会的安全系统。

背后有复杂社会背景

就此问题,《环球时报》记者采访了中国人民大学心理研究所所长俞国良教授。俞所长认为,无论是"自杀小镇"还是"窒息游戏"都有复杂的背景。首先是药物滥用。随着社会变化日新月异,竞争日益激烈,人们的精神压力增大,世界卫生组织最新报告指出,全球范围内有 4 亿人存在各种精神疾病困扰,其中抑郁症患者就有 2 亿人。很多人过量服用抗抑郁药,出现各种幻觉,这是产生自杀倾向的一个重要原因。

其次是道德危机。1997 年联合国秘书长加利就曾警告,21 世纪面临的严重危机之一就是青少年道德危机。20 世纪 90 年代的美国青少年被称为"漠不关心的一代"、英国 2/3 的青少年道德观念淡薄……撒谎、欺骗、暴力、自我的青少年增多,他们陷入个人主义,置个人责任和义务于不顾。

最后是文化多元化、价值观迷失。当今社会网络信息泛滥,青少年非常容易受到虚拟网络生活的影响,尤其是一些所谓"自杀网站"。再有就是与青少年自身的特点有关。青少年正处在从少年向成人过渡的阶段,有一种从众、模仿和互相感染的心理。尤其是欧美青少年,生理发展超前,心理发展滞后,更容易出现这些问题。

国人需要有耐性①

驻足街头，看着眼前如快镜头般闪过的身影，你不得不相信，"忙"并不只是借口或口头禅，激烈的竞争和快节奏的生活的确让时间变得越来越"金贵"。于是，人们开始习惯了"预订"，厌倦了等待，耐性这种"好品质"似乎正在逐渐淡去。

一半人会在 15 分钟内催服务员上菜

"现在人们的耐性，真是越来越差了。"中国人民大学心理研究所所长俞国良在接受《生命时报》的记者采访时，毫不迟疑地道出了这样一个结论。"快餐文化"风行全世界就是最好的证明。

这个时代，似乎人们最不能忍受的就是等待。吃饭要快、跳槽要果断，甚至结婚或分手也要速战速决。2006 年，中国传媒大学黄升民等人曾做过一项包括 8618 个样本的耐性调查，其数据显示，在外就餐时，49.65% 的人会在 3～15 分钟内催促服务员；在银行或电信营业厅等待时，42.39% 的人只能坚持 15～30 分钟；32.10% 的人在等公交车时会变得烦躁；30.39% 的人在超市排队太久后会考虑不再排队或更换队列。

2005 年，还有一项针对推销接受程度的调查，其中，60% 以上的人表示，之所以不接受推销是因为怕浪费时间。一位超市推销员在对比七八年间公众的接受程度时，不由感叹：过去，大部分人都能停下脚步认真填写街头问卷；如

---

① 载于《生命时报》，2008-03-25，记者张芳。引用时标题和内容有改动。

今，有时候"您好"两个字还没落音，对方就会皱着眉头匆匆离开。

耐性差来自内外双因素

什么让人们失去了耐性？黄升民调查发现：40.28%的人归咎于规则设置不合理，21.58%的人认为社会飞速发展催生了浮躁心理，13.01%的人认为这是社会压力太大造成的，7.47%的人认为这与"时间就是金钱"的社会观念有关，另有6.05%的人认为这是因为中国人口太多。

然而，俞国良的看法却与上述结果略有差异。他认为，人们变得缺乏耐性是一个复杂的社会问题。浮躁心理、社会压力、慢不下来的生活节奏固然都是助力，从内部因素来说，人们生活态度的转变才更关键。现代人太过追求物质欲望的满足，几乎抽不出时间来修身养性，在他们的生活格言中，永远都是"追追追""快快快"，像被鞭子抽打着，似乎想停也停不下来。

"说得严重点，与现在有些人的道德素质不高也脱不了干系。"俞国良说，"在红灯前依旧横冲直撞的人，你可以说他是在赶时间，但藐视规则、缺失修养也是原因。"

俞国良认为，不耐烦有传染性。当一个人等不及开始催促服务员上菜后，过不了多久就会有人效仿。或许他们只是处于无意识的模仿，却极易造成群体效应，在互相追赶中，人们可以等待的时间变得越来越短。

心理暗示和换位思考培养耐性

和时间赛跑并没有错，但在红绿灯和银行黄线代表的城市规范前，在超市、购票窗口的等待队伍前，甚至在工作与爱情的普遍规则前，俞国良说，人们真应找回缺失的耐性。

作为时代发展的必然，社会压力是我们无法改变的，可心态能够决定态度，我们不妨在日常琐事上多用些心理暗示。当急脾气上来时，说句"慢慢来"；当菜迟迟不来时，安慰自己："别人先吃又怎样？"培养定力，学会坐坐冷板凳就是如此。

如果上面的精神胜利法还不足以让你平心静气，那就再试试换位思考。"你在等，别人也在等，大家扯平，没什么非要争的，不是吗？"

关于心理调适
——与中国人民大学心理研究所所长俞国良一席谈①

记者："5·12"汶川大地震发生后，一些受灾群众相继出现心理创伤。为对其进行心理调适，由专家和医护人员组成的心理救援队奔赴到了灾区。这种做法，已受到社会各界的好评。

俞国良：是的，它也使人们对心理调适这个心理学概念多有关注，仿佛一夜间"藏"在书斋中的心理学，步入寻常百姓的生活中。可以说，生活需要心理学，人需要不断心理调适，不懂心理学，不晓得怎样进行心理调适，犹如不知当今互联网和计算机为何物。

记者：我在上大学时，接触过心理学，此后多年与之疏远，像什么是心理调适，就说不大清楚了。

俞国良：心理学告诉我们，人在面临困难、挫折和失败时，在遭遇灾难、离婚、伤残、死亡等重大生活事件时，很容易出现紧张、恐惧、烦躁、郁闷、愤怒等心理，如能得到有效的心理调适，将使这些心理得到舒缓。心理学同样告诉我们，人的心理有积极与消极之分，它对人的行为往往具有干扰或促进作用，既能使人精神振奋，干劲十足，提高工作和学习效率，也能使人无精打采，工作和学习效率降低；同时，还直接影响人的身心健康。一个人如果长期处于忧虑、郁闷、紧张、压抑的心理状态，就会使机体的抵抗力和免疫力下降，引发多种疾病。因此，当人的心理处于消极状态时，心理调适对其更具重要意义。

---

① 载于《前线》，2008(7)，记者戚本逊。引用时有改动。

记者：经常看到心理调节这一说法，它和心理调适是一回事吗？

俞国良：是的。心理调适又称心理调节、情绪调适。你知道，人是要参与社会生活的，必然会受到社会规范的制约，人要根据这些规范及时调整自己的心理，以化解心理矛盾和冲突，尽可能减少心理问题的发生。心理调适可以通过减少或加强心理力量，从而改变心理状态。它是对心理发生、体验和表达施加影响的过程；是在内、外因素作用下，对心理的定向、控制、调整过程。它帮助人协调心理与认知、行为之间的关系，最大限度地优化心理状态。

记者：这么说，心理调适主要作用于消极心理，对吗？

俞国良：不一定，也对某些积极心理进行调整。比如，人在社会比较中产生的自豪和骄傲心理等，倘若不经过合理的控制，将可能导致他人反感，从而影响社会交往效果。

记者：据了解，心理调适可分为自我调适与他人调适两种，其具体方法好像有很多。

俞国良：没错，有生理调节、认知调节、行为调节、语言调节、人际调节等。

记者："呼吸调节法""肌肉放松训练""有氧训练"等，是不是就是所谓生理调节？

俞国良：对。生理调节是以生理过程为基础，利用生理和心理彼此间的相互作用，通过生理改变，调节心理，进而使生理和心理都得到松弛的办法。生理调节可分为三类。一是由身体至心理的放松，即以身体松弛为手段，最终达到心理放松的效果。像你刚才说到的"呼吸调节法""肌肉放松训练""有氧训练"等，常用于焦虑、恐惧心理的治疗和矫正。二是由心理至身体的放松，即以心理放松为手段，最终达到身体的松弛。三是身心锁链法，即利用自我意识，指示身体做出松弛反应，如"意念体温调节法"等。

记者：在日常生活中，有些人为自己相貌不佳而感到难为情，并逐渐逃避公共活动和人际交往，久而久之，产生了抑郁、焦虑、自卑等不良心理。这怎么办？

俞国良：进行认知调节。所谓认知调节是通过改变认知而进行的心理调适。人的认知与心理状况存在密切联系，心理状况由经历这一事件的人对此事件的认知或解释所引起，人对不同情境存在不同的认识，因此，通过某种心理体验引起某种认知，或通过某种认知激活某种心理体验，就可以对心理进行有效调节。尤其是人对事件产生的不合理或不现实的归因往往会导致不良心理体验。要消除不良心理状况，就必须借助认知调节。例如，母子分离可以引发幼儿消极心理的产生，但只要让幼儿确信母亲只是暂时离开，就可以帮助幼儿克服这种心理。又如，你上面说到的这种情况，只要使其对相貌有正确认识和归因，就可以逐渐摆脱不良心理困扰，树立健康的生活态度。

记者：那么，认知调节有什么具体方法？

俞国良：方法很多，有两个特别重要。一个是"换脑"——换一种认知来分析人或事物，更新观念，重新解释外部环境信息，重新思考、阐释问题。常言道"横看成岭侧成峰"。任何事物都有积极和消极的方面。同一客观现实或情境，如果从一个角度来看，可能会引起消极的心理体验，从而陷入心理困境；如果从另一个角度来看，就可以发现它的积极意义，从而使消极心理体验转化为积极心理体验，走出心理困境。另一个是"升华"——以一种新的、高层次的积极心理认知固着代替旧有的消极心理认知固着。例如，人们常说的"失败乃成功之母""化悲痛为力量"，就是从消极因素中，认识其中蕴含着的积极因素，从而使之成为奋发图强、取得成功的动力和契机的。

记者：在这次汶川地震中我们看到，很多失去亲人的受灾群众投入到营救他人生命的工作中。从某种程度来讲，这是不是也是排遣痛苦的一种做法呢？

俞国良：可以这么说。忘我地投入工作可以帮助人们调整心理。这属于行为调节的范畴。行为调节是人们通过控制自己的行为来实现心理的改变。而注意转移则是一种常见的行为调节。当人心理高度集中在某一问题上并可能导致不利影响时，可以有意识地通过转移话题，或从事别的事情来分散自己的注意力。例如，通过散步缓解紧张心理，在余怒未息时，去打球、下棋、看电影，以此来舒缓心理。尽可能地回避导致心理困境的外部刺激也是行之有效的办法。例如，在克服恐惧心理或排遣悲伤心理时，变换一下生活环境，人就比较容易摆脱意外生活变故带来的巨大心理打击。还有反应调整，同样是很好的行为调节方式。反应调整是指心理被激发后，对外部行为的控制。例如，当别人行走时碰撞了你却不道歉时，尽管你十分生气，却努力控制自己的愤怒，就属于这种调整。

记者：有人说，在紧张心理状态下，心中默念"不要怕""我能行""相信自己"等言语，能使人心理放松。是这样吗？

俞国良：你说的这种情况通常叫作"自我暗示法"，其实就是语言调节。实验表明，语言活动既能唤起人愉快的体验，也能唤起痛苦的体验；既能引起某种心理体验，也能抑制某种心理反应。例如，人们在面临灾难时，总说悲伤、悲观的话，就很难从不幸带来的痛苦中走出来，而有意识地多说些高兴、乐观的话，则有益于尽快摆脱心理阴影，去迎接新的生活。

记者：现在有些人的不良心理常常是由人际关系矛盾或人际交往障碍引起的，怎么解决？

俞国良：靠人际调节。研究表明，如果外部事件与人的动机目标有关，那么，这些事件就可能引起相应的心理反应。因此，在人际交往中，他人的心理信号，特别是关系密切的人发出的心理信号，对一个人的心理具有较大影响作用。所以，当某人处于焦虑、烦恼、失落、孤独等不良心理状态时，家人、朋友、同事主动与其沟通和交流，往往能够起到良好的心理调适效果。

记者：关于心理调适，好像有"酸葡萄效应""甜柠檬效应"一说。这是怎么一回事？

俞国良：就是找一些理由为自己开脱，以减轻痛苦，缓解紧张，使心理获得平衡。例如，希望的目标没有达到时，便从心理上否定该目标，俗称酸葡萄效应。未实现预定目标时，便提高目前现状的价值或意义，俗称甜柠檬效应。换句话说就是，吃不到葡萄，就说葡萄是酸的；只能得到柠檬，就说柠檬是甜的。

记者：所谓心理调适的"补偿"应做何理解？

俞国良：就是"失之东隅，收之桑榆"的意思。人难免会由于一些内在缺陷或外在障碍，导致最佳目标受挫。受挫时，就会产生心理困扰。避免出现这种状况的一个有效措施，就是及时切合实际调整目标，并变换实现目标的途径和方法，这儿损失了，从那儿补回来，以减轻、消除心理上的困扰。

记者：我明白了，人一旦发现所面对的环境或事件难以或无法改变时，就不妨先改变、调整一下自己的心理，只有这样，才能以良好的心态面对社会，面对人生。从这个意义上说，有利于人心理健康的心理调适，不仅应在出现特大灾难的时候派上用场，而且应该时时成为我们值得信赖的朋友。

俞国良：说得好极了，确实应该这样。

为教师心灵守护阳光

——访中国人民大学心理研究所所长俞国良教授①

教师心理健康并不是一个新话题，但相关研究和现有举措多是从职业道德角度予以关注和应对的，而忽略了教师作为生命个体的心理需求和发展需要。中国人民大学心理研究所俞国良教授在其著作《现代教师心理健康教育》中，独创性地提出从教师生涯发展角度关注教师心理健康问题，为现代教师心理问题的研究和应对提供了全新的思路。

心理健康不仅仅是指没有心理疾病，更是学习、生活和工作中的心理状态

记者：我看到一组统计数据，说教师心理障碍的发病率高于一般人群。从您的研究来看，情况是不是这样？导致教师易患心理疾病的原因有哪些？

俞国良：联合国劳工局列出的四种高压力职业中，教师职业排在第一位。而且，随着社会的高速发展，教师心理不健康的检出率呈递增态势。

教师心理不健康是在外界压力和自身心理素质的互动下形成的。如果教师无法对来自社会和职业的压力做出有效的应对，就容易出现角色混乱和心理行为问题，从而导致心理不健康。从社会因素来看，社会发展使教师的社会作用受到前所未有的挑战，尤其是当前我国素质教育的全面推行，更是对教师素质提出了全新的要求。教师劳动的复杂度、繁重度、紧张度比一般职业更为突出。从职业因素来看，教师劳动的特殊性造成的角色模糊、角色过度负荷等是很多

---

① 载于《中国教育报》，2009-01-15，记者张以瑾。引用时有改动。

教师感到压力和紧张的根本原因。社会对教师的期望是教好每一个学生，但是学生作为具有主动性和差异性发展中的个体，其兴趣、行为、态度和价值观方面的变化不仅缓慢，而且难以评价。这不可避免地导致教师的角色模糊。从个人因素来看，教师的生活经历、身体状况、人格因素、职业认知以及自我调节能力都会影响其心理健康水平。总之，教师的职业特点和教师承担的社会风险，极易使教师产生各种心理行为问题。

记者：心理问题一般具有内隐性和长期性的特点，不少教师对自身的心理健康状况缺乏认知和评估能力，那么衡量教师心理是否健康的标准是什么？教师本人如何把握自己的心理健康状况？

俞国良：心理是否健康确实不容易衡量。一方面，它不像我们说"体温升到38度就是发烧"那样明确直观；另一方面，它不仅指是否有心理疾病，更是与人们学习、生活和工作中的心理状态密切相关。有鉴于教师职业的工作性质和特点，我们需要把各个方面的情况综合起来判断，学会辩证地看待问题。一是对职业是否有认同感，即能按照职业期待和职业规范的要求做好本职工作，能在工作中发挥自己的才能，并获得成就感和满足感，免除不必要的职业恐惧与忧虑。二是能否建立良好的人际关系，包括能否正确地评价同事和学生，能否积极地与他人相处、沟通和交流等。三是能否正确地了解自我、体验自我和控制自我；能否正确地感知现实环境；能否平衡自我与现实、理想与现实的关系。四是有无教育独创性，即能否不断学习、不断创新教育模式，能否创造性地理解和使用教材、选择教法、设计教学过程等。五是在教育活动和日常生活中能否真实地感受情绪，并恰如其分地调节和控制情绪。

从微观层面看，教师心理健康属于个体内部心理环境的平衡问题，即教师能否达到人格和心灵的协调统一，能否达到心理和行为的和谐统一，体现为有无稳定的价值观、人生观和世界观。从根本上说，教师的态度、情感和行为受这些观念的支配。

社会和教师本人正确地认识教师职业是为教师减压的重要前提

记者：在中国传统文化中，一方面，教师享有很高的社会评价，但另一方面，"教不严，师之惰""人类灵魂的工程师""园丁"等说法又反映人们对教师有着很高的期待。这种普遍的社会期待是不是也给教师带来了心理压力？在现代社会，我们应该如何理解教师职业？

俞国良：社会对教师职业的高期望，可以分为他人对教师的期望和教师对自己的期望两个方面，其中"他人"包括领导、学生、家长和社会公众。在众多期待下，教师不仅仅是"传道、授业、解惑"的角色，还身兼管理者、学者和学习者等多样化的角色。一旦学生出了这样或那样的问题，人们很容易归咎于教育。在教育内部，又往往把问题归结到教师身上。可以说，教师处于各种压力的旋涡之中，肩负着难以承受之重，心理压力非同一般。

社会和教师本人正确地认识教师职业是为教师减压的重要前提。随着社会发展和教育改革的深入，我们需要根据时代特征与教育对象的特点对教师职业角色做出必要的调整。比如，由传统的教书匠向学者型教师转化，由课程被动的执行者向开发者、研究者转化，由教育改革的抵制者、旁观者向参与者和实践者转化，由学生管理者、组织者向对话者和激励者转化，由教学中的"唯一主角"向"平等中的首席"转化，等等。在看到教师职业角色转变的同时，社会和教师本人也需要弄清这些转变的真正含义，否则就会陷入认识混乱而无所适从。教师角色转变的实质是教学观念与教学行为的转变，目的是加强教师的积极性、主动性以及与教育对象的互动性。此外，我们应看到社会虽赋予教师多种角色期待，但随着教师职业的日益专业化，一名普通教师承担的角色不宜过多，否则就会造成"角色超载"，从而影响教师的工作效率和身心健康。

记者：现代社会的飞速发展使得教师职业角色发生了深刻变化，教师在承担多样化角色任务的同时，会不可避免地遭遇职业角色冲突。那么，教师应该怎样理解和应对这些冲突？

俞国良：很多教师抱怨，学生难管，工作头绪太多，分身无术。实际上，这就是教师职业角色冲突。如何管理职业角色冲突造成的心理压力，是每个教师都必须面对的问题。只要方法得当，对职业角色冲突进行有效的管理，压力是可以得到缓解的。除社会和学校层面外，第一，教师要正视职业角色的特点，建立合理的职业期望。如果对教师职业有过于理想化的认知，往往会给自己带来不必要的压力。教师应了解自己事业发展的可能性与局限性，为自己确定合理的发展目标。第二，要接纳自我，承认和接受自己的不足。在一次教师培训中，我注意到一位教师始终面带灿烂的笑容，就请她谈谈自己快乐的经验。她说，我知道自己并非全能，我只关注自己能做到的事情，因而能活得很轻松。第三，教师要善于时间管理，注意安排工作顺序，"在正确的时间内做正确的事情"，当压力来临时可以暂停工作，也可以转移目标去做运动，这样能减少角色冲突的频率和生活的疲劳程度。第四，协调工作与生活角色的关系。在工作之外，教师还有父母、子女、妻子或丈夫等多种家庭角色，而又没有一个严格的时间划分能将工作和生活完全分开。因此教师需要确保工作和生活不会相互干扰。第五，教师要积极寻求社会支持，学会倾诉，通过社会交往来调适、缓解职业压力。需要指出的是，充足的睡眠和休息、适量的体育锻炼、恰当的娱乐生活、合理的营养饮食等健康生活方式，对缓解教师心理压力和职业角色冲突也是十分重要的。

"一个人是对的，他的世界也是对的"

记者：书中有一则关于职业心态的寓言——"一个人是对的，他的世界也是对的。"从教育心理学角度，我们应该如何理解这个故事？

俞国良：如果人的心态对了，世界就对了。一个人不可能改变环境，但可以改变和主宰自己的心态。哲学家说，视生活为乐趣，人生就是天堂。生命本没有意义，人们赋予它意义，它才有意义。工作也是如此，我们从事的工作是单调乏味的还是充实有趣的，往往取决于我们的心态。近年来，研究心理轻松、愉快、乐观、满意和幸福等内容的积极心理学颇受研究者的重视，如哈佛大学的"幸福课程"就风靡全球。举例来说，同样面对一个面包，有人想"只有一个面包"，而有人想"还有一个面包"，两者的心态是全然不同的。前者持有悲观的心态，对前途缺乏信心；后者持乐观心态，对前途充满希望。这两种不同的心态背后隐藏的就是教育心理学讲的期望效应和心理投射效应，这也是积极心理学最为关注的。当教师拥有积极乐观的心态，对所从事的工作充满幸福的期待时，就会向好的方向发展，就会把这种心态投射到工作和生活中，他的生活和工作就是轻松美好的。所谓"求人不如求己"，教师应该致力于使自己生活得更健康、更美好、更幸福。

记者："职业倦怠现象易于发生在面向人的职业中""教师比从事其他社会服务行业的人更容易发生职业倦怠"。您认为，造成教师职业倦怠高发的主要原因是什么？

俞国良：教师职业压力的直接后果便是职业倦怠。研究发现，在面向人的、为人服务的职业中更容易出现职业倦怠现象，而教师比从事其他服务行业的人更容易发生职业倦怠。其原因是多方面的：学生是高度同质的群体，教师90%的工作时间是和学生待在一起的，缺乏新奇感和刺激感；教学工作重复性强、责任大、任务重，缺乏成就感，教师的工作环境相对封闭；教师群体的亚健康状态明显；教师的心理压力、角色冲突和工作负荷难以得到缓解；等等。在中国，传统文化的影响也是造成教师职业倦怠的重要因素，诸如"养不教，父之过。教不严，师之惰"以及"严师出高徒"之类的说法，都使得中国教师易于导致疲惫感。

出现职业倦怠的教师往往畏惧工作、不负责任；情感动荡、情绪不稳，如冷漠、悲观、易烦、易怒、敏感等，甚至出现体力衰竭等生理方面的症状。这种状态使得教师情绪低落，对教育教学工作缺乏兴趣和动力，对职业生活产生厌烦和心力交瘁之感，从而导致工作绩效的直线下降。

教师要做好生涯规划，形成健康的工作和生活方式，提高生活质量

记者：做好职业生涯发展规划是预防心理问题的有效方式。作为心理学专家，您对教师的职业生涯发展规划有哪些建议？

俞国良：要做一个出色的教师，仅有一腔热情是远远不够的，教师还要认真规划自己的职业生涯。2007年上映的影片《我的教师生涯》，建议大家可以看一看。影片讲述的是一位乡村教师跨越40多年对教师职业的热爱和执着，这就是教师的职业生涯发展规划。具体来说，首先，教师要正确地认识自己，肯定自己已经拥有的知识与技能，并随时检视自己的职业信念，勇于接受新的职业挑战。其次，教师要善于为自己确定一个合适的生涯目标，做一天和尚撞一天钟，或者好高骛远、急于求成，都会导致实现生涯目标的失败。教师应把生命、生活和生涯统一起来，在考虑自己智能、性向、价值以及阻力和助力的前提下，对职业发展做出合理的安排，并相应调整自己的人生目标。成功的教师应该知道自己要往哪里走，同时愿意为这些目标付出必要的努力。此外，教师还要学习并掌握三种技巧：一是合理管理时间，充分利用时间，分清工作的缓急轻重，有条不紊地工作、生活；二是运用有效的沟通技巧，教师工作就是一种沟通性工作，教师要面对学生、同事、家长，成功的沟通会提高工作效率和成功率，达到事半功倍的效果；三是善于调节工作压力，成功的教师能察觉压力的来源及其程度，并善于利用各种压力应对方式，选择用期望和愉悦的情绪来抵消忧虑与焦虑，调适自己的心态和生活。我们反对早上六点半到校、晚上九点半离校的那种"疲劳战术"。工作、生活和休闲，看似没有关系，实际上联系密切。优秀的教师一般都是会生活的教师，应该经常问自己：生活到哪里去了？自己

到哪里去了？

教师生涯发展具有发展空间广阔、持续时间长、独立空间大以及服务性强等特点，因此教师要积极提高心理健康水平，形成健康的工作和生活方式，追求教育业绩与身心健康的双丰收；让教师在成就别人的同时，也成就自己。

记者： 确保教师心理健康对教育事业具有什么样的意义？除了教师的自我调适之外，教育主管部门和学校在维护教师心理健康方面可以发挥哪些作用？

俞国良： 教师的心理状态、言谈举止会以一种直接或潜移默化的方式，对儿童、青少年的个性发展、心理健康和学习效果等造成深刻的影响，进而关系到国家和社会未来的发展。此外，教师心理健康问题也直接关系到教师的生活质量和幸福感，关系到教师自身职业发展的需要，可以说，教师自身的幸福感和教育事业的健康发展是相辅相成的。

保障教师心理健康是一个系统化的社会工程，这也是历史的责任和时代的要求。政府除了做好增加教育投入、提高教师待遇、严格教育执法和维护教师的合法权益等基础性举措之外，还要创设健康的工作环境，提升教师的社会形象，促进教师群体的职业化，赋予学校和教师一定的自主权，为学校和教师提供充足的、易于获取的资源。从中观层面看，学校要形成良好的组织文化，树立发展性评价，倡导行动研究，加强参与式管理，在教师中间建立一种教学取向的结构化团队关系，形成一个民主、平等、尊重、和谐的学校心理环境。此外，教师也要有意识地维护自身心理健康，摆正心态，低调做事、高调做人，坚定职业理想，更新教育观念，提高自我调适能力，学习放松训练、时间管理技巧以及认知重建策略和反思，等等。一句话，提高教师心理健康水平是一项系统工程，需要全方位综合治理，需要优化教育环境、寻求社会支持、塑造健康学校和立足自我调适，政府和学校、社会和环境以及教师自身都有义不容辞的责任。

俞国良：我不愿错过孩子成长的每一瞬间①

俞国良

中国人民大学心理研究所教授、博士生导师。其夫人罗晓路，北京师范大学心理学博士，研究员。

俞国良的书房尽头，是一面宛若书海般的宽大的书墙；另一头的空地上，他的一双龙凤胎儿女搭建了一座充满童趣的"儿童乐园"。俞国良就坐在这二者之间，以心理学家的严谨，以为人父者的慈爱，讲述着他的育儿理念，以及那些发生在他和可爱儿女之间的故事。

"我们尊重孩子自然成长的过程"

俞国良的一双龙凤胎儿女，现在快满6岁了，女儿宝宝是姐姐，儿子贝贝是弟弟。这对小姐弟，现在都是游泳小健将，一个练潜水，另一个学跳水。可在3年前，这对小姐弟被爸爸妈妈带到游泳池时，却对泳池里碧蓝碧蓝的池水，表现得特别抗拒。

"当时我们想，他们不愿意学就不学吧。那时他们才2岁多，2岁多的孩子，大动作、小动作、精细动作都还没有发育成熟，而且还有可能缺乏安全感。所以，尽管有人跟我们说，孩子4岁多就可以跳水，可我们还是觉得，这不是用来攀比的理由，我们尊重孩子自然成长的过程。"俞国良说，"但是你看，当

① 载于《妈咪宝贝》，2009(4)，记者汤淼，任丽萍。引用时有改动。

141

他们准备好了，他们自然而然地就喜欢上了游泳。"

俞国良认为，应该提供适合宝贝发展需要的教育，而不是选择适合教育的宝贝；应该把宝贝看成个体，而不是一个年龄群体；个体差异总是远远大于群体差异；要理解和认识宝贝的生理、心理发展特点，并且尊重这些特点，用发展的观点来看待他们的成长。

"从来不拿他们两个做比较"

宝宝和贝贝虽然是双胞胎，但并不总是在所有事情上保持一致。比如，对于学钢琴，宝宝从一开始就很喜欢，也学得很好；而贝贝虽然后来因为姐姐的示范作用，也喜欢上弹钢琴，但刚开始的时候，他根本不感兴趣。

"宝宝是女孩，懂事比较早，学习上比较自觉；贝贝呢，显然不如姐姐勤奋。他俩在同一个幼儿园的同一个班，幼儿园布置作业，说要完成一篇口头作文，宝宝早早地准备好，自己说作文，让妈妈帮着她在电脑上敲下来；贝贝却好像完全不记得有这么回事。"俞国良说，"尽管这样，当着他们的面，我们也从来不拿他们两个做比较。不过，贝贝也有自己的天赋，虽然我们从没刻意去教他认字，但是他却无师自通地认得很多字，还能看懂报纸上的一些特定内容。"

俞国良认为：人的能力表现早晚存在差异，有的人"早成"，有的人"晚成"，所以，适合宝贝的才是最好的，因材施教最重要。

"我总是马上检讨，向他们道歉"

尽管在外是受人敬重的心理学家，俞国良在家，却常常遭到小姐弟的"批评"。宝宝说："爸爸，你的普通话还没有我的好。"贝贝则是个小小驾驶监督员，"爸爸，你闯红灯了"或者"爸爸，你超速了"。"每到这个时候，我总是马上检讨，向他们道歉"，俞国良说。

不久前，贝贝吵着要去看电影《闪电狗》，俞国良就忙里偷闲带他去了。可是，进场看了才 5 分钟，贝贝又吵着不看了。从俞国良的角度来说，电影票花了不少钱，又是贝贝主动要求看的，怎么说也应该看完。可是，贝贝却对爸爸的立场全然不顾，执意要求回家。父子俩商量来商量去，最后贝贝说："我们还是回家吧，我回去练 10 分钟钢琴还不行吗？"

"显然，贝贝知道自己的要求不是那么合理，但是他懂得为自己不合理的要求做出相应的补偿。于是，我就答应他，带他回家了"，俞国良说。

俞国良认为，父母说话宝贝不一定要听，相反，宝贝有时候说的话却需要得到尊重；做父母的都希望宝贝"听话"，但父母有些错误观念却根深蒂固；动不动就训斥宝贝，把自己当作不会犯错误的权威，会对宝贝造成隐形伤害，使他们未来的人际交往能力与社会适应能力受损。

"做错了并不代表你不是男子汉"

贝贝 3 岁半的时候，有一次，该吃饭了他却怎么也不吃，无论谁劝都不管用。要他承认错误，他坚持不说"我错了"。"当时把我气坏了，就把他关在卧室里，作为惩罚。不过，那是白天。"俞国良补充了一句，继续说，"当时全家人，包括宝宝都来求情，我都没心软。半小时过去后，我进去跟贝贝说：'爸爸的方法，也不见得就是对的，爸爸是想让你明白，自己要对自己的行为负责，做错了并不代表你不是男子汉。'"

俞国良说，在教育宝贝的过程中，适当的惩罚是必需的。你必须让宝贝明白什么是应该做的，什么是不应该做的。但惩罚之后，要让宝贝知道他自己究竟是什么地方做错了，为什么错了。

俞国良认为，父母应该树立"养教并重"的观念，不仅要"养"宝贝，满足他们的生理需要和安全需要，还要明白"教育"的概念，懂得"双向沟通"。

在一般的双胞胎家庭，除了父母之外，有的还恨不得雇上两个保姆，来打理抚育两个孩子所带来的生活上的琐细，而俞国良夫妇却认为，"孩子就应该自己带，完全推给老人是不负责任的表现"。他们说："虽然我们都很忙，但是大人辛苦一点，对孩子的成长却是有好处的。换一个角度，宝宝和贝贝现在还能让我们抱一抱，可是再过几年，他们还会让我们抱吗？父母能陪孩子成长的时间是有限的，一旦错过，就永远错过！"

俞国良夫妇育儿小妙招

（1）限制看电视。俞国良夫妇规定宝宝和贝贝，每天只能看半小时的儿童电视节目。为了保护眼睛，放广告的时候，会故意想出些点子指使他们去跑一圈；如果想多看一会儿电视，那就得讲条件，完成什么任务后，可以加看 5 分钟；等等。

（2）有条件的满足。宝宝和贝贝要买玩具，俞国良夫妇总是和他们商量，需要做家务几次，弹钢琴多长时间才能买。无限制地、完全地、及时地满足宝贝的要求，对他们的性格塑造没什么好处。

（3）纠正坏习惯。贝贝有一段时间特别喜欢躺在地上，对于类似这样的坏习惯，俞国良夫妇的处理是，简单而明确地指出"这是不对的行为"，几次之后，贝贝就不再这样做了。强行把贝贝从地上扯起来，或者反反复复地教训，有时候反而会强化贝贝的这个行为。

让中小学心理健康教育撑起一片守望幸福的蓝天
——访中国人民大学心理研究所所长俞国良教授①

【编者按】2009 年 1 月，教育部基础教育一司王定华副司长在接受本刊记者采访时说：心理健康教育已不需要再讨论要不要做的问题，而需要考虑"怎么做"的问题，要在实践中切实解决中小学心理健康教育"无人做""不愿做""不会做""不真做"的问题。2009 年 4 月，本刊记者就"四不做"问题专访了中国人民大学心理研究所所长、博士生导师俞国良教授。

记者：俞教授您好。首先，想请教您关于中小学心理健康教育"无人做"的问题。您认为，"无人做"的主要原因是什么？从教师到校长、从各级教育研究机构到各级教育行政机构，应如何解决"无人做"的问题？

俞国良：我国中小学心理健康教育尚处于发展初期，从教育部 1999 年颁发的《关于加强中小学心理健康教育的若干意见》(以下简称《意见》)至今，仅有短短的十年时间，难免会存在一些发展过程中不可避免的问题，"无人做"就是其中之一。

"无人做"的问题究其原因有四点。第一，学校和各级教育部门尚缺乏对中小学心理健康教育必要性和重要性的深刻认识。《意见》明确指出："对中小学生及时有效地进行心理健康教育是现代教育的必然要求。"2002 年《中小学心理健康教育指导纲要》(以下简称《纲要》)也指出："良好的心理素质是人的全面素质中的重要组成部分。心理健康教育是提高中小学生心理素质的教育，是实施

---

① 载于《中小学心理健康教育》，2009(7)，记者陈虹、舒娟。引用时有改动。

素质教育的重要内容。"在"坚持育人为本、德育为先，实施素质教育"的思想下，必须充分认识到心理健康教育是学校教育的必然要求，是素质教育的重要组成部分。素质教育的目标是培养学生的整体素质，包括身体素质、科学文化素质、思想道德素质和心理素质，其中心理素质决定着其他素质的发展方向和速度。就像"人"字，身体一撇，心理一捺，缺了哪一笔都不行。在"德育为先"思想的指导下，心理健康教育是学校德育工作一个很好的抓手，但心理健康教育又有其特殊性和专业性，是德育工作不能替代的。因此必须深刻认识中小学心理健康教育的必要性和重要性。

第二，中小学心理健康教育缺乏有效的保障机制。首先，在政策方面，目前的中小学心理健康教育政策比较宏观，缺乏相配套的制度保证，如编制、职称、人员、课时、大纲等方面尚缺乏可操作的硬性规定。其次，在学校方面，《纲要》要求"学校要逐步建立在校长领导下，以班主任和专兼职心理辅导教师为骨干，全体教师共同参与的心理健康教育工作体制"。但到底由谁主要做，谁主要负责？如果责任不明，责任分散，就会出现出工不出力、无人问责的情况。最后，在教师方面，心理健康教育起步初期，从事这项工作的教师凭着一种良心和热情在做，他们有较高的积极性并做出了一定的成果，但不能以教师的良心和热情来替代保障机制。总的来说，目前的状况是，政策要求软性的多，硬性的少；心理健康教育责任人多，负责的少；心理健康教育人员多，专职的少。

第三，中小学心理健康教育教师缺乏专业准备。目前我国的中小学心理健康教育教师普遍存在专业知识储备太少、专业技术不足的问题。教师在大学学习的心理学知识比较散乱，不成系统，对心理健康教育方法不熟悉，在教学中可能出现讲授心理学概念和学科知识的倾向。

第四，缺乏一支健全完善的中小学心理健康教育师资队伍。我认为，这是中小学心理健康教育"无人做"的根源。在一些有条件的学校虽然配备了心理健康教育教师，但职责不够明确，教师通常既承担心理健康教育工作又在政教处任职，有的还兼任班主任，或者承担其他科目的教学工作。面对着多重角色的心理教师，学生会降低对这些教师的信任和认同。同时，身兼多职的心理教师固有的角色冲突，不仅使他们难以涉及深层次的心理问题，而且也不利于解决和疏导一般性的心理问题。这些问题使得心理健康教育工作被分化、架空，徒有虚名。

当然，这些情况是中小学心理健康教育发展中会出现的问题。要建立一支良好的师资队伍，解决"无人做"还需要一个过程。首先，学校领导要端正认识，要从实施素质教育、构建和谐社会的高度来认识心理健康教育，要真正感到心理健康教育是有趣、有用、有效的。其次，政府要加强制度保障，通过对心理健康教育的评估、督导，甚至用法律来保障心理健康教育的实施。最后，要建立教师培养机制，逐步培养出一支教师队伍。心理健康教育教师队伍的建设必须依靠高校进行专业培养，而不是培训，现在的培训机构很多，但短期培训治标不治本。我建议可以在高校教育硕士中设立心理健康教育方向，现在已经有部分师范院校开始这样的尝试了。

记者： 关于中小学心理健康教育教师"不愿做"的问题。您认为，教师"不愿做"的主要原因是什么？如何能使教师从"不愿做"到"主动做"？您预计这个转变过程将需要多长时间？

俞国良： 我们知道"愿意"与"不愿意"牵涉到的是人的积极性和主动性层面，教师之所以"不愿做"，我认为有以下四点原因。

第一，学校领导不力。学校领导没有从落实素质教育、构建和谐社会的高度来认识心理健康教育，不重视心理健康教育工作，不支持教师参加心理健康教育培训，不支持心理健康教育课程的开设。

第二，关乎心理健康教育教师切身利益的问题没有解决，如编制、职称、评聘等。心理健康教育教师的生存和职业发展问题不解决，将严重影响教师的工作积极性和职业认同感，从而影响教师队伍的稳定与发展。

第三，中小学心理健康教育缺乏完善的考核体系和评价标准，工作成果难以得到认定，学校缺乏对心理健康教育应有的奖罚制度。这一系列的缺失与心理健康教育在学生学习与成长中所占分量难以量化有很大的关系。

第四，不少学校重视知识教育，轻视心理健康教育。学校领导、科任教师、学生家长对心理健康教育还存在偏见，误认为心理健康教育可有可无，或者认为至少其重要性远远不及中考或高考所涉及的科目，使得心理健康教育被边缘化。

要使心理健康教育教师从"不愿做"转变为"主动做"，需要从教师的外部和内部来创造条件，其中尤以外部条件的创造最为重要。从教育行政部门来说，首先，须出台政策落实心理健康教育教师职称、编制和评聘的机制，并以此为突破口调动教师的积极性和主动性。其次，必须要有一套对中小学心理健康教育进行考核和评估的合理制度及奖惩措施，使学校、教师、学生、家长都能感受到心理健康教育的重要性。最后，需对心理健康教育教师与学生的比例做出明确规定，如城市学校要求师生比达到 1∶1000，有条件的可以达到 1∶800，农村学校可以达到 1∶1500。

从学校层面来说，学校领导要从落实素质教育、构建和谐社会的高度来认识心理健康教育，要把心理健康教育工作纳入学校的工作规划中。学校领导要在全体教师中加强宣传开展心理健康教育工作的重要性，突出心理健康教育是一项"良心工程"，让每一位教师都参与到心理健康教育工作中来，使其认识到心理健康教育是"师德"的要求和体现，以此来提升教师开展心理健康教育工作的积极性。

从教师层面来说，积极乐观的职业心态非常重要。一个人不可能改变环境，但可以改变和主宰自己的心态。如果教师拥有积极乐观的心态，对所从事的工作充满幸福的期待时，他就会把这种心态投射到工作和生活中，他的工作和生活就会轻松美好。所以，教师应该致力于使自己工作、生活得更健康、更美好、更幸福。在我国中小学心理健康教育发展初期，各方面条件难免有不完善的情况，教师要对学生充满爱心、对工作充满责任心、对自己充满信心，以乐观积极的心态来面对心理健康教育工作和自己的职业发展。

当然，激发教师的主动性和积极性，需要综合运用不同的激励方法，这需要经历一个过程。这个过程可能是好几年的时间，如果外部条件创造得不好，这个过程还会延长。但过程时间的长短并不重要，重要的是教师在这个过程中的成长和发展。

记者：关于中小学心理健康教育教师"不会做"的问题。您认为教师"不会做"的主要原因是什么？什么机制能保障教师从"不会做"转变为"会做"？

俞国良：教师"不会做"的首要原因是专业知识储备不足，方法技能有限，教师在"摸着石头过河"。当然，教师"不会做"和目前师范院校的课程设置也有关系。在高校，心理学课程多为公共课，教师仅靠这点知识储备显然不够，因此必须依托高校建立系统的培养机制，培养教师心理健康教育的专业知识、技能方法、思维方式以及服务实践的意识。此外，教师"不会做"也与国内一些决策者对心理学缺乏了解和重视有关。国内高校要广泛地培养学校心理健康教育人才，还需要决策者给予心理学足够的重视。

要保障教师从"不会做"转变为"会做"，需要培养一支能发挥专业作用的心理健康教育教师队伍来从事该工作，或者对选拔出的一批非专业的教师进行专业培训，确保心理健康教育教师能够从专业角度开展心理健康教育工作。因此，第一，要建立心理健康教育教师的培养机制，可在高校的教育硕士中设心理健康教育方向，从系统的培养开始。第二，对非专业的心理健康教育教师进行必要的培训，解决现阶段师资缺乏的问题。第三，教育部应对中小学心理健康教育教师的上岗资格认证做出规定，对中小学心理健康教育教师的专业能力提出明确要求，教师持证上岗。

记者：中小学心理健康教育"不真做"的原因有哪些？"真做"需要哪些条件作为保障？"真做"的人应该具备哪些素质和专业能力？

俞国良：中小学心理健康教育"不真做"源于学校对心理健康教育的几种错误认识。第一，错把心理健康教育等同于心理咨询，以为开设了心理咨询室就是开展了心理健康教育。第二，混淆了德育和心理健康教育的关系，以为开展了德育教育就是开展了心理健康教育。第三，错把心理健康教育等同于心理测量，有些学校或教师认为心理健康教育就是进行心理测量。第四，心理健康教育不等于开展心理健康活动，目前有的学校开展心理健康教育还存在搞活动、装门面，应付检查的现象。

"真做"的心理健康教育应当使个别学生的心理问题得到缓解，使大多数学生学会心理调解方法，使全体学生的心理潜力和心理素质得到提高，幸福指数得到提升，心理年龄与生理年龄匹配，个体和谐统一。"真做"的心理健康教育要求教师对该工作要认识到位、定位清楚、目标明确、职责清晰，要求教师具备专业的知识和技能，教师对心理健康教育要有兴趣，要愿意做，能从工作中感到快乐，收获阳光。"真做"的心理健康教育要求校领导有"以健康促进学校发展"的理念，将心理健康教育工作纳入学校的工作规划和重要日程中，在学校创设轻松、愉快、和谐的校园氛围和环境。

保障中小学心理健康教育能够真正、有效开展的条件，我归纳为五点，可称为"五子登科"。第一，"房子"，心理健康教育的开展需配备必要的硬件设施，如咨询室、活动室、家具、电脑等；第二，"票子"，即经费，心理健康教育的开展离不开相应经费的投入，包括硬件及软件的配备、教师的报酬、活动的经费、培训的经费等；第三，"位子"，一方面心理健康教育教师要有其职位编制，另一方面心理健康教育教师在全校开展心理活动时，需要一定的权利才能协调好各方的参与和配合，如可以将心理健康教育教师安排为德育校长助理，要给其位；第四，"孩子"，此指要解决心理健康教育教师的后顾之忧，如解决职称、评聘、报酬等方面的问题；第五，"车子"，指教师要参加"走出去""请进来"的专业培训和学习。中小学心理健康教育要实现"真做"，离不开校长、教师、各级教育行政及科研部门、社会各界的共同配合和努力，只有这样才能使中小学心理健康教育工作实实在在地开展下去。

"真做"的中小学心理健康教育要求心理健康教育教师必须具备扎实的专业能力、高尚的道德素质和健康的自身心理素质。专业能力指心理健康教育教师要具备心理学的专业知识和德育教育能力，具备诊断和判别中小学生心理行为问题类别的能力，掌握基本的心理咨询与辅导方法的能力，有对重大生活事件或危机事件进行干预的能力。道德素质指心理健康教育教师要具备心理工作者应有的职业道德和教育工作者应有的师德。自身心理素质指心理健康教育教师要具备亲和力、自我展示的能力、自我反思的能力和终身学习的能力等。

记者：从您个人的角度看，在目前阶段，心理健康教育工作是谁在做？心理健康教育教师、班主任、校长、各级教育科研机构的专家、各级教育行政干部在这项工作中分别承担着什么角色，分别起着怎样的作用？

俞国良：我国心理健康教育工作一开始是一批有良心的责任者在做，现在主要由少数专业心理健康教育教师和大多数非专业的心理健康教育教师在做，主要包括心理学工作者、德育教师、班主任、校医等。就实施效果而言，还是专业的心理健康教育教师能够更加准确、顺利地开展工作，班主任、校长、各级教育科研机构的专家及教育行政干部则更多的是起辅助和监管作用。一般来说，学校是心理健康教育目标实施的主渠道，各级教育科研机构专家、教育行政干部、家庭和社会为心理健康教育目标的实现提供了保证。因此，在这项工作中，心理健康教育教师是核心，班主任是主体，校长是领导者，各级教育科研机构的专家是指导者，各级教育行政干部是评估者。

记者：《纲要》指出，"坚持育人为本，根据中小学生生理、心理发展特点和规律，运用心理健康教育的理论和方法，培养中小学生良好的心理素质，促进他们身心全面和谐发展。"您认为，中小学心理健康教育应该面对谁来做？做的效果如何评估？

俞国良：毫无疑问，中小学心理健康教育是面对未成年人学生在做。具体地说，中小学心理健康教育有两种目标，其消极目标是预防和治疗学生的各种心理与行为问题，仅针对个别学生；其积极的，也是更重要的目标是促进每个学生最大限度地发展自己，因此中小学心理健康教育的对象是全体学生。

目前我国有部分省市开展了中小学心理健康教育的评估工作，也制定了详细的评估方案，如北京市、上海市、广东省、浙江省等。这些省市的评估工作积累了有益的经验，其评估标准也是很好的探索。我认为对心理健康教育效果的评估可以从以下三方面来考虑：一是看学生自身某些心理指标有无变化，如学生的人格特征、情绪、学习习惯、人际关系等是否有良性变化，这些变化可以通过家长反馈、教师评价、学生评价等方式获得，也可参考思想品德课的一些考评方法；二是看心理健康教育资料是否丰富、恰当，教师教育方法是否有用、有效、多样化，教师可对自己的教育效果进行评价；三是看是否合理使用教育资源，是否实现教育目标。学校对心理健康教育工作的评估可采用纵向跟踪式评估。比如，每年年初为学校新入学的学生建立心理档案，然后开展心理健康教育，之后每年再测一次或两次并存档，全面关注学生的心理发展动态，直到学生毕业。此外，还可以采用成长记录、情境测验、观察法、道德评价等几种方式。

记者：中小学心理健康教育发展到今天，基层教育工作者都非常希望，在制定《意见》和《纲要》之后，出台一系列操作性强的文件，以提供科学、规范、健康、可持续发展的基础和保障。您认为，这样的文件在《意见》和《纲要》的基础上应该补充哪些刚性内容？

俞国良：1999年的《意见》和2002年的《纲要》是具有指导意义的文件，其颁布在当时和现在都具有重要意义，但由于内容比较宏观，不便于基层具体开展中小学心理健康教育工作。因此，为了保障中小学心理健康教育科学、规范、健康、可持续发展，现在需要教育部制定一系列中观层面的、有明确内容规定的、责权清晰的、易于操作的文件。

为了促进中小学心理健康教育步入良性发展轨道，尚有很多内容需要加以明确规定，如需加强中小学心理健康教育师资队伍建设，解决中小学心理健康教育教师的职称、编制、评聘、资格认证问题，丰富中小学心理健康教育的途径和方法等。但目前，我认为最重要的是确立课程地位，要将中小学心理健康教育正式列入德育课程体系，编制《中小学心理健康教育教学大纲》，对心理健康教育课程的性质、目标、任务、要求、教学内容、教学方法、教材、评估等做出统一规定。通过中小学心理健康教育课程建设这一抓手，来带动该工作其他方面的突破，实现良性发展。

记者：《纲要》指出，要反对学校心理健康教育学科化倾向。您认为心理健康教育学科化和课程化的区别是什么？如果心理健康教育要成为一门课程，那么其教学大纲应包括哪些方面？您认为，目前流行的中小学心理健康教育读本是否包括了教学大纲应包含的内容？

俞国良：心理健康教育学科化倾向主要是指有些学校把心理健康教育当作一门学科来对待，在课堂上系统讲授心理学的概念和知识，采用传统的"教师讲、学生记"的教学方式，不恰当地按照心理学学科知识体系来规定各年级的教学目标和任务，要求学生课上认真听讲，课下认真复习、背书、做作业，有的甚至还安排心理健康教育考试，使心理健康教育无法达到真正的目的。

心理健康教育课程化是指学校为实现心理健康教育的培养目标而规定的心理健康教育内容及其进程，包括教学计划、课程标准、课程内容等方面。课程与学科不同。比如，数学在中小学既是一门课程，又是一门学科，而中小学的社会实践课是课程，却不是学科。我认为，中小学心理健康教育要推向深入，关键是要课程化。心理健康教育课不能等同于一般学科教学，但它又不仅仅是一门课程，它更需要与学生的学习实践、生活环境相结合，其宗旨是帮助学生解决学习、生活、人际关系等方面的心理困扰，维护学生的心理健康，提高学生的心理素质，培养学生的健康人格，促进学生健康、快乐、幸福地成长。

如果心理健康教育要成为一门课程，其教学大纲应包括五部分的内容：一是课程性质和课程任务；二是教学目标，包括教学总目标和分类目标；三是教学内容与要求，不同年级需做出不同的规定；四是课程实施建议，包括教学原则、教学方法建议、课程资源的利用与开发、课时计划与分配建议、教材编写建议等；五是教学评价与考核，包括评价目的、评价原则、评价方式、评价内容等。

目前全国各省、市、区县、学校都在编制各种各样的心理健康教育读本，品种五花八门。这些读本代表了编者对心理健康教育的理解，但缺乏对《纲要》的解读，而且有的读本受利益驱动，由非专业人员编写，没有通过教材审定委员会审定，质量很难保证，还有的读本存在抄袭现象。当然，这些读本的出现在我国心理健康教育萌芽阶段是具有积极意义和探索作用的，也起到了一定的效果，但对其进行规范还需要一个过程。教育部应在制定中小学心理健康教育教学大纲的基础上，推行规范教材，以缓解国内中小学心理健康教育教材混乱的状况。

记者：最后，请俞教授为我国中小学心理健康教育事业寄语。

俞国良：让中小学心理健康教育真正撑起一片守望幸福的蓝天，让中小学心理健康教育真正成为一项温暖人心的事业。

解读中等职业学校《心理健康教学大纲》
——访中国人民大学心理学研究所所长俞国良教授①

记者：俞教授，心理健康是中等职业学校新一轮德育课改开设的一门新课程。作为《心理健康教学大纲》（以下简称《大纲》）编制组的组长，请您谈一谈为什么要开设这门课程？

俞国良：健康的心理是良好品德形成的基础，是人的创造力发挥的基础。心理健康课程面向全体中职生，帮助他们正确认识并处理成长、学习、生活和求职就业中遇到的心理行为问题，促进其身心全面和谐发展。我国现有两千万名左右的中职在校生。中职生在自我意识、人际交往、求职择业以及成长、学习和生活等方面会产生各种各样的心理困惑或问题。他们虽没有高中学生面临的高考压力，但他们面临的社会压力要比高中学生大，所受的失败与挫折也比高中学生多，情绪两极性的表现也较为明显。一项对辽宁、山东、江苏、浙江、四川、陕西、甘肃、广东等省市近 20 个地区 50 多所学校近万名职校生的调查发现，厌学、学习焦虑、交友困难、挫折感强、就业困惑、社会适应能力差等成为职校生中存在的问题。解决这些问题的途径之一是加强心理健康教育。为此，教育部于 2004 年颁发了《中等职业学校学生心理健康教育指导纲要》。今年年初，又颁布了中职学校《大纲》，从政策上为此项工作的开展提供了保证。这个《大纲》还是教育部向各级各类学校颁布的第一个心理健康教学大纲。

作为中职学校的一门德育选修课，心理健康教育拓展了传统德育的内容范围，把如何认识自我、处理人际关系、调节和控制自己的情绪等个性发展问题，

---

① 载于《中国德育》，2009(7)，记者孙陆。引用时有改动。

纳入整个德育大系统中。心理健康教育有助于养成良好的劳动习惯和劳动观念，保证了高素质劳动者和技能型人才培养的规格与质量。因此说，中职学校开设心理健康教育课程，具有重要的现实意义和深远的历史意义。

记者：中职心理健康课程主要包括哪些内容？

俞国良："以服务为宗旨，以就业为导向"是确定中职心理健康教育课程内容的一个方针。我们既考虑到与初中思品课的衔接，又要充分体现中职特色。《大纲》规定中职特色心理健康课程主要包括五个方面的内容："心理健康基本知识""悦纳自我，健康成长""和谐关系，快乐生活""学会有效学习""提升职业心理素质"。这五方面内容都是面向全体学生的。教学内容要围绕学习环节、活动和体验环节以及实践环节来安排。

记者：《大纲》强调心理健康课程的一项重要原则是"科学性与实践性相结合，重在体验和调适"，指出要"加强活动和体验环节"。您怎么看待心理健康课程中的活动？

俞国良：心理健康教育活动以学生的直接经验为中心，以各种活动为组织形式，为学生创造一个放松心情的缓冲地带。研究表明，活动在心理健康教育中有其特殊的重要性。因为，活动是学生自我教育、自我成长的过程，是充分挖掘学生潜能的过程，是应用心理健康知识和方法来解决中职生在成长、生活、学习和求职就业中的心理困扰及心理问题的过程。心理健康教育活动的模式是他助、互助、自助。学生是教育的主体，在活动中，学生不是被动的。教育教学活动实际上是师生之间、学生之间的互助过程。只有在活动氛围和交流过程中，每个学生把整个身心都融入活动中，才能加深对问题的理解和认识，达到自助的目的。中职学校心理健康教育课程要实现有趣、有用、有效，提高学生的自我调适能力，就必须加强活动环节。

心理健康教育的根本活动是心理训练，就是通过活动、探究，让学生认识自己的行为、认识问题产生的原因，在教师的指导下找到现实问题的解决方法。中职学校开展心理健康教育，要结合教学内容，利用校内外资源，在课堂教学和综合实践活动中有计划地组织学生开展团体辅导、个别咨询、心理行为训练等活动。同时在实习、实训中渗透心理健康教育，通过校园文化活动等形式普及心理健康知识。在教学方法上，可以采用启发式、讨论式、情景模拟法、角色扮演法等，教师要不断探索有效的教学方法。

记者：根据《大纲》的精神，您对中职学校心理健康教材编写有何建议？

俞国良：根据《大纲》，心理健康课程总学时为 34 学时，每周 2 学时。教学内容可以按照《大纲》的编写次序，也可以根据本地区、本学校的具体情况和人才培养的实际需要在《大纲》规定的范围内适当调整。教材编写，要着力落实《大纲》规定的教学内容及具体教学目标和要求，本着贯彻"以服务为宗旨，以就业为导向"的精神，在内容上加强与学生现有的心理实际需求和求职就业的心理素质的联系。特别强调培养和提高学生健康的心理素质，做好面对就业竞争压力的心理准备。中职一年级以心理健康知识、学校环境适应、学习兴趣培养和学习潜能开发为主要内容；中职二年级以成长和生活中的自我意识、职业心理准备、建立良好的人际关系为主要内容；中职三年级以认识职业和培养职业兴趣、职业选择和社会适应训练为重点，树立正确的职业观，强化合作与竞争意识，增强迎接职业挑战的信心。

记者：中职学校心理健康课程有哪些评价方式？

俞国良：中职学校心理健康课程，要对学生从认知、情感、态度、观念和运用能力等方面加以评价，特别重视评价学生运用心理健康知识和方法解决他们在现实生活中面临的心理行为问题的能力，提高心理健康水平。《大纲》明确规定："本课程不允许进行知识性考试。"中职学校心理健康课程可采用的评价方式有：在教学过程的自然状态下，对学生参与心理健康教育学习状况的观察；对学生心理品质的语言描述；通过设置贴近学生生活的情境，观察学生反应的情境测验。另外，还有学生自评，同伴、教师及家长参与的多主体评价等。要重视学生自我反思、体验、感悟、收获和成长记录等评价方式。

记者：实施中职学校心理健康教育课程，应该注意哪些问题？

俞国良：中职学校实施心理健康教育，要注意避免以下几种倾向。

学科化倾向。学科化倾向即把心理健康当作一门以知识传授为主的课程，在课堂上系统讲授心理学概念、理论。我们认为，让学生掌握一定的心理学知识是必要的，但反对那种把课程理解为普及心理学知识，甚至安排学生进行心理学知识考试的学科化倾向。因为，中职学校心理健康课程的根本目标是应用心理健康的有关理论和知识，来解决中职生在成长中所面临的困扰和心理行为问题，使其心理潜能得到最大限度的发挥。

医学化倾向。有人认为心理健康教育就是进行心理咨询和心理治疗。学校的领导、教师有这种看法，会导致学生认为只有患心理疾病时才能去心理咨询室。现在的人都重视保健，不是生病了才去看病，心理健康教育同样是这个道理。据统计，有心理疾病、心理障碍的学生不到总数的1%。中职生的心理从总体上说是健康的，学习、成长、生活、职业等社会适应方面的心理行为问题，只是在发展的过程中的一些适应性问题。学校心理健康教育要以预防性和发展性为主要任务。

片面化倾向。在教育对象上，心理健康教育要面向全体学生。大多数人需要的是心理辅导，如果教育对象片面化，就成了针对部分学生的心理咨询、心理治疗。有时候片面地选择中职一年级学生作为教育对象，但实际上中职二年级和中职三年级，特别是即将上岗的学生遇到的问题更多，更需要心理辅导。

形式化倾向。心理健康教育专业性很强，有些学校虽然名义上开设心理健康课，设置心理咨询室，配备了老师，但还是用一般的思想政治工作的方法来进行心理健康教育。还有就是把心理健康教育和德育混为一谈。

忽视教师心理健康的孤立化倾向。当前，学校心理健康教育主要是针对学生的，而忽视了教师的心理健康。只有心理健康的教师才能培养出心理健康的学生。一个老师对学生的影响是深远的。这方面的例子很多。如果广大教师不能很好地调整自己的心态，这将对学生的心理健康产生不良影响。

下篇

心理健康教育的

成长与发展期

（2011年至今）

心理学研究成果应为基础教育服务
——访中小学心理健康自助仪研制者俞国良教授①

心理学该如何发展？发展方向在哪儿？这是每个心理学工作者十分关心的问题。本刊就相关问题专访了中小学心理健康自助仪研制者俞国良教授。他认为，心理学要有发展前途，关键是要为社会做出更多贡献。心理学有多大的生存空间，多大的发展规模，社会在多大程度上认可它，取决于它为社会生活提供了多少服务，为社会发展和经济建设提供了多少服务。换句话说，社会需要是心理学发展的原动力，解决一些社会问题，解决一些现实问题，能够为社会现实服务，本身就是心理学研究内容的一个方面，同时，也是心理学研究课题的来源或者研究选题的来源。

心理学研究要为基础教育服务，应该体现在以问题为中心的研究范式。我们要根据现实中的问题，根据基础教育中的问题进行心理学研究。心理学也会成为促进社会发展、推动素质教育的间接生产力。作为心理学研究工作者，应该主动把研究成果转化为为社会服务的产品。心理学研究为社会发展服务，这是心理学研究的发展方向，脱离社会的、经验式的心理学研究是没有发展前途的。心理学研究成果一旦走出书斋，融入丰富多彩的社会生活中，就将会"风光无限"。

---

① 载于《基础教育参考》，2011(1)，记者王永丽。引用时有改动。

一、十年研究硕果累累

（一）课题项目为研究提供了支撑

1996 年以来，俞国良教授承担了 7 个国家自然科学基金项目，都和心理健康密切相关，如家庭资源对学习困难儿童心理发展的影响，学习困难儿童信息加工的特点和影响因素研究，学习困难儿童的心理行为问题及其矫正，学习困难儿童的元认知机制研究，自我意识、情绪——学习困难儿童的理解、效应和调节，自动情绪调节——学习困难青少年的认知特征、影响效应和教育干预，刻板印象威胁——学习困难青少年的诱发、影响机制和教育干预。这些研究项目的成果支撑着基础研究，也支撑着课题组对心理健康教育的基本思路、选题及发展方向。1997 年以来，他还承担了 5 个教育部项目，如教育部人文社科项目"中等职业学校学生的心理行为问题研究"，以及教育部重点课题"中国学校心理健康服务体系研究"，特别是教育部人文社科重点项目"心理卫生对社会的影响及解决对策"，详细分析了幼儿、小学、中学生、中职生、大学生等群体的心理行为问题及解决策略。这些研究项目出了一批成果，也是在基础教育领域加以应用的理论基础。

（二）基础研究为主，兼顾基础应用研究

俞国良教授非常重视心理学基础研究。例如，他带领课题组编制了"中小学生心理健康量表"和"中职生心理健康量表"，并发表了相关论文 20 多篇，对量表的信度、效度等一些测量指标进行了研究。这些量表从积极心理学角度编制，与教育部颁布的《中小学心理健康指导纲要》及《中等职业学校学生心理健康教育指导纲要》的要求完全吻合。其实，从 1996 年俞国良教授就开始了心理健康量表的编制研究，最早有 164 道题，包括学习、人际关系、自我 3 个维度，1999 年对 1200 名中小学生进行施测，修订了量表，结果表明量表的信效度良好，2002 年增加了社会适应维度，共 150 道题，对 3000 名被试进行了施测，

2004 年又对 2030 名被试进行了施测，对量表进行了验证性因素分析，最后形成由 114 道题组成的"中小学生心理健康量表"，结果表明，各分量表信效度指标很好。现在，"中小学生心理健康量表"在北京市已经大规模应用，效果良好。可见，俞国良教授在心理健康领域一直在潜心研究，而长期研究中积累的成果又为其在基础教育领域的应用奠定了基础。

"中职生心理健康量表"于 2004 年开始编制，对 1000 名被试进行施测，包括 154 道题。2004 年 12 月，对量表进行修订，对 1941 名被试进行施测，包括学习、成长、生活、就职就业 4 个维度，125 道题目。2005 年再次进行修订，对 1012 名被试进行施测，最终量表由 116 道题目组成。"中职生心理健康量表"的编制工作在国内首次进行，可以说在此领域具有开创性的意义。这些量表和俞教授当时所做的一些工作密切相关，如他起草了《中小学生心理健康指导纲要》，2004 年主持了《中职生心理健康指导纲要》的编写工作，2008 年在中等职业学校《心理健康教学大纲》国家标准的制定中，任编制组组长。可以说，这些量表和他从事有关国家宏观政策的研究有密切关系。

俞教授在注重心理健康领域的基础性研究的同时，基础应用研究更多。俞教授十几年来主持编写了一系列具有操作性、可参考性的心理健康读本，如"中学生心理热线丛书"（共 10 册）、"心理自测丛书"（共 10 册）、"学生素质教育千万个怎么办"（共 9 册）、"心理健康教育读本"（共 24 册）等，同时还受云南、江西、贵州委托，主持编写了心理健康教育地方教材。从 1999 年到现在，参与教育部基础教育课程"品德与生活""品德与社会""思想品德"等国家课程标准的编制及审定，这些都为他开展心理健康工作打下了坚实的基础，是进行心理学应用研究的基础。

二、心理学研究如何与基础教育实践相联系

(一) 现状

现在我们面临的一个重要问题就是：我们向学生传递了知识，但是学生失

去了学习的兴趣。说到底，厌学问题、动机激发问题实际上就是心理健康问题。《国家中长期教育改革和发展规划纲要(2010—2020年)》指出，德育为先，能力为重，全面发展，心理健康教育是德育的重要组成部分。心理学是教育科学的基础，没有心理学，教育就失去了支撑点和基础，学生观察力、想象力、创造力等与心理健康有密切联系，换言之，它们是要以心理健康为条件的。这些不争的事实足以说明，社会需要心理健康教育，学校需要心理健康教育。

从目前情况来看，心理健康教育工作开展得并不乐观，虽然做了十几年工作，也只是有所进步，缺少政策性的硬性规定，关于心理健康的一些现实问题没有得到妥善解决，造成中小学心理健康教育"无人做""不愿做""不会做""不真做"现象。比如，心理健康教师的编制、职称问题，心理健康教育教师的生存和职业发展问题不解决，将严重影响心理健康教育教师的工作积极性和职业认同感，从而影响教师队伍的稳定与发展。

(二) 自助是心理学研究与基础教育实践联系的出发点

目前，心理健康教育工作基本上还是用传统教学方法灌输给学生，即使搞一些相关活动，也是本着"居高临下"的态度。但是，俞国良教授认为心理健康工作的出发点应该是自助，应充分体现学生的主观性、主动性。俞教授特别指出，学生自身的主观能动性非常重要，而我们强调思想灌输，甚至把成年人的一些观点强加给了儿童。因此，俞教授提出中国学校心理健康服务体系应包括4个方面，即自助系统、教育系统、咨询系统和危机干预系统，其中自助系统是心理健康工作的基础，因为通过向学生灌输心理健康知识可以让他们知道相关知识，通过一些手段与方法可以让他们理解和明白，而通过参与活动，他们才能真正掌握，要让他们从自己的角度认识到自身的需要。因此，心理学研究与基础教育相结合，关键是要解放学生，发挥学生的主动性，真正实现德育为先，能力为重，全面发展。

三、心理健康自助仪的研发过程

(一)心理健康自助仪的研制背景

人类文明进步和社会快速发展,使心理健康问题面临新挑战和新机遇。特别是随着我国社会经济的迅猛发展和改革的不断深化,职业竞争不断加剧,生活压力成倍增加,多种心理应激源应接不暇。有鉴于此,向全体公民,特别是儿童青少年普及心理健康知识,提高全体公民的心理健康水平,建构有利于身心健康的生活环境和社会环境,已成为一项建设和谐社会的战略课题。正是在这种宏观社会环境与背景下,俞国良教授研制了心理健康自助仪,目的是改变现有心理健康测评技术中的纸笔测验倾向,以及仅局限在实验室和心理学专业人士指导下才能测评,无法发挥个体主观能动性以及采集个体心理健康动态数据的现状。为了让心理健康测评的形式能适应中国社会特定发展阶段的个体发展需要,从而提出了一种基于自助模拟和自测模拟的心理健康自助服务系统,即综合运用计算机应用技术和心理学研究成果,在计算机内建立了一个能够快速、有效完成个体心理健康水平测评,并使个体得到专业性辅导意见的自助服务系统。

(二)心理健康自助仪的内容

心理健康自助仪研制的出发点:一是要有趣,要贴近生活,形式活泼,有吸引力,突出针对性和实效性;二是要有力,真正触到学生痛处,与其现实需要与心理困惑紧密结合;三是要有用,要简单,易于操作,能发挥作用;四是要有效,注重为其以后发展奠定基础。

心理健康自助仪包括心理健康自助系统、心理健康自测系统、心理健康综合评价系统、家校互动系统。心理健康自助系统包括心理健康课程或课件,自主研发的心理健康课程或心理健康课件软件系统,包括小学、初中、普高、职高和大学的心理健康课程，以及不同类型职业工作者(如教师、军人、职工、行政人员等)的心理健康课件，并以 PPT 方式或其他方式呈现。向不同年龄阶段的个体普及心理健康知识，使他们能正确认识自己。

心理健康自测系统包括心理健康自测和心理咨询，用于自测个体的心理状况，并对个体的心理状况进行记录、分析，以及有的放矢地对个体进行心理咨询和心理辅导，使他们能正确调控自己。自主研制的心理自测软件系统，主要有心理素质自测、自我认知自测、情绪智商自测、学习心理自测、大脑生理自测、人际关系自测、道德智商自测、恋爱心理自测和创新潜能自测等。不同年龄阶段的个体可根据自身实际情况，各取所需。根据不同的测量特质和测量结果，个体可以自助获得有针对性的心理辅导和心理咨询。

心理健康综合评价系统主要根据不同年龄阶段个体的心理特点，以标准化的心理健康测量工具来评定该个体的心理健康水平，并对相关数据进行记录和分析，使他们能正确评价自己。自主研制的心理健康测量工具软件系统，包括中小学生心理健康量表、中职生心理健康量表、大学生心理健康量表、教师心理健康量表等。

家校互动系统是对前三个系统的综合，学校可以通过网络版软件，让学生以团体形式进行心理健康知识学习，也可以对学生进行集体测评。在测试过程中，学生看不到自己的测试成绩，更看不到其他同学的成绩；教师可以在后台调出学生的测试成绩，并根据测试结果与家长及时沟通，了解学生的困惑和亟待解决的问题，以便更有针对性地帮助学生。

(三)心理健康自助仪的优点

心理健康自助仪无论在外观还是在使用过程中，都有着显而易见的优点。第一，针对性。适用人群范围广，可以针对不同年龄阶段的个体，有的放矢地提供心理健康自助评价服务，从而提升自身的心理健康水平。第二，实效性。这个心理健康自助仪操作简单，便于操作，适合不同年龄阶段个体的不同需要，有利于他们的自我认知和自我教育。第三，主体性。较好地限制了影响测量准确度的其他因素，同时具有学习、测试、评价的功能，使个体实现有效自助，帮助个体解决现实问题，并提高其应对心理健康问题的能力和水平，有利于个体及时调适自我。第四，适用性。成本低，简单且易于操作，方便普及和应用推广。第五，时代性。综合运用计算机应用技术和心理学研究成果，与时俱进，把心理学研究成果转化成富有信息化时代特征的电子工具。第六，独特性。心理健康的自助形式适合中国社会特定发展阶段的个体心理发展需要。通过心理健康自助评价服务系统，可以有效破解当前我国心理健康工作的 4 个难题：一是专业心理咨询师严重不足；二是社会需要与心理测评、心理咨询在费用和场地等方面的矛盾；三是一般人的心理行为问题在明显暴露环境下不愿向心理咨询师袒露；四是严格贯彻了心理测评与心理咨询中的伦理原则，很好地保护了个人隐私。

(四)心理健康自助仪的使用方法和特色

心理健康自助仪是集自助、自测、自评为一体的 3S 服务系统，使用简单方便。通过个体访问者对心理健康课程和课件的学习，或者对自我心理测评和心理健康指数评定的数据进行处理后，得出学习或测评结论 X，并就测评结论 X 提供心理咨询模拟的场景 Y，同时就进一步模拟咨询的效果指出指导性建议 Z；个体访问者也可以直接就已知的结论 X 进行咨询，并得到指导性建议 Z。下面就自助评价服务系统的操作过程做一具体说明，在某次心理自助评价服务中，个体访问者如果仅仅进行心理健康课程课件模拟学习，了解相关的心理健康知识，那么个体只要按照菜单提示的心理健康课程设置进行操作，找到相关的课程模拟或课件模拟内容进行学习即可。个体访问者如果要进行心理测评和咨询模拟，可根据其本人的需要先从菜单中选取相关心理测评的量表进行测试，完成测试后确定提交，评定系统就会自动给出测评结论。如果访问者在得到测评结果和结论后认为自己不需要通过心理咨询获得指导性意见，可以结束本次操

169

作；如果访问者在得到测评结果后还想对结果或结论中提到的问题进行咨询模拟，即可以就相关问题进行咨询并得到指导意见。如果访问者不需要进行自我心理测评和心理健康指数评定，只是想对已知的结果或某一特定问题进行心理咨询和心理辅导，也可以通过菜单直接进入心理咨询模拟界面，得到相关的指导性建议或意见。

四、全社会都应重视支持心理健康工作

近年来，世界卫生组织、各国政府和社会团体以及各级各类学校发起了声势浩大的心理健康宣传教育活动，强调助人自助和自我调适，来指导人们树立必要的心理健康意识和培养良好的心理素质。有鉴于此，向不同年龄阶段的个体普及心理健康知识，树立心理健康意识，有针对性地开展心理健康状况的测评，构建能促进全人类身心健康的成长环境和发展环境，这是全社会义不容辞的责任。

众所周知，教育的最终目标在于不教，所以自我教育最重要。心理健康教育应当使个别学生的心理问题得到缓解，使大多数学生学会心理调节方法，使全体学生的心理潜力和心理素质得到提高，幸福指数得到提升，心理年龄与生理年龄匹配，个体和谐统一。

俞国良教授的心理健康自助系统的目的正是让学生了解心理健康知识，学会自我调适，最终实现学生的自我教育。心理健康自助系统是为了让学生了解自我需要，自测系统是为了让学生能够自我知觉、自我认识；综合评价系统是为了让学生自我行动、自我决定；家校互动系统是为了让学生自我发展、自我实现。因此，心理健康自助系统为儿童青少年乃至全体公民提供有价值的心理健康信息，对增进人类心理健康，过幸福和有尊严的生活，提高人口素质有重要意义。

教育行政部门一定要深刻认识到这一点，在政策、制度层面给予重视。对

于学校来说，心理健康教育不仅需要有软件，如学校的相关规定、督导等，还要有一些硬件设备，诸如活动室、心理咨询室、宣传栏等，并保证私密性。心理健康自助仪是计算机一体机，包括计算机主机、全触摸显示屏、全封闭外壳和防窥视挡板，外形美观实用、易于保护内部构造，适合在学校、企业、机关、公园等公共场所摆放。俞教授表示可以和企业、基金会、社区合作，为西部相对落后地区捐赠自己的发明，为各行各业不同年龄阶段的个体服务。总之，他希望通过自己及课题组的不懈努力，能够把心理健康教育真正务实地推进一步，切实帮助到每一个个体。

心理健康教育应立足于自主自助
——访心理健康自助仪及自助服务系统研制者俞国良教授①

【编者按】俞国良，中国人民大学心理研究所所长、教授、博士生导师。研究方向为中小学心理健康教育、学习困难儿童心理发展研究、儿童青少年智力与社会性发展研究，在 SCI、SSCI 和 CSSCI 类期刊上发表了近百篇研究成果。在长期大量的心理学研究成果基础上，俞国良教授倡导心理健康教育应立足于自主自助，并领导其团队研制了心理健康自助仪和自助服务系统，申报了发明专利和软件著作权。

记者：俞教授您好，您提倡心理健康教育应立足于自主自助，请您谈谈什么是自主自助？为什么心理健康教育要立足于自主自助？

俞国良："自主"是指自己做主，"自助"是指自己动手为自己服务。我理解，自主自助实际上就是提供适合自己发展需要的教育，这也是心理健康教育的内在要求和本质特征。

理由一，心理健康教育是用心理学的知识和方法解决学生的心理困惑、行为问题，而学生的困惑和问题只有学生自己最清楚，学生对心理健康教育的需要也只有学生自己最清楚。同样的挫折和失败对不同的人影响不一样，俗话说"冷暖自知"，因此，不同的人有不同的心理健康教育需要。传统心理健康教育忽视了学生的独特性、自主性和能动性，专注于通过教师教育来实现学生的心理健康，因此心理健康教育的针对性不强。

---

① 载于《中小学心理健康教育》，2011(2)（上半月刊），记者舒娟。引用时有改动。

此外，在心理健康教育过程中，教育者常常把成年人的想法和思维强加在学生身上，忽视了学生的个性和特色，导致心理健康教育效果不明显，学生不满意，教师不得意。特别是现在的中小学生大都是"90后"甚至"21世纪后"的青少年，强调张扬个性、独立性、自主性，他们通常不愿意将自己的心理困惑和困难说给教师听，而更愿意自己寻求解决问题的办法。因此在中小学开展心理健康教育必须立足于自主自助，通过向学生提供开展自助心理教育的途径，发挥学生的自主性，提高中小学心理健康教育的针对性和时效性，实现心理健康自助和助人的教育目标。

理由二，开展自主自助的心理健康教育能弥补目前中小学校心理教师师资不足、水平不高的窘境。2009年教育部基础教育一司"中小学心理健康教育工作发展状况调查"数据显示，有八成中小学校配备了心理教师，而这些心理教师中仅有三成是专职心理教师，七成是兼职心理教师。在专职心理教师中，仅有一半的教师具有心理学专业背景。可见，现阶段我国中小学心理教师配备尚不够完善，专业化水平不高，而兼职心理教师工作繁忙，时间精力有限，无法满足学校成千上万学生的各种心理需要，难以做到提高全体学生的心理素质，因此在中小学实施自主自助的心理健康教育显得尤为必要。此外，由于心理教师的编制、职称、工作量、待遇等一系列问题尚未妥善解决，致使心理教师专业发展艰难、生存境况不佳、队伍稳定性低，心理健康教育难以得到保障。尤其在农村地区，留守儿童多，心理健康教育任务重，学校心理教师难以满足学生的心理需求。因此，开展自主自助的心理健康教育能弥补学校心理教师师资不足、水平不高的窘境，提升心理健康教育的专业性。

理由三，自主自助的心理健康教育拓展了心理健康教育途径。目前，心理健康课和心理咨询(辅导)是中小学开展心理健康教育的两条主要途径。虽然各地中小学在不同程度上开设了心理健康教育课程，建设了心理咨询(辅导)室，但整体情况并不理想，大部分学校的课程设置和管理比较随意，心理咨询(辅导)室的建设和使用不够规范。2009年教育部基础教育一司"中小学心理健康教育工作发展状况调查"数据显示，只有 32.4% 的学校能保证心理健康教育的全部课时，62% 的学校心理咨询(辅导)室每周开放 10 小时以内，平均每天开放 2 小时以内，也有个别学校的心理咨询(辅导)室不开放。可见，课程途径和咨询(辅导)途径由于缺乏制度保障，无法有效落到实处，致使心理健康教育存在"不真做"、装门面、应付检查的现象。此外，课程途径和咨询(辅导)途径都离不开心理教师，受心理健康教师能力和水平的制约，同时还对活动场所和咨询(辅导)室有一定的要求，受空间和硬件的限制，使得一些师资不足、教室紧张的学校难以开展起来。

开展自主自助的心理健康教育，改进了以教师为主导、教室为阵地的传统课堂教学模式，采用启发式、互动式的学生自主教育模式，不仅保证心理健康教育的专业性，而且减轻了心理教师的工作负担，拓宽了学校心理健康教育的途径。

目前，让学生走进心理咨询(辅导)室接受心理教师的帮助，仍然让学生备感压力，许多学生认为"求人不如自助"，在面对心理困惑和行为问题时更倾向于自己解决。因此开展自主自助的心理健康教育，让学生在有心理困惑和问题时，可以在自己方便的时间，根据自己的需要进行自主选择、自我调节、自我决策，最后实现自我教育和自我发展。同时，学生在自主自助的基础上，还能够更好地实现同伴间的助人互助。

因此，开展自主自助的心理健康教育，有助于提高中小学心理健康教育的针对性、时效性和专业性，弥补了心理教师配备不足和专业性不高的缺憾，拓展了心理健康教育的渠道，是我国目前中小学心理健康教育的内在要求和发展方向。

记者：请您介绍一下心理健康自助仪及自助服务系统的具体内容是什么？

俞国良：心理健康自助仪研发的目的是改变现有心理健康测评技术中的纸笔测验倾向，以及仅局限在实验室和心理学专业人士指导下才能进行测评，无法发挥个体主观能动性，以及采集个体心理健康动态数据的现状。为了让心理健康测评的形式能适应中国社会现阶段中小学生发展需要，而研制的一种基于自助模拟和自测模拟为主的心理健康自助服务系统。

心理健康自助仪（专利号：201010248399.7）以计算机硬件、内部配置、数据库和用户界面为支撑，以心理健康自助服务系统（著作权登记证书号：软著登字第0237854号）为核心。其中，计算机硬件外形美观实用、易于维护，适合在学校校园，如教学楼大厅、学生宿舍楼、体育馆、活动室、咨询室等场所摆放，全触摸显示屏。内部配置用以支持相关软件系统运行。数据库提供自助模拟的知识课件，自测模拟所需的各种量表以及综合评定和结论量化生成工具。用户界面以菜单、索引、指令帮助个体访问者通过计算机完成心理测验和咨询模拟等任务，充分实现系统的自助功能。

心理健康自助服务系统包括心理健康知识自助模拟子系统、心理健康自测模拟子系统、心理健康综合评定子系统、家校互动教育系统、数据采集子系统。其中，我们具有自助服务系统前三个子系统的国家自主知识产权。心理健康知识自助模拟子系统包括心理健康课程模拟或课件模拟。根据不同年龄阶段学生的认知特点、需要和阅读习惯，研制适合不同年龄学生的心理健康课程或心理健康课件，旨在为心理教师提供电子教学素材，辅助心理教师制作课件，准备教案，也有助于向学生普及心理健康知识，正确认识不同年龄阶段的自己。

心理健康自测模拟子系统包括心理健康自测模拟和心理咨询模拟，用于学生自测心理状况，并对个体的心理状况进行记录、分析，有的放矢地对个体进行心理辅导，帮助学生实现自我调节、自我教育和自我成长。

心理健康综合评定子系统以及数据采集子系统主要根据不同年龄阶段学生的心理特点，设计并研制标准化的心理健康测量工具来评定学生的心理健康水平，并对相关数据进行记录和分析，最后确定该个体的心理健康发展指数，帮助学生正确评价自己。

心理健康自助服务系统可用于学校局域网，教师可以通过网络版软件对学生进行团体形式的心理健康教育。同时还可以通过家校互动系统，帮助家长了解学生心理状况，实现便捷的家校沟通，建立家校联合呵护培养计划。总的来说，心理健康自助服务系统从"学""知""评""助"四个方面加强对学生的教育和帮助，与学校的心理健康教育工作相结合，可以形成有效的心理健康服务体系。

记者：心理健康自助仪及自助服务系统有何优点？其应用于中小学校的独特价值是什么？

俞国良：心理健康自助仪及自助服务系统的研制，可以有效解决我国当前中小学心理健康工作中存在的四个难题：一是专业心理教师严重不足；二是学生需求与心理测评、心理咨询在时间和场地等方面的矛盾；三是一旦学生在心理行为问题产生时，对自己的心理健康水平无从认知而又不愿向心理教师或班主任袒露，就会错失获得帮助的最佳时机；四是在接受以心理教师为主导的测评时，往往受到心理紧张、伦理观念束缚等多种因素的干扰和影响，容易产生偏差。

心理健康自助仪及自助服务系统的显著优点在于以下几方面。

第一，针对性强。心理健康自助仪及自助服务系统可以针对不同年龄阶段的青少年，有小学版、初中版和高中版，能有的放矢地提供心理健康自助评价服务。无论是小学生、初中生，还是高中生，都可以自己动手选择自己需要的心理健康教育内容、学习心理健康知识、树立心理健康意识，实现自我调节和自我发展。

第二，时效性强。心理健康自助仪及自助服务系统操作简单，便于自助，适合不同年龄学生的不同需要。心理健康知识自助模拟子系统可以提供不同类型的心理健康课程或心理健康课件；心理健康自测模拟子系统可以获得适合个体发展的心理自测及其结果，并根据自测结果提供"对症下药"的心理咨询；心理健康综合评定子系统更是对不同年龄阶段个体的心理健康整体水平做出了综合评定，有利于个体及时调适自我，达到自我教育和自我实现目标。

第三，时代性强。心理健康自助仪及自助服务系统综合运用计算机应用技术和心理学研究成果，借助高科技手段，与时俱进，把心理学研究成果转化为富有信息化时代特征的电子工具，以电子文本的心理健康自助评价代替纸笔测验的心理健康测评，既体现重视个体主体价值的时代特征，又操作简单、方便，并能为个体发展提供有价值的心理健康信息。

第四，适用性强。心理健康自助仪及自助服务系统不仅适合有专业师资的学校，也适用于师资不足、场地有限的学校，尤其对农村留守儿童聚集的学校和农村寄宿制学校开展心理健康教育有极大的帮助。该心理健康自助仪及自助服务系统操作简单，学生上手快，便于普及和推广应用。

心理健康自助仪及自助服务系统应用于中小学有其独特的价值。首先，在教育理念上突出自助原则，便于学生自我认识、主动学习和积极参与。这个系统为学校提供了团体测评平台，从而使学校和家长便于了解学生、关注学生、教育和帮助学生。同时，通过强调自助理念，解除学生因心理测试与其心理档案系统相关联所带来的顾虑和担心，鼓励学生放下包袱，提高他们自我成长的意识，积极地去了解自己、认识自己、完善自己。

其次，形式上更加新颖，更加贴近学生的学习与生活，有利于提高学生的学习兴趣，便于学生使用。自助服务系统可以用于校园网，打造另一种形式的心理健康教育课堂。自助仪可以放置在教学楼、活动室、体育馆、学生宿舍楼等场所，使学生在课余时间就能学到相关知识。通过这种形式，真正让学生无心理负担地去学习心理知识，了解自己的心理健康状况。

最后，内容上更加有针对性，适合青少年在特定成长阶段的需要。其测量内容多为学生在成长过程中遇到的问题，便于学生了解自己在特定阶段的心理健康状况，有利于其发展性问题的及时发现和解决，为青少年的健康成长提供辅导和帮助，即所谓"看得懂、学得会、用得上"。

心理健康自助仪及自助服务系统经过了权威专家鉴定。以中国心理学会会长、教育部中小学心理健康教育专家指导委员会主任、北京师范大学心理学院博士生导师林崇德教授为组长，由北京大学、清华大学、中国人民大学和中国科学院心理研究所专家组成的鉴定组，对此给予了高度评价。鉴定组认为：心理健康自助仪及自助服务系统，能正确有效地运用心理学研究成果和计算机应用技术，以电子文本的心理健康自助自测替代纸笔测验的心理健康自助评价，适应我国现阶段心理健康教育工作的实际需要，能有效地提供心理健康知识，自助测量与综合评价不同年龄阶段学生的心理健康状况，为儿童青少年提供有价值的心理健康信息，对增进全民心理健康水平，过幸福、有尊严的生活，提高人口素质有重要意义，具有良好的推广价值和应用前景，值得充分肯定并予以积极推荐。

记者： 您提到您对心理健康教育自助服务系统拥有自主知识产权，可见这是一项您及您的团队多年来心理科学研究成果的结晶。请您具体介绍一下您在心理健康教育领域的研究成果。

俞国良： 我从事了近 20 年心理学研究，也有了一些成果。我认为，这些研究成果只有与中小学心理健康教育实践工作相结合，为中小学心理健康教育服务，才能壮大其生命力。心理学能够为社会做多大贡献，它才有多大前途，而社会的需要正是心理学发展的动力。相应地，心理学研究的不断推进和成果出新，也要回馈社会、回馈教育，要让更多的人享受到科研成果的力量和社会的进步。

我们的科研成果是一个团队共同努力的结果。这个团队由来自清华大学、北京师范大学、中国人民大学、复旦大学、武汉大学和中央教育科学研究所、中国科学院心理研究所等十二所高校、科研机构的 22 名博士（其中 4 名教授和博导、8 名副教授、4 名博士后等成员）组成，他们均是我已毕业的学生，也是我的良师益友。

自 1996 年来，我们在心理健康教育领域承担了一些国家级项目，出版了一些专著，编写了一些教材及图书，在科学引文索引（SCI）、社会科学引文索引（SSCI）和中文社会科学引文索引（CSSCI）中收录了三百多篇论文。承担了 7 个国家自然科学基金项目：家庭资源对学习困难儿童心理发展的影响，学习困难儿童信息加工特点和影响因素研究，学习困难儿童的心理行为问题及其矫正，学习困难儿童元认知机制研究，自我意识、情绪——学习困难儿童的理解、效应和调节，自动情绪调节——学习困难青少年的认知特征、影响效应和教育干预，刻板印象威胁——学习困难青少年的诱发、影响机制和教育干预。5 个教育部、财政部重点项目：学习困难儿童的社会性发展及其与家庭因素关系的研究，心理卫生问题对社会的影响及其解决对策，学习困难儿童社会信息加工的特点和机制研究，中国学校心理健康服务体系研究，中等职业学校学生的心理行为问题及其矫正。特别是研制了"中小学生心理健康量表"和"中等职业学校学生心理健康量表"，这两个量表经过多次测试、修订，具有较好的信效度，并建立了全国常模，科学性强，是我们对中小学心理健康教育领域的一点贡献。

自 1998 年来，我们出版了一些专著，如《创造力心理学》《创造力和创新能力》《环境心理学》《人际关系心理学》《现代心理健康教育——心理卫生问题对社会的影响及解决对策》《现代教师心理健康教育》《社会心理学》《社会心理学前沿》《社会心理学经典导读》《社会性发展心理学》《为教育服务的心理学探微》《为中职服务的心理学探微》等。同时，我们还编写了一些教材和中小学生课外读物，如"心理自测文库" 10 册、"中学生心理热线丛书" 10 册、"课外心理" 6 册、"中小学心理健康教育教师指导手册" 4 册、"心理健康教育材料" 24 册、"学生素质教育千万个怎么办" 9 册、"创新课堂" 3 册、"心理健康教育教程" 2 册、"心理健康学生读本" 24 册、中职心理健康教材和教辅 6 册、《当代青少年心理与教育大辞典》等。此外，我们也积极与地方合作，主持研发了一些地方教材，如 1998 年云南版、2003 年江西版和 2007 年贵州版的中小学心理健康教育教材等。

在此基础上，我们还积极参与中小学心理健康教育有关政策和国家教材的制定、审定工作。我先后作为教育部《中小学心理健康教育指导纲要》(2002 年)主要执笔人,《中等职业学校学生心理健康教育工作指导纲要》(2004 年)编制专家组组长和《中等职业学校心理健康教学大纲》(2008 年)编制组组长。从 1999 年开始,我先后参与了品德与社会、品德与生活、思想品德等国家课程标准的编制与教材的审定工作。

近 20 年来,我们不懈努力、孜孜以求,希望通过科研成果和实践工作为基础教育服务,为中小学心理健康教育服务,这也是我们作为心理工作者的心愿。

记者:您从事心理健康教育研究近 20 年了,也参与了国家教育政策的制定工作,在您看来,我国心理健康教育在未来 20 年有怎样的前景?

俞国良:心理健康教育具有非常好的发展前景。在未来 20 年,心理健康教育将可能是心理学研究的重点。在我国《国家中长期教育改革和发展规划纲要(2010—2020 年)》,以及《中共中央国务院关于进一步加强和改进未成年人思想道德建设的若干意见》《中共中央国务院关于进一步加强和改进大学生思想政治教育的意见》等都强调了心理健康教育的内容,在中国科学院"2010—2020"我国学科发展战略报告和国家自然科学基金委"十二五"发展战略报告,以及教育部正在起草的"十二五"高校哲学社会科学战略规划研究报告中,心理健康领域都是心理学研究的重点内容之一。

特别是《国家中长期教育改革和发展规划纲要(2010—2020 年)》明确提出,要坚持德育为先,能力为重,全面发展。坚持以德为先就是要以德树人,而心理健康教育是德育的重要组成部分,加强心理健康教育是提高学校德育工作针对性和实效性的重要途径。能力为重是要培养会解决实际问题、会做事的人才,是在服务国家、服务人民的工作中做出业绩和贡献的人才。能力的基础是心理健康,只有心理健康的人才具有良好的记忆力、想象力、创造力、观察力和解决问题的能力,而能力的培养要以心理健康教育为基础。全面发展是要促进德育、智育、体育、美育的有机融合,提高学生的综合素质。全面发展离不开心理健康，教育部在《关于加强中小学心理健康教育的若干意见》明确指出中小学心理健康教育是"培养学生良好的心理素质，促进学生身心全面和谐发展和素质全面提高的教育活动"。因此，心理健康教育是其他一切教育的基础，具有强大的生命力和发展前景。

未来20年的心理健康教育，将会强调学生的自主自助，充分发挥他们在心理健康教育活动中的主动性、积极性和创造性；强调体验式学习，从经验中学习，在活动中体验，在体验中调适，在调适中成长；强调教师与学生的双主体地位，更重视学生自己选择做出决定，并对自己的选择和行为负责；强调接纳、欢迎、尊重和诚实的态度，学生通过自主自助学习，不仅帮助自己还帮助他人，即助己助人；强调学生个体生命的独特性，而不完全是一个年龄群体。因此，因材施教不仅是对于教师而言的，也是学生自我教育的基础。强调培养素质、提升能力、学以致用、迎接挑战、自我实现和创造高峰体验。一句话，未来的心理健康教育，应该是真正提供学生发展需要的心理健康教育，而不是用教育去选择学生。

记者：感谢您接受我们的采访。

自主自助：心理健康教育新视角①

本期聚焦：心理健康对青少年儿童非常重要。那么，当前中小学心理健康的现状如何，德育与心理健康教育之间是一种什么样的关系？在当前情况下，有没有可以使心理健康教育落到实处的新视角？带着这些问题，记者采访了中国人民大学心理研究所所长俞国良教授。

不能乱扣不健康的"帽子"

记者：作为一个个体，尤其是儿童青少年，怎样才算心理健康，具体表现为哪些方面？您是否能告诉我们简单易判断的标准？另外，在学生心理健康方面，哪些人对学生的作用最大？

俞国良：对于儿童青少年而言，心理健康是一种对学习与生活适应良好的状态，凡对一切有益于心理健康的事件或活动做出主动、积极反应的学生，其心理便是健康的。但一定要避免对心理健康的绝对化、片面化理解，认为有一点缺陷和问题就是心理不健康而乱扣"帽子"，或者认为心理健康的人不能有一点烦恼。中小学生的心理行为问题是一个发展性问题，况且一个人是否心理健康也是相对的，绝对不能用类似于"考试成绩低于60分就是不及格"的标准来评判。

首先，心理健康的学生是能够学习的，在学习中获得智慧和能力，并将获得的智慧和能力用于进一步的学习中；其次，心理健康的学生应该有良好的人际关系，在保持个人独立性的同时乐于与人交往，并建立稳定、和谐的亲子关

---

① 载于《中国教育报》，2011-03-04，记者赵小雅。引用时有改动。

系、同伴关系和师生关系；再次，心理健康的学生能正确认识自己、接纳自己，能调控自己的情绪，保持乐观的心态和拥有健全的人格；最后，心理健康的学生能面对生活中的问题，正视现实，适应环境，对学习与生活具有良好的适应能力。

"三岁看大，七岁看老"，儿童青少年是一个从幼稚走向成熟的过渡期，也是一个变化巨大、面临多种危机的关键期。

在幼儿园和小学阶段，家长对学生心理健康的影响最大。家庭氛围、家庭结构、家长期望、教养方式和家长的言传身教，对孩子的性格和心理健康发挥了很重要的作用。

在中学阶段，教师对学生心理健康的影响最大。首先，教师对学生的认知直接影响学生的心理健康状况，具体表现在教师对学生的理解、对学生的态度和对学生的期望上；其次，教师的言语对学生心理健康的消极影响主要表现在教师任意使用不当语言，以及在批评、教育学生时有过激言行；最后，作为学生人格的影响者和知识与技能的传授者，教师在学生的人格发展方面的影响仅次于父母。

鉴于家长和教师在学生心理健康教育中发挥的重要作用，有必要掌握几种简单可行的心理健康教育方法，如谈话法、档案法、讨论法、角色扮演法、自我反省法、情景模拟法和实践活动法等，其目的都是运用心理健康的知识和理论，解决学生面临的心理困惑或心理冲突，以提高他们的心理素质，促进学生身心全面和谐发展。

在德育框架下开展心育

记者："既不能用心理健康教育代替德育，也不能用德育来代替心理健康教育"，对您的这一观点，您能否举例说明，德育与心理健康教育的区别是什么，又有哪些联系？

俞国良：毫无疑问，心理健康教育是德育的一个重要组成部分，但两者既有区别又有联系。两者所附庸的对象不同。德育目标和内容是社会选择的结果，是人类社会的附庸；心理健康教育则是完全属于作为个体的"人"的自我完善，社会中每个正常的个体都是身和心的统一，每个个体都要求身体和心理得到健康发展，它是人的附庸。两者的内容和任务不同。德育是对学生进行理想、信念、道德观和人生观、世界观等各方面的教育；心理健康教育则是对学生的学习、人际关系、自我和社会适应等方面进行教育，重视对学生的个性、情感和意志品质等方面的培养与潜能的充分发挥。两者的工作原则不同。德育坚持价值导向原则，具有公开性和群众性等特点，对学生的思想言行做出旗帜鲜明的评价、教育和引导；心理健康教育则秉持"价值中立"的原则，强调尊重学生的内在需求，要求在充分尊重、理解学生的基础上，让学生进行自主选择。

尽管如此，德育和心理健康教育在教育体系中也存在着很多一致性。二者的终极目标具有一致性。我国学校培养人才的总体目标是，使学生在德、智、体、美等方面得到全面发展，不管是德育还是心理健康教育，都必须服务于这一总体目标，只是二者的侧重点不同而已。二者所遵循的教育规律具有一致性，必须以学生的生理、心理和认知发展水平为出发点，遵循由易到难、由浅入深的螺旋上升教育规律，才能取得预期的教育效果。同时，两者的服务主体具有一致性，其服务主体都是学生，都需要充分考虑学生的主观能动性在发挥教育功能中所起到的决定性作用。

简单地把儿童青少年的问题归结为思想品德问题或心理问题，都不是科学的态度，而应该具体问题具体分析。比如，撒谎可以分为两种类型，即故意撒谎和过失性撒谎。故意撒谎就是思想品德问题，如学生逃学为了玩电脑游戏而撒谎说头痛要请假，偷盗抢劫他人财产却瞒骗说是朋友赠送，诸如此类的问题，既违反了价值观，也违反了社会的行为准则，属于道德错误。而过失性撒谎则是心理问题，孩子为了不让家长打他，为了逃避老师的责罚，编造了一些假话，这种撒谎出于一种自卫或防御心理。解决心理问题就要用心理学的方法，这才是科学的态度和做法。

心理健康教育是德育工作的一部分，但它对德育有独特的贡献。据统计，近年来发生的刑事案件中，青少年犯罪比例逐渐升高，而青少年犯罪中，14~16 岁孩子引发的案件又占 70%。这些孩子最初几乎都表现出心理不够健康的状况，如果他们能及时得到教育、引导，相当一部分的刑事犯罪是可以避免的。因此，我们主张在德育的框架下积极开展心理健康教育。

提供学生需要的教育

记者：由于师资条件、地区差异等因素不同，各地开展心理健康教育的水平不尽相同。在目前的情况下，中小学的心理健康教育可否有一些新理念与新视角？

俞国良：在历经 10 年风风雨雨的探索后，我认为中国的学校心理健康服务体系，应包括自助系统、教育系统、咨询辅导系统和危机干预系统，其中自助系统是其他系统的基础，而目前的中小学心理健康教育应立足于自主自助的教育新理念与新视角。

所谓"自主"是指自己做主，"自助"是指自己动手为自己服务。确实，不同学生有不同的心理健康教育需要，俗话说，"冷暖自知"，学生的心理需要只有学生自己最清楚，而传统心理健康教育忽视了学生的独特性、自主性和能动性，专注于通过教师来实现学生的心理健康。在教育过程中，教师常常把成年人的想法和思维强加在学生身上，忽视了学生的个性和特色，导致心理健康教育效果不明显，教师不得意，学生不满意。

开展自主自助的心理健康教育，改进以教师为主导、教室为阵地的传统课堂教学模式，采用启发式、互动式的学生自主教育模式，发挥学生的自主性和独立性，学生有了心理困惑或问题时，可以在自己方便的时间，根据自己的需要进行自主选择、自我调节、自我决策，最终实现自我教育和自我发展。同时，学生在自主自助的基础上，还能够实现同伴间的互助。

为了改变现有心理健康教育中无法发挥学生主体性和积极性，以及无法采集学生心理健康动态数据的现状，我们秉承心理健康自主自助的教育理念，试图从"学""知""评""助"4个方面加强对学生的心理健康教育，自主创新研制了一种有趣、有用、有效的中小学心理健康自助仪及自助服务系统。

首先，在教育理念上突出自助原则，鼓励学生放下包袱，通过自主选择来积极地了解自己、认识自己、完善自己，实现学生的自我认识、主动学习和积极参与。其次，形式上新颖有趣，更加贴近学生的学习与生活，有利于提高学生的学习兴趣，便于学生使用。比如，自助仪使学生课余时间在教学楼、活动室、体育馆、学生宿舍楼等场所也能学到心理健康教育的相关知识。最后，内容有针对性，满足青少年在特定成长阶段的需要，便于学生了解自己在特定阶段的心理健康状况，有利于其发展性问题的及时发现和解决，为青少年的健康成长提供辅导和帮助。

别让孩子成为易爆品
——中国人民大学心理研究所所长俞国良一席谈①

记者： 作为研究者，您对"学生心理不健康是易爆品和危险品"的说法怎么看？

俞国良： 我同意。尤其对心理不健康引起的后果，我认为说得很对。因为一个社会中各个成员心理健康水平的高低，不但是社会文明程度的标尺，也是社会稳定与发展的晴雨表。提倡心理健康，不仅在于预防各种心理障碍和心理疾病，更要立足于一个人素质的提高和身心的和谐发展。在学生成长过程中，开展心理健康教育有利于培养学生积极向上的心态、坚忍不拔的意志，增强适应学校环境和社会生活的能力；有利于开发学生的智力和创造力，帮助学生正确认识自我，提高德行修养。心理健康是实现学生可持续发展的动力。

记者： 您曾在一篇文章中说："'三岁看大，七岁看老'，学生时期是一个人从幼稚走向成熟的过渡期，同时也是面临多种心理危机的关键期。"请问您说的这个时期的"多种心理危机"主要指的是什么？

俞国良： "三岁看大，七岁看老"，意味着心理健康教育应该从娃娃抓起，但我认为7~18岁更为重要。因为进入幼儿期(3~6岁)以后会出现大量的心理行为问题，即跨入所谓问题年龄时期。这是一个"半成人"的学习时期，也是决定其发展方向和发展速度的敏感期，大多数心理学家认为这是一个"疾风骤雨"的心理危机多发期，许多父母也真切地感受到自己正生活在"水深火热"之中。

---

① 载于《光明日报》，2011-04-22，记者宋晓梦。引用时有改动。

心理危机包括心理成长问题、心理障碍问题等。在这个时期，孩子独特的个性正在形成，对人、对事都开始有自己的看法，并处处要表现出自己的意愿，渴望摆脱父母和成人的庇护而独立行动，但又不能很好地解决现实生活中面临的问题。倔强、逆反、不服从、情绪激动、易发脾气等，这些都属于成长过程中的发展性问题。心理危机表现得最明显的是学生的心理障碍，如行为问题、品行障碍和学习困难等，社会上将这类学生统称为"问题学生"，学者则称他们为"异质群体"。正是因为"问题学生"作为一个"异类"，他们受到消极评价较多，更易受到忽视或拒绝，往往被人扣上"问题学生"的帽子。但不可讳言，他们确实具有独特的心理表现和心理特点。例如，智力发展滞后，存在注意、记忆、思维、语言和数学学习等方面的认知缺陷，从而造成学习能力和学业成绩落后、学校处境不良的情形；同时伴随着诸多的情绪困扰或情绪障碍，具体表现为行为问题和品行障碍，容易冲动、攻击性强、不合群、孤僻、敷衍、责任心弱、自制力差和敌对性强，以及违纪、说谎、逃学、打架等。如果上述问题得不到及时矫正，将会导致人格扭曲、心理变态甚至严重的心理疾病，酿成大错。

记者：这些问题确实给不少家长带来无穷的苦恼。那么您认为心理健康教育在应对危机方面应该发挥哪些作用？

俞国良：问题学生的内心非常自卑、冷漠，这种情绪或人格上的缺陷在目前的教育体制下，往往不表现出来。在心理学上，这种人群被称为"心理障碍症候群"，一旦时机成熟便会蠢蠢欲动。因此，对问题学生实施有针对性的心理健康教育，能够使他们体验到积极情绪，树立学习自信心，重塑良好的学习品质，把学业失败的经历转化为学习动力，营造自我激励的心理环境，逐渐实现自身的转化。因此，针对问题学生的个体心理咨询和团体心理咨询就显得非常必要。

记者：传统的学校心理健康教育面临哪些挑战？

俞国良：新时期传统的心理健康教育会面临一系列挑战。例如，是以课堂学习知识为主、以教材内容为本，还是从体验中学习，以过程为本；是圈在教室中听、记、考试，还是走出教室参与生活大课堂并自己计划和评估；是强调身份按部就班，还是不重身份换位思考和启发讨论；是学用脱节，还是学以致用，直面社会生活和个人生活。显然，目前心理健康教育的基本做法仍是沿用传统的教育教学方法，灌输给学生一些心理健康知识，即使搞一些相关活动，也是本着"居高临下"的态度，试图让学生受益，实际上忽视了学生的主动性、能动性和积极性。

此外，在一些学校的心理健康教育，还不同程度地存在"门面工程"的现象，"说起来重要，做起来次要，忙起来不要"。同时，家庭、学校、社会相互配合开展心理健康教育的机制也有待完善。应对上述挑战的方法之一，便是倡导"自主自助"的心理健康教育新模式。

记者：您在心理健康教育研究中为什么大力倡导"自主自助"？怎样实施"自主自助"的心理健康教育？

俞国良：所谓"自主"是指自己的心理健康自己做主、自己负责；所谓"自助"，是指自己动手为自己的心理健康服务。

倡导这种教育的理由之一：学生的心理困惑和行为问题只有学生自己最清楚，学生对心理健康教育的需要也只有学生自己最清楚。特别是现在的学生大都是"90后"甚至"00后"，非常强调张扬个性、独立性和自主性，他们通常不愿意将自己的心理困惑和困难说给老师听，而更愿意自己寻求解决问题的办法。

倡导这种教育的理由之二：编制、职称、工作量、待遇等一系列问题尚未妥善解决，致使心理健康教师专业发展艰难、生存境况不佳、队伍稳定性低。尤其在农村和偏远地区，留守儿童多，心理健康教育任务重，此种情形更为严峻。如果学生能在一定程度上掌握"自主自助"的心理健康教育，就能改善目前心理健康教育师资不足的窘境。

倡导这种教育的理由之三：拓展了心理健康教育的途径。虽然各地学校在不同程度上开设了心理健康教育课程，设置了心理咨询(辅导)室，但整体情况并不乐观，表现为课程设置和管理比较随意，心理咨询室建设和使用不够规范。此外，上述途径都离不开教师且受其能力和水平的制约。

心理健康教育要有趣(形式活泼有吸引力)，有力(触到痛处与其心理需要紧密结合)，有用(简单、易操作和适用)和有效(为可持续发展奠定基础)，我们中国人民大学心理研究所自主创新研制了一套融"学""知""评""助"为一体的心理健康自助仪及自助服务系统。该系统经过在中国人民大学附属中学、北京大学附属中学、三里屯小学，以及浙江、河北等地100多所学校的教育实验，反响不错。

心理健康自助仪以计算机硬件、内部配置、数据库和用户界面为支撑，以心理健康自助服务系统为核心。心理健康自助服务系统包括知识自助系统、自测系统、评估系统、家校互动系统以及数据采集系统，向学生普及心理健康知识，帮助学生自测心理状况、正确评价自己，还可以帮助家长和班主任了解学生心理状况，实现便捷的家校沟通，建立家校联合呵护培养计划。

"90"后存在状态与根源①

记者：“90 后”处于一个物质极大丰富、信息高速发展的时代，社会认为他们是“非主流”，但他们不以为然，对这一在自我认知和社会认知上的差异问题，您怎样看待？

俞国良：“90 后”大概是指现在的中学生、大学生群体，他们与“70 后”“80 后”在人生观、价值观和行为方式等确实存在着差别，这是无须争议的事实。至于“90 后”在自我认知与社会认知之间的相互矛盾，归根结底是一个“代沟”问题。

“代沟”是指不同代的人群之间在思想意识、生活方式和社会行为等方面的差异与隔阂。20 世纪七八十年代的人是与改革开放同步成长的一代，已到壮年，经历丰富的他们是当前整个社会的中坚力量。克己、奉献、吃苦耐劳以及强烈的责任感和使命感也基本成为这一代人的特征。90 年代的人则是享受改革开放初期成果的一代，他们代表了祖国的未来和民族的希望。自信、张扬以及社会交往方式的开放也成为他们的真实写照。

两代人之间，父辈与子辈之间，原本就血脉延续、骨肉相连。然而，在现代社会中这样的情境却屡见不鲜：当有经验的父辈兴致勃勃地诉说自己的人生阅历时，子女们已经不耐烦地转身，迫不及待地要去闯世界了；反之，当满怀激情的青年人兴冲冲地想要表达自我意识时，上辈人却已经皱起了眉头。上一代人为之付出艰苦奋斗、奉献青春和生命的理想与信仰，却被这一代人视之为平淡无奇；而当年青一代为之激动和疯狂的人与事，在上一代看来可谓匪夷所

---

① 载于《人民论坛》，2011 年第 7 期、第 8 期，记者韩冰曦。略有调整。

思，莫名其妙。上一代说年青一代是"非主流"的一代，是"垮掉的一代"；年青一代却说上一代是守旧的一代，是"落伍的一代"。两代人，明明是在同一社会、时空中生活，却已深深感受到这种代际的差异。两代人都在困惑：对方到底是怎么想的，到底要做什么；为什么同在一个屋檐下，同样讲的是中国话，但彼此之间的沟通却如此之困难呢。"罪魁祸首"是时代和社会环境使然。社会变化越快越大，价值观差异越显著，则"代沟"越明显。

显然，代际由于各自成长的时代背景、社会环境、社会地位、生活经历、所受教育、心理年龄特征等的不同，因而必然在价值观念、思维模式、生活方式、人格特征、行为范式、情感体验、兴趣爱好、语言习惯等各方面表现出差异、隔阂和冲突。这种差异、隔阂和冲突，不仅集中体现于家庭内部，还扩大化地发生在社会上的不同代人之间。"代沟"的产生和发展，绝不是哪一代人的错误，既不能将之归因于年青一代青春期的反抗与背叛，也不能归咎于上一代人的守旧与落后。作为一种在人类世代关系中普遍存在的社会现象，社会发展和变迁的加速才是"代沟"得以存在与发展的根本原因。由于目前我国正处于社会转型期，因此人们对代际的差距显得特别敏感。

特别是"90后"生长在中国改革开放和市场经济飞速发展的阶段，此时的社会以政治和思想观念的开放为基调，以强劲的经济增长为主导；在他们的生活和文化经验中，没有匮乏时代的影子，没有20世纪中国历史悲情的重负。这一代人成长于一个较安定的社会环境中，更多地接受的是大众传媒、社会风气等流行时尚的教育和影响，因此，他们难免不了解国情，产生所谓"向西方看齐""食洋不化"。由于从小在家长的百般呵护中长大，他们的生存能力相对较弱，心理依赖性较强，有很强的自我中心倾向，比较注重物质利益，容易滋生享乐主义和较强的功利性。但这绝不意味着他们就是生长在蜜罐中、"不识愁滋味"的一代。当代中国正掀起改革的浪潮，其急遽和剧烈的程度，前所未有。各种思潮、社会制度以及文化的剧烈冲击对于年青一代构成了诸多的挑战，要求他们具备比以往任何时代更强的适应社会的能力。从升学到就业，从交往到消费，新的社会秩序给他们带来了比以往任何时代更多的选择机会，也给他们带来了比以往任何时代更多的迷茫和痛苦。旧的平衡已被打破，面对社会改革中的不确定性因素，他们很难从家庭、学校乃至社会中得到一种规范化的知识，只能依靠他们尚未成熟的心理来承受，并且在不断承受各种不确定因素所带来的阵痛中逐渐成人。

显然，"每家都有一本难念的经"。代与代之间，两个心灵之间，需要彼此尊重、理解、认同和包容。我们坚信，只要两代人用爱的目光彼此注视，就能让彼此的心灵世界回响心跳的交响。

记者：社会竞争日益激烈，"90后"的青少年也体验到了生活、就业、生存带来的压力，您认为他们身上的压力大吗？这些压力带来的是正面效应，还是负面效应？

俞国良：压力是一个外延宽泛的概念，涉及生理、社会和心理等方面。我把压力理解为，个人在面对威胁性情境或不良事件时所出现的生理或心理上的紧张状态。构成压力状态的因素，一是存在威胁性情境或事件，二是由此产生的心理变化和适应。"90后"作为学生群体，面临的最大压力源自学习或学业。根据我们的调查，令"90后"感觉到压力的事件，有3项（30%）直接属于学习方面，有4项（40%）属于人际关系方面。但是，在人际关系中，又至少有2项直接与学习有关，另两项间接与学习有关。因此，他们的压力至少有50%来自学业或学习方面，这是最重要的压力源。在这一年龄阶段，学习应是他们的主要任务或日常生活中的"本职工作"。当然，人对压力大小的体验，也与其知识经验、成就动机、心理承受力和心理健康水平等因素密切有关。

日常生活中的压力会对"90后"产生明显影响，这种影响既有正面效应也有负面效应。一方面，适度或中等程度的压力对他们有积极作用，可以调动他们的学习积极性，提高学习动机和学习效率，让他们跳起来能摘到"苹果"，体验到成功的愉悦，即符合他们的"最近发展区"。因此，大凡教材中规定的学习内容，就属于难度中等的任务，就是为了使学习者处于适度或中等程度的压力下追求成功。另一方面，压力过大或过重则会产生消极影响，降低他们的记忆力、观察力和思维力，干扰其短时记忆，并且限制其问题解决能力。因为当他们感觉到周围环境中有太多的压力，而又无法回避和解决这些压力时，如所谓后进或学习困难，会产生不合理的恐惧反应，导致学校恐怖症、考试焦虑、亲子冲突等，严重影响其心理健康与正常的学习生活。有时，挫折感本身就是一种压力。反之，那些与父母关系良好、对学校生活充满信心的"90后"，学习成绩都较生活中压力过多的学生要好。可见，压力过重或过轻都不利于"90后"的成长，只有在中等程度的压力下，才能激发他们较强的成就动机，构建良好的社会支持系统，提高其面对压力时积极应对的能力，进而促进其成长与发展。

记者：有人说"90后"是缺乏信仰的一代人，您是否赞同这样的观点？今天的教育应该带给"90后"怎样的信仰？

俞国良：信仰是什么？信仰可理解为人对于有关自然和社会的某种理论观点、思想或见解坚信不疑的看法。它是人们认识世界和改造世界的精神支柱，是从事一切活动的推动力和激励力量。人的世界观、人生观、价值观和道德观等，都是由信仰或信念所组成的一定的体系。信仰一旦确立后，就会给人的心理与行为以长期和深远的影响，决定着人成长与发展的方向、速度和效果；同时，某种信仰一旦动摇或瓦解，便是人的精神崩溃和行为退化的开始。可见，信仰对于人类生命活动具有重要意义。在这个意义上，我认为"90后"并不缺乏信仰，因为他们是国家的希望和民族的未来栋梁。只是其信仰的特征在现阶段社会转型时期更加具体化、物质化，表现形式有些浮华浮躁，急功近利，作为特殊时代的产物而被人被己所误解。

对于"90后"一代而言，信仰教育应该是素质教育的重要组成部分。因为理想信仰作为青少年成长的心理背景，对其确立正确的人生观、价值观具有重要影响，对其素质培养更是举足轻重。试想，如果一个青少年缺乏理想追求，没有信念信仰支撑，如何克服成长道路上的艰难险阻，如何直面人生旅程中的困难、挫折和失败？一个人若看不到未来，就把握不住现在；若把握不住现在，就看不到未来。生活历来是智者的游戏，而理想和信仰则是人生的导向标。在走向远方的征程中，理想的力量在于不会迷失方向，信仰的魅力在于即使身处逆境，亦能找到隐藏在我们内心的烛光。诚如泰戈尔所言，"信念是鸟，它在黎明仍然黑暗之际，感觉到了光明，唱出了歌"。例如，我们现在的起点是中学阶段，我们希望达到哪些目标？为了实现这些目标，我们该怎样设计自己的每一天？到了大学阶段，我们是否应该有更高的人生追求，更合理的科学信仰？毫无疑问，共产主义是人类有史以来最科学最崇高的信仰，用这种信仰做人、做事、做学问，观察世界、社会和复杂的人生，就会使自己成为一个高尚的人，一个脱离了低级趣味的人，一个挺起国家和民族脊梁的人。

记者：今年恰逢建党 90 周年，曾有调查显示近八成的青年人觉得当前的思想政治教育没有起到作用，他们不清楚在当前的环境下是否要加强爱国主义教育，您认为为什么会出现这样的情况？如何让广大"90 后"青少年从心理上接受思想政治教育？

俞国良：我们强调国际化、经济全球化和世界一体化，并不否定各个民族、各个国家在其中的独特作用。相反，加强爱国主义教育，培养具有民族精神的国民，这是世界上所有国家在青少年教育中都在奉行的一条基本准则。"90 后"的一部分青少年觉得当前的思想政治教育没有起到作用，因而怀疑爱国主义教育的必要性和重要性，这是因为我国的思想政治教育确实存在一些问题。

长期以来，我国思想政治教育过分重视意识形态教育，没有真正厘清德育内容中各个层面的界限和关系，在中学学过的东西，大学阶段仍要重复，使学生失去了兴趣。再加上中学和大学阶段面临升学压力以及教育资源短缺等问题，因而不可避免地忽视了对学生基础文明和道德行为习惯的培养。另外，思想政治教育的内容脱离学生的生活实际，对知识体系与情意教育因素的重视程度高于对能力因素的重视，学生解决问题能力的培养很少被顾及；结构和设计注重学科、知识逻辑，却忽视了生活逻辑，利于教师教，却不利于学生学，而且极易导致灌输的教学方式，使学生在设定的内容与程序下被动地学习，不能发挥自身的主体性和积极性。此外，教育活动方式不当。不够重视学生的道德批判能力的培养，单向的灌输过多，缺乏应有的讨论，即使进行讨论，也是为了得出既定的道德结论，而不是求得道德认知、道德反省能力的提高。缺乏实践的机会，目前还无法给学生提供适当的实践机会，即使有所谓"实践"活动，也是为了完成既定任务，学生没有选择的余地，其结果是导致道德实践活动走向形式主义，不能取得理想的教育效果。在思想政治教育的评价和考核上也存在一定问题。

针对上述现状，要让"90后"青少年从心理上接受思想政治教育，必须提倡：社会发展需要与个体发展需要的有机结合。倡导并传授本民族、国家的核心价值和美德固然是必要的，而且应该放在一个很重要的位置上，但是发展学生的个性、能力，尊重人的自由和选择也是思想政治教育理念中极其重要的内容。因此，要重视学生个性的发展，独立思考能力，自我教育能力，道德认知、判断、反思能力的培养。思想政治教育要综合化。目前，许多国家的中学和大学德育采取了综合的形式。我国的新课程标准也首次提出学生思想品德课程是一门综合性课程。综合性课程是将相邻学科的教学内容合并在一起而形成的课程，它并不是各学科知识的简单拼凑，而是一种有机地整合。这就需要一些主题、思路、线索来统领，连接不同学科领域的知识，有利于学生在复杂的背景下理解道德理论与实践问题。

要贴近学生的生活实际。在教育内容的选择上表现为选取学生有可能获得和理解的各种直接或间接的生活经验与事例，取材于学生的生活、周围的环境，鼓励采用现实生活和环境中的事实材料，挖掘当地的文化资源；同时还要选取当前国内外的重要事件以及人们共同关心的热点问题，如环境、资源、人口、生态、多元文化、性别平等、全球关系等，使社会现实及其变化在其中及时得到反映。

要生动活泼、丰富多彩。我国思想政治教育在可读性、趣味性方面有待提高，生动性、形象性、图文并茂、语言活泼、深入浅出等特点是我国思品课教材所缺乏的，虽然近年来有了很大的改进，但仍需要得到进一步的重视。总之，思想政治教育只有做到有趣、有力、有用和有效，即针对性、实效性、时代性和吸引力兼具，才能为"90后"青少年所喜闻乐见。

拓展生命的宽度
——中国人民大学心理研究所所长俞国良教授谈生涯教育①

有位哲人曾经说过：我们不能决定生命的长度，但可以拓展生命的宽度。生命的宽度就是我们的生涯，有着其长度无可比拟的精彩。拓展生命的宽度，就是在青春路上留下奋斗的足迹，唱响美妙的人生之歌；拓展生命的宽度，就是为理想而奋斗，让生命充满诗意的色彩和无限的可能；拓展生命的宽度，就是把成长当作自己的责任，为自己规划一个璀璨亮丽的人生。拓宽生命的宽度，需要教育捐起自己的责任；拓宽生命的教育，就是生涯教育。

一方面，生涯教育显示着光明的发展前景；另一方面，一些教育工作者还没有真正认识生涯教育，当然也就谈不上很好地实施了。

近日，本刊记者就生涯教育这一话题专门采访了中国人民大学心理研究所所长俞国良教授。俞教授曾经主审过涵盖从幼儿园到中学整个过程的生涯规划教材，对生涯教育有着独到的见解。我们希望通过俞教授的介绍和分析，唤起广大教育工作者对生涯教育的关注，澄清广大教育工作者对生涯教育的一些误解，共同推进生涯教育步入发展的快速轨道。

生涯教育：究竟是什么?

生涯，从字面上来看，"生"就是生命或人生，"涯"就是边际，"生涯"就是人的一生的意思。生涯是生活中各种事件的发展方向和历程，它整合了人的一

---

① 载于《中国德育》，2011(12)。记者刘烨。引用时有改动。

生中各种生活和职业的角色，由此表现出独具个人特点的自我发展组合。简言之，生涯就是人生发展的所有阶段和所有角色的整合。有目的、有计划地对不同生涯阶段进行设计、规划，是在考虑自己的智能、性格和价值以及发展阻力、助力的前提下，对生涯发展任务做出合理安排，以达到自我实现和最佳发展的目的。在这个意义上，生涯教育就是对一个人如何走向成熟、走向成功的第一步的教育，就是发现自己、成就自己的过程。

生涯教育不等同于生命教育。生命教育的核心是对生命的关注，即珍爱生命，包括对生存能力的培养和对生命价值的提升。显然，生命教育比生涯教育的内涵更丰富、外延更广大。

生涯教育不等同于职业生涯教育。职业生涯教育是有目的、有计划、有组织地培养个体规划自我职业生涯的意识与技能，发展个体综合职业能力，促进个体职业生涯发展的活动，是以引导个体进行并落实职业生涯规划为主线的综合性教育活动。它仅仅是生涯教育的一个阶段、一个组成部分，生涯教育既包括职业规划之前的成长、探索阶段，也包括之后的建立、稳定和衰退阶段。

生涯教育更不等同于高考志愿填报指导。高考志愿填报仅仅是个体生涯发展的一个特殊阶段而已，在这个阶段，指导个体选择大学专业，为其进一步深造和职业选择做好准备。

生涯教育与学科教育也有不同。与学科教育重视传授知识相比，生涯教育更关注自我发展、生涯规划和自我实现，这是一个形成自我观念和明确发展方向的过程，是一个持续变化且逐渐发展的过程，是个人需要和社会需要匹配的过程，也是一个增加人生选择机会和发展机会的过程。每个人的生涯都是独一无二的，每个人都应该是自己生涯发展和成功的塑造者。

生涯教育与德育、心理健康教育有着异曲同工之妙、殊途同归之实。毫无疑问，生涯教育是学校德育的重要组成部分，其本质是揭示生存意义，实现生命价值和追求幸福生活，这也是学校德育的目标。生涯教育对人生目标、人生价值和自我发展的正确理解，即"我是谁？为了谁？成为谁？"，更是决定了培养什么人、怎样培养人的大问题。德育和生涯教育的部分内容是交叉的，都强调进行理想、信念和人生观、世界观等方面的教育，只是两者的出发点和侧重点有所不同：前者强调社会价值体系的灌输，后者重视生涯规划和自我发展的体验。生涯教育与心理健康教育的内容也有重叠，但生涯教育的目标和任务是社会选择与个人选择的有机结合，实现身、心和谐，学习、生活、工作和谐，生命、生活、生涯和谐，同学关系、师生关系、亲子关系和谐；而心理健康教育的目标和任务则是自我完善，更关注个性、情感、意志品质等方面的培养以及心理潜能的开发。尽管有不一致的地方，三者在学校教育体系中也存在着很多一致性，即终极目标的一致性、教育规律的一致性和服务主体的一致性。一言以蔽之，德育体现了国家和社会的意志，生涯教育体现了国家、社会意志与个人意志的统一，而心理健康教育则体现了个人意志。在这里，生涯教育可视为德育与心理健康教育的桥梁。生涯教育与心理健康教育的关系最为密切。

生涯教育：为什么要开展？

随着知识经济时代的到来，对青少年开展生涯教育已成为各国的共识。我国正处于社会转型的关键时期，社会问题和社会矛盾日益凸显。儿童的"玻璃心态"、青少年的道德问题、成年人的急功近利，诸如此类问题，都在拷问我们：人的一生应当怎样度过？过怎样的人生才能实现自己的生命价值且具有更高的社会价值？这些问题也向学校教育敲响警钟：如何进行理想、信念和人生观、价值观的教育？如何把个人需要和社会需要有机结合起来，达成个人的最佳发展？显然，我们不能把生涯教育这一重任留给社会、推给生活。实际上，学校教育要促进学生的全面发展，就离不开生涯教育。《国家中长期教育改革和发展规划纲要（2010—2020 年）》就明确提出"建立学生发展指导制度，加强对学生的理想、心理、学业等多方面指导"。为学生一生发展奠基的素质教育，当然包括旨在促进学生自我发展和生涯规划的生涯教育，这是学校教育本身应有的内涵。

总之，生涯教育不但是社会和时代发展的需要，也是学生可持续发展和创造性发展的需要，更是全面推进素质教育的需要。因此，开展生涯教育意义重大。人们应尽可能地提升生命质量和自我价值，使短暂的人生充实而富有意义，这是生涯教育的重要使命。不重视生涯教育，就会像莎士比亚所说的：人的一生是短暂的，但如果卑劣地过这短暂的一生，那就太长了！

生涯教育：如何来开展？

只需要在大学、高中开展吗？

说起"生涯"，人们往往首先想到的是"职业生涯"，于是就有人把生涯教育的对象误认为只是高中生、大学生。实际上，生涯教育在小学、初中也完全有开展的必要。小学阶段是人生观、世界观、价值观的奠基期，而初中阶段则是这些观念形成和发展的关键期。在这两个阶段，学生开始学会体验式学习和创意性思考。此时对他们进行生涯教育，并非要求他们提出一个清晰的生涯规划，而是要帮助他们确立正确的生涯观念，为其生涯发展打下基础；引导他们正视自我，认识自己的个性特征；提高他们对生命价值、生活意义的理解，对自身发展潜力与未来人生道路的关注；帮助他们把所学的知识与理想、追求建立联系，尽可能地规划未来人生发展的方向，在综合考虑个人特征和社会需求的前提下，不断调整、摆正自己在人生发展道路中的位置；引导他们感悟生命、感恩生活、规划生涯，帮助他们从小树立"世界因我而不同""我为世界添光彩""有我在，中国一定强"的坚定信念，明白自己的任务不仅仅是简单地学习、考试，而是要创造性地解决生活、生涯中的各种问题。人生新旅程的第一步就立足生涯，这该是一件多么美妙而有意义的事儿啊！我们何乐而不为呢？

各个学段应该侧重什么？

生涯教育的核心理念就是要给人一个希望或愿景，其基本内容是学习如何生活、求知。但在不同阶段，侧重点应该不同。对小学生进行生涯教育，其重点应该是生涯认知，就是使他们对自己的生涯有所觉察，学会如何认识自己，自尊自信，学会学习，培养各种兴趣，形成正确的人生观和价值观。初中、高中生涯教育的重点应该分别是生涯探索和生涯准备，使学生了解生涯发展与生涯规划的关系，增进自我认识与生涯规划的技能，进而培养其宏观与前瞻性的生活态度与信念，即让他们在注重学习知识的同时，更重视激发个人的内在潜力，培养个人兴趣，通过不同的自我实际体验，在"做中学、玩中学、错中学"；在充分认识自己的前提下，选择更适合自己发展的路线，即使遇到挫败，也能够很好地面对，规划适合自己未来的生涯全程。中职生的职业生涯规划教育，是引导学生树立正确的职业观念和职业理想，学会根据社会需要和自身特点进行职业生涯规划，并以此规范和调整自己的行为，为顺利就业、创业创造条件。

通过哪些方式或途径来开展？

开展生涯教育可采用课堂讲授、研究性学习、典型案例分析、情景模拟训练、小组讨论、角色扮演、社会调查、参观访问、实习见习等多种方式和途径，重在体验和反思，从引导学生合理规划人生某一阶段的生涯开始，逐步掌握规划和设计自己一生的能力，实现"我的生涯我创造"的教育目标。其中，课堂教学无疑是主渠道。需要注意的是，要把生涯教育贯穿在学校教育教学活动之中，创设符合生涯教育要求的物质环境、人际环境和心理环境，寻找契机，发挥学科教师和成功人士的职业示范作用。此外，班级活动、团队活动、校园文化活动和班主任工作也要渗透生涯教育的理念。总之，生涯教育课程应采用理论与实践相结合、讲授与体验训练相结合的方式进行。

需要专门的课程吗？

生涯教育在我国学校教育中是一个新事物。开展生涯教育，确实需要在传统课程外，增加一个额外的科目或单元，让学生进行生涯探索、生涯体验和生涯实践。这是生涯教育的学习方式决定的。生涯教育最重要的学习方式是体验学习，包括积极学习、终身学习、责任和自我管理学习、个性化学习和合作学习等，要求学生在亲身经历过程中，通过反复观察、感受、实践，用小组讨论、探究的方式来认识事物，掌握知识和技能，从而形成某些观念、情感和态度。这些不是某一个专题讲座或学科渗透就能完成的，需要专门的课程来实施。

课程目标如何设定？

生涯教育课程是集知识、实践和体验为一体的综合性课程，课程目标总体上应根据不同年龄阶段学生的身心特点和教育教学规律来加以设定，即普通小学、初中、高中、大学和中职的生涯教育应有不同侧重点，其基本目标是帮助学生认识自我、发现自我、发展自我、实现自我，有效规划人生阶段目标和生涯发展目标，体现国家需要、社会发展和个人需要的有机统一。生涯教育课程的具体目标应包括情感态度观念目标、认知目标和能力技能三方面。其中，态度观念的转变比知识技能的掌握更为重要。需要强调的是，生涯教育课程应体现"做中学"的教学理念，不仅学习生涯理论知识，而且可以从教室外得到实践体验的经历，并学习如何把学到的知识应用到自己的生活和生涯中去，懂得如何选择、计划，从而真正实现当前的、长远的、成功的生涯，即提高生涯执行力。

师资队伍如何来解决？

加强师资队伍建设是开展生涯教育的关键。就目前来说，学校要逐步建立在校长领导下，以班主任和专兼职生涯教育教师为骨干，全体教师共同参与的生涯教育工作体制。我国还没有专业的生涯教育教师，当务之急是要积极开展生涯教育教师的专业培训，培训内容可以分为理论知识学习、操作技能训练、案例分析和实践锻炼等内容。通过短时期有针对性的强化训练，提高现有生涯教育教师的基本理论、专业知识和操作技能水平，使他们真正成为生涯教学的践行者、生涯活动的参谋者、生涯教育的示范者和生涯规划的指导者。从长远看，生涯教育教师需要依靠高等院校的系统培养，建议在教育学专业设置生涯教育的方向，为中小学校培养生涯教育师资力量，逐步建立一支相对稳定、专兼结合，高素质、专业化、职业化的生涯教育师资队伍。

如何发挥学校、家庭、社会的合力？

生涯教育要落到实处，一定要充分发挥学校、家庭和社会的合力，构建学校、家庭和社会三位一体的生涯教育网络体系。学校要通过多种方式和途径，如家长学校、家长讲座等，指导家长转变学习观、成才观、职业观，了解和掌握生涯教育的方法，营造家庭生涯教育的良好氛围；还可以请一些家长在学校课堂上现身说法，讲述自己的人生规划和职业生涯，通过和学生的互动，激发学生对生涯教育的学习兴趣，从小进行生涯探索和生涯准备，设计自己的人生发展规划，为学习和生活注入新的动力。社会要为生涯教育教师的学习培训、社会调查和参观学习提供机会。

必须把这些话详细告诉孩子
——就引进美国版"幸福教科书"《健康与幸福》
专访中国人民大学俞国良教授①

俞教授，我观察现在有些孩子并不快乐。他们的生活每天被考试、练习题塞满。学习好是成功的唯一标志。这就是教育吗？教育就是为这些吗？教育的最终目标是什么？

俞国良：作为一个教育工作者和一对双胞胎的父亲，当听到幼儿园小朋友问爷爷"我什么时候才能退休"，听到中学生发出"现在当孩子容易吗"的感叹时，我内心仿佛被什么蜇了一下。我们的教育究竟怎么啦?! 现在的孩子衣食无忧，而且有良好的学习条件、教育条件，但他们为什么不快乐、不幸福呢？一般人认为，教育就是学学学，考考考，练练练；教育的最终目标就是学习好，身体好，工作好。实际上，这是对教育的误解。按照《说文解字》的解释，教，"上所施，下所效也"；育，"养于使作善也"。显然，教育乃是感化、引导和培养人的一种社会活动；学校教育则是有目的、有计划、有组织地向学生传授知识技能，培养学生良好的思想品德，引导学生发展智力和提升体力的活动；其最终目标是把学生培养成为社会服务的人，一个懂生活、会生活、爱生活的合格社会成员。在这个意义上，教育即生活。诚如著名心理学家皮亚杰所言，"教育既是这种社会生活的反映，也是适应这种社会生活的工具。"而生活的理想在于理想的生活。对于孩子来说，这种理想的生活便是"快乐学习，健康成长，幸福生活"。我想，这应该是对学校教育最终目标的大众化诠释。其中，"健康"与"幸福"则是两个关键词。因为，"我们所需要的是儿童以整个的身体和整个

---

① 载于《中国教育报》，2012-01-08。记者张圣华。引用时有调整。

205

的心灵来到学校，并以更圆满发展的心灵和甚至更健全的身体离开学校"。

确实，健康与幸福是一对孪生兄弟。健康，不仅是身体健康而且是道德健康、心理健康，是物质与精神的完美结合；幸福，是快乐的情感体验，是自我实现和心理潜能的优化，也是良好心态、宁静心灵的和谐统一。健康与幸福：首先是身体健康，没有病痛，感觉良好；其次是精力充沛、活力四射、生动活泼，能够在正确的时候做正确的事情；最后是有效适应环境，并保持稳定的情绪和精神状态。健康且幸福地生活着，这是一种极致的生命境界。可以说，健康是人生中最大的幸福，而幸福之路始终就在孩子们的脚下延伸，遗憾的是我们对教育的误解，减慢了孩子们迈向幸福之路的脚步。

大家看到，目前我国正处在经济转轨、社会转型的特殊历史时期，成长于这个大变革时代的青少年，其身心健康与生活质量都面临着史无前例的挑战，诸如体质下降、近视增加、玻璃心态……此外，事故、意外伤害、传染病、环境健康和烟草使用也是威胁青少年健康与幸福的严重问题。在我国，事故和伤害已是造成青少年死亡的首位原因。

我们需要扪心自问：为了健康与幸福，可以做些什么，怎么做？如何珍爱生命、关心自己和家人？如何培养生活技能，养成良好的生活习惯？如何加强安全意识，提高生活适应能力和创新能力？如何激活生涯意识，树立远大的目标和坚定的信念，拥有自己追求的人生？正是出于解决上述问题的责任感和使命感，我们发现了这套美国中小学的主流教材《健康与幸福》（Health & Wellness）。于是，浙江教育出版社与我们一起策划了该丛书的翻译和出版工作，希望通过引进国外科学性和知识性兼备、可读性和操作性统一的青少年优秀读物，为我国青少年提供一套幸福课程的案头宝典，帮助他们成长与实现可持续发展。

学校好像也提到"安全""社交""发展""幸福"等概念，但是在大多数孩子心中，这些还只是概念。对于一些抽象的、有重要意义的遥远问题，他们还没有破题，更没有进入孩子们每天的生活行动中。该以怎样的方式将这些问题告诉孩子们？

俞国良：毫无疑问，学生的主要任务是学会学习，这是没有问题的，问题在于"怎么学"。很多老师、家长认为孩子必须"苦学"，必须能"攀书山，跨学海"，是所谓"书山有路勤为径，学海无涯苦作舟"。学生要勤学苦练，但这是手段，绝不是目的。如果我们在向学生传授知识的同时，使他们失去了进一步学习知识的兴趣，岂不悲哉！况且要学习好，也不一定非得把学生往"苦海""题海"里逼啊。这就要倡导快乐学习、愉快学习，把学习和学生的日常生活结合起来，把学习与个人可持续发展结合起来；强调向生活大课堂、社会大课堂学习，在学习中发现成功、成长的乐趣。要实现上述目标，更为重要的是要学会生存、学会生活。

作为美国中小学的主流教材，《健康与幸福》构建了一个学生需要了解的健康知识和生活技能体系，教给学生为了幸福生活必须具备的基本的生理、心理、情感和社会生活技能。本教材各册书的主题基本相似，但具体内容则根据不同年龄阶段青少年的心理特征，循序渐进，逐步深化。该教材主要有以下特点。一是科学性与严谨性。各册书都保持了原汁原味的美国教材风格，强调知识的准确性，叙述的严谨性，内容的科学性。做到言之有据，言之有理；内容深入浅出，图文并茂，生动活泼。二是趣味性和操作性。各册书中不仅包括解决具体问题的详细操作步骤，还包括许多丰富多彩的活动建议，如绘画、讲故事、角色扮演、课堂讨论、海报设计、社会实践、体验职业等，让青少年在活动中学习和体验，培养创新精神和实践能力，并从中收获成长。三是综合性与完整性。每册书的内容都融合了生理学、医学、心理学、社会学、教育学、伦理学和环境科学等多学科知识，囊括了身体健康、心理健康、社区和环境健康、疾病预防、预防暴力与伤害等不同主题，详细介绍了青少年在成长过程中可能会遇到的各种问题及应对策略，同时也体现了世界教育改革中综合性课程的取向。

必须说明的是，尽管美国文化及美国人的行为方式和我国存在着一定差异，但是，从青少年成长与发展的共性来看，本教材有许多值得我们借鉴的地方。

身体方面，青少年应通过合理饮食，持之以恒地进行体育锻炼，避免不良习惯和嗜好的诱惑，积极参加预防疾病活动，自觉寻求医疗保健方面的帮助，以及具有身体健康的广博知识和高度责任感；情绪方面，青少年要具有理解、宽容和团队合作精神，能够妥善处理日常学习生活中出现的情绪困扰，保持情绪的稳定，尤其是乐观和知足者常乐的心态；智力方面，青少年应具备接受新事物的开放式思维，乐于寻求新的体验和活动，勇于接受新挑战，最大限度地开发自己的智力潜能；职业方面，青少年要从小进行生涯规划和自我设计，树立"三百六十行，行行出状元"的职业理想，为日后求职就业应具备的判断性思维、解决问题的能力以及与他人交流和沟通的能力做好准备；精神方面，青少年应学会合理平衡自身需要和社会需求的矛盾，正确地自我评价与自我提高，与他人和谐相处，不断充实自己的精神世界；社会方面，强调青少年应具有顺利实现社会角色的能力，加速其社会化的进程。一言以蔽之，现代青少年应该健康、阳光、幸福、达观，即以负责任的态度养成健康的、合理的生活方式，过一种积极的、有尊严的、高质量的生活。当然，这并不是说我们对该教材要选择"拿来主义"或全盘接受，应根据我国的文化背景和青少年的实际需要，有选择性地学习、汲取。

看来，在我国新一轮深化教育改革全面推进素质教育的今天，应该给学校教育有所涉及的"健康""安全""社交""发展""幸福"等，与生活息息相关的抽象概念进行破题了，这便是开设与健康与幸福相关的地方课程或选修课程，让孩子们时刻为"幸福"准备着！

如果把幸福的问题课程化，可能会遇到一个现实的问题，就是怎样展开教学？怎样考核？弄不好，又是应试教育。

俞国良：学校教育的主渠道是课堂教学。我国课堂教学历来以传授学科知识为核心，对于"健康与幸福"这类概念，这几年虽有涉猎，但根本上并没有进入学生每天的学习生活和行动之中。于是，造成孩子们在每天上学或放学路上所受到的教育，比学校每天接受的学校教育更直观、更具体、更有影响力。有鉴于此，把涉及"健康与幸福"相关话题的内容，串联起来，以与学生生活相关联的主题模块形式，正式进入课堂教学，将是前所未有的一种教育创新与突破。欧文就说，"人类的幸福只有在身体健康和精神安宁的基础上，才能建立起来。"随之而来的命题便是，"健康与幸福"课程的学习、教学与评价问题。

首先，应该肯定的是，"健康与幸福"作为一门课程进入学校教育，并不是增加学生的学习负担，更不是应试教育。这是由学校教育的性质和目标所决定的。人类追求幸福生活，应是所有社会活动的终极目标，学校教育自然也不例外。开设"健康与幸福"课程是社会发展的需要。培养知识经济时代的人才，应该是身心健康的，这是从事创造性学习和创造性活动的前提条件。身心健康是现代社会中幸福生活的保障，是实施素质教育的需要。良好的身心素质，既是人所拥有的本质力量的内在根据，也是个体适应环境和发挥潜能的基础。学校教育回归生活实践，是其应具有的基本内涵，也是学校德育改革的需要。德育目标与幸福课程的目标有异曲同工之妙、殊途同归之实。

其次，"健康与幸福"作为一门课程进入学校教育，既不是灌输强制教育，也不是居高临下和强词夺理的教育，而是因势利导和因材施教的教育。这是由这门课程的内容、途径和方法决定的。诚如上述，"健康与幸福"课程与德育的目标与任务是一致的，这是提高学校德育工作吸引力的重要抓手。这种课程设置有两种方式：一是在德育课程中进行专题教育，并把这种教育理念贯穿于德育过程的始终；二是把健康与幸福教育的内容根据年龄特点进行课程化教学。其教学内容的重点是健康成长与幸福生活，即生理、心理的和谐发展，负责任和有尊严的幸福生活。作为一个综合性、以实践体验为主的课程，这里要强调这门课程教学内容的相对独立性，反对完全依附于德育、心理健康和社会实践活动课的倾向；同时，也要反对教学内容的学科化、知识化倾向。作为一门综合性生活课程，其宗旨是为学生可持续发展和创造性发展奠基，为学生"快乐学习、健康成长、幸福生活"提供保障。至于其教学内容，主要涉及心理与情绪健康、家庭与社交健康、生长和发育、营养、个人健康与体育活动、暴力与伤害预防、酒精、烟草和其他药物、传染病和慢性病、环境健康、消费者健康和社区等方面，这些教育内容主要以课程活动与课外活动的形式呈现，如小组讨论分享、游戏活动、角色扮演、故事叙述和实践活动等，通过活动来激发学生对幸福生活的感悟。其教学方式不同于一般的学科教学，更多是采用小组讨论法、角色扮演法、情景模拟法、自我反省法和榜样示范法等，让学生在课程中活动、探究、体验和调适，以期实现对身心健康与幸福生活的认识。当然，"教必有法，教无定法"，上述的活动方式和教学方法并不是孤立的，而是相互联系的，应当因人而异，灵活处理，提供学生发展需要的教育，而不是用教育来选择学生。

最后，"健康与幸福"作为一门课程进入学校教育，并不是为了传授学科知识，而是为了使学生认识健康的价值，培养健康素养，懂得维持和促进健康，做自己的身心健康的保健医生。因此，在该课程的实施过程中，其学习方式、评价方式与传统的学科教学有着根本的区别。该课程强调探究学习，通过探索性的认知和实践活动，获得健康与幸福的知识、能力。在这里，教育者不是传授知识，更不是代替学生出谋划策，扮演塑造者和指导者的角色，而是推动学生积极思考、自我反省和自我教育。对于学生来说，探讨和把握"健康与幸福"的方法与途径，比学习和记忆现成的知识结论更有意义，探索结果的正确与否不是评价学习是否成功的依据，更重要的价值在于这种学习使学生形成了问题意识、自由探索、自我成长的习惯；该课程强调体验学习，这是一种基于学生自身的活动，获得直接经验的学习方式。体验不仅仅发生在活动的过程中，它也作为活动的结果而存在；在体验的背后，有模仿有榜样，这是对现实社会生活中各种活动的模拟，其价值不在于学会某种操作方式和技能，而在于从体验中获得的真实感受，这种内心体验是形成认识、转化行为能力的原动力，也是习惯形成的内驱力。该课程强调合作学习，是就某一特定内容共同研究、思考、发现和创造的学习过程，是一种同伴合作互动活动。该课程突出了学生学习的主体性、活动性和创造性，强调学生团队之间的合作、沟通，共同完成某项学习任务，有助于形成积极参与、团队合作和分享的习惯；该课程重视自主学习，关注学生在具体的操作活动中独立思考，鼓励学生发表自己的意见，积极主动参与问题的解答，并为自己的言行负责。自主学习提倡充分发挥学生的主观能动性，特别注重学生独立意识和创新能力的培养。同时，自主学习还应与动手实践、合作交流相结合，自主学习既是对自己的负责，也是对自己所参与活动的负责。这种责任意识和批判性思维，是进行创造性活动的基础。当然，这门课程还有其他的学习方式，如发现式学习、问题解决式学习、启发式学习等，这些学习方式都有一个共同特点，即强调学生逐步养成在教师指导下自主参与、自我发展的习惯。"少年若天性，习惯成自然。"有鉴于此，这门课程不允许也没有必要进行考试，因而不会对学生造成不必要的心理压力和学习负担。

现在物质生活条件越来越好，孩子们的生存能力却越来越弱，生活技能越来越差。生存能力和生活技能是人生幸福的基础，您认为应怎样对不同年龄阶段的学生进行生存能力、生活技能的训练和教育？

俞国良：生存能力、生活技能是健康和幸福生活的基础。对此，"健康与幸福"教材给出了一个基本的思想与操作模式，即十项生活技能。它包括：制定健康目标，运用沟通技能，做负责任的决定，分析影响健康的因素，管理压力，解决冲突，实践健康行为，获取有效的健康信息，获取健康产品和服务以及做健康的倡导者。如此完整地提出生存的技能，应当说对孩子们的可持续发展具有重要的意义。全书基本上围绕这十项技能展开，并且从小学三年级开始，由浅入深、由窄到宽逐渐发展。应用这十项生活技能，可以基本解决每个人生存、发展、交往等方面的问题。同时，在介绍这些技能的应用时，书中还根据不同年龄阶段的学生提出了一些基本的生活概念与处事原则。

对于小学三年级学生来说，学会礼貌交流和道歉艺术，这是生活的必修课。

● 在你与人交流时，应该面带微笑地注视对方。如果你想说话，请一定要等对方把一句话讲完。为了表示你对话题感兴趣，你可以不时地重复对方说的一些话。

- 在与人交流时，不要东张西望，不要皱眉头和抖脚，或者在手中玩一些物品。这些都是不礼貌的表现。
- 每个人都会有犯错误的时候。
- 如果你对朋友犯了错，就应该对他说"对不起"。告诉你的朋友，你很抱歉。接下来就要采取实际行动，弥补你的过错。更重要的是，你不能再犯同样的错误。

对于小学四年级学生来说，扩大交往范围、结交朋友和管理情绪，至关重要。

- 真正的朋友，就是和你一起做健康行为、不做危险行为的人。当你犯错时，会真诚地提醒你，帮你改正错误的人；当你有烦恼时，会耐心听你倾诉并能为你解忧的人。
- 与朋友交往，最重要的是知道什么时候说"yes"，什么时候说"no"。
- 每个人都会有情绪不好的时候。如果你感到愤怒、焦虑或者悲伤，那也没什么大不了，重要的是你知道该如何正确地表达这些情绪。
- 在情绪不好的时候，你可以离开那个使你情绪不好的场景。你要尽力使自己平静下来；为了避免说错话、做错事，你不妨做一个深呼吸、数一下数；你还可以告诉父母或老师，你为什么情绪不好；或者做些体育活动，让身体活动起来。

对于小学五年级学生来说，尊重他人和学会拒绝，这是尊重自己的基础。

- 尊重，就是用希望别人对待自己的方式去对待别人。当你对别人尊重时，别人也会同样尊重你。
- 当他人对你不够尊重时，你也要特别注意自己的反应。尽管别人对你并不友好，甚至侮辱你，但你还是要对他们表示友好，仍然要尊重他们，这样他们最终也会尊重你。

●掌握拒绝技能很重要。当有人迫使你做不利于健康甚至危险的行为时，要学会拒绝。

●你要用坚定的声音说"不"，可以重复说几次"不"；你可以给对方你做出拒绝的理由，但不必道歉；你必须保持言行一致，不要有犹豫和退缩的表情；必要时，你还可以向成人求助；最后，尽快离开让你有可能做出错误行为的人和场景。

对于小学六年级学生来说，做负责任的决定和科学地饮食，旨在促进身心健康。

●每个人在进行选择时，必须要做负责任的决定。

●为了做负责任的决定和选择，你应该事先问自己以下问题：

它健康吗？它安全吗？它合法吗？它能表明你尊重自己和他人吗？它符合家庭准则吗？它表现出了你的良好性格吗？

●科学饮食，就是要做到均衡膳食，保证七大营养素的足量摄入；不能偏食，不吃高热量、高脂肪等不健康的食物；不吃垃圾食品；不暴饮暴食。

●为了保证健康，下次你在购买食物时，一定要注意阅读食品标签！

对于七年级学生来说，知道约会准则和坚持锻炼身体应该相辅相成。

●正确的约会方式是与父母讨论，确定约会准则。

自己多大年龄时可以单独约会？

对方的年龄和姓名？

对方家长的姓名及联系电话？

去哪里？何时回来？谁买单？

●美国疾病预防和控制中心提倡，青少年应该坚持每周 5 次且每次不少于 60 分钟的适度、有力的体育运动。坚持运动，并将之培养成一生的习惯，将带给你一生的健康。

●坚持运动：可以使你保持健康的体重；可以使人具有健康的身体组成；可以降低你患上某些疾病的风险；能让你精力充沛，做你想做的事，从而获得幸福。

对于八年级学生来说，解决人际冲突和管理各种压力，这是心理和谐的保证。

● 在生活和学习中，难免会与人发生一些冲突。冲突并不可怕，重要的是要学会解决冲突的方法。

● 解决冲突的正确方法：尽量克制，保持冷静；使用"我—信息"与对方交流产生冲突的原因；心平气和地讨论解决冲突的可能方案；请一个负责任的成人，如父母或老师，帮你们做调解，选择双方都认可的解决方案。

● 压力有积极作用，它需要提倡。积极的压力会促使你更加努力，不断取得进步。

● 压力也有消极作用，它是负面的。消极的压力会使你产生烦恼、焦虑、悲伤等不良情绪，甚至使你生病。

● 一旦有了消极压力，你需要运用管理压力的技能来缓解压力。你可以换个环境，如在操场上独自静静地躺一会儿，或者写日记，把自己的感受写下来。

应当强调的是，孩子长大后之所以会成为形形色色的人，这都是环境将他们塑造的。因此，对于孩子们来说，必须通过家庭与社会的共同努力，将他们塑造成合格的公民。其中，教育的任务是最重要的，特别是生活技能的训练，这些技能是拥有健康生活所必备的。例如，如何获取健康的信息，如何做出明智的决定，如何解决冲突，如何设定健康目标，如何帮助他人健康生活，以及如何管理压力，等等。教育必须提供给孩子全面的、正确的观念与知识；必须提供给孩子们基本的符合全体人共同价值标准的行为规范。

还要指出的是，这里提出的十项生活技能具有极强的可操作性。因为它遵循一个基本的思路，人的所有思想与行为，都围绕健康展开。个人身心健康，性格完善，最终成为一个幸福的公民。正如《健康与幸福》一书原作者在致中国读者所引用的卡耐基基金会的倡导："没有什么知识会比健康的知识更重要，因为如果没有健康知识，那任何的人生目标都将无法顺利实现。"

"健康与幸福"应该从小学习，从小做起，这是对的。但我们应该怎样做？可否从孩子们所面临的现实问题入手？生活习惯的养成能成为突破口吗？

俞国良：必须现在开始学习，这是毫无疑问的。从孩子现在的生活和学习中经常面临或必须解决的一些问题入手。例如，"管理压力"这一方面，现在社会上很多人，甚至包括一些教育工作者都认为孩子不可能有什么压力。认为父母会为孩子准备好吃的、穿的和用的，会尽可能地为他们创造最好的生活条件，甚至有的父母把孩子的人生都规划好了，认为孩子只要好好学习就可以了。殊不知，孩子也会面临各种各样的压力。虽说相比他们的父母一代来说，他们的物质条件是好了很多，可精神方面的压力却有过之而无不及。很多父母都不希望自己的孩子输在起跑线上，所以他们不管孩子是否愿意、是否需要，都选择牺牲孩子的娱乐时间，让孩子去参加各种各样的补习班、特长培训班。更有甚者，有些地方兴起了"小升初"考试，甚至进幼儿园都要考试。这些五花八门，而又"关乎人的一生"的考试无疑让孩子们透不过气来。除了学习上的压力之外，孩子们还面临身体、社交等各方面的压力。就拿马上要进入小学的儿童来说，他们将面临着环境的变化、学习方式的变化和人际关系的变化。在这些变化中，无论家长之前做了多么充足的准备，孩子都有可能碰到一些无法预计的事情，而这些突发性的事情不是每个孩子都有能力去应对和解决的。在无能力解决的情况下，这些问题就会对孩子造成巨大的压力。既然这些问题都实实在在地存在，如果我们都轻视它们、忽视它们，那么后果是不堪设想的。与其等孩子成为"问题少年"后，我们再扼腕痛惜，不如在孩子还是一张白纸时，我们细心地描绘。即使有极少数问题可能是孩子现在不会面临或者无须解决的，但我想防微杜渐、防患未然还是有必要的。关于流感、心脏病、糖尿病等疾病的知识，可能有人会认为这些知识与孩子的生活太遥远了，孩子没必要懂得这么多。其实不然，这些都与孩子的幸福生活息息相关。例如，关于传染病，我们就应教给孩子如何预防传染病。

- 经常用肥皂和水洗手。肥皂和水可以清除你手上的许多细菌。

- 不要和别人共用杯子、餐具，那样你可能会粘上其他人的病菌。

- 防止手指及其他物体接触眼睛、鼻子和嘴巴。病菌通过这些身体部位进入体内，从而导致疾病。

- 当你咳嗽或打喷嚏时，用纸巾盖住鼻子和嘴巴。

在这些措施中很多都是一些生活习惯，而这些生活习惯是在儿童时期就必须且较为容易养成的习惯，包括选择健康的食品、经常运动、保持健康的体重，以及掌握减轻学习压力的方法，避免使用烟草产品，等等。如果孩子对这些一无所知，那么等他们人到中年、健康出现问题后再来"亡羊补牢"，我想到那时可能已悔之晚矣。

该书提到"设定健康目标""性格塑造""选择朋友""聪明消费""管理压力""帮助食物过敏的人"，还有"防止暴力伤害"等内容，这完全是生活中的重要内容，好像很少有学校抽出时间说这些事。从我们的学习现状看，这些都是考上大学以后再说的事了。这些事必须现在学习吗？如果这些话不告诉孩子们会怎样？

俞国良：确实，这是幸福生活的必修课，但很少有学校论及，甚至也不是选修内容。这里，我不禁想重新设问："教育是什么？""生活究竟到哪里去了？""我们何时才能实现快乐学习、健康成长和幸福生活？"显然，答案在于我们当下必须学习"健康与幸福"的基本道理，并从小学、初中开始抓起。因为人生每个阶段都有独特的发展任务，错过了某个发展关键期，就很难弥补和挽救了。

小学阶段是人生观、世界观、价值观的奠基期，而初中阶段则是这些观念形成和发展的关键期。在这两个阶段，他们开始注意到个人生理、心理的健康，开始学会体验式学习和创意性思考，开始需要健全的心智和完善的人格。此时对他们进行有意识的健康教育与幸福教育，并非要他们提出一个清晰的健康计划，而是帮助他们确立正确的成才观念，为幸福人生打下基础；可以促使他们学会自我认识，认识自己的个性特征、兴趣爱好；提高他们对生命价值、生活意义的理解，对自身发展潜力与未来人生道路的关注；帮助他们把所学的知识与理想、追求建立联系，尽其可能地规划未来人生发展的方向，并不断调整、摆正自己在人生发展道路中的位置，以期适得其所。知道感悟生命、感恩生活、规划生涯；知道"我是谁""我要到哪里去""我该如何到达那里"。明白自己的任务不是简单地学习、考试，而是要创造性地解决生命、生活、生涯中的各种问题，实现真正意义上的幸福人生。

有鉴于此，告诉孩子们生命、营养、疾病和健康的知识，安全、交往、适应和健身的技能，情绪调适、压力管理、团队合作和心理保健的方法，以及合理饮食、习惯养成、智力开发和生涯规划的步骤，落实于健康与幸福的具体实施过程中，贵在当下，从我做起，从现在做起。

您对学校教育中开设幸福课程有什么建议吗？

俞国良：在学校教育中开设幸福课程，一是要正确理解课程的地位、作用和背景。幸福课程是德育课程改革与发展的必然产物，在培养新一代合格公民，贯彻党的教育方针和全面推进素质教育中，发挥着德育课程无法替代的重要作用。二是要认真把握课程的指导思想。坚持育人为本德育为先，突出思想性；贴近现实生活，具有时代性；关注健康素养，体现人文性；重视价值澄清，反映探究性；整合不同学科知识，实现综合性；顺应不同成长需要，体现主体性；强调知行合一，突出体验性和实践性。三是要凸显课程的基本特色。该课程具有明确的德育功能和综合性课程的特点，在教育过程中，要融合多种教学资源，重视学习方式和教学方法多样化，要避免简单化、学科化倾向，要避免教育对象的低龄化；强调以生活经验为中心，认知、情感和观念的有机统一；强调全体学生共同参与的教育机制，通过知识传授的学习环节，探究体验的思考环节，拓展训练的活动实践环节，突出学生分析问题、解决问题能力的培养；教学内容要面向全体学生，以课堂教学、专题讲座和自学相结合，重点是让学生主动、积极参与，让他们在学习中体验，在体验中感悟，在活动和实践中自我调适，做自己幸福人生的"总设计师"。

您对学生、教师或家长使用该书有什么具体建议？

俞国良：对于学生来说，"不积跬步，无以至千里；不积小流，无以成江海"。幸福课程的一个显著特点是循序渐进，因此学生在使用这本书时，最有效的一个方法为：轻松阅读，从点滴做起。切不可操之过急，也不必抱有过重的功利心。当你能做到"轻松阅读，从点滴做起"时，你不仅在阅读此书时是轻松愉悦的，而且幸福也离你越来越近了。

对于教师而言，这套幸福教材的最大特点是生动有趣、可操作性强。教师在使用该丛书时，要充分利用书中设计的诸如"角色扮演""制作相册""道歉时间"等活动。例如，阐述"如何解决冲突"这一内容时，该书中就安排了一个"角色扮演"活动。教师可以把学生分为几个小组，让各小组各自创设一个能产生冲突的情境，然后让学生分角色轮流表演。

对于家长来说，该丛书的另一个特点就是有着浓浓的生活气息，家长在使用这套书时，要巧妙利用这个特点。例如，讲到"均衡饮食"时，书中要求学生制订一份菜单；讲到"人际沟通"时，书中建议每个家庭每周安排一次道歉时间……这些都是家长操作方便，且能起到事半功倍的效果的一些内容与设计。

总之，在目前林林总总的青少年健康与幸福读物中，此葩独秀一枝。作为该丛书的译校者和审读者，我在这里可以负责任地告诉大家：此处风景犹好，到此一"游"会不枉此行。让我们再次重温我国人民教育家陶行知的告诫："我们深信健康是生活的出发点，也就是教育的出发点。"

深入领会新《纲要》精神　全面推进心理健康教育工作

——访《中小学心理健康教育指导纲要(2012 年修订)》

修订组组长俞国良教授[①]

【编者按】2012 年 12 月 14 日，教育部召开全国中小学心理健康教育工作会议，会前还印发了《中小学心理健康教育指导纲要(2012 年修订)》(以下简称《纲要(2012 年修订)》，随后中央电视台在"新闻联播"中播发了这一消息。《纲要(2012 年修订)》根据当前面临的新形势新任务，在全面总结各地各校实践经验的基础上，对加强中小学心理健康教育提出了工作目标和任务要求。在今后一段时期内，《纲要(2012 年修订)》将成为我们开展中小学心理健康教育工作的行动指南。为了领会《纲要(2012 年修订)》的精神，明确《纲要(2012 年修订)》要求，本刊记者采访了教育部《纲要(2012 年修订)》修订组组长中国人民大学俞国良教授，请俞教授对此次修订的背景、依据、原则以及重点修订的内容进行了深入解读。

记者(以下简称记)：此次修订是对 2002 年颁布的《中小学心理健康教育指导纲要》(以下简称《纲要》)的完善，在《纲要》修订之前您和修订组的专家们对《纲要》的实施做了大量调研工作，通过调研，您对《纲要》实施 10 年的情况如何评价？

俞国良教授(以下简称俞)：通过对 10 年来我国各地中小学心理健康教育相关政策文件的分析，以及对北京、上海、河北、河南、福建、浙江等省市的多次调研，经过全国心理健康领域知名专家的咨询和研讨，大家一致认为，2002

---

① 载于《中小学心理健康教育》，2013(2)，记者何妍、任玉丹。引用时有改动。

年《纲要》的颁布为中小学心理健康教育工作指明了方向和目标，使大家有章可循。10 年来，中小学心理健康教育取得了很好的成绩，发生了很大变化，心理健康教育教师不再完全由德育教师等其他学科教师担任，学生也觉得向心理辅导老师求助是很正常的现象。学校中的绝大多数教师认为心理健康工作很重要，校长也重视，家长也认为这项工作功德无量。可以说，2002 年《纲要》为推动中小学心理健康教育工作发挥了重要作用，功不可没。

由于当时的《纲要》过于宏观，对具体工作的要求不够明确，致使各地在执行过程中缺乏标准，缺乏依据，一些具体工作欠缺落实，存在着一些问题和不足。比如，2002 年的《纲要》虽要求"学校要逐步建立在校长领导下，以班主任和专兼职心理辅导教师为骨干，全体教师共同参与的心理健康教育工作体制"，但对到底由谁来做，谁主要负责，并没有给出明确答案。如果责任不明，责任分散，就会出现出工不出力，无人问责的情况。因此 2002 年的《纲要》亟须完善和补充。大家对教育部及时进行《纲要》的修订工作表示赞成和拥护，认为这是中小学心理健康教育工作的"及时雨"，必将全面推进我国中小学心理健康教育工作。

记：当前我国中小学心理健康教育面临的问题主要有哪些？请您结合这些问题谈谈对 2002 年《纲要》进行修订的背景和依据，其必要性和紧迫性表现在哪些方面？

俞：自 2002 年教育部颁布《纲要》以来，许多地区和学校对中小学心理健康教育实践进行了大胆探索，中小学心理健康教育工作取得了长足发展和巨大成就，各地普及或深化中小学心理健康教育已初具条件。但我们必须清醒地看到，新时期中小学心理健康教育正面临着许多新形势和新情况，特别是在中小学心理健康教育具体实践中表现出来的"四化"倾向，即医学化倾向、片面化倾向、形式化倾向和孤立化倾向，以及"四不"现象，即无人做现象、不愿做现象、不会做现象和不真做现象，值得我们重视。

这些存在的问题和现状，为我们敲响了警钟。中小学心理健康教育是一项复杂的系统工程，需要以科学的方法与理论为指导，充分遵循教育规律和中小学生身心发展特点，以务实求真的态度加以对待；同时也充分说明新时期的中小学心理健康教育实践，需要有一个高屋建瓴的纲领性、指导性政策文件进行统领，真正提高中小学心理健康教育工作的针对性、实效性和吸引力。对于修订工作的必要性和紧迫性，我们可以从以下几个方面来理解。

第一，这是10年来社会飞速发展提出的必然要求。知识经济时代的人才，首先应该是心理健康的。现代生理学家和脑科学家一致认为，从事创造性学习和创造性活动，要以个人的心理正常或心理健康为基本条件。中小学生正处于身心发展的关键时期，社会的急剧变化使他们心理上的动荡进一步加剧，所面临的心理行为适应问题也是前所未有的，而这些心理行为适应问题仅依靠传统的说教式、单一化和程式化的德育是解决不了的，这时就需要心理健康教育的帮助和支持。只有不断深化多种形式的心理健康教育，才能很好地解决学生所面临的种种心理行为问题，达到春风化雨、润物无声的既治标又治本的独特作用，促进中小学生更好地适应学校、社会生活，健康快乐地成长。

第二，这是10年来全面推进和实施素质教育的具体举措。心理素质是人必须具备的素质之一，良好的心理素质，可以使个体更好地适应外界环境的变化，更好地发挥个体的心理潜能。长期以来，我国学校教育实践往往只重视智力因素培养，忽视学生健康心理素质培养，特别是忽视情感、意志、动机、兴趣、个性等非智力因素的培养，这不利于全面推进素质教育。近10年来，党和政府在各种教育政策文件中，反复强调学校要促进学生的身心健康水平和综合素质的提高。我们认为，良好心理素质的培养离不开心理健康教育的具体实践，心理健康教育是素质教育应该具备的基本内涵，是素质教育的奠基工程。

第三，这是新时期深化中小学德育改革的重要抓手。心理健康教育赋予德育以新的时代内涵。首先，传统的德育存在着内容陈旧、工作层面浅的现象，而心理健康教育拓展了传统德育内容的范围，把如何认识自我、处理人际关系、调节和控制情绪等学生的个性发展问题，纳入整个德育大系统中。其次，传统德育的方法主要是以"说教、灌输"为主，其方法缺乏灵活性和有效性，而心理健康教育主要以疏导为主，在尊重、信任和理解学生的基础上，与学生平等沟通、交流，给学生创造了一个自由的心灵空间。最后，心理健康教育是德育的基础，可以调节学生的心理承受机制，促进德育目标的实现。只有具备了健康的心理品质，学生才能准确地理解、认同德育，使学校德育产生"内化"的功能。

第四，这是新时期全面落实"德育为先，能力为重，全面发展"的必然要求。提倡心理健康与心理和谐是中小学生德、智、体、美、劳诸方面全面发展的基础和保证。(1)没有健康的心理，就很难形成良好的德行。(2)对于智力发展和学习来说，健康的心理可以促进中小学生智力的协调发展，有助于提高学习效率和对知识的理解、掌握，而意志薄弱、厌学、自卑、动机缺乏等心理行为问题，则是影响学生学习的主要原因。(3)中小学生的心理健康和身体健康的发展也存在着交互作用。(4)心理健康可以促进中小学生审美能力的发展，提高他们欣赏美、创造美的能力。(5)心理健康教育还有助于劳动观念和劳动习惯的培养。

可见，修订《纲要》是一项势在必行的紧迫任务。更进一步分析，这种紧迫性突出表现在我们正面临的国际、国内教育态势方面。

一是国际基础教育中心理健康教育的走向。国外在心理健康教育方面起步较早，不仅建立了一整套完整的中小学心理健康服务、辅导、保障体系，而且将维护学生健康作为教育的根本任务。美国中小学校近年来还设计了心理健康、心理社会问题的一系列活动，通过这些活动对学生的心理行为问题进行预防、早期干预和治疗，其具体做法是开设"健康与幸福"课程。欧洲国家的心理健康教育虽然强调按照预定方向改变学生的个人行为，但更重视在实践活动和体验调适中来提高其心理健康水平。我国港台中小学校都有专门负责心理辅导的工作部门和专职教师，并经常开展心理健康教育活动，着力加大对中小学生的心理辅导和心理援助。我们应该跟上国际心理健康教育的发展步伐。

　　二是当前我国中小学生心理健康状况不容乐观。近年来，我国已有许多针对中小学生心理健康状况的调查研究，尽管研究工具、测查内容、研究对象有所不同，但研究结果均表明中小学生有各种心理行为问题的比例在 10%～18%，这是儿童青少年健康成长与幸福生活的一大隐患。心理健康状况不良，不仅表现为各种情绪和行为问题，而且会显著影响学生的身体健康和学业成就。

　　三是我国新时期基础教育改革与发展的方向。自教育部 2002 年颁布《纲要》以来，对广大中小学校科学地开展心理健康教育工作起到了积极推动作用。全国各地做了大量工作，在加强教师队伍建设、开展多种形式的心理健康教育活动等方面都积累了许多宝贵经验。但发展过程也存在一些问题，如心理健康教育的学科化、医学化、片面化、形式化和孤立化倾向，以及无人做、不愿做、不会做、不真做等现象，亟须新《纲要》在政策上、理论上和具体措施上，为进一步加强心理健康师资队伍建设、丰富教育途径和方法、充实教育内容和模式等方面提供依据、支持。这是深入贯彻落实《国家中长期教育改革和发展规划纲要（2010—2020 年）》精神的具体措施和实际行动。

　　记：对《纲要》修订的过程其实也是对我国中小学心理健康教育进行整体规划和顶层设计的过程，这一规划设计和具体修订工作分别是按照怎样的原则来进行的？

　　俞：修订《纲要》的理论基础是对中小学心理健康教育的性质和定位进行正确地分析、理解。在新时期对中小学心理健康教育进行顶层设计时，我们遵循的基本原则主要包括以下四条。

　　第一，发展性原则。中小学心理健康教育的最终目的是促进学生的全面发展。因此，在设计中小学心理健康教育工作时，应依据学生身心发展特点并贴近他们的实际生活，选择具有普遍性和代表性的教育内容与形式，有助于解决中小学生的"发展性"问题，有效地发挥心理健康教育"发展、预防"的目标和功能。

第二，全面性原则。中小学心理健康教育涉及学生心理健康的方方面面，包括学习、自我、人际关系、情绪调适和社会适应等不同发展领域，防止心理健康教育强调某一方面而忽视另一方面的片面化倾向，把中小学生心理素质作为一个完整的系统来看待和理解。

第三，差异性原则。学生的心理健康水平不仅存在着个体差异，也存在着年级差异。因此，确定心理健康教育内容和目标时应遵循差异性原则，根据学生现有的知识水平和理解能力做到由易到难，呈现出一定的梯级性，充分体现心理健康教育的层次性和针对性特点。同时，对不同特点的学生应进行分类指导或个别辅导，因材施教，这是保证心理健康教育取得预期效果的基本前提。

第四，活动性原则。根据心理健康教育实践性与应用性的要求，在确定中小学心理健康教育的目标、任务和教育内容时，应体现活动性的特点，使其渗透到灵活多样而又富有情趣的各种活动中，如心理剧、角色扮演、小组讨论等，让学生在活动和体验中获得成长与发展。

充分考虑到心理健康教育的专业性、科学性特点和各地各学校发展不平衡的现状，修订过程坚持了以下几条具体的工作原则。

第一，专业性。中小学心理健康教育不同于学科教育，而是一项专业性、科学性和规范性较强的德育工作。除了保证心理健康概念、术语和内容的准确性外，还必须保证心理健康教育方法、途径和实施的可行性、实效性，使修订后的《纲要》具有科学性、权威性。

第二，针对性。关注对不同年龄阶段学生发展有重要和持续影响作用的心理行为特征；选择对中小学生身心和谐发展以及其他领域发展有重要促进或阻碍作用的教育内容；教育方式重视个别差异和因势利导，强调要提供有利于促进中小学生"快乐学习、健康成长、幸福生活"需要的心理健康教育。

第三，现实性。从各地中小学心理健康教育发展实际和中小学生心理健康素质的现状出发，以明确问题与解决问题为导向，立足于中小学校和中小学生的实际需求，坚持与广大师生密切关注的心理健康热点问题相结合，力求运用心理健康的知识和方法解决他们所面临的现实问题。

第四，操作性。充分考虑目前中小学心理健康教育工作发展现状、存在的问题，以及各地发展的不平衡，尤其是东西部地区、城乡之间的现实差距，在教育目标和教育任务等方面提出具体要求，体现实施过程中的针对性和可操作性特点。

记：2012 年修订的《纲要》与前一版相比，更加科学规范、更具有前瞻性、更注重专业性和可操作性，您能谈谈《纲要》的修订过程以及采取的方法手段吗？

俞：为了使修订后的《纲要》更加科学、规范、合理、可行，符合教育部提出的中观层面的、有明确内容规定的、责权清晰易于操作的工作目标，我们集中国内心理健康及相关研究领域诸多专家学者和中小学心理健康教育工作者的集体智慧，并在北京、上海、河北、河南、浙江和福建等省市实地组织了 8 次调查研究，召开了多次座谈会。具体修订流程如下。

第一步，文献阅读。组织《纲要》修订组全体成员广泛研读国内外心理健康教育研究资料；查阅和分析各省(自治区、直辖市)关于中小学心理健康教育工作的政策文献，建立修订的理论框架。

从文献资料中我们发现，大多数省(自治区、直辖市)关于中小学心理健康教育工作的指导纲要或实施意见，均包括中小学心理健康教育的指导思想、基本原则、目标与任务，以及心理健康教育内容、途径与方法、组织实施等部分。有的省(自治区、直辖市)甚至下发了关于中小学心理健康教育发展规划、义务教育阶段心理健康课程标准以及加强教师队伍建设、心理辅导室建设、心理健康教育专兼职教师任职资格和工作职责等专门性的政策文件。

第二步，专家咨询。召开以教育部中小学心理健康教育专家指导委员会主任林崇德教授为首的专家学者咨询会，广泛听取广大专家学者的意见和建议，厘清修订的基本思路。

大家一致认为，中小学心理健康教育工作如何在普及的基础上进一步推进和深化是关键。大多数专家学者倡导从积极心理和自主自助的角度来开展中小学心理健康教育。此外，大家一致认为，修订后的《纲要》要注重科学性、专业性，增强指导性与前瞻性。同时更要保证可行性、可操作性，让心理健康教育教师感到"解渴"，在实际工作中有用、有效。总之，心理健康教育应该是更大范畴的提高、普及，向更高更专业化的方向去发展。

第三步，问卷调查和教育咨询。在教育部基础教育一司委托的"中小学心理健康教育工作发展状况调查"的课题研究基础上，我们进行了针对性更强的问卷调查和教育咨询，重点听取各地教育行政部门领导、中小学心理健康教研员和专职教师对《纲要》修订的看法，旨在确定《纲要》修订的内容框架。

第四步，焦点团体访谈。在调查研究和教育咨询后，我们又在北京、上海、河北、河南、浙江和福建六省市分别召开了《纲要》修订座谈会，邀请该地区教育局领导、心理健康教育教研员、校长和专兼职教师参加，采取焦点话题群体访谈的方法，重点听取大家的意见和建议，作为《纲要》修订的实践依据。

第五步，分篇修订。在扎实的调查研究的基础上，以党和国家与基础教育相关的方针、政策、法规以及原《纲要》为依据，修订组的各个成员对原《纲要》的五个部分分别进行修改、论证。其中，每个部分至少有三个修订组成员独立完成，目的是相互印证和补充完善。

第六步，整合和审定。组长对各修订组成员提交的《纲要》修订稿进行初步整理，列出异同点以及具有较大争议的部分，再经反馈、讨论和调整，最终完成初稿修订工作，并由教育部基础教育一司和中小学心理健康教育专家指导委员会组织有关专家进行审议、把关。

记：与原《纲要》相比，《纲要（2012年修订）》在哪些方面有变化？请您结合实例介绍一下变化的重点内容有哪些。

俞：这里仅结合《纲要》修订的实际情况，简明扼要地介绍重点修订和有所创新的内容。

第一，明确以"立德树人、育人为本，注重学生心理和谐健康"作为中小学心理健康教育的具体指导思想，立足教育与发展，重在应急预防和危机干预，并强调中小学心理健康教育服务体系的建设。

第二，《纲要（2012 年修订）》明确了开展中小学心理健康教育要以学生发展为本，全面阐述了"坚持科学性与实效性相结合"等四条基本原则，以及"全面推进、突出重点、分类指导、协调发展"的工作方针。

第三，《纲要（2012 年修订）》明确提出要加强中小学心理健康教育督导，建议将其列为专项督导内容，提高各级各部门的重视程度，把这项工作具体落实好。同时将开展中小学心理健康教育示范校创建活动。

第四，《纲要（2012 年修订）》强调要大力开展心理健康教育教师队伍建设，明确了心理健康教育教师配置和培训的有关事项，并将这项工作纳入全体教师的编制和培训中，规定了编制要求与培训内容，便于各地科学规范化管理。同时，也专门强调了要加强教师自身的心理健康教育工作。

第五，《纲要（2012 年修订）》明确规定学校要开设心理健康教育课程和规范心理辅导室建设，作为实施心理健康教育的主要途径和方法。特别是每两周一课时的最低标准，如果完全由学校来解决，因校本课程数量有限，落实起来的确有一定难度，因而再次明确这些课时由各省市教育主管部门从地方课程中统一解决。

第六，《纲要（2012 年修订）》进一步明确了心理健康教师编制和职评系列，对职称评聘的专业性和标准等具体措施有所规定；并明确心理健康教育教师享受班主任同等待遇，保证专业化、稳定的心理健康教师队伍建设。

第七，《纲要（2012 年修订）》重点对中小学各学段心理健康的教育内容进行了全面调整，重新安排和设置了更科学、更规范、更具针对性的分阶段教育内容；对小学低段、中段、高段和初中、高中阶段分别提出了不同的教育内容标准和具体规定。

第八，鉴于心理健康教育工作的特殊性，《纲要（2012 年修订）》明确提出了对校长、班主任、教研员及其他教师开展心理健康教育工作的要求与原则，并强调要建立中小学心理健康教育教研制度，配备心理健康教育教研员。

第九，《纲要（2012 年修订）》强调学校要全方位开展心理健康教育，建议中小学心理健康教育工作应该进一步和现代教育信息技术相结合，充分利用网络平台，拓展工作方式，增强工作的灵活性，提高吸引力。

第十，《纲要（2012 年修订）》提出要积极开通学校与家庭同步实施心理健康教育的渠道，充分利用各种校外心理健康教育资源，积极配合社会各部门，如团组织、文明办、街道社区和其他社会团体等，积极拓宽心理健康教育渠道，共同做好中小学心理健康教育工作。

记：《纲要（2012 年修订）》是各地区、各学校开展心理健康教育的指导性政策文件，您对区域、学校和教师开展心理健康教育有何建议？

俞：作为《纲要》修订的具体工作者，同时也作为一个多年从事中小学心理健康教育的研究工作者，为有效贯彻落实《纲要（2012 年修订）》的精神和基本要求，我想提出如下几条实践建议，供大家参考。

一是加强中小学心理健康教育的师资队伍建设。第一，建立一支专兼职结合的心理健康教育师资队伍。目前，从事中小学心理健康教育的专职人员较少，兼职人员较多，这对中小学心理健康教育的推进与深化将会产生消极影响，因此，必须改变这种状况，将以兼职教师为主转变为以专职教师为主、专兼职结合的模式。第二，加强心理健康教育教师的专业培训。从事心理健康教育是一项专业技能，必须通过培训并逐步形成持证上岗制度；同时，还要注意引进心理健康教育方面的专业人才，使外部引进和内部培养结合起来。第三，重视教师自身的心理健康。教师自身的心理健康问题不仅影响教师个人的发展，而且会影响到学生的心理健康。因此，应把师源性的心理行为问题减到最低程度，优化学生成长的环境。第四，使学校每一位教师增强关心学生心理健康的意识。对每位教师都应提出重视对学生进行心理健康教育的要求，使心理健康教育渗透到学校教育的各个方面、各个环节，使每位教师都能成为学生心理健康的"保健医生"。

二是充实中小学心理健康教育的内容和模式。如前所述，中小学生的心理健康问题主要是发展性的，因此，中小学心理健康教育的重点要放在发展性问题上，以全体学生的全面发展作为心理健康教育的对象，对学生在成长中普遍遇到的问题予以指导，同时还要兼顾极少数有心理障碍学生的心理治疗与行为的矫正。根据学生的不同年龄特征和认知特点，心理健康教育内容和模式的侧重点有所不同，小学可以以游戏和活动为主，初中可以以活动和体验为主，高中可以兼顾体验和调适；但要始终贯穿一条活动和体验主线，突出活动性和实效性。同时，中小学心理健康教育的内容应从生活辅导扩展到学习辅导、职业辅导并重，注重学生心理潜能的开发，还要强调心理健康教育的三个主体，即学生是主体，教师是主体，家长也是主体，把理论研究和实际应用有机结合起来，构建适合本地区实际情况的心理健康教育模式。

三是丰富中小学心理健康教育的途径和方法。中小学心理健康教育要采用多种途径和多样化的方法。例如，增强各科教师的心理健康教育意识，在学科教学中渗透心理健康教育；开设心理健康教育课，并纳入学校课程计划中，保证课时；在心理健康教育课上，可以有针对性地传授一些心理调节的方法和技能，使学生更好地应对学习、生活中的各种心理困惑。组织心理健康教育活动，如组织心理剧、社会实践活动等，让学生参与到活动中来，通过亲身体验来提高心理素质。利用班主任工作、班级或团队活动和校园文化活动，有意识地开展一些有利于培养学生心理素质的活动。开展心理辅导与咨询，对学生的共性问题进行团体辅导和教育干预，对个别问题进行个别辅导和咨询。

四是实现中小学心理健康教育的信息化。网络、信息技术的高速发展，为中小学心理健康教育的信息化、现代化提供了保证，特别是计算机技术和互联网的迅速发展，可以使未来的心理健康教育更加科学、便捷、及时，增加了学生获得心理健康知识的渠道，同时，可以通过互联网进行超时空的对话与交流，建立网上心理咨询站、辅导站，及时解决学生在学习和生活中遇到的各种问题与困惑。网络将成为学校心理健康教育有益的补充，最终使家庭、社会、学校三者的有效教育资源紧密地结合起来，共同促进学生的心理健康发展。

五是以开设心理健康教育课程为契机夯实基础。心理健康教育课程化是指学校为实现心理健康教育的培养目标而规定的心理健康教育内容及其进程，包括教学计划、课程标准、课程内容等方面。我们认为，中小学心理健康教育要推向深入，重要的抓手和主渠道是课程化。心理健康教育课不能等同于一般学科教学，但它又不仅仅是一门课程，它更需要与学生的学习实践、生活环境相结合，其宗旨是帮助学生解决学习、生活、人际关系等方面的心理困扰，维护学生的心理健康，提高学生的心理素质，培养学生的健康人格，促进学生健康、快乐、幸福地成长。

六是顺应国际心理健康教育发展趋势。我们认为，国际心理健康教育有可能向两个不同的方向延伸：一是综合化和整合化，二是专业化和精细化。实际上，这是一个问题的两个方向的延伸。

首先是综合化和整合化。不同心理健康机构的合作对有效的心理健康教育显得越来越重要，如药物滥用和心理健康教育机构、青少年司法机构和心理健康教育机构等。美国的学校心理健康计划提出，提高学校心理健康教育的效果，不仅仅是扩展咨询服务或者建立更多的有心理辅导和教育的学校，重要的是建立一个综合性、全方位的机构，使得学校真正成为一个能为孩子提供心理支持的地方，从而使他们的智力和健康达到最大限度的实现。此外，计算机和互联网的普及对人们生活的巨大影响，也迫切需要心理健康教育资源的进一步整合。

其次是专业化和精细化。对于公众心理健康教育问题，美国许多州都已经通过了相关法案而具体到中小学生等未成年人，出现心理行为问题却难以得到及时的鉴定和帮助，已成为心理健康教育发展的一个障碍。将来针对各级学校，政府机构可能会保证未成年人心理健康教育项目在操作过程中做到有法可依。此外，心理健康教育效果的评价方法需进一步完善。怎样评价一个方案或项目的实施效果，还缺少一致的令人信服的评价系统。目前的评价主要是通过不同组之间一些指标的比较，通过前后测比较，或者通过建立基线水平，以测查项目推行的实际效果。但是，许多研究者对此提出了疑问。今后这方面的工作将会吸引越来越多研究者的关注。

记：感谢您接受我们的采访！

我们要提供适合学生发展需要的心理健康教育
——访《中小学心理健康教育指导纲要》修订组组长俞国良教授①

中小学心理健康教育是一项复杂的系统工程，需要以科学的方法与理论为指导；同时更需要有一个高屋建瓴的纲领性、指导性政策文件进行统领，真正提高中小学心理健康教育工作的针对性、实效性和吸引力。为此，我们专访了《中小学心理健康指导纲要》(以下简称《纲要》)修订组组长俞国良教授，就《纲要》修订的原则和思路、过程等方面进行了交流。

对中小学心理健康教育的性质和定位进行正确分析、理解，这是修订《纲要》的理论基础。在新时期对中小学心理健康教育进行顶层设计时，应遵循哪些原则？

通过对我国各地中小学心理健康教育相关政策文件的分析，以及对北京、上海、河北、河南、福建、浙江等省市的调研，经过全国心理学知名专家的咨询和研讨，我们首先确定了中小学心理健康调研和访谈的提纲，在此基础上，充分考虑心理健康教育的专业性、科学性特点和各地发展不平衡的现状，逐步展开了《纲要》的修订工作。在修订过程中始终坚持以下基本原则，以期做到以学生为本，提供适合学生发展的心理健康教育。第一，科学性原则。除了保证心理健康概念、术语和内容的准确性外，还必须保证心理健康教育方法、途径以及实施的可行性、实效性，使修订后的《纲要》具有科学性、权威性。第二，针对性原则。关注对不同年龄阶段学生发展有重要和持续影响作用的心理行为

---

① 载于《基础教育参考》，2013(5)，记者王永丽。引用时有改动。

特征；选择对中小学生身心和谐发展以及其他领域发展有重要促进或阻碍作用的教育内容；教育方式重视个别差异、因材施教和因势利导，强调要有利于学生快乐学习、健康成长、幸福生活的心理健康教育。第三，现实性原则。从各地中小学心理健康教育发展实际和中小学生心理健康素质的现状出发，以明确问题与解决问题为导向，立足于中小学校和中小学生的实际需求，坚持与广大师生密切关注的心理健康热点问题相结合，力求运用心理健康的知识和方法解决他们所面临的现实问题。第四，操作性原则。充分考虑目前中小学心理健康教育工作发展的现状、存在的问题，以及各地发展的不平衡，尤其是东、西部地区的现实差距，在教育目标和教育任务等方面提出具体要求，体现实施过程中的可行性和可操作性特点。

中小学学生综合素质的提高必须以良好的心理素质为中介，心理素质的水平直接影响其他素质的发展质量和发展方向。修订后的《纲要》必须为此发挥保驾护航的作用。请问修订组修订《纲要》的逻辑思路是什么？

有鉴于中小学心理健康教育的特殊性，我们坚持从宏观到微观、从理论到实践的方法论原则，并确定了三条修订思路。一是提供适合中小学生发展需要的心理健康教育。了解中小学生的生理、心理特点，把他们视为一个个独具特色的个体而不是年龄群体，尊重其特点、兴趣和各具特色的发展，真正提供适合其发展需要的心理健康教育内容，开展符合其年龄特点的心理健康教育活动；让他们根据自身的心理困惑或问题，进行自主选择、自我调节和自我决策，实现自我教育和自我发展。特别强调在活动中体验，在体验中调适，在调适中成长，为幸福人生奠定基础。二是与教育部相关心理健康教育政策文件的衔接、连续和创新。自 2002 年教育部颁布《纲要》以来的 10 年间，党和政府对这项工作十分重视，在各种法律政策文件中对此进行了重要阐述，特别是在《国家中长期教育改革和发展规划纲要（2010—2020 年）》中更是做了明确规定。修订后的《纲要》必须遵循这些阐述和规定，并且是对此的承接、延续和具体化、制度化，在此基础上有所拓宽、创新和发展。三是以问题为导向确保心理健康教育的实效性。从目前中小学心理健康教育工作者普遍关注的问题出发，如师资、课时、职称、工作量和评价方式、教育内容等，脚踏实地地推进心理健康教育工作的发展，使心理健康教育活动、教研活动、课题研究具有针对性和现实性，逐步建立具有我国特色的中小学心理健康服务体系，使这项工作科学、规范、健康和可持续发展。

《纲要》作为指导性文件，对中小学心理健康教育起到了引领的作用，当然也存在一些问题和不足，那么为适应时代需要，《纲要》的修订体现了哪些中小学心理健康教育的新理念、新特色？

一是坚持育人为本，突出思想性。中小学心理健康教育必须坚持心理和谐的教育理念和指导思想，紧密联系中小学生学习生活实际和生理、心理发展特点与规律，强调运用心理健康教育的理论和方法，解决中小学生面临的各种心理困扰和心理问题。二是贴近现实生活，具有时代性。从中小学学生的学习生活和社会生活的实际出发，选取他们关心的、具有现实意义的重大生活事件和心理行为问题，反映新时期、新时代对中小学学生心理发展的要求，把心理健康教育内容融入反映时代现实生活的主题模块中。三是重视价值澄清，反映探究性。鼓励学生思考和探究，使学生通过对心理行为问题的分析，自己去发现问题、提出问题、分析问题和解决问题，逐步养成对心理行为问题的评价能力和依据材料得出结论的能力。四是整合不同知识经验，实现综合性。从中小学生认识、参与社会公共生活和形成健全人格的需要出发，强调知识的整体性以及与学生生活经验的关联性。五是顺应不同成长需要，体现主体性。顺应学生不同成长与发展需要，根据中小学生的身心发展特点，因材施教，站在以学生心理发展为本的立场上，把学生作为学习的主体，而不是灌输的客体。

修订《纲要》是一项系统工程，请问在修订《纲要》的过程中经历了哪些步骤？

为了使修订后的《纲要》更加科学、合理、可行，符合教育部提出的中观层面的、有明确内容规定的、责权清晰、易于操作的任务目标，我们集中国内心理健康及相关领域诸多专家的智慧，实地组织了8次调查研究。

第一步，文献阅读。组织修订组全体成员广泛研读国内外心理健康教育研究资料，查阅和分析各省（自治区、直辖市）关于中小学心理健康教育工作的政策文献，建立修订的理论框架。

第二步，专家咨询。召开以教育部中小学心理健康教育专家指导委员会主任林崇德教授为首的专家学者咨询会，广泛听取广大专家学者的意见和建议，厘清修订的基本思路。

第三步，问卷调查和教育咨询。在教育部基础教育一司委托的"中小学心理健康教育工作发展状况调查"的课题研究基础上，修订组进行了针对性更强的问卷调查和教育咨询，重点听取各地教育行政部门领导、中小学心理健康教研员和专职教师对《纲要》修订的看法，旨在确定《纲要》修订的内容框架。

第四步，焦点访谈。在六省市共8次召开了《纲要》修订座谈会，邀请该地区教育局领导、心理健康教育教研员、校长和专兼职教师参加，采取焦点话题群体访谈的方法，重点听取大家的意见和建议，作为《纲要》修订的实践依据。

第五步，分篇修订。在扎实的调查研究的基础上，修订组的各个成员对原《纲要》的五个部分分别进行修改、论证。其中，每个部分至少有三个修订组成员独立完成，目的是相互印证和补充完善。

第六步，整合和审定。对各修订组成员提交的《纲要》修订稿进行初步整理，列出异同点以及具有较大争议的部分，再经反馈、讨论和调整，最终完成初稿修订工作，并由教育部基础教育一司和中小学心理健康教育专家指导委员会组织有关专家进行审议、把关。

结合《纲要》修订的实际情况，重点修订和有所创新的主要内容有哪些？

第一，明确以"立德树人，育人为本，心理和谐"为中小学心理健康教育的具体指导思想。第二，明确提出开展中小学心理健康教育要以学生发展为本，提供适合学生的心理健康教育。第三，明确提出加强中小学心理健康教育督导，建议列为"专项督导"内容，同时将开展中小学心理健康教育示范校创建活动。第四，强调要大力加强心理健康教育教师队伍建设，并对教师培训、职称、职务等方面做了明确规定。第五，明确规定学校要开设心理健康教育课程和规范心理辅导室建设，保证心理健康教育时间。第六，重点对中小学各学段心理健康教育的内容进行了全面调整，重新安排和设置了更科学、更规范、更具针对性的分阶段教育内容；对小学低段、中段、高段和初中、高中阶段分别提出了不同的教育内容标准和具体规定。第七，确立了全程、全员、全方位的教育理念，心理健康教育要渗透到学校教育教学全过程，全体教师都要参与心理健康教育，拓展心理健康教育的方式和途径，如进一步和现代教育信息技术相结合，拓展工作方式，加强与社会、家庭等合作，积极拓宽心理健康教育渠道。

修订后的《纲要》有哪些主要特点？

修订后的《纲要》，以育人为本位，以育德为首位，紧紧围绕中小学生的身心发展特点和学习生活实践，以提高全体学生的心理素质，帮助他们正确认识和处理自我、学习、人际关系、情绪调节和社会生活适应中遇到的心理行为问题，促进其身心全面和谐发展为己任。我们力求使新《纲要》概念表述科学、准确，语言表达简洁、清新、流畅，内容丰富，结构合理，体例新颖，使各级中小学教育行政干部、心理健康教育教研员和一线教师看得懂、记得住、用得上，有针对性、时效性和吸引力。具体而言，一是具有明确的德育功能。始终不渝地坚持心理健康的发展性原则，对中小学生进行心理健康的知识、方法和技能的教育，全面体现和落实中小学德育的方向性和育人的针对性与实效性。二是强调可行性和操作性。坚决避免把中小学心理健康教育简单化、知识化、学科化的倾向，避免把教育对象仅局限于少数存在心理行为问题的学生上，而要把目标具体定位于提高全体学生的心理素质上。强调针对性与实效性、心理素质培养与德育培养目标、面向全体和关注个别差异、发展与预防和矫治、教师辅导和学生参与及其家长配合的有机结合。三是强调认知、情感、态度观念和运用的统一。从中小学生的学习生活实际出发，以他们的生活经验为中心，使他们懂得悦纳自我对于心理健康的价值，从而培养积极、乐观、勇敢、坚强等心理品质，具有健康的生活态度和行为习惯。四是突出分析问题、解决问题能力培养。五是体现德育的综合化趋势。在提高其心理素质的大前提下，围绕心理健康活动和情绪调适、社会适应的核心，整合有关教育内容，充分体现德育和心理健康教育的综合化趋势，为提高中小学生的心理素质和综合素质奠定基础。六是重视教学方式、学习方式和评价方式的多样性。从中小学生的年龄特征、心理发展特点和学习生活环境实际、具体教育内容出发，选择不同的学习方式、教学方法和评价方式。鼓励学习方式和教学方法的创新，支持并鼓励各地根据学生实际成长需要对评价方式进行创新，并给这种教学方式、学习方式和评价方式的创新设置好"创造的空间"。

我们知道，《纲要》的贯彻落实是关键，那么，您对《纲要》的落实有哪些建议呢？

我们作为《纲要》修订的具体工作者，同时也作为一个多年从事中小学心理健康教育的研究工作者，为有效贯彻落实新《纲要》的精神和基本要求，提出如下几条实践建议。一是加强中小学心理健康教育的师资队伍建设。建立一支专兼职结合的心理健康教育师资队伍，将以兼职教师为主转变为以专职教师为主、专兼职结合的模式；加强心理健康教育教师的专业培训，使教师掌握心理健康教育的专业知识和专业技能，并逐步形成持证上岗制度；重视教师自身的心理健康，优化学生成长的环境。二是充实中小学心理健康教育的内容和模式。中小学心理健康教育的重点要放在发展性问题上，以全体学生的全面发展作为心理健康教育的对象，对学生成长中普遍遇到的问题予以指导，同时还要兼顾极少数有心理障碍学生的心理治疗与行为的矫正。强调心理健康教育的三个主体，即学生是主体，教师是主体，家长也是主体，把理论研究和实际应用有机结合起来，构建适合本地区实际情况的心理健康教育模式。三是丰富中小学心理健康教育的途径和方法。可开设心理健康教育课、组织心理健康教育活动等多种方法，加强学校、社会、家庭的联系，形成三者结合"三位一体"的教育网络，减少学生内心的矛盾和冲突，从而全面提高学生的心理素质。四是实现中小学心理健康教育的信息化。学生心理档案存储、管理将由计算机来处理，使资料保存更完整。借助信息化手段，可建立网上心理咨询站、辅导站，及时解决学生在学习和生活中遇到的各种问题与困惑。最终使家庭、社会、学校三者的有效教育资源紧密地结合起来，共同促进学生的心理健康发展。五是全校全员全程重视心理健康教育工作。在这项工作中，心理健康教育教师是核心，班主任是主体，校长是领导者，各级教育科研机构的专家是指导者，各级教育行政干部是评估者。六是顺应国际心理健康教育发展趋势。学校真正成为一个能为孩子提供心理支持的地方，从而使他们的智力和健康达到最大限度的实现。根据学生不同的需求，设有不同层次的心理辅导机构，让每个学生都能健康、和谐发展。

特色学校争创计划：打造中小学心理健康教育的"航母"
——访教育部中小学心理健康教育专家指导委员会
副秘书长俞国良教授①

【编者按】为深入贯彻党的十八大和党的十八届三中全会精神，落实《国家中长期教育改革和发展规划纲要(2010—2020年)》，根据教育部《中小学心理健康教育指导纲要(2012年修订)》(以下简称《纲要》)和教育部2014年工作要点的要求，教育部于2014年3月14日颁发了《教育部办公厅关于实施中小学心理健康教育特色学校争创计划的通知》，决定启动实施中小学心理健康教育特色学校争创计划，旨在通过特色学校争创计划，树立一批心理健康教育工作先进典型，推动广大中小学全面普及心理健康教育，切实提高中小学生的心理素质和心理健康水平。教育部同时颁布了《中小学心理健康教育特色学校标准(试行)》(以下简称《标准》)，确保特色学校争创工作的规范、有序开展。为更好地领会争创活动的精神，抓住《标准》的要点，本刊记者采访了《标准》起草组组长，中国人民大学心理研究所所长、博士生导师，教育部中小学心理健康教育专家指导委员会副秘书长俞国良教授，请俞教授对此次特色学校争创计划及《标准》的背景、目的、具体措施和注意事项进行深入解读。

记者(以下简称记)：在2012年年底颁发了《纲要》后不久，教育部又颁布了《标准》，更具体地对中小学心理健康教育的开展提出了指导意见。在您看来，本次颁布的《标准》与《纲要》有何关联？

---

① 载于《中小学心理健康教育》，2014(10)，记者何妍、丁尧。引用时有改动。

俞国良教授(以下简称俞):众所周知,近年来党和国家越来越重视心理健康、心理辅导在学校德育工作中的重要作用。党的十八大报告提出:"健康是促进人的全面发展的必然要求","加强和改进思想政治工作,注重人文关怀和心理疏导";《国家中长期教育改革和发展规划纲要(2010—2020年)》则要求,"加强心理健康教育,促进学生身心健康、体魄强健、意志坚强。"2014年3月14日教育部颁布的《标准》,就是贯彻落实党和国家关于学校心理健康教育工作指示的重要举措,也是贯彻落实2012年《纲要》的具体教育实践。因为《纲要》第12条明确指出,"教育部将适时开展中小学心理健康教育示范校创建活动"。实际上,这是教育部着力打造中国特色的中小学心理健康教育"航母战斗群",旨在对全国中小学心理健康教育工作进行示范和引领。因此,这次颁布的《标准》与此前颁布的《纲要》关系极为密切,是对《纲要》的具体解读和进一步细化,可谓承前启后、继往开来,为今后全面推进和深化我国中小学心理健康教育工作埋下了伏笔。

记:您希望此次颁布的《标准》可以达到哪些方面的目的?怎样确保这些目的的实现?

俞:根据我的理解,此次颁布的《标准》有三个目的:从宏观层面上,树立一批心理健康教育工作先进典型,推动广大中小学全面普及和深化心理健康教育,全面落实《纲要》的各项具体要求;从中观层面上,明确学校在促进学生身心健康发展方面的义务和责任,规范学校心理健康教育工作,使其可持续发展和创造性发展;从微观层面上,保证心理健康教育时间和必要的活动场地,丰富课程内容,建立稳定的专业化教师队伍,使每个教师都成为学生心理健康的"保健医生",切实提高中小学生的心理素质和健康水平,使他们能够快乐学习、健康成长、幸福生活。

要确保上述目的的实现,我认为现代学校心理辅导制度建设是关键。学校心理辅导制度是教育行政部门为了贯彻执行国家和政府的各项心理健康教育政策，保障学校心理辅导工作顺利开展，依照法规、政策而制定的心理健康教育规则、规程或行动准则。包括学校心理辅导的根本制度、基本制度和具体制度。具体来说，学校心理辅导的根本制度是党和国家的教育方针，把立德树人、提高学生心理素质，促进其全面发展作为根本任务；基本制度是指国家和政府颁布的心理健康教育相关政策、文件、条例，也可被称为学校心理辅导的法规性制度；具体制度则包括心理辅导管理制度、心理危机预防及干预制度、朋辈心理辅导制度、心理健康课程管理制度、精神疾病筛查及转介制度、心理档案资料管理制度、心理辅导的伦理制度、心理辅导人员的资格准入制度、心理辅导队伍的培养及督导制度等，即学校心理辅导的岗位性制度。在现代学校心理辅导制度建设的基础上，紧紧抓住教育部实施中小学心理健康教育特色学校争创计划的契机，着力把上述三个层次的目标落到实处。特别是各级教育行政部门要根据教育部《标准》的要求拟定实施方案，积极组织本地中小学校开展心理健康教育特色学校争创工作，以此次争创工作为抓手，以点带面，上下齐动，齐抓共管，充分发挥特色学校的示范、榜样和引领作用，全面推进本地中小学心理健康教育工作。在争创活动中，不搞形式，讲究实效，突出学生发展和心理素质的提高；强调工作特色，注重工作成效，打造具有校本特色的心理健康教育工作新亮点。

记：《标准》一共包含了四个方面 18 点内容，每条内容都特别具体、详细，可以看出，您和各位专家对该标准的制定做了大量的调研工作，从调研结果来看，您认为各省市在争创活动中应注意哪些问题？

俞：从 2013 年 3 月接受教育部基础一司的委托任务后，我和《标准》编制组有关专家在王定华司长、朱东斌处长的具体指导下，用近一年时间对北京、上海、河北、河南、浙江、宁夏和内蒙古等省（自治区、直辖市）进行了专题调研，先后召开了 8 次座谈会，就教育行政部门领导，特别是校长对心理健康教育的认识，学校心理健康的组织机构、制度、规范、条例、师资队伍、课程，心理辅导室和育人环境建设，以及学校心理健康教育的条件、经费保障、科研成果和工作成效等问题，广泛倾听和汲取了主管领导、教研员和一线教师的意见。从调研结果看，我认为各地教育行政部门在特色学校争创活动中应注意下面几个问题。

一是必须保证《标准》和争创活动能够对中小学心理健康教育工作发挥积极的促进作用。目前的《标准》中有很多严格的硬性要求，就是为了发挥"杠杆作用"，一方面是鼓励鞭策，另一方面是批评促进，充分体现出引领和示范作用，以高标准突出标杆、样板和辐射效应。同时，也必须意识到《标准》和争创活动是一种政策导向，是对《纲要》的具体落实。

二是应该充分考虑地域差异。不同省市和地区在《标准》的达成与争创活动方面会各有一些优势与劣势，如北京、上海部分城区学校虽然在心理健康教育工作方面成绩显著，但由于学校空间有限，在心理辅导室的面积上就较难达标，而宁夏、内蒙古则在这一方面有其优势。因此，特色学校的评选应该形成一定的梯度和层次，要注重学校的内涵式发展，充分调动他们参与的积极性，使大部分学校都有参评的资格。当然，这一问题也可以通过各省（自治区、直辖市）在教育部颁布的《标准》的框架内，制定符合当地实际情况的相关标准和实施方案来解决，没有被评为国家级特色校的学校也可以被评为地方的特色校。

三是要具有克服困难的勇气和智慧。在实施《标准》和特色校争创活动中会有一定的困难与挫折，例如，在浙江、河北的调研中发现，目前的《标准》对于初中、高中来说，主要是课时难以保障，特别是毕业年级很难达到要求。《标准》中的班会、讲座等活动是否也属于课时，各省（自治区、直辖市）在具体的实施方案中应该进一步明确。对于小学来说，主要是师资方面的困难，如小学很难有专职心理教师，小学兼职心理教师的工作范围难以界定。对此，也要"对症下药"，可以充分发挥和利用社区高校、医院、科研院所等心理健康教育资源为学校服务。

四是要重视教育效果的评价，即关注心理健康教育的实效性和针对性。学校心理健康教育工作的效果最终会体现在学生身上，建议在特色学校争创活动中，要特别重视学生心理健康水平的提高，学生的成长与发展是根本。在科研成果方面，既要关注获奖或正式发表等结果性指标，也应该重视一些过程性指标，如教师参与心理健康教育研究的积极性、在市级和区级论文评比中参与的人数等方面。

五是以点带面，以评促建。要更加广泛地推动中小学心理健康教育工作，仅进行特色学校评选是不够的，建议以该项争创活动为抓手，以点带面，全面推进本地区的心理健康教育工作，真正使心理健康教育特色学校能够"开花结果"。建议各地可以先行研制"中小学心理健康教育达标校标准"，以此作为学校心理健康教育工作的最低硬性要求，在此基础上有所侧重地抓"特色学校"建设，让其自然地从"达标校"中脱颖而出，达成"随风潜入夜，润物细无声"的争创效果，从而全面推进和深化本地区的心理健康教育工作。

记：2014 年 3 月，教育部颁布了《教育部办公厅关于实施中小学心理健康教育特色学校争创计划的通知》，决定启动实施中小学心理健康教育特色学校争创计划，《标准》对该计划的实施具有指导性，那么，是否可以说，《标准》其实是该计划执行效果的评价标准？是否有更为详尽的评估体系？对于标准中的各条措施，能否进行更具体的解读？

俞：毫无疑问，《标准》是实施中小学心理健康教育特色学校争创计划执行效果的评价工具，也是进行特色学校评审的依据。在《标准》中，评估体系已经非常完整，其中有组织领导、条件保障、教育教学、科学发展四个一级指标，在每个一级指标下又有若干二级指标，构成了一个详尽的评估体系。至于具体各指标的评估权重，建议由各省级教育行政部门参照《标准》在实施方案中确定。这里，我们仅对各评估指标进行具体诠释和说明。

组织领导作为一级指标，包括落实国家政策、纳入学校规划、健全工作机制、成立工作机构和完善规章制度五个二级指标。

坚持把立德树人作为教育的根本任务，全面贯彻国家教育方针和有关法律法规，认真落实党和政府关于心理健康教育工作的指示，具体落实教育部《纲要》的精神，积极实践和深化推进本校、本地区心理健康教育工作。

学校领导要重视心理健康教育工作，具有先进的、科学的、校本特色的心理健康教育理念，配备教育部《纲要》、《纲要》解读和本地各级教育行政部门的实施意见等政策、文件，明确心理健康教育的指导思想、基本原则、教育内容、目标与任务、途径和方法等，并将其纳入学校整体发展计划中；制定三年以上心理健康教育发展规划，有学期或学年心理健康教育工作计划和工作总结，并将此具体分解到各部门、教研室乃至全体教职员工。

学校建立在校长领导下，以专职心理健康教育教师为核心，以班主任和兼职心理健康教育教师为骨干，全体教职员工共同参与的全员全程心理健康工作机制；班主任、团队干部、科任教师、专兼职心理健康教育教师分层负责、各司其职又协调配合的教育实践机制。

学校成立以校长或主管副校长为组长的心理健康教育工作领导小组，每学期至少召开 1 次领导小组例会，对本校心理健康教育工作进行全面规划与指导；校长办公会或学校行政会议在每学年要专题研究心理健康教育工作，组织规划、定期检查、督促指导心理健康工作，并有明确的心理健康教育工作责任部门（教导处、学生处、德育处或心理健康教育指导中心等），专人负责心理健康教育的具体组织与实施；人员落实，岗位职责明确。工作小组定期开展例会和专题学习交流活动，有详细的活动资料和会议记录。

学校有明确的心理健康教育工作组织、实施、检查、督导、指导、评估等管理制度，有健全的心理健康教育表彰、激励制度，建立心理辅导与心理辅导室的各种规章制度，包括工作守则、保密制度、伦理规范、值班制度、档案管理制度、转介制度、心理危机预防与干预等工作制度。

条件保障作为一级指标，包括配齐配好教师、加强培养培训、保障教师待遇、加强阵地建设和加大经费投入五个二级指标。

在学校核定的编制范围内，按小学、初中、高中至少配备 1 名的标准，配齐专职心理健康教育教师，并确保其胜任且从事本职工作，专职教师须接受相关的心理健康教育专题培训并取得合格证书；学校按人数需要和师生比例配备一定数量、经过培训上岗的兼职心理健康教育教师，兼职教师也须接受相关的心理健康专题培训并取得合格证书。

学校把心理健康教育列入师资培训计划，每学期至少组织一次全体教师的心理健康教育校本培训，3 年中对专兼职心理健康教育教师和班主任进行心理健康教育的培训不少于 30 课时，并定期开展心理健康教育学习交流活动，以心理健康教科研或心理成长小组等形式加强团队建设和教研活动。

学校要充分保障教师待遇，保证专兼职心理健康教育教师取得相应的工作量和报酬，并对成绩突出者给予表彰，专兼职教师上课、讲座、开展活动计入教学工作量，心理辅导、宣传普及工作量参照团队干部计算，在评优评比、工资待遇、职务评聘等方面享受班主任同等待遇，特别是心理健康教育教师的职称评定、待遇落实和工作条件应有明确的条例、规章制度规定；同时学校要关注教师的心理健康，有维护和调适教师心理的相关措施，通过面向全体教职员工心理健康教育的讲座或专题活动，以及读书、讨论等形式，提高全体教职员工对心理健康教育的理解及其心理健康水平。

学校有完备的心理辅导场所、设施，专人负责，专人辅导，有专用场地和基本设施，运作正常，符合省、市或教育部的基本要求，心理辅导室有个别辅导室、团体辅导室、心理拓展训练室等，且功能空间的划分相对清楚，设备设施符合当地教育行政部门的相关规定；心理辅导室、图书馆要配备必要的心理健康测评工具、仪器设备和心理健康教育类的报刊图书。

学校有心理健康教育专项经费，按学校总经费的适当比例，原则上生均心理健康教育经费不低于 10 元，并列入学校的总经费预算，学校的心理健康教育专项经费能保证工作的正常开展和基础设施的投入与更新；保障心理健康教育工作的专业培训、参观学习、考察交流、购买书籍资料以及课题研究经费，使用合理。

教育教学作为一级指标，包括保证课堂教学、注重学科渗透、加强文化建设、做好心理辅导和密切社会合作五个二级指标。

学校开设专门的心理健康教育课程，并列入课程表，每班每两周 1 课时，课时可在地方课程或学校课程中安排；进入课堂的各种心理健康教育材料，须符合教育部《纲要》的内容要求，学校鼓励教师根据学生的实际情况处理教材或积极开发校本教材，且课程体系完整，有各年级教学计划、教学内容框架系统、教学大纲、教案与课件等，且每月至少有 1 次年级及以上的教研活动，每学期至少有 2 次年级或校级的公开课或观摩课和教研活动。

各学科教学能够充分利用教学内容及教育契机，积极贯穿心理健康教育。在教学目标、过程、方法中体现心理健康教育的方法与理念，科任教师和班主任工作计划、总结中应有心理健康教育内容，并突出教育效果；同时学校应组织相关的公开课、教研活动或提供学科渗透心理健康教育的优秀案例，供教师学习交流。

学校应通过多种途径和活动形式，营造良好的心理健康教育氛围，校园文化建设注重人文关怀和心理疏导，每学年至少有 1 次心理健康教育节、月、周活动，每学期利用黑板报、宣传栏、信箱和校园广播、电视、网络等载体，进行心理健康教育的主题活动或宣传普及工作；同时学校也要创设符合心理健康要求的物质环境、人际环境、心理环境。校园整洁、优美；开展多种丰富多彩的文化、艺术、体育、科技和学习名人等活动，提高学生兴趣，激发潜能，陶冶情操，融洽师生关系，促进师生身心健康发展。

学校心理辅导室定期向学生开放，每周不少于 10 小时，对有需要的学生进行个别或团体辅导，主旨为发展性心理辅导和心理援助。心理辅导室值班记录、辅导过程记录完整并及时归档，有相应的分析、对策与辅导效果评价；心理辅导要在学生知情自愿的基础上进行，保证辅导质量，依法保护学生隐私，并谨慎使用心理测试量表或其他测试手段。对于个别有严重心理疾病的学生，能够及时识别并转介到相关心理诊治部门并记录在案。

学校与家庭、社会积极配合，共同实施学生的心理健康教育工作，注重对家长进行心理健康教育的普及宣传，帮助家长了解和掌握孩子成长的特点、规律及方法，每学年为家长举办心理健康教育讲座或宣传活动，要通过家长委员会、家访等多种途径，了解、反馈学生的心理状况，特别是单亲、流动、留守、学习困难等学生的心理状况，制定个别化教育干预方案，协助家长共同解决孩子在发展过程中的心理行为问题；充分利用学校社区内的基层群众性自治组织、企事业单位、高校科研院所、社会团体、公共文化机构、街道社区及青少年教学活动场所等，组织开展有益于中小学生身心健康的文体娱乐活动和心理素质拓展服务。每学年能定期为所在社区提供心理健康服务，发挥学校心理健康教育的辐射作用。

科学发展作为一级指标，包括开展科学研究、提高教育实效和杜绝不良行为三个二级指标。

学校积极开展并资助心理健康教育科研活动，有相关的研究课题与实验成果，积极参与全国各省市心理健康教育课题研究工作，并承担具体的研究任务；校级课题中至少有2项是心理健康教育科研课题，并积极组织相关课题申报和优秀科研成果评选，且至少有1项地市级以上心理健康教育获奖成果，有2篇公开发表的心理健康教育科研论文，或1本公开出版的心理健康教育类书籍。

学校开展心理健康教育工作5年以上，心理健康教育有特色，在区域内发挥示范和引领作用。经验成果在市级以上会议介绍或获奖，有良好的社会效益；通过问卷调查与座谈会等获得教师与学生对心理健康教育工作的良好评价，为学校领导对学生心理发展提供咨询与建议，学生心理素质有明显提高，个别心理行为问题较严重的学生有较大的良性转变。全校师生广泛参与，教师具备心理健康教育观念与教育能力，学生积极参与各项活动且心理发展得到有益帮助，同时家长了解学校心理健康教育工作并积极配合，全校师生对校园生活满意度高。

学校教育教学及管理工作应充分考虑对学生心理的积极正面引导，对于因学校领导、教师心理问题体罚学生，在社会上造成严重影响；或学校原因导致学生严重伤害、致人重伤，在社会上引起很坏影响；或学校根本没有将心理健康教育专职教师、课程与心理辅导室建设列入学校发展规划，实行一票否决。

记：本《标准》在全国推行，对全国的中小学校心理健康教育具有指导意义，但目前我国各地区各学校的心理健康教育水平不一，请问您如何考虑地区和学校差异，确保标准对全国各类中小学心理健康教育起到一定的推动作用？您对相对落后地区和学校的心理健康教育的开展有何建议？

俞：这个问题有难度。确实，经过近20年的努力，我国很多中小学校都建立了心理辅导室，配备了专职心理辅导教师，开设心理健康课程，科研成果与工作成效显著。然而，由于我国幅员辽阔、人口众多，经济和社会发展很不平衡，在不同地区的学校，教师和家长对心理健康教育的认知与重视程度不同，心理辅导工作的针对性、实效性差别较大，违背心理健康教育规律的事件时有发生。有鉴于此，为了确保《标准》和特色学校创建活动对全国中小学心理健康教育起到推动作用，特别是对相对落后地区和学校的心理健康教育的开展有所促进，我认为先抓好心理健康教育的基础建设至关重要，即师资队伍建设、课程系统建设、育人环境建设和专项经费投入等。

第一，加强心理健康教育的师资队伍建设，尽最大努力建设一支以专兼职心理教师为骨干，全体教师共同参与的高素质的专业化教师队伍。学校须按编制标准配备专职心理辅导教师，并对其任职资格有所要求；重视心理辅导专兼职教师的专业培训工作，将师资培训工作纳入年度工作计划和年度经费预算，定期安排心理辅导教师接受专业督导，支持他们参加相关的学术会议；建立健全心理辅导工作的职业发展及激励机制，落实心理辅导教师的职称评聘问题，保障心理健康教育工作的教学工作量或报酬，并对成绩突出者给予表彰。

第二，充分发挥课堂教学在心理健康教育工作中的主渠道作用，根据心理健康教育的需要和学生的心理发展规律进行课程实施系统建设，将心理健康课程列入课程计划中，通过专题讲座、案例教学、体验活动、行为训练等多种形式设计心理健康课程的内容，保证学生在校期间普遍接受心理健康课程教育。

第三，优化符合心理健康教育工作要求的物质环境、文化环境、人际环境、心理环境等，发挥育人功能。加强学校文化基础设施建设，宣传普及心理健康教育；营造良好的文化环境，通过多种途径和形式向师生普及心理健康知识，营造良好的心理健康教育氛围；开展各种丰富多彩的心理文化活动，陶冶学生情操，促进师生身心健康发展。

第四，建立心理健康教育工作专项经费，根据本校实际情况规定学生人均经费的最低限额，并列入学校的经费预算；保障学校心理健康教育工作的正常开展和基础设施的投入与更新，加大对专兼职心理健康教育教师的培训投入和工作补贴，提高他们的工作主动性、积极性和创造性。

实际上，相对落后地区和学校的心理健康教育工作，更是一项"良心工程"。

记：对于部分学校来说，专职教师、经费和课时可能都会遇到困难。您觉得本《标准》在推行过程中最大的困难有哪些？如何克服这些困难？

俞：我认为本《标准》在推行过程中最大的困难可能是教育行政部门领导和中小学领导对心理健康教育工作的认识不到位，即出现"说起来重要，做起来次要，忙起来不要"的情形。为此，我们提出以下建议。

第一，学校领导须充分认识到心理健康教育工作对学生健康成长成才的重要性，所谓"育人先育心"，对此项工作提出明确要求，并采取切实措施做好督导检查，确保认识到位、统筹到位、分工到位、责任到位，把各项具体制度落到实处，努力为心理健康教育工作的顺利开展创建良好的条件和氛围。

第二，加强组织体系建设，建立学校心理健康教育领导小组和工作责任小组，对学校的心理健康教育进行全面规划与具体指导，并由专人负责心理健康教育工作的具体组织与实施，分工到人，责任明确。

第三，制定心理辅导工作的规章制度，有年度工作计划和中长期发展规划，有具体的组织实施、指导督导、检查评估等管理制度，如岗位职责制度、心理辅导人员例会制度、督导制度、心理辅导室管理制度、心理健康课程管理制度、个体心理辅导制度、团体心理辅导制度等，并由学校领导定期检查、督促执行，推进工作的规范化和制度化。

总之，只要学校领导重视这项工作，将其纳入自己的工作职责和工作日程内，专职教师、经费和课时等方面遇到的困难都不在话下，所有困难都会迎刃而解。打造中小学心理健康教育的"航母"，关键在校长、局长们，所谓"火车跑得快，全靠车头带"就是这个道理。

记：感谢您接受我们的采访！

社会转型为社会心理学研究提供绝佳的实验场地
——访中国人民大学心理研究所所长俞国良[①]

当前我国正处于社会转型期，社会问题和矛盾多发。其中社会转型引发的社会心理问题则是社会心理学学者关注的议题和领域。在社会转型过程中，如何系统描述、理解和解释中国人的所知、所感、所行等社会心理和社会行为成为社会心理学探究的课题。有学者指出，当前社会转型给中国社会心理学者提供了千载难逢的社会实验室。一种以中国社会转型为中心的研究实践，从 21 世纪开始焕发生机。

社会心理学是心理学与社会学、人类学等学科互相渗透和融合而产生的，自其诞生之日起就有心理学的社会心理学和社会学的社会心理学两个研究路径与理论范式。其中，社会学的社会心理学从社会制度和社会结构的广域视角出发，侧重探索处于多种社会力量影响下的社会群体的心理和行为规律。

社会转型视角的社会心理学研究，对于推动学科发展有哪些理论意义和实践价值？当前对社会转型时期社会心理的研究面临哪些困难？未来的研究应该如何进一步深化拓展？围绕社会转型视角的社会心理学研究问题，记者采访了中国人民大学心理研究所所长俞国良。

当下，社会转型视角的社会心理学研究引起社会心理学界的广泛关注，请您介绍下社会心理学—社会转型视角的缘起。在您看来，这一视角对于推动中国社会心理学发展的价值和意义表现在哪些方面？

俞：人们对社会转型视角社会心理学的研究兴趣，源于我们所处的时代和

[①] 载于《中国社会科学网》，2014-11-24，记者张杰。引用时有改动。

该学科的性质。随着我国社会经济不断发展，科学技术日新月异，职业竞争日益剧烈，整个社会处于转型期、关键期，各种社会问题与人际矛盾接踵而来，诸如诚信危机、人际冲突、群体事件、违法犯罪、环境污染和生态危机等，为研究者提供了前所未有的研究素材和机遇。社会心理学的历史定位，即运用科学方法对个体、人际和群体过程中发生的社会心理与社会行为进行研究，并为社会问题与人际矛盾提供解决之道的学科。它在政治、经济、军事、法律、新闻、教育、文化等领域的作用日益凸显，正成为推动社会进步与发展的间接生产力。特别是对转型期和谐社会建设会有独特贡献，因为一切的社会心理、社会行为都理应在这个学科中找到对应的认识、解释、预测和控制。一项对1970—2009 年近 40 年美国心理协会 17 个心理学分支学科顶尖学术期刊的关系结构研究表明，"社会心理学一只脚站在实验科学的基础上，而另一只脚则处于社会变革的波涛之中"（美国心理学家墨菲）。

应该看到，社会转型视角的社会心理学研究，对于推动该学科发展具有重要理论意义和实践价值。第一是提高了学科的话语权。随着经济发展和综合国力增强，我国学者在国际社会心理学舞台上已经把声音增强。其研究成果，伴随着"中国模式""中国经验"的讨论逐步走向世界，使其真正成为可供他人借鉴的公共知识，在国际社会心理学界占有一席之地。第二是扩大了文化的影响力。以我国转型期中华文化为背景，整理并吸收优秀的传统文化，研究文化变迁中我们自身面对的社会心理、社会行为和社会问题。与西方文化背景相区别，并有可能为全球心理学做重要贡献的"文化视角"之内核，主要是以中国为代表的东亚文化。第三是丰富了特色的研究资源。近年我国急剧发生的社会变迁，为学者提供了绝佳的实验场地。第二次世界大战后北美社会心理学抓住自己的社会现象获得了第一次繁荣，欧洲社会心理学抓住自己地区多元民族共存的社会现实成功突围。我国一方面地广人多，不同地区之间存在差异，另一方面则处于从传统到现代的转型期，充满各种文化变迁和心理适应问题。此外，我国处于大规模漫长的城市化过程之中，人口流动剧烈。这三个特点都为社会心理学研究提供了取之不竭用之不尽的研究资源。第四是激发了学科的生命力。我国学者强调在社会心理学研究中体现中国文化，尤其是中国优秀传统文化的特征和内涵，这种强调独特文化因素的做法，已转化并激发了欧美社会心理学近年研究文化心理(将文化作为一个变量)的热潮。我国社会变迁与转型背景下的许多新变化和新现象，具有高度的本土独特性和全球启发性，对这些现象进行深入研究，有可能为其注入现存任何流派社会心理学都不具备的活力，使其有理由成为探讨"经济全球化时代中国社会科学如何发展"的典型学科代表之一。

在转型期中国社会心理学的研究中当前社会心理学界进行了哪些具体方面的探索，成果如何？在您看来，当前对社会转型时期社会心理的研究还面临哪些困难？

俞： 在改革开放和社会变迁最为快速的 30 年，我国社会心理学取得了一定成果，其主要表现为以下两方面。一是重视理论建构。20 世纪八九十年代，中国科学院心理研究所的凌文铨等，从中国的实际情况出发，经过长期研究提出了中国人的领导理论(CPM 理论)。北京大学王登峰在 20 年系统研究的基础上，提出了影响广泛的中国人人格结构七因素模型。杨中芳更是提出了一个颇为宏大的中庸实践思维体系。此外，彭凯平关于中国人思维方式的研究；赵志裕和康萤仪通过研究双文化启动和文化适应进而揭示文化形成与变迁的研究，代表了跨文化研究的一个新方向。二是具体研究领域。例如，中国社会科学院杨宜音课题组对中国人社会心态的研究，中国科学院心理研究所王二平课题组对群体性事件的研究，北京师范大学方晓义课题组对流动儿童的研究，西南大学黄希庭团队关于中国人人格养成的研究，中国人民大学俞国良课题组对人际关系和文化变迁、权力腐败和权力认知、心理健康和主观幸福感的研究，均是在社会心理学视野下对中国社会转型的回应。特别是 2008 年汶川地震后社会心理学家参与灾后的心理干预、研究和重建，可以看作中国社会心理学发展的一个转折点。

如果就我国社会心理学界近年召开学术会议的参会盛况，以及市面上的著译和论文数量而言，无疑是一片繁荣。然而，实际情况是我国社会心理学既在主流学术阵营中被边缘化，又在中国当今社会变迁的实践中失语，可谓困难重重。这种艰难处境源于国际化与本土化的困局，其间混合着重理论还是重应用的研究策略选择。毫无疑问，随着经济全球化的加快和社会心理学学科的快速发展，我们必须走国际化的道路。这里有一个标志性事件：近年来国内一流院校研究者、博士生的业绩考核与奖励，均以是否发表 SCI、SSCI 论文为标准。但是，快速国际化的一个必然结果是在研究主题、内容和方法上追随国外的研究，以损失对自己的社会关注为代价。而本土化的研究是对我们自己更有价值的研究，但也是更难的研究。因为，本土化的研究要独辟蹊径，要有高度的创新性。这样，国际化与本土化的矛盾造成了一个困局。与此紧密联系的，是"重理论还是重应用"两种研究策略的纠结。一极将社会心理学往认知心理学（尤其是认知神经科学）靠拢，这类研究可以较快地出成果；另一极是应用研究，大量受过社会心理学训练的研究者进入商学院和管理学院从事应用研究。上述两种困境使近 15 年来学界中社会心理学的声音逐渐消失，社会心理学者身份受到"质疑"。

您认为，未来社会转型时期的社会心理学研究应该如何进一步拓展（理论与方法等）？在您看来，未来的学术研究应该主要聚焦在哪些方面？

俞：一要重视理论建构。核心理论的建构对于欧洲社会心理学的成功崛起至关重要，我国也同样。研究者应在社会转型期现实社会心理问题基础上，如物质主义、贫富分化等方面，提出认识、解释、预测和控制这类问题的整合理论；在跨文化比较基础上，对全球性问题提出具有中国特色的独特思想和理论。这种理论建构，可以参照社会心理学发展的历史和其他国家的建构经验，从时间和空间两个维度进行探索。时间维度有三个参照点：社会心理学的过去、现在和将来。空间维度也有三个参照点：北美、欧洲和亚洲。二要强调方法论的创新。应紧跟国际社会心理学的前沿发展，把握其最新的研究方法、研究视角和研究主题。其中，在研究视角上，西方社会心理学出现了积极心理学、进化心理学和认知神经科学等，尤其是"社会认知神经科学"的研究方法，使人类对社会心理现象的理解从社会水平和认知水平深入神经水平、细胞水平，代表未来发展的一个方向。三要加强研究与应用的结合。我国目前的研究，要么过于追求研究方法的科学性，在研究主题和理论上追随西方学者，失去了与中国社会现实的关联性；要么一头扎进社会现实和社会实践中，不是停留在对现象的描述，就是做一系列应景的对策性和应用性研究。实际上，社会心理学的研究与应用是密不可分的。我们认为，对中国社会现实问题进行"深耕细作"，这是破解上述难题的有效途径。

近年来，社会心理学的发展趋势表现为：一是"神经革命"，二是"应用革命"，三是"文化革命"。据此，未来的学术研究可能聚焦在三个层面。在个体层面：(1)中国人道德判断与道德行为的心理与脑机制，能否通过行为手段或神经科学手段对不当道德判断与行为进行矫正；(2)个体心理因素在腐败行为和司法实践中发挥的作用，腐败主体对腐败风险及其可控性认知如何影响其腐败行为，以及如何抑制腐败；(3)个体宗教信仰如何受到遗传和文化因素的影响，并进而影响其自我意识、道德情感和亲社会行为，其神经机制是什么？在人际层面：(1)重视新型人际关系的功能研究，如亲子依恋、同伴关系与师生关系如何影响个体情绪理解与调节能力的发展，人际关系在亲社会行为、问题行为和社会适应中发挥了什么作用；(2)不同民族的个体间冲突如何延伸到群体，从而导致矛盾的激化，如何建立系统的民族冲突心理预警机制来避免极少数民族分离主义的煽动，从而促进民族和谐；(3)不同社会经济地位如何影响人的社会心理与行为，又如何通过具体行为来改变自己的社会阶层？在群体层面：(1)中国文化中的独特元素，如中庸、群体意识、集体主义等，对中国人群体心理有何独特的塑造作用，其相应的神经基础是什么？(2)对不同社会群体的刻板印象、偏见和歧视的心理机制是什么，中国社会的纵向时代变化和横向社会分层所促成的群际关系有何特殊性？（3）公共事件、网络集群如何诱发社会心理波动与集群行为，其发生发展和变化规律是什么，如何监测与预测？与上述层面相关的心理健康研究，是社会心理学为社会服务的主要方向和领域，包括心理障碍、网络成瘾和心理健康服务体系机制研究，预防和干预情绪异常、心理障碍、心理疾病的方法与技术；幸福、健康的心理学研究，中国文化下自我、创造力与心理健康的关系研究；对邪教参与人员的心理治疗与干预，提升处境不良群体的心理健康，以及对独生子女群体、学生群体、职业群体和网民群体的心理健康教育；等等。

从"心理健康教育走向心理健康服务"
——访中国人民大学心理研究所博士生导师俞国良教授①

为学生健康成长和幸福生活奠定基础

记者：俞教授，您是中国著名心理学家，也是教育部《中小学心理健康教育指导纲要(2012年修订)》(以下简称《纲要》)的主要起草人，请您谈谈我国青少年心理健康教育的目标与主要内容。

俞国良：我国青少年心理健康教育的总目标是"提高全体学生的心理素质，培养他们积极乐观、健康向上的心理品质，充分开发他们的心理潜能，促进学生身心和谐可持续发展，为他们健康成长和幸福生活奠定基础"。从这一表述中可以看到，青少年心理健康教育的目标定位在提高全体学生的心理健康水平，促进青少年的积极心理品质，帮助他们发展良好的社会适应能力。这一目标符合健康的内涵、心理学的理论，以及世界青少年心理健康教育发展的方向。具体来说，这一目标又可分为两个层次：针对全体学生来说，包括学会学习与生活，正确认识自我，提高自主、自助和自我教育的能力，增强调控自我、承受挫折、适应环境的能力和培养学生健全的人格和良好的个性心理品质；针对有心理困扰或心理问题的个别学生来说，包括如何理解心理困扰或心理问题，进行科学、有效的心理辅导，及时给予必要的危机干预和提高其心理健康水平。在这一目标引领下，青少年心理健康教育的重点为学习辅导、人格辅导、生活

---

① 载于《浙江教育报》，2015-03-18，记者言宏。引用时有改动。

辅导和升学择业辅导四大主题，内容应包括认识自我、学会学习、人际交往、情绪调适、升学择业以及生活和社会适应等，并根据不同年龄阶段学生的身心发展特点，设置分阶段的具体教育内容。这样的设置，不仅强调了学生的发展实际，同时也体现了心理健康教育向心理健康服务转变，问题导向向积极心理促进转变的心理健康教育趋向。

记者：请问现行我国青少年心理健康教育的途径和方法都有哪些？

俞国良：心理健康教育的途径和方法主要包括：将心理健康教育贯穿于教育教学全过程、开展多种形式的专题教育、建立心理辅导室、密切联系家长共同实施心理健康教育，以及充分利用校外资源。

心理健康课程与专题讲座是学校心理健康教育实践中常用的方式。在课程实施过程中，采取讲授与讨论、角色扮演、游戏相结合的方式。从课程与讲座的主题上来说，自我认识、人际关系、生涯规划、情绪调节、学习方法等内容较为常见。结合相关领域的研究，认知训练、积极应对方式的培养以及感恩行为的促进等，也在青少年心理健康教育中占有一席之地。

心理辅导室的建设是我国青少年心理健康教育的重要环节，它承载着开展心理健康辅导、筛查与转介、课程咨询、家校整合等功能，是学校开展心理健康教育的重要载体。在教育实践中，由于心理辅导的专业性要求很高，有些学校采取与校外的专业机构合作的方式为学生提供个体心理辅导服务：聘请校外的专业咨询师在固定时间来校进行辅导，取得了良好的效果。

在实践中，学科教学、学生管理、学校环境建设等都是学校心理健康教育有效的途径。具体来说，校领导及全体教师应充分重视学生心理健康教育的重要性：宏观上，致力于构建有利于青少年心理健康的校园文化、物质环境，完善各类配套设施；微观上，收集学生成长信息，在班级中设立心理委员，对学生的心理健康教育问题提前防范，及时发现，及时疏导。在相关研究中，张大均在实践研究的基础上提出"渗透契机—判断鉴别—相机渗透—反思体验—行为强化"的实施策略；在具体教学中，品德与社会、思想品德、语文等学科的教师，设计出了包含心理健康教育内容的本学科可行性教学方案。

近年来，我国学者对青少年心理健康与家庭影响的研究不断深入，研究者建议家长应采取尽量避免在孩子面前冲突，引导孩子合理归因，及时安抚孩子的情绪等措施，为青少年的健康成长营造良好环境。

突出以学生为主体，为学生服务的理念

记者：据悉，近日您对国内外青少年心理健康领域研究与实践进行了梳理，在此基础上，您认为我国青少年心理健康教育的未来发展应重点关注哪些问题？

俞国良：第一，从心理健康教育到心理健康教育与服务并重，着力提供优质心理健康服务的转变。第二，由侧重于青少年心理行为问题的矫正，转变为重视全体青少年心理健康的促进与心理行为问题的预防。第三，着力构建青少年健康成长的生态系统。第四，加强心理健康专业教师队伍的建设，强调以实证为基础的干预行为，重视教育效果的评估与反馈。

记者：如何理解从心理健康教育向心理健康服务转变？

俞国良：青少年心理健康教育的主体是中小学生，也只有学生的主动参与，心理健康教育的效果才能最大化。当前，我国青少年心理健康教育的研究与实践，以青少年为主体的意识较为薄弱，自上而下的研究与项目设计，带有学科化、形式化、表面化、孤立化的倾向。实施的方式也不够丰富，并未做到以青少年的真实需求与感受为前提，有些干预甚至带有强迫的意味。因此，我们应把目光聚焦在如何提升学生的主动求助行为，如何通过教育环境的改善提升学生对学校的认同上，使他们更加积极地参与学校的各项活动。相关课程、干预的设计也要充分考虑他们的意愿，突出以学生为主体、为学生服务的理念，注重体验性与生活性，使学生在体验中做好未来生活的准备。推动心理健康教育、

心理辅导和治疗机构之间的合作，加强彼此间的联系，提高青少年心理健康教育的服务质量。从心理健康教育逐步走向心理健康服务，意味着切实地从青少年自身需求出发，满足他们的需要，以他们的健康成长与毕生发展为目标实施干预。

记者： 您谈到心理健康教育要由侧重于青少年心理行为问题的矫正转变为心理行为问题的预防，该如何做呢？

俞国良： 我国青少年心理健康教育的研究与实践，经历了一个由最初关注问题矫正到现在重视提高青少年的心理健康水平，增加他们对心理行为问题的抵抗能力，降低心理问题发生的概率的发展过程。今后，相关研究与实践的重点应是大规模心理行为问题的筛查和心理行为问题与风险行为的控制。这就需要我们编制权威的、有影响力的、标准化的心理健康测量工具，筛选出有潜在心理行为问题的学生，有的放矢地进行干预和教育，特别是全国范围的青少年心理行为问题与风险行为的筛查势在必行。

记者： 健康生态系统的营造既是青少年心理行为问题预防的重要途径，也体现了为青少年提供心理健康服务的导向。那么，如何构建青少年健康成长的生态系统？

俞国良： 学者布朗芬布伦纳曾提出理解社会影响的生态模型，对于青少年来说，家长、教师、学校都是他们生态系统中重要环节。近年来，我国已有许多研究关注教养行为、亲子关系、师生关系、学校环境、校园氛围等生态因素对于青少年心理健康的影响，并通过改善青少年生活的生态系统促进青少年心理健康水平的提高。构建这一系统，需要提升广大家长以及教育工作者的青少年心理健康教育观，使他们意识到自己是青少年生活的社会生态系统中重要的一环；在家庭中，实践正确的教养行为，关注孩子的心理需求，建立健康的亲子关系；在学校中，营造积极、公平、公正、安全的校园文化与物质环境，大力开展教师培训，强调日常教育教学中心理健康教育理念的渗透与支持性师生关系的构建。

记者： 大家都说心理健康专业教师队伍的素质是做好这一工作的关键。在采访中有教师提到，教师的职称评聘、岗位设置、工作量计算等问题会直接影响他们的工作积极性。如何加强队伍建设？

俞国良： 确实，对于中小学来说，青少年心理健康教育工作开展得好坏，很大程度上取决于是否拥有一支素质精良的专业队伍。目前，我国中小学心理健康教育教师存在专业化水平不高、性别比例失调、教龄偏低、专职教师匮乏且兼职工作多、工作效能感低等诸多问题。如何吸引优秀的人才投身心理健康教育的事业，如何激发现有教师队伍的工作热情是亟待解决的问题。我们认为，加强心理健康专业教师的职后培训，促进心理健康教师的职称评聘、岗位设置等人事管理制度的落实，心理健康教育专业人才的储备是未来努力的方向。

对此，全国一些地方的教育管理部门开展了有益的探索。例如，广东省明确了中小学心理健康教师职称的申报资格条件，要求各地区教育行政部门和中小学校要鼓励心理健康教育专职教师申报心理学科教师职称系列；厦门、深圳等地对于专职心理健康教师的工作量也提出了明确的计算方法。

心理辅导室：打磨中小学心理健康教育的"舰载机"
——访教育部《中小学心理辅导室建设指南》起草组组长、
中国人民大学俞国良教授①

【编者按】近年来，我国中小学心理健康教育工作已取得长足的发展，全国各地在加强教师队伍建设、开展多种形式的心理健康教育活动等方面积累了诸多宝贵经验，富有特色的中小学心理健康教育示范区正在发挥示范、引领的重要作用，首批全国心理健康教育特色学校也即将亮相。然而，当前的中小学心理健康教育工作还存在一些问题和困难。为进一步推进和深化中小学心理健康教育工作，更好地落实《中小学心理健康教育指导纲要(2012 年修订)》，教育部日前印发了《中小学心理辅导室建设指南》(以下简称《指南》)，对中小学心理辅导室的建设提出了具体、明确的建议和规范。本刊记者采访了《指南》起草组组长，中国人民大学心理研究所所长，教育部中小学心理健康教育专家指导委员会副秘书长俞国良教授，请俞教授对《指南》的背景、基本思路、目的、具体措施和评估方法进行了深入解读。

记者(以下简称记)：教育部在什么样的形势和背景下决定颁布《指南》？该《指南》与《中小学心理健康教育指导纲要(2012 年修订)》是什么关系？

俞国良教授(以下简称俞)：作为自 1999 年以来教育部一系列中小学心理健康教育政策的亲历者、当事者，我曾打过一个形象的比喻：2002 年颁布的《中小学心理健康教育指导纲要》(以下简称《纲要》)和 10 年后的《中小学心理健

① 载于《中小学心理健康教育》，2015(9)，记者何妍、丁尧。有删节。

教育指导纲要(2012年修订)》(以下简称《纲要(2012年修订)》)就像一支庞大的"军队"，对开展中小学心理健康教育工作有决定性影响；首批20个全国中小学心理健康教育示范区，全面推进了区域性中小学心理健康教育工作；《中小学心理健康教育特色学校争创计划》给各地中小学心理健康教育工作树立了标杆和样板；而现在颁布的《指南》将会进一步推进和深化中小学心理健康教育工作。后续工作就是要真正提高全体中小学生的心理健康素质。实际上，这是教育部在中小学心理健康教育工作方面的深谋远虑和高瞻远瞩，充分体现了顶层设计的高度、精度和力度，且环环紧扣、层层递进。《指南》就是在这种形势和背景下颁布的。

当然，《指南》的颁布和国际、国内教育发展现状与趋势是分不开的。一是该《指南》适应了国际基础教育的发展趋势。国外在心理辅导、心理健康教育方面起步较早，不仅建立了一整套完整的中小学心理健康服务、辅导、保障体系，而且将维护全体学生健康和享受幸福生活作为教育的根本任务。二是我国中小学生心理健康状况不容乐观。我们的调查研究表明，中小学生有各种心理行为问题的比例在10%~18%，这是儿童青少年健康成长与幸福生活的一大隐患。三是《指南》符合我国基础教育改革发展的现实需要。加强和改进中小学心理健康教育工作，不仅是社会和时代发展的需要，是学生全面发展、创造性发展和可持续性发展的需要，也是全面推进素质教育和培养创新型人才的需要。

教育部自2002年颁布《纲要》和2012年颁布《纲要(2012年修订)》以来，对广大中小学校科学开展心理健康教育工作起到了积极指导作用。全国各地在加强教师队伍建设、建立和健全心理辅导室建设、开展多种形式的心理健康教育活动等方面都积累了许多宝贵经验。富有特色的中小学心理健康示范区、心理健康特色学校正在或即将发挥重要作用。但也存在一些问题，如心理辅导的医学化、片面化、形式化和孤立化倾向，以及无人做、不愿做、不真做等现象。为了促进中小学心理辅导室的标准化、规范化建设，我国各地教育行政部门结合本地实际需要，颁布了一些地方性的学校心理辅导室建设指南或规范。例如，

《上海市中小学和中等职业学校心理辅导室装备指导意见(试行)》,对心理辅导室的基本配置和各项仪器的配置标准都有明确规定。然而,除了各具特色的地方性指南外,还需要有统一的国家指南来规范心理辅导室建设工作,便于统一评估和管理。于是,按照《纲要(2012 年修订)》第 9 条"教育部将对心理辅导室建设的基本标准和规范做出统一规定",就有了目前这个《指南》。这是对《纲要(2012 年修订)》作为中小学心理健康教育工作纲领性、统领性和指导性的回应,也是进一步贯彻落实《纲要》的具体举措。

记:从您前期的调查研究来看,当前中小学心理辅导室的建设存在哪些问题?在哪些方面有待改进?

俞:《指南》起草组对已颁布的心理辅导室建设指南的文献资料进行了认真梳理,对 35 所高校、科研院所 55 名心理学专家教授进行了问卷调查,对北京、广东、浙江、湖北、陕西、贵州、甘肃 7 省市中小学心理健康教育主管领导、教研员、校长和一线教师进行了 9 次访谈调研。

对心理学专家的调研表明:91.1%的专家认为,教育部极有必要规范全国中小学心理辅导室建设的标准;88.8%的专家认为,大中城市和经济发达地区、中小城镇和中等经济发达地区、农村山区和经济欠发达地区的心理辅导室配备标准应有所不同,体现地区差别和特色;57.8%的专家认为,中小学心理辅导室的主要任务除个别辅导和团体辅导、监测学生心理健康状况外,还应对教师、家长进行心理辅导;80.0%的专家认为,心理辅导室的功能区域应包括个别辅导和团体辅导区、办公接待区和心理测评区。关于师生的最佳比例,62.2%的专家认为是 1∶500;26.7%的专家认为是 1∶800;11.1%的专家认为是 1∶1000。关于心理辅导室测评工具、心理辅导器械和心理辅导软件,专家认为应配置心理健康测评系统,心理辅导器械有心理沙盘、宣泄器材、音乐放松椅、心理健康自助仪和情绪多导仪等,以及心理健康测评软件、心理健康自测软件、心理辅导工作和管理软件等。

对北京、贵州等7省市的9次访谈和调研表明，当前中小学心理辅导室建设存在的问题主要表现在以下几个方面。

一是心理辅导室师资力量严重不足。各地各校专职心理教师相当缺乏，有些学校甚至没有专职心理教师，有些学校中的专兼职心理健康教育的师生比严重失调，导致心理教师的工作量过大。高中学校稍好一点，初中与小学较差，多数小学没有专职心理教师，使心理健康教育工作难以落实到位。

二是心理辅导人员水平参差不齐。虽然有的心理辅导人员已有一定基础，但与实际工作需要还有很大差距。尤其是在心理测评工具的使用与解释等方面，专业水平限制了心理健康教育工作的开展。对部分有心理行为问题的学生，教师的判断缺乏科学依据，往往根据观察和经验或班主任的描述加以筛选。

三是缺乏适合中小学生心理健康问题筛查、检测的标准化测评工具。社会上的各种量表、工具、测试软件数量虽多，但质量参差不齐，缺乏权威的测评工具。现有测评工具，有时会引起学生家长的质疑。面对这种情况，很多心理教师在施测时顾虑重重，不愿意开展工作。

四是学校在心理辅导室建设上经费投入严重不足。图书、设备和器具严重缺乏，即使有相关的图书和装备，但缺乏相应的标准进行筛选，配备、配置十分混乱，出现了很多盲目建设、铺张浪费的现象。有些学校虽然建立了心理辅导室，但辅导室的设备设施需要维护，开展心理活动需要相应的经费，目前都得不到满足，许多活动无法实施，很大程度上影响了心理辅导人员开展工作的积极性。

五是心理辅导人员待遇和培训仍是久拖不决的"老大难"问题。在职称评定、岗位设置、工作量计算、待遇落实等问题上属于特殊群体，一定程度上影响了专职心理教师的工作动机和工作绩效。各地各学校对教育部《纲要》的落实程度不一，很多学校心理健康教育教师的工作量难以落实到位。即使学校有专职心理教师，但缺乏专业技能培训者比比皆是。有些学校心理辅导室的建设存在着明显的学科化和医学化倾向。

六是学校领导不重视。学校领导对这项工作的重视程度不同，影响着工作的落实与推进。有的学校由于条件限制或重视程度不够，心理辅导室用房得不到保障；有的学校为了应付检查，将心理辅导室和学校医务室合并使用；有的学校定位不明确，心理辅导室的功能较为单一；有的学校心理辅导室规模过小，无法实现应有的教育功能；有的学校把心理辅导室闲置起来仅供参观和检查。有些学校甚至没有专门的心理辅导室。

有鉴于此，当前中小学心理辅导室在建设原则与目标、功能定位、基本建设要求、分类配置标准、伦理与规范，以及领导重视程度、师资配备与待遇解决、专业培训与提高、测评工具的选择与使用、图书资料与设备设施的规范管理和经费保障等方面，都有待改进与完善。

记：此次颁布的《指南》编制的基本思路是什么？希望达到哪些方面的目的？

俞：《指南》起草组充分考虑目前中小学心理辅导工作的现状、存在的问题，以及各地不同学校发展的不平衡，在心理辅导的目标和任务等方面提出了具体要求，主要是为了体现实施过程中的规范性、可行性和可操作性。为此，确定了《指南》编制的三条基本思路。

第一，提供适合中小学生发展需要的心理辅导。特别强调在活动中体验，在体验中调适，在调适中成长，为快乐学习、健康成长、幸福人生奠定基础。其中，根据不同年龄阶段学生的特点，小学心理辅导室应突出游戏和活动的特点，初中心理辅导室要突出活动和体验的特点，高中心理辅导室则要突出体验和自我调适。

第二，与教育部相关心理健康教育政策文件的衔接、连续和创新。《纲要》已对中小学心理健康教育的指导思想和基本原则、目标与任务、主要内容、途径和方法以及组织实施做了明确规定，《指南》的编制必须遵循这些阐述和规定，并且在此基础上有所拓宽、创新和发展。

第三，以现实存在问题为导向确保心理辅导工作的实效性。从目前中小学心理辅导人员和心理健康教育工作者普遍关注的现实问题出发，如师资、课时、职称、工作量和评价方式、教育内容等，建立具有我国特色的中小学心理辅导制度和心理健康服务体系，使心理辅导工作科学、规范、健康和可持续发展。

在《指南》编制过程中，我们坚持以促进学生发展为根本，心理辅导室软件、硬件标准设施配置遵循中小学生身心发展特点和心理健康教育规律，重在提供心理辅导和心理健康服务。《指南》的目标是通过向中小学生提供发展性心理辅导和心理援助，提高全体学生的心理素质，培养他们积极乐观、健康向上的心理品质，促进他们身心和谐可持续发展，有效适应学校生活和社会公共生活，为他们的健康生活和幸福人生奠定坚实基础。《指南》的主要任务是开展团体心理辅导，关注个别心理辅导，把握和监测全校师生的心理健康状况，以及普及针对教师和家长的心理辅导。

记：怎样确保以上目标或目的的实现？有哪些具体措施？

俞：为了实现上述目标与任务，加强学校心理辅导制度建设是核心；编制具有中国本土特色的中小学生心理健康素质指标是基础；从实施心理健康教育走向实施心理健康服务并建立服务体系是途径；提供适合中小学生发展需要的心理辅导与心理健康服务是关键。

中小学心理辅导室建设涉及诸多因素，如个体辅导室、团体辅导室的建设要求，心理辅导人员的伦理与保密性要求，心理测验实施的规范和要求，以及人员配备和辅助工具的操作培训要求等。在这里，我们把上述要求整合后划分为二类，即心理辅导室建设的软件要求和硬件要求。

《指南》就中小学心理辅导室软件建设而言，包括心理测评和个体成长管理软件、心理辅导教师资质要求及心理辅导室的岗位规章制度等。第一，心理辅导室须配备符合我国学校实际、拥有自主知识产权，且能反映学生成长过程中心理困扰的、科学权威的心理测评系统和个体成长管理软件，建立学生心理健康信息库，动态监控学生心理健康状况的变化，为开展进一步心理辅导提供科学依据；同时建立学校心理辅导网页，对心理辅导工作中的个体成长资料，如心理咨询面谈记录、热线咨询记录、网络咨询记录、心理危机信息库及危机干预记录、与家长沟通记录、与教师沟通记录、团体心理辅导记录等，要有明确的规章制度加以规范和管理。第二，教育行政部门明确规定要按师生比配备专兼职心理辅导教师；对他们的任职资格和培训经历应有要求，原则上须具备心理学或相关专业本科学历，并将师资培训工作纳入年度工作计划和年度经费预算；将专职心理辅导教师的专业技术职务评聘纳入统一的归口，并规定统一的工作量和业绩考核标准等，各种待遇不低于班主任，保证其每年接受规定学时的专业培训或学术会议，并定期接受专业督导。第三，加强心理辅导室的制度建设，明确规章制度、工作规程、辅导程序、职业道德和伦理规范等，建立健全心理辅导的预约、咨询、反馈、追踪调查等规则，明确规定心理辅导室的服务群体、开放时间，心理辅导教师每周须进行心理辅导的时间应不少于6小时。

《指南》就中小学心理辅导室硬件建设而言，包括场地建设、环境要求、基础设施等。第一，学校心理辅导室要有专用场地，选址适当，本着安静又方便寻找的原则，尽量避开集体活动区等热闹场所。心理辅导室的使用面积要与在校生人数相匹配，不少于45平方米；根据各校实际情况设置个体心理辅导区、团体心理辅导区、心理辅导教师办公区、来访者接待室和心理测评区、个体心理成长管理区、阅览区等，有些区域可以互相兼容，但不应少于3个区域。第二，心理辅导室的周围环境应比较整洁、幽雅和清静，室外张贴宣传展板、欢迎图标等；内部环境应温馨、舒适，让来访者有足够的安全感，特别是个别辅导等区域要保障私密性要求。第三，心理辅导室的设备分为基础设备和心理学硬件设备。常用的基础设备包括电脑、录音笔、电话机、摄像设备、隔音设备等，心理学硬件设备的配备要符合学生心理发展特点，避免使用对学生健康成长不利的设备。例如，有的心理辅导室配备"宣泄人"工具，让学生采用殴打"宣泄人"的方法调节情绪，这样不利于学生学会适应性的情绪调节方法，应避免使用。

此外，提高心理辅导室从业者的专业水平和伦理规范也至关重要。这一点受制于我国心理健康服务的现状，是整个学校心理健康服务体系的"瓶颈"。之所以在此处单独提出，是因为对学校心理健康服务体系而言，心理辅导和心理咨询人员的专业水平会对心理健康服务的质量产生举足轻重的影响。在进行心理辅导和心理咨询时，来访者通常处在心理脆弱的状态，如果提供服务的心理辅导人员专业水平较低，缺乏相应的技能与资质，很可能给来访者带来重大的心理创伤。同时，按照心理辅导行业的一般伦理规范，学校心理辅导室的伦理规范包括：心理辅导人员应尊重来访学生，与他们建立良好的辅导关系；有责任保护来访学生的隐私权，在心理辅导过程中，有责任向来访学生说明工作的保密原则，以及这一原则应用的限度；辅导个案记录、测验资料、信件、录音、录像和其他资料，应在严格保密的情况下保存起来；在心理测量与评估过程中应考虑被测量学生的理解水平，并使用恰当的教育、心理测量工具了解来访学生的情况；鼓励心理辅导人员进行专业研究以对心理辅导工作有所贡献，在研究时应尊重参与者的尊严，防止研究对象的权益受到损害；要事先告知或征求研究对象的知情同意。

记：如何有效评估各校实施《指南》的情况？

俞：要有效评估各校实施《指南》的情况，可以从心理辅导室的功能定位、基本建设要求、配置标准、伦理与规范以及教育成效5个一级指标18个二级指标进行评估。各地各校可在《指南》的框架内，制定具体的评估细则。

一是功能定位。(1)开展团体心理辅导。关注全体学生的心理健康水平，提高全体学生的心理素质，开展面向全体学生的心理健康教育活动和团体心理辅导活动。(2)进行个别心理辅导。对有需要的学生进行个别辅导，提供具有针对性的心理援助；或根据情况及时将其转介，并做好回归保健和后续心理支持工作。(3)监测心理健康状况。了解和监测全体师生的心理健康状况、特点和发展趋势，及时发现问题，有效监控、防范和应对各种突发事件，减小心理危机事件对师生的消极影响。（4）营造有利于心理健康的环境。对全体教师、家长进行心理辅导和心理援助，切实有效地帮助他们减轻精神紧张和心理压力，提高心理健康水平。营造积极、健康、和谐的学校环境和社区环境，共同解决学生发展过程中的心理行为问题。

二是基本建设要求。（1）制度建设。遵循国家相关心理健康教育政策等基本制度，制定心理辅导室使用与管理等岗位性制度。（2）位置要求。要有专有场地和基本面积要求，场地面积要与在校生人数相匹配，在心理辅导室旁应设有心理辅导信箱。（3）环境要求。心理辅导室的周围环境应当科学、安全、实用和整洁、优雅、清静，特别是要充分保障学生的隐私性要求。（4）功能要求。心理辅导室要设置个体心理辅导区、团体心理辅导区和办公接待区等基本功能区域，有条件的学校也可设置其他心理活动区。

三是配置标准。各类配置标准均包括专兼职人员数量、场地总面积、功能区域、基本设备和专用设备、图书资料、心理辅导时间安排等内容。不同配置标准有不同要求，适用于不同的学校。（1）大中城市和经济发达地区，应属良好配置标准，是最高配置标准。（2）中小城镇和中等经济发达地区，应属基本配置标准，是基本的配置要求。（3）农村、山区和边远地区等经济欠发达地区，应属基础配置标准，是最低配置标准。各个学校可以根据本地经济社会发展水平进行评估。

四是伦理与规范。（1）伦理规范。心理辅导教师应尊重来访者，建立良好的辅导关系，有责任保护来访者的隐私权；有责任向来访者说明工作的保密原则，以及这一原则应用的限度；辅导个案记录、测评资料和其他资料，应在严格保密的情况下保存；在心理测量与评估过程中应考虑来访者的理解水平；谨慎使用心理测评量表或其他测试手段，不能强迫受访者接受心理测试。（2）使用规范。心理辅导室应有学校领导分工，安排专兼职教师值班并接待来访者，有明确的值班制度、辅导时间和运行经费保障，有专项经费（建议不少于生均8

元）；学校应根据在校学生数量配备教师（建议不低于800∶1），确定每天的开放时间；专兼职心理辅导人员计入教学工作量考核。（3）要建立常态化的教研和督导制度。定期组织典型案例讨论，定期组织心理辅导人员参加督导，定期开展心理健康普查和心理健康调查研究；心理辅导室专职人员每学年撰写案例报告建议不少于6例，调研报告不少于1篇。

五是教育成效。教育成效包括科研与成果、工作成效等方面。（1）学校在开展心理辅导工作的同时，注重开展科学研究，以科研为先导，全面推进心理健康教育。（2）积极参与省、市、区级心理健康教育课题研究工作，并至少承担具体的研究任务二项以上。（3）心理辅导教师队伍要有公开发表的心理健康教育论文或著作，并能够结合学校实际开展研究工作，效果显著，至少一项。（4）特别是心理辅导工作一定要突出学生的发展及其心理素质的提高，强调工作特色，注重工作成效，打造具有校本特色的心理辅导工作新亮点。

记：感谢您接受我们的采访！

社会心理服务：学校心理健康教育的立场与方法
——访教育部中小学心理健康教育专家指导委员会
秘书长俞国良教授①

【编者按】习近平总书记在党的十九大报告中指出，"中国特色社会主义进入新时代，我国社会主要矛盾已经转化为人民日益增长的美好生活需要和不平衡不充分的发展之间的矛盾"，强调"加强社会心理服务体系建设，培育自尊自信、理性平和、积极向上的社会心态"。在这一背景之下，中小学心理健康教育工作者如何科学地认识与理解社会心理服务体系建设？如何看待心理服务体系建设与心理健康教育工作的关系？中小学心理健康教育在组织实施、方法途径、机制建设、领导管理、师资队伍等方面应进行怎样的调整和改变，才能适应社会心理服务体系建设的要求？带着这些问题，本刊主编何妍对教育部中小学心理健康教育专家指导委员会秘书长俞国良教授进行了独家专访。

记：习近平总书记在党的十九大报告中指出，"中国特色社会主义进入新时代，我国社会主要矛盾已经转化为人民日益增长的美好生活需要和不平衡不充分的发展之间的矛盾"，强调"加强社会心理服务体系建设，培育自尊自信、理性平和、积极向上的社会心态"，作为心理学研究者和工作者，您如何理解社会心理服务体系建设的内涵与定位，社会心理服务体系建设应包含哪些核心内容？

俞：学校心理健康教育一定要提高站位，即站在时代的制高点上。社会转型就是新时代的核心特征，就是时代的制高点。这个从传统型社会向现代型社

---

① 载于《中小学心理健康教育》，2018(18)，记者何妍、丁尧。引用时有改动。

会转变的发展过程，既包括经济、政治、科技、教育、文化等宏观领域密集的、渐变的、根本性的社会结构性变革，也包括认知、态度、信念、人格、价值观等微观领域急剧的、显著的、普遍性的个体心理性变革。伴随着这个变革过程，我国社会的主要矛盾已经从"人民日益增长的物质文化需要同落后的社会生产之间的矛盾"转变为"人民日益增长的美好生活需要和不平衡不充分的发展之间的矛盾"。特别是快节奏的生活方式、高强度的竞争压力、高目标的成就动机，使个体心理健康问题及其引发的矛盾、冲突日益凸显，导致个体心理、社会心理处于一种无序状态。人们对物质文化的需要转变为对美好生活的需要，而美好生活需要自尊自信、理性平和、积极向上的社会心态。社会心态作为社会矛盾的"晴雨表和指示器"，而心理健康则是人民"美好生活"的社会心理面向。因此，在社会心理服务大框架下讨论与实践心理健康教育、心理健康服务，这是学校心理健康教育应持的基本立场。

科学认识与理解社会心理，这是诠释社会心理服务及其服务体系的前提。

首先是对社会心理的理解。社会心理是社会心理学的研究对象，是社会意识的一种形式，是人们对社会现象的普遍感受和理解，它自发存在于人们的情绪、态度、言论和行为方式中，反映在社会舆论、传统习俗和社会风气中。人们对社会生活的认知、情感和期望的表达，从起源上说，它是人们对社会结构和社会运行等社会发展现状较为直接的反映；从形式上看，由于社会意识的主体不同，它包括个体心理现象（如态度、信念、价值观）和群体心理现象（如感染、模仿、社会舆论）。从本质而论，社会心理是一种社会建构，是对社会生活、社会现象的直觉反映。在一段特定时期内弥漫在个体与群体中的整个社会心理状态，集中反映了人们对当前及未来社会生活的所思、所感、所盼，粗略勾勒了时代"精神气质"的概貌。

其次是对社会心理服务的理解。在理论上，社会心理服务是运用社会心理学理论、知识和方法为社会和谐发展提供咨询与服务；在实践上，它需要认识、分析和解决社会现实生活中的一系列实际问题。这就要求我们：第一，从社会现实生活出发，采用科学的方法，客观、准确地描述和概括各种社会心理现象；第二，形成科学的概念、理论体系和测评工具，用来分析各种社会心理和社会行为，并解释其原因；第三，揭示个体过程、人际过程和群体过程在不同社会情境下心理活动发生、发展、变化的规律，并预测这些社会心理和社会行为的发展变化；第四，在科学预测的基础上，采取一定的措施来引导、调节和控制发展变化的速度、方向，使之符合社会现实生活的需要。据此，社会心理服务可以理解为对社会态度(如民意)的描述，对社会认知(如偏见)的理解，对社会情绪(如心态)和社会影响(如舆论)的监测，对社会行为(如志愿者行为)的引导与控制。

最后是对社会心理服务体系的理解。社会心理服务体系是一项复杂的系统工程。其内涵包括个体、人际、群体三个层面：在个体层面上，指正确的社会态度服务和健康的社会情绪服务；在人际层面上，指客观的社会认知服务和健全的社会影响服务；在群体层面上，指积极的社会行为服务和公平的社会公共服务。其服务的主要路径通过环境系统实现，而广义的环境又可被视为生态系统。第一，微环境系统(尤指个体直接接触的环境方面，如家庭、学校、工作场所等)，这是个体层面上社会心理服务的主要路径。第二，中环境系统(意谓两个或多个环境之间的作用过程与联系，如家庭与学校、学校与社区、社区与工作单位、工作单位与机关企业等)，这是人际层面上社会心理服务的主要路径。第三，宏环境系统(包括特定的文化、亚文化或其他更广泛的社会背景，如社会阶层、种族或地区、特定历史进程中的群体，以及特定文化的信念体系、知识结构、习俗、生活方式、国家政策等)，这是群体层面上社会心理服务的主要路径。

中国特色的社会心理服务体系，其实就是中国特色的社会心理建设。在个体层面上，建立社会态度、社会情绪调查系统，形成民意监测与社会情绪预警机制；在人际层面上，建立社会认知、社会影响测量系统，形成社会心理疏导与心理危机干预机制；在群体层面上，建立社会行为、社会绩效评价系统，形成社会力量干预与国家力量监督机制。社会心理服务是社会心理建设的基础，社会心理建设是社会心理服务的产物，两者的共同目标都是社会心理和谐，即个体层面上的自我和谐，人际层面上的人际和谐，群体层面上的社会和谐。最终实现社会整合、社会进步和社会发展。

记：您是教育部《中小学心理健康教育指导纲要(2012年修订)》等重要文件修订和起草的负责人，请您谈谈中小学心理健康教育在目标和任务上，与国家卫计委等22个部门颁发的《关于加强心理健康服务的指导意见》以及社会心理服务体系建设的目标和任务存在什么样的关系。

俞：2012年，教育部颁布了《中小学心理健康教育指导纲要（2012年修订)》，成为这项工作的里程碑。4年后，国家卫生计生委等22个部门共同印发了《关于加强心理健康服务的指导意见》(以下简称《意见》)，对中小学心理健康教育可谓是"雪中送炭"。因为心理健康教育是心理健康服务的基础，心理健康服务是社会心理服务的核心。目前，中小学心理健康教育正在实现这种转型。这是学校心理健康教育的方法论基础。

从心理健康教育与服务的对象看，其重点是个体与群体，与社会心理服务的对象重合。

从心理健康教育与服务的目标看，除了提高公民的心理健康水平、工作效率与生活质量外，心理健康服务的目标还应包括培养良好国民心态，增进人际和谐与社会精神文明等内容，这与社会心理服务的目标有异曲同工之妙。《意见》明确提出，我国心理健康服务的基本目标是"到2020年，全民心理健康意识明显提高……到2030年，全民心理健康素养普遍提升"。从这一表述中可以看到，心理健康服务的目标是提高全体国民的心理健康水平，帮助他们提升心理健康意识和心理健康素养，发展良好的社会适应能力。这一目标符合心理健康的基本内涵与国际心理健康事业的发展趋势。具体来说，这一目标可分为两个层次：首先是普遍开展全民心理健康教育与心理健康促进工作，尽快建立和发展心理健康服务网络，提高心理健康服务能力，使重点人群心理健康问题得到关注和及时疏导，并初步建立纳入城乡基本公共服务的社会心理服务体系；其次是进一步健全和完善心理健康服务体系，进一步规范和提高心理健康服务能力，显著提升常见精神障碍防治和心理行为问题的识别、干预，使全民心理相关疾病发生的上升势头得到有效缓解和遏制。显然，前者是后者的基础，后者是前者的深化，其终极目标都是实现幸福安康和社会稳定、和谐发展。

在上述目标的引领下，心理健康教育与服务的重点人群包括职业人群、学龄人群、老年人、妇女、幼儿、残疾人和严重精神障碍患者等，这与社会心理服务的重点人群基本吻合。《意见》要求各机关、企事业和其他用人单位要制订实施员工心理援助计划，为员工提供心理健康宣传、心理评估、教育培训、咨询辅导等服务，传授情绪管理、压力管理等自我心理调适方法和常见心理行为问题的识别方法，为员工主动寻求心理健康服务创造条件。学校应根据儿童青少年身心特点开展心理健康教育活动，关注和满足他们的心理发展需要，提升心理调适能力和社会适应能力，培养积极乐观、健康向上的心理品质和自尊、自信、自强、自立的个性特征，尤其要关心留守、流动儿童的心理健康，为遭受校园欺凌和校园暴力、家庭暴力和性侵犯儿童青少年提供及时的心理创伤干预，促进其身心可持续发展，这与《中小学心理健康教育指导纲要（2012年修订)》中的要求一致。《意见》还要求关注老年人、妇女、幼儿和残疾人等群体的心理健康，充分利用一切社会力量和教育资源，向他们普及心理健康知识，树立心理健康意识，组织心理健康活动，为他们提供有针对性的心理辅导、情绪疏解、悲伤抚慰、帮扶援助、婚姻调适、家庭关系调解，以及重大生活事件和心理医疗救助、心理疾病应急救援等心理健康服务。显然，根据不同人群的身心发展特点，设置具体的心理健康服务内容，不仅强调了坚持全民心理健康素养提高和个体心理疏导相结合，满足了不同群体心理健康服务需求的实际；同时也体现了这是一项由问题导向向积极心理促进转变，心理健康服务向社会心理服务延伸，心理健康服务为社会心理服务打基础、夯地基的"系统工程"。

所有这些表明，国家卫生计生委等 22 个部门颁发的《意见》以及社会心理服务体系建设的目标和任务，与中小学心理健康教育的目标和任务不谋而合，且殊途同归。抑或说，前者为后者描绘了一幅美丽的画卷。

记：中小学心理健康教育工作可以在哪些方面助力心理健康服务、社会心理服务体系建设？

俞：诚如前述，心理健康服务、社会心理服务已经为进一步推进和深化中小学心理健康教育工作描绘了一幅美丽的画卷，那么，中小学心理健康教育工作是否也可以助力心理健康服务和社会心理服务体系建设呢？

第一，中小学心理健康教育工作为树立全民心理健康意识固本强基。近 10 年来，国家和政府越来越重视心理健康教育、心理健康服务的重要作用，先后颁布了多部统领心理健康发展的纲领性文件、政策。2013 年正式实施的《中华人民共和国精神卫生法》，从法律层面上对心理健康教育工作进行了规定。心理健康教育必须从娃娃抓起，为此，中小学教育政策制定者更是高瞻远瞩、不懈努力，使得心理健康教育能够向上出头，在我国教育政策的顶层设计中占据一席之地，为蓬勃发展的中小学心理健康教育不断注入新的活力，同时也为树立全民心理健康意识发挥了固本强基的作用。因为中小学是创新人才的摇篮，而知识经济、信息社会和互联网时代的创新人才，首先应该是心理健康的。现代生理学家和脑科学家一致认为，从事创造性学习和创造性活动，要以个人的心理正常或心理健康作为基本条件。目前，社会的急剧变化使人们心理上的动荡进一步加剧，所面临的心理冲突、行为适应问题也是前所未有的，而这些心理行为问题仅依靠传统的说教式、单一化和程式化的做法是无法解决的，这就需要心理健康教育的帮助和支持。只有不断强化多种形式的心理健康教育，才能很好地解决人们所面临的种种心理行为问题，达到春风化雨、润物无声，既治标又治本的独特作用，中小学心理健康教育工作显然为实现这一目标，已经做出了标志性的贡献。

第二，中小学心理健康教育工作为全民心理健康教育新理念提供了范式。从心理健康教育走向心理健康服务，这是心理健康发展的必然趋势，这种趋势顺应了国际心理科学发展的新趋势、新潮流。中小学心理健康教育工作显然已率先垂范。纵观国内外心理学为学校心理健康服务的历程，根据关注人群和理念的不同，经历了医学模式、教育模式和服务模式。早期以医学模式为主，其关注的人群主要是智力落后或有心理障碍、需要提供特殊心理服务的少数学生，并以问题解决为导向。近年来，随着积极心理学的悄然兴起，心理健康服务的对象逐渐扩展到全体，强调面向健康的大多数学生进行心理健康教育，提高全体学生的心理健康素质，以预防和促进发展为导向。服务模式相对于教育模式，主要是强调的视角不同。教育模式有一个内隐假设，即教育者根据预设的内容和目标，有计划有步骤地对教育对象实施影响，有"居高临下"之嫌；服务模式则重视以人的需要为出发点和立足点，发挥人的主动性和积极性，强调根据其心理发展规律和成长需要，提供相应的心理健康服务，即强调提供适合人的发展需要的心理健康教育。一言以蔽之，从心理健康教育逐步走向心理健康服务，意味着切实地从人自身的需求出发，满足他们的需要，以他们的健康成长与毕生发展为目标实施教育与干预，这是新时代心理健康教育的新理念。

第三，中小学心理健康教育工作为心理和谐、社会和谐奠定了基础。心理健康教育的主体是人，也只有人的主动参与，心理健康服务的效果才能最大化。我们应把目光聚焦在如何提升儿童青少年的主动求助行为，如何通过社会环境的改善提升他们对社会的认同上，使他们更加积极地参与社会的各项活动。相关措施、干预的设计也要充分考虑他们的意愿，突出以人为主体、为人服务的理念，注重体验性与生活性，使他们在体验中做好未来社会生活的准备。进一步，心理健康教育的目的是促进心理和谐，构建社会主义和谐社会的基础和实质同样是心理和谐。什么是心理和谐？它是指人的基本心理过程和内容之间，或者各部分与整体之间保持动态的均衡、协调一致的自在轻松状态，即认知、情绪情感、意志和行为以及人格完整与协调，能够与外界环境有效沟通，较少产生内外部冲突或社会冲突。这可以从两个方面来理解：一是人的基本心理过程和内容之间彼此协调；二是人的基本心理过程和内容与整体相互协调统一，并表现出相对的稳定性。心理和谐作为一个社会心理关系系统，能够使人的基本心理过程和内容协调工作，步调一致并受整体的统摄，从而达到与内外部环境的有效沟通。实际上，这是人对环境的适应过程，儿童青少年则完成由一个独居的"自然人"到群居的"社会人"的转变。因此，中小学心理健康教育工作为心理和谐、社会和谐奠定了基础。

记：以社会心理服务体系建设为背景，您认为中小学心理健康教育工作在组织实施、机制建设、领导管理等方面将会进行怎样的调整和改变？

俞：从心理健康教育的类型与途径看，心理健康服务是社会心理服务的具体化，这决定了中小学心理健康教育工作在组织实施中要有全局观、整体观。无论是全面开展心理健康促进与教育，还是积极推动心理辅导和心理咨询服务，重视心理危机干预和心理援助工作，都可以视为社会心理服务的组成部分。因为开展各类心理健康服务，无论是科学认识心理行为问题和心理疾病，传播自尊自信、乐观向上的心理健康意识，普及心理健康知识、方法与技能，开展心理健康相关主题活动，创新心理健康教育方式和宣传方式等宣传教育工作，还是帮助人们促进个性发展和人格完善，更好地进行生涯规划和发挥潜能，解决生活、学习、职业、婚姻、亲子、人际交往、社会适应中的心理困扰等心理辅导与心理咨询工作，抑或是重视和发挥社会组织、心理健康工作者、社会志愿工作者的作用，加强心理危机干预与心理援助队伍的专业化、系统化建设，建立和完善心理健康教育、心理援助、心理评估、心理治疗等心理危机干预和心理援助服务模式，都是为了倡导健康生活方式，有意识地培养积极心态，学会调适心理困扰和心理压力，提升心理健康素养，进而培育良好的社会心态，共同营造健康向上的社会心理氛围。

从心理健康教育的方式、方法看，心理健康服务是社会心理服务的"压舱石"，这决定了中小学心理健康教育工作在机制建设中要有体系观、系统观。《意见》就指出：建立健全各部门各行业心理健康服务网络；搭建基层心理健康服务平台；鼓励培育社会化的心理健康服务机构；加强医疗机构心理健康服务能力。《意见》进一步强调：加强心理健康专业人才培养；促进心理健康服务人才有序发展；完善心理健康服务人才激励机制；发挥心理健康服务行业组织作用。上述这些，实际上都是对中小学校等提出的要求，即建立健全各级心理健康服务体系，加强心理健康师资队伍建设，拓展心理健康服务领域和范围，为社会心理危机干预和疏导机制"劈山开路"，为进一步展开社会心理服务奠定基础。

从社会心理服务的途径、方法看，社会心理服务包括微环境系统、中环境系统、宏环境系统，对应着个体、人际、群体层面的社会心理服务，这决定了中小学心理健康教育工作在领导管理中要有生活观、生态观。教育即生活，生活即环境。微环境是个体直接接触到的生活环境，在这一个体层面上，健全的社会心理服务能够帮助人们面对微环境系统中出现的问题，有助于人们舒缓负性情绪，对有问题倾向的个体提供专业咨询和辅导工作，能起到防微杜渐的作用，这些都是培育良好社会心态的基础。中环境系统是两个或多个环境之间的作用过程与联系，对于儿童和青少年来说，它是家校互动；对于成年人来说，它是家庭、工作场所的互动；对于老年人来说，它是家庭、社区的相互影响。在这一群体层面上开展社会心理服务，如在学校开设的家长课堂、在工作时间上设立的弹性工作制，以及社区老年服务，也能对儿童教育问题、工作—家庭冲突、留守老人的孤独问题的解决起到一定的促进作用，从而为人际层面的社会心态培育扫清障碍。宏环境系统包括特定的文化、亚文化或其他更广泛的社会背景，在这一群体层面，社会心理服务体现在扶助和引导处境不良儿童青少年、低社会经济水平群体，对群体性事件进行预警、疏导等。这些都能够有效调整相应群体的社会心态，为培养目标群体的良好社会心态打下坚实的基础。

总之，随着新时代我国社会主要矛盾的转变，全面推进和深化中小学心理健康教育工作，必须树立"大心理健康教育观"。其实质就是新时代中国特色的心理健康教育体制观，即对符合中国国情、富有中国特色的心理健康教育体制的认识、理解和判断。其方向是坚持心理健康教育是德育与思想政治教育工作的重要组成部分，任务是提高全体师生的心理健康意识，理念是全面强化心理健康教育向心理健康服务的转变、问题导向向积极心理品质促进的转变，方法是大胆探索心理健康教育的新路径和新方式。我国社会发展的不平衡和不充分决定了"大心理健康教育观"必须在社会心理服务框架下，通过心理健康服务的中介作用，逐步走向积极社会心态的培育。

记：对于目前建设社会心理服务体系的迫切需求与具有专业心理服务资质且有实操能力的人员过少的矛盾，您如何看待？具体到中小学心理健康教育领域，今后心理健康教育教师队伍建设可以从哪些方面入手改善这样的矛盾？

俞：据我们所知，现在尚未出现社会心理服务队伍建设的专门政策。我以为，社会心理服务的队伍，应包括至少三类人员。一是心理健康人才。心理健康服务是社会心理服务的"压舱石"，因此心理健康人才队伍的建设应被归为社会心理服务队伍。二是嵌入一般领域的社会工作者，如嵌入政府、社区居委会等。三是服务于特殊领域的社会工作者，如服务于敬老院、福利院、孤儿院、救助站等。这些纵横交织的社会心理服务队伍，是社会心理服务的切实提供者，他们帮助受助人群解决实际问题。但这些人员的专业心理服务资质、实操能力以及人员数量等有待进一步加强。至于目前建设社会心理服务体系的迫切需求与具有专业心理服务资质人员过少之间的矛盾，短期内很难得到解决，需要一个过程。

具体到中小学心理健康教育领域，上述矛盾同样存在且短期内很难得到解决。除积极向有关部门建议、提请领导重视、增加编制外，现阶段可行的办法是通过提高现有心理健康教育教师队伍建设的质量来加以缓和、改善。一是提高师资队伍的敬业精神和职业道德水平。心理健康教育从本质上讲，是"良心工程"，是"立德树人"的基础工程。因此，专兼职教师和辅导员等的政治意识、敬业精神和职业道德至关重要，特别是师德教育。为了提高他们的专业化水平，许多学校提供了各种培训的机会和费用。但应看到，有些教师对参加培训、提高自己的辅导技巧非常热衷，乐此不疲，却对本校的心理健康教育工作投入较少的时间和精力，缺乏敬业精神。由于师资力量不足，有些学校聘请了校外人员兼任学校的心理辅导工作，但是，在聘任过程中，只看重这些人员的心理辅导的方法和技术，而忽视了他们的思想政治素质和职业道德素养。二是加强必要的培训，提高师资队伍的专业化水平。作为一项专业性较强的服务工作，其理论和技能的发展决定着服务的质量与专业化水平。培训心理健康工作者的循证研究提供了有力的实证支持，即对心理健康工作者的专业技能培训可以提高其服务质量。在专业化过程中，要对相关从业人员的学历背景、专业技能以及绩效等方面进行考核。一方面，要给专业教师的职业发展提供路径。例如，在教师参加必要的技能培训上提供条件和支持，保障心理辅导教师能够参与督导、分析案例、获得同行的社会支持。另一方面，也要严格考核心理健康教育教师工作的效果，设置合理的考核机制，为专兼职教师的职业发展提供制度保障。三是高标准严要求重能力重特色重服务。我国中小学心理健康教育从20世纪80年代起步，经历了"从无到有"的过程，但还没有实现"由弱到强"。应在"有了"的基础上提高对专兼职教师的要求，如要求新入职教师必须兼任几年班主任工作，按时按量完成辅导目标和教学任务，确定具体工作内容、途径方法和工作程序等，在制度层面上促使他们由问题导向向积极心理品质培育转轨，由心理健康教育向心理健康服务转型。在具体要求上，尽管是否具有心理健康教育工作能力决定着一名教师能否成为心理健康教育兼职教师，但专业水平同样是不可忽视的重要因素。我们强调学历、资质和经验的有机统一，可以积极利用社会资源，聘请校外心理学工作者补充到心理健康教育兼职教师队伍中来，以便更好地突出特色，服务学生。四是注重自我教育提高自身心理健康水平。作为"心灵成长和心理健康"的护法使者，教师不但对学生的身心健康负有重要责任，而且也应成为学生身心健康的样本和表率。教师的心理状态、言谈举止、人格特征会以潜移默化的方式，对学生的学习效果、个性发展和心理健康等产生深刻的影响，其影响的深度和广度是其他职业所无法企及的。因此，专兼职教师必须维护和促进自身的心理健康，这一命题包含二层含义，教师自身的心理保健与调适，以及教师自身心理健康的提高与促进。

确实，对于中小学来说，心理健康教育工作开展得如何，很大程度上取决于是否拥有一支素质精良的教师队伍。目前，我国中小学心理健康教育专业教师存在专业化水平不高、性别比例失调、教龄偏低、专职教师匮乏且兼职工作多、工作效能感低等诸多问题。如何吸引优秀的人才投身心理健康教育的事业，如何激发现有教师队伍的工作热情是亟待解决的问题。我们认为，人事管理是制约中小学心理健康教育师资队伍发展的重要因素。在今后的工作中，教育行政部门应规范心理健康教育教师的职称评聘、岗位设置、工作量计算等相关制度，制定有针对性的绩效考核方案，并明确薪酬与绩效考核的关系以及职称晋升的途径，激发心理健康教育专兼职教师的工作热情。此外，国家教师教育政策应向心理健康教育专业倾斜，通过诸如减免学费、提供奖学金等手段，鼓励青年才俊投身该专业，为学校心理健康教育的发展积累人才储备。为此，我们郑重呼吁：有关部门应确定学校心理健康教育教师的职责，以及从事该项工作的基本条件和资质；确定专兼职教师的能力标准，包括教师心理健康的标准和教师心理健康的教育能力标准；确定专兼职教师的工作标准，包括工作内容、工作流程和工作途径方法等；对资格认证进行试点工作，确定认证标准、认证机构和认证方式；编制学校心理健康教育基础培训和提高培训方案，对非专业的心理健康教育教师进行基础培训，对专业的心理健康教育教师进行提高培训；定期对培训效果进行质量评估；定期开展对心理健康教育师资队伍建设的调查。

领航新时代大学生心理健康教育与心理健康服务再出发
——访教育部《高等学校学生心理健康教育指导纲要》
编制研究组组长俞国良教授①

近日，中共教育部党组印发《高等学校学生心理健康教育指导纲要》（以下简称《纲要》），作为高校教育工作者，应该如何理解与落实《纲要》。《纲要》编制研究组负责人中国人民大学俞国良教授接受了联合专访。

一、请问教育部委托您负责编制《纲要》基于什么样的社会需要？

从历史上看，无论任何时候，高等院校都与时代同呼吸共命运。可以说，高等院校既是社会发展的"上风口"，也是社会现实的"风向标"，更是时代精神气质概貌的"浏览器"。

党和国家高度重视心理健康教育工作。习近平总书记在全国卫生与健康大会上指出，"要加大心理健康问题基础性研究，做好心理健康知识和心理疾病科普工作，规范发展心理治疗、心理咨询等心理健康服务"；在全国高校思想政治工作会上，总书记又再次强调要培育理性平和的健康心态，加强人文关怀和心理疏导。在党的十九大报告中，总书记更是明确提出要"加强社会心理服务体系建设，培育自尊自信、理性平和、积极向上的社会心态"。编制《纲要》，就是贯彻落实习近平中国特色社会主义教育思想的重要举措，也是推动原国家卫生计生委、教育部等22部门《关于加强心理健康服务的指导意见》和中共教育部党

---

① 部分内容载于《光明日报》2018-12-15和《现代教育报》2018-12-14。引用时有改动。

组《高校思想政治工作质量提升工程实施纲要》落地生根的实际行动，更是新时代高校思政工作重视"心理育人"，着眼新征程、谋划新篇章、聚焦新要求、落实新任务的具体表现。

我们正处于社会转型的特殊历史发展时期。改革开放以来，我国经由传统型社会向现代型社会的快速转型，包括经济、政治、文化、心理等诸多领域密集的、普遍的、根本性的社会结构性变革。这一转型不仅带来了社会结构的深刻变化，也给人们的思想观念和心理状态带来了巨大冲击，而社会转型、知识经济时代的人才，首先应该是心理健康的。现代脑生理学家认为，从事创造性学习和创造性活动，要以个人的心理正常和健康为基本条件。大学生正处于身心发展的重要阶段，也是"三观"形成的重要时期，社会的变迁使他们心理上的动荡进一步加剧，所面临的心理行为适应问题是前所未有的，而这些心理行为问题仅依靠传统的说教式、单一化和公式化的思想政治教育是解决不了的，只有开展多种形式心理健康教育，才能很好地解决大学生所存在的种种心理行为问题，达到春风化雨、润物无声的既治标又治本的独特作用。因此，高校能否做好社会转型期大学生心理健康教育工作，将决定着这一特殊历史时期大学生心理健康的整体水平和今后的"可持续发展"。这就需要加强顶层设计、创新工作载体、采取有力措施、增强工作实效，科学地规范和推进这项工作的健康发展。

受教育部思想政治工作司委托，我们在 2002 年《普通高等学校大学生心理健康教育工作实施纲要（试行）》基础上，开展了研制工作。显然，十多年来，我国高校在心理健康教育课程、师资队伍、制度建设和机构建设等方面取得了丰硕成果，已成为思想政治教育工作新的突破点和着力点，为加强和改善高校思想政治教育工作做出了独特贡献。然而，随着时代变迁和社会发展，原来的《纲要》也存在一些问题需要修订或重新编制。特别是我国高校心理健康教育工作经历了一个由最初关注问题矫正到现在重视提高全员心理健康水平，提高他们对于心理行为问题的抵抗能力，降低心理行为问题发生概率的发展过程。在这项工作受到前所未有的重视的同时，也产生了一些"杂音"。特别是针对社会转型，心理健康教育工作的重点应是进一步规范和程序化，突出其专业性、实践性、反思性、成长性和发展性的特征。从指导思想与主要任务看，需要与时俱进，明确把目标定位在提高全体大学生的心理素质和心理健康水平上，从心理健康教育向心理健康服务转变，从问题导向向积极心理促进转轨；从主要内容看，需要进一步强调大学生的人文关怀和心理疏导，培养他们自尊自信、理性平和、积极向上的健康心态；从途径和方法看，需要提倡将心理健康教育贯穿于大学教育教学全过程，开展全员全程多种形式的专题教育，规范心理咨询机构建设，密切联系教师共同实施心理健康教育，以及充分利用校外资源等；从领导、管理以及师资队伍建设看，需要强调时代发展要求，从制度、教师、教材、课时、职称、工作量等具体层面上进一步规范，以构建具有新时代中国特色的高校心理健康服务体系。

二、在《纲要》编制调研过程中您发现大学生心理健康教育现状有什么特点？

针对我国大学生心理健康教育工作现状、特点与发展趋势，我们对清华大学、河南大学、咸阳职业技术学院等15所高校进行了焦点访谈调研。结果表明，普及、深化和全面推进新时期大学生心理健康教育工作，树立正确的心理健康教育观念至关重要。在宏观层面，应坚持正确的心理健康教育方向，树立牢固的心理健康教育意识，由问题导向向积极心理品质培育转轨；在微观层面，应努力实现由心理健康教育向心理健康服务转型，夯实大中小学心理健康教育的衔接，并大胆探索网络心理健康教育的新路径。

为了把握高职院校心理健康教育的现状和特点，我们采用自编问卷就高职学生、专兼职教师和教育管理者对心理健康教育的认知与评价，进行了大规模的网络和问卷调查。首先对14所高职14 912名学生进行调查，结果表明，学生对心理咨询与心理健康课程、心理健康教育形式的多样性、全员参与程度、获取心理健康服务的自主性等方面的满意度较低。进一步，发现一部分高职生存在着自卑心理特点，自卑人数随着年级升高呈逐渐增加的趋势；教师对心理健康教育职教特色的评价较高，与学生的较低评价存在着较大反差。接着，对北京、浙江等 7 省市 468 名高职学校心理健康专兼职教师进行了调查研究，结果发现目前高职学校心理健康教育制度还不够完善，课程设置未达到相关标准，师资队伍的专业化水平较低；而在对学生心理行为问题与心理疾病的筛查和干预上，各高职学校都予以了较高程度的重视。最后，对北京、江苏等 7 省市 326 名高职学校教育管理者进行了调查研究，结果发现，高职学校教育管理者对当前心理健康教育工作比较满意，但各院校在制度的具体落实上还存在不足，兼职教师的专业化水平较低，在对专职教师的管理上也存在不规范之处。

为了了解普通高等学校学生、专兼职教师和教育管理者对心理健康教育的认知与评价，我们对全国 7 省市（北京、河南、陕西、湖北、浙江、贵州、广东）的 11 所高校进行了大样本纸质问卷调查。对 10 405 名大学生进行调查的结果表明，他们对心理健康教育内容有多样的需求，但满意度较低；对心理健康教师和心理咨询师专业性的认可度较低，对网络心理健康教育体验较差，对大中小学心理健康教育衔接情况满意度较低。学校党团组织和社团开展的活动丰富了心理健康教育模式，而任课教师、辅导员等对心理健康教育的重视程度仍显不足。对 491 名专兼职教师的调查表明：各高等学校对心理健康教育的重视程度较高，但制度保障仍然不足；各高等学校已普遍开设心理健康教育课程，但课程质量仍需提高；高等学校心理咨询室运转状态良好，但应进一步扩大职责范围；专兼职教师的专业化水平还较低，应注重培训与科研的作用；网络心理健康教育已经起步，但利用程度仍然较低。对 253 名教育管理者的调查结果表明：管理者应提高对心理健康教育的要求，推动心理健康教育工作的继续发展；进一步推进心理健康教育制度建设，并保证制度的顺利落实；在对兼职教师的要求上，既要注重教师的工作能力，也要注重教师的专业水平；在对心理健康教育专职教师的管理上，既要抓好工作效果，也要抓好队伍建设，重视学生的实际心理需要。

总体来看，自 2002 年教育部颁布《普通高等学校大学生心理健康教育工作实施纲要(试行)》以来，我国大学生心理健康教育工作进入了快速发展期。其共同特点如下。一是注重在与国外大学生心理健康教育的比较中提高。虽然我国大学生心理健康教育起步较晚，但通过对国外高校相关经验的汲取与国际比较，获得了较快的发展。二是重视心理健康教育课程的打造和规范。课程是当前我国高校开展心理健康教育的重要载体，并受到广大大学生的欢迎与好评。三是与辅导员工作结合形成心理健康教育的合力。我国大学生心理健康教育长期面临着师资不足、专业化不足的困难。因此，与其他教育工作者相结合，互相促进，是增强心理健康教育力量的合理选择。四是建构了大学生心理健康教育的工作机构与机制。目前，我国各高校普遍成立了心理健康教育工作的组织领导机构和工作机构，大多数高校制定了具体规章制度和工作章程，以规范和加强本校的心理健康教育工作。此外，在心理健康教育工作的组织和管理规范、实际工作措施落实到位、教育形式各具特色、教育内容贴近大学生实际需要等方面，其特点也是可圈可点。

三、《纲要》对未来的高校学生心理健康教育有什么样的具体要求?

对未来的高校学生心理健康教育的具体要求，主要体现在目标与任务两个方面。

从目标看，必须遵循思想政治教育和大学生心理发展规律，引导大学生努力践行正确的人生观、世界观、价值观，全面提高全体大学生的心理素质，培养理性平和、乐观开朗、健康向上的积极心理品质，提高社会适应能力、承受挫折能力和情绪调节能力，促进他们的心理素质与思想道德素质、科学文化素质和身体素质的全面协调发展。具体可以表述为：加强心理健康教育与心理健康服务，做好心理辅导与心理咨询工作，提高心理调节能力，培养良好心理品质；使学生明确心理健康的标准及意义，增强自我心理保健意识和心理危机预防意识；掌握并应用心理健康知识，培养自我认知能力、人际沟通能力、情绪调节能力等；提高学习成才技能、环境适应技能、压力管理技能、问题解决技能、自我管理技能、人际交往技能和生涯规划技能等；使学生学会学习和生活，正确认识自我，提高自主自助和自我教育能力，增强调控情绪、承受挫折、适应环境、适应职业的能力，培养学生健全的人格和良好的个性心理品质；对有心理困扰或心理行为问题的学生，进行科学、有效的心理辅导，及时给予必要的危机干预，切实提高其心理素质和心理健康水平。

高校大学生心理健康教育工作的主要任务为：根据大学生的身心特点，宣传普及心理健康知识，通过多种形式的心理健康活动和体验，帮助大学生理解和掌握心理保健的方法、技能。特别是树立心理健康意识，优化心理品质，开发心理潜能，增强心理调适能力和社会生活适应能力，预防和缓解心理行为问题；了解并掌握增进心理健康的方法和途径，帮助大学生培养良好的心理品质和自尊、自爱、自律、自强的优良品格，培养创新精神和实践能力；帮助他们正确处理好学习成才、人际交往、环境适应、自我管理、交友恋爱、求职择业、人格发展和情绪调节等方面的困惑；要面向全体大学生，做好心理辅导和心理咨询工作，为大学生提供及时、有效、高质量的心理健康指导与服务；努力构建和完善大学生心理行为问题高危人群预警机制，做到心理障碍和心理疾病及早发现、及时预防、有效干预。建立从学生骨干、辅导员、专兼职教师到院系、部门、学校的快速危机反应机制，建立和畅通从心理健康教育机构到医院、专业精神卫生机构的快速危机干预通道。概括起来，就是推进知识教育、开展宣传活动、强化咨询服务、加强预防干预这四项主要任务。

为了实现上述目标与任务，必须"循序渐进、突出重点、分类指导、均衡发展"，即不同高校应根据实际情况，有针对性地做好心理健康教育工作。一是循序渐进。要强化心理健康意识和普及心理健康知识，巩固现有心理健康教育成果，深化心理健康教育领域改革和创新，循序渐进、全面推进大学生心理健康教育工作。积极拓展心理健康教育渠道，逐步建立学校、家庭和社区心理健康教育网络与联动机制，在高等学校普遍建立起规范、科学的心理健康教育服务体系。二是突出重点。加快心理健康教育的制度建设、课程建设、心理辅导中心建设和师资队伍建设。以课程建设为抓手，作为实施心理健康教育的重要途径，科学、系统地深化心理健康教育；加强心理咨询（辅导）中心建设，切实发挥心理咨询（辅导）中心在预防和解决大学生心理行为问题中的重要作用；加强心理健康教育师资队伍建设，建立一支科学化、专业化的稳定的大学生心理健康教育教师队伍。三是分类指导。条件较好的高等学校，要在普遍开展心理健康教育工作的基础上，继续推进和深化心理健康教育工作，努力提高质量和成效，率先建立成熟的心理健康教育服务体系；条件有待改善的高等学校，要尽快建立和健全心理健康教育工作机制，建立心理咨询（辅导）中心和稳定的心理健康专业教师队伍，普遍开展心理健康教育工作。四是均衡发展。推动优质心理健康教育资源的共享和心理健康教育的公平，推进区域和高校之间心理健康教育的均衡发展，逐步完善各级各类高等学校心理健康教育服务体系。坚持公共教育资源和优质教育资源向中西部高等学校倾斜，加强支持、指导和帮扶力度，逐步缩小东西部和区域之间心理健康教育的发展差距，推动心理健康教育全面、协调发展，着力提高心理健康教育工作成效。

四、您觉得高校学生心理健康教育的主要内容标准应该是什么样的？

高校学生心理健康教育的主要内容标准应该包括基本标准和分类标准两个方面。前者是所有大学生必须遵循的，后者对不同高校学生更具针对性。

高校心理健康教育的基本内容包括：普及心理健康知识，夯实心理健康意识，认识心理异常现象；提高心理健康素质，提升社会适应能力，开发自我心理潜能；运用心理调节方法，掌握心理保健技能，提高心理健康水平。其重点是学习成才、人际交往、恋爱婚姻、自我与人格发展、情绪与压力管理、社会与生活适应以及就业创业与生涯规划等方面的内容。

高等学校应帮助大学生正确认识和处理好学习成才、择业交友、健康生活方式等方面的具体问题。树立终身学习的理念，培养学习兴趣，掌握学习策略，开发学习潜能，提高学习效率，积极应对考试压力，克服考试焦虑，为成才和创新精神、创新能力奠定基础；正确认识自己的人际关系状况，尊师爱友，提升人际沟通能力，促进人际的积极情感反应和体验，正确对待和异性同伴的交往，认识友谊和爱情的界限，建立正确的恋爱观和婚姻观，为建立家庭和为人父母做好准备；帮助大学生进一步调节和管理情绪，提高克服困难、承受失败和应对挫折的能力，形成良好的情绪品质和意志品质；关注社会、服务社会，积极参与社会公共生活，自觉培养亲社会行为和志愿者行为，不断提高自己的社会适应能力；培养积极心理品质，优化人格特征，增强自我调节和自我教育能力，培养自尊、自爱、自律、自强的优良品格，促进自我与人格的进一步完善，使他们真正成为人格健全的创新型和自我提升型人才；在充分了解自己的兴趣、能力、性格、特长和社会需要的基础上，确立自己的职业志向和职业生涯规划，培养职业道德意识，进行升学就业的选择和准备，培养担当意识、主人翁精神和社会责任感。

高职院校应帮助大学生正确认识和处理成长、学习和职业生活中遇到的心理行为问题，提升自强意识、成才意识、创业意识和自我价值感。让大学生了解激发学习兴趣和动机的方法，理解终身学习概念的新内涵，培养学习信心和兴趣，体验学习过程中的积极感受和体验，树立终身学习和在职业实践中学习的理念；让大学生正确认识人际交往和社会适应障碍的成因，理解和谐人际关系、快乐生活的意义，热爱职业，劳动光荣，崇尚人际交往中的尊重、平等、谦让、友善和宽容，追求健康的生活方式，不断提升自己的生活质量；关注自己性生理和性心理发展的特点，从而能主动进行心理调适、情绪管理，做积极、乐观、善于面对现实的人；使大学生了解自己的性格特征、行为方式和成长规律，积极接纳自我，学会欣赏自我，敢于接受职业的挑战，追求自己的人生价值，直面成长中的心理行为问题。特别是让他们享受成功体验，增强职业意识，培养职业兴趣，提高职业选择能力，做好职业心理准备；了解职业心理素质的重要性，正确对待求职就业与创业中可能出现的心理行为问题，勇于面对职业压力和职业倦怠，认同职业角色规范，不懈追求创业和创新，提高职业适应能力，在职业体验和实践中提高职业心理素质，做一个身心健康的高素质劳动者。

总之，高等学校大学生心理健康教育的主要内容标准，必须从不同学校的实际和不同类型学生的身心发展特点出发，做到针对性与实效性统一。

五、请问高校学生心理健康教育重要的几个方面是哪些？

全面推进和深化高校心理健康教育工作，必须树立"大心理健康教育观"。其实质就是新时代中国特色的心理健康教育体制观，即对符合中国国情、富有中国特色的心理健康教育体制的认识、理解和判断。从个体层面，强调健康与幸福；从人际层面，强调心理健康服务；从群体层面，强调社会心理服务；从社会层面，强调社会心态培育。其方向是坚持心理健康教育是德育与思想政治教育工作的重要组成部分，任务是提高全体师生的心理健康意识，理念是全面强化心理健康教育向心理健康服务的转变、问题导向向积极心理品质促进的转变，方法是大胆探索心理健康服务的新路径和新方式。

第一，把大学生心理健康教育工作视为一项系统工程。要以课堂教学、课外活动指导为主要渠道和基本环节，形成学校与院系、课内与课外、教育与指导、咨询与自助、自助与他助紧密结合的心理健康教育网络和体系。要主动占领互联网心理健康教育新阵地，使互联网成为弘扬主旋律、开展心理健康教育的重要手段，着力建设好融思想性、知识性、趣味性、服务性于一体的心理健康教育网站和网页，牢牢把握网络心理健康教育的方向和主动权。

第二，将心理健康教育始终贯穿于教育教学全过程。全体教职员工，特别是教师要树立心理健康教育意识和观念，将适合大学生特点的心理健康教育内容有机渗透到日常教育教学活动、专业学习中；注重发挥人格魅力和为人师表的作用，建立民主、平等、相互尊重的师生关系。辅导员、党团工作者和专兼职教师要将心理健康教育与班级工作、党团活动、校园文体活动、社会实践活动等有机结合，充分利用互联网等现代信息技术手段，多种途径开展心理健康教育。

第三，开设专门的心理健康教育课程。心理健康教育课程是集知识传授、心理体验与行为训练为一体的公共课程。各高等学校应创造条件，为大学生开设心理健康教育必修课或必选课，或专题讲座、报告等。通过线上线下、案例教学、体验活动、行为训练、心理情景剧等多种形式提高课堂教学效果，通过教学研究和改革不断提升教学质量。心理健康教育课程要防止学科化倾向，避免将其作为心理学知识的普及和心理学理论的教育，要注重引导大学生运用心理健康知识和方法，正确处理自身面临的心理行为问题，最大限度地预防大学生发展过程中可能出现的心理障碍和心理疾病。

第四，建立和加强心理辅导或心理咨询中心建设。这是心理健康教育专兼职教师开展个别辅导和团体辅导，帮助大学生解决学习、生活和成长中出现的问题，排解心理困扰的特殊场所。各高等学校要积极创造条件建立心理健康教育工作服务体系，开展经常性的心理辅导或心理咨询工作。心理辅导或心理咨询工作要以发展性辅导或咨询为主，面向全校学生，通过个别面询、团体辅导活动、心理行为训练、书信咨询、电话咨询、网络咨询等多种形式，有针对性地向大学生提供经常、及时、有效的心理健康指导与服务。心理辅导或心理咨询机构要科学地把握大学生心理健康教育工作的任务和内容，严格区分心理辅导或心理咨询中心与专业精神卫生机构所承担工作的性质、任务。在心理辅导或咨询中发现有严重心理障碍和心理疾病的学生，要及时识别他们，并转介到专业卫生机构治疗。

第五，充分利用校内教育资源开展心理健康教育。高等学校广播、电视、计算机网络、校刊或校报、橱窗板报等宣传媒体，多渠道、多形式地正面宣传、普及心理健康知识。要重视心理健康教育网络平台建设，开办专题网站（网页），充分利用网上教育资源。要加强校园文化建设，营造积极、健康、高雅的环境氛围，陶冶大学生高尚的情操；通过朋辈互助、心理情景剧等形式，增强大学生相互关怀与支持的意识。大力开展有益于提高大学生心理健康的第二课堂活动、音乐艺术鉴赏活动，要积极支持大学生成立心理健康教育方面的社团，通过举办生动活泼、丰富多彩的活动，强化学生的自觉参与意识，提高广大学生学习心理健康知识的兴趣，解决他们在学习、生活中产生的心理困扰，达到自助与助人的目的。

第六，充分利用校外教育资源开展心理健康教育。高校要加强与医疗机构、基层群众性自治组织、企事业单位、社会团体、公共文化机构、街道社区以及青少年校外活动场所等的联系和合作，组织开展各种有益于大学生身心健康的文体娱乐活动和心理素质拓展活动，拓宽心理健康教育的途径。要加强家校合作，帮助家长树立正确的教育观念，加强亲子沟通，以积极、健康、和谐的家庭环境影响孩子；同时要为有需要的家长提供促进孩子发展的指导意见，协助他们共同解决孩子在发展过程中的心理行为问题。

六、请问具体到高校学生心理健康教育教学工作，您有什么样的建议？

国家和政府在宏观层面，正在大力加强对大学生心理健康教育工作的统领、规范和指导，不断解决大学生日益增长的心理健康需要与发展不平衡、不充分之间的矛盾。在微观层面，加强高校学生心理健康教育教学工作。

一是必须加强心理健康教育师资队伍建设。心理健康教育是一项专业性很强的工作，必须大力加强专业师资队伍建设，通过专、兼、聘等多种形式，并逐步增大专职人员配比，建设一支以专职教师为骨干，专兼结合、基础扎实、专业互补、相对稳定、素质较高的高等学校大学生心理健康教育工作队伍。专职从事大学生心理健康教育工作的教师，要具有从事大学生心理健康教育的相关学历和专业资质。心理健康教育师资队伍宜少量、精干，数量可根据实际需要自行确定，编制可从学校总编制或专职学生思想政治工作编制中统筹解决，原则上应纳入学生思想政治工作队伍管理序列，评聘相应的教师职务，落实好心理健康教育教师职务（职称）评聘工作。建议每校专职教师的人数原则上按师生比1∶4000配置，但不得少于2名，同时可根据学校的实际情况配备兼职教师。设有教育学、心理学教学机构的高等学校，也可纳入相应专业队伍管理序列。兼职教师和心理辅导或咨询人员，按学校有关规定计算工作量或给予报酬。心理健康教育专职教师享受辅导员同等待遇。

二是大力开展心理健康教育专兼职教师培训。要积极开展对心理健康教育专兼职教师的业务培训，培训工作列入学校师资培训计划。切实提高专兼职心理健康教育教师的基本理论、专业知识和操作技能水平。培训形式包括集中培训、专题培训、讲座培训和网络培训等，培训内容包括职业道德、理论知识学习、操作技能训练、案例分析和实习督导等。要通过培训，不断提高他们从事大学生心理健康教育工作的职业道德以及所必备的基本理论、专业知识和技能水平。培训工作应规范化，坚持长期分类进行。对于通过培训达到上岗要求者，由教育部认定的有关承训机构颁发资格证书，逐步做到持证上岗。要保证心理健康教育专职教师每年接受不低于40学时的专业培训，或参加至少2次省级以上主管部门及二级以上心理学专业团体召开的学术会议。特别要重视对班主任、辅导员以及其他从事学生思想政治工作的干部、教师进行有关心理健康方面的业务培训（每学期至少一个星期，3000元培训经费），以提升心理健康服务的专业水平。

三是高度重视全体教师的心理健康教育工作。各级教育行政部门和学校要关心教师的工作、学习、生活，从实际出发，采取切实可行的措施，减轻教师的精神紧张和心理压力。要把教师心理健康教育作为教师教育和教师职业生涯发展的重要方面，为教师学习心理健康教育知识提供必要的条件，使他们学会心理调适，增强应对能力，有效地提高其心理健康水平和开展心理健康教育的能力。教师要以高度负责的态度，率先垂范、言传身教，以良好的思想、道德、品质和人格给大学生以潜移默化的积极影响。特别是基于我国大学生心理健康教育的现状，在进一步提高心理健康教育师资队伍专业化水平的同时，要注重提升专兼职教师的敬业精神和职业道德，这也是教师心理健康教育的重要内容。

四是创新心理健康教育课程教材建设。我国大学生心理健康教育已经取得了较大成效，心理健康教育课程也已经如火如荼地开设起来，但是高质量的心理健康教育教材还是比较缺乏，在一定程度上影响了心理健康教育的效果。有调查表明，41.4%的教师使用教育部审定的教材，16.4%的教师使用学校自行编写的教材，25.6%的教师使用自选教材，16.6%的教师表示没有教材；在教材的针对性上，80.4%的教师表示所使用教材是专门针对大学生编写的，19.6%的教师对此表示否认。在心理健康教育教材能否满足实际教学需要这一问题上，40.4%的教师表示能够满足，51.0%的教师认为一般，8.6%的教师表示不能满足。心理健康教育教材，不仅是学生上课时的蓝本，也应该成为学生心理健康的自助手册。因此，在教材的编排上，应力求理论与实际相结合，贴近学生实际，提供心理健康的知识、心理调适的方法以及心理自助的指南。对于各高校使用的大学生心理健康教育教材应有一定的规定，整合多方力量编写高质量的教材，为更好地服务于大学生心理健康教育固本强基。

家庭教育如何摆脱焦虑[①]

本期嘉宾：

俞国良　中国人民大学心理学教授、中国家庭教育学会常务理事、教育部中小学心理健康教育专家指导委员会秘书长

苏彦捷　北京大学心理学教授、教育部中小学心理健康教育专家指导委员会委员

邢淑芬　首都师范大学心理学副教授、脑发育与心理发展研究所执行所长

【编者按】近年来，我国儿童青少年的危机事件屡见报端，令人痛心疾首，这一复杂的社会问题警示和折射出家庭教育的错位。2018 年 9 月 10 日，习近平总书记在全国教育大会上发表重要讲话，从"四个第一"的高度对家庭教育做出了深刻的阐述。落实习近平总书记关于家庭教育的重要指示，我们都需要寻找新时代家庭教育的"痛点"与"刚需"，其中心理学工作者肩负着重要的使命。目前我国家庭教育存在的主要问题和困境是什么，新时代家庭教育的主要任务又是什么？实现家庭教育主要任务的途径和方法有哪些？如何引导家长形成正确的儿童观、成才观和成人观，帮助家长掌握正确的家庭教育新方法和新模式？如何给予问题儿童心理关爱和帮扶，形成家庭教育社会支持体系，推动家庭、学校和社会密切配合，共同培养德智体美劳全面发展的社会主义建设者和接班人。

---

① 载于《光明日报》，2019-12-05，特约记者白宇飞等。内容略有调整。

一、在新时代、新形势的大背景下，我国当前家庭教育存在的主要问题与困境是什么?

俞国良：家庭教育是一个国家兴旺的根，是一个民族进步的魂。然而，在新时代、新形势下，我国家庭教育确实存在一些误区，面临严峻挑战。我总结为"六多六少""六种无度"，就是"知识传授多，德行修养少；生活关心多，素质培养少；脑力劳动多，体力劳动少；身体关心多，心理指导少；硬性灌输多，启发诱导少；期望要求多，因材施教少"。"无理由呵护，无分寸褒奖，无节制满足，无原则让步，无边际许诺，无休止唠叨"。其中最大的问题是"重智轻德"。调查表明，以"为应试教育服务"为目标的家庭占比为89%；与之相对，孩子最需要的教育内容，如心理健康教育，占比仅为38.2%。在现实生活中，知识本位作为一种价值取向已成为我国家庭教育的"背景底色"，尤其是城市家庭，学习成绩在家长的心目中和实际的教育行为中发挥着最重要的杠杆作用，家庭教育的知识本位导致家庭教育功能的主体性缺失和家庭教育的畸形发展，让孩子在一种充满负能量的家庭教育生态环境中成长，这可能是导致儿童青少年产生心理行为问题的原因之一。

苏彦捷：随着社会变革的加剧，家庭教育面临着复杂多变的形势和前所未有的困境，当前我国家庭教育存在的一个非常突出的问题就是违背孩子身心健康成长的心理规律和教育教学规律。家庭教育的知识本位导致家长形成一种严重的担忧孩子输在起跑线上的恐慌心理，因此有的家长带着孩子疲惫地奔波于各种校外机构，提前学习各科知识。著名的儿童心理学家格塞尔一再强调，儿童的心理成熟是一个自然成熟的过程，教育不能改变发展的主要时间进程，只有儿童心理和认知水平成熟到一定程度以后，人的教育和训练才会起作用。人为地提前训练，可能一时一地占有一定优势，但这种优势不会长期保持下去。

邢淑芬：在新时代社会转型的时代背景下，我国当前家庭教育中存在最突出的一个现实问题就是"家长养育焦虑"的问题。"邻家的孩子""赢在起跑线上"等诸如此类的观念抓着每一位家长的心,因此才会出现所谓"虎妈""狼爸""直升机式妈妈"等。2018 年,智课教育家长成长研究院联合新浪教育发布了《中国家长教育焦虑指数调查报告》,其中调查结果显示,68%的家长对孩子的教育感到焦虑。在这样的家庭养育心态下,我们如何当好孩子的第一任老师?如何给孩子讲好"人生第一课"?又如何帮助孩子扣好人生的第一粒扣子?心理学的研究发现,儿童青少年的异常行为往往始于儿童期焦虑不安的家庭环境或氛围,特别是养育焦虑所导致的疏离化、冲突化的亲子关系,往往会导致儿童青少年表现出各种内化或外化的心理行为问题,更为严重的甚至会出现自残、自杀等恶性心理危机。

二、家庭教育的主要任务是什么?实现主要任务的途径和方法有哪些?

俞国良:习近平总书记反复强调"家庭教育涉及很多方面,但最重要的是品德教育,是如何做人的教育"。"立德树人"是中华民族两千多年来的优秀教育传统,也是我国新时代家庭教育的一项根本任务。"立德"而"树人",树人,必须"德育为先",因为品德是为人之本,家庭是孩子思想品德形成的摇篮,是"人之初"的教育。家庭教育应该从知识本位回归德行本位,德行是个体素质的完整、和谐、自主和可持续发展的基础,决定人生成长的方向、速度和质量。我小时候生长在农村里,父母没有在学习上给我多少帮助,但在做人上给我的教育有很多。那时我到学校要走 3 小时的路,星期天我还要参加劳动。这种家庭教育培养了我勤奋、踏实的特点,这对我以后的成长、发展帮助很大。

家庭教育中的立德树人首先要强调家风建设。家风从本质上来说就是家庭文化对家庭成员的浸润,是一代又一代人沿袭下来的稳定的思想、心理和行为模式,用以约束和规范家庭成员的风尚与作风,具有旺盛的生命力的家风,这种最具有中国特色的正能量,集中反映了一个家庭的道德水平和道德风貌。良好的家风是一个家庭的隐形的财富，是风险系数最低、最具有价值的"家庭不动产"。家风对孩子的影响是隐性的，不管是在思想层面，还是在心理层面或行为层面，都将对他们产生终身的、稳定的影响。因此，有了孩子并不等于就可以天经地义地当家长，每位父母都该扪心自问："我是不是真的有资格做家长？""我能不能承担起家风、家德建设的重担？"

苏彦捷：孩子是国家和民族的未来，家庭教育围绕着"培养什么人、怎样培养人、为谁培养人"，已上升到国家发展战略的高度，新时代家庭教育应坚持价值导向，使育智与育德相统一。在实施家庭教育"育德"这一根本任务的过程中，家长要提升自身的素质和德行，这里最重要的是家长要"以身作则"和"言传身教"。家长的素质不仅是家庭教育中强有力的教育因素，更是决定家庭教育质量最为根本的因素，很大程度上决定着孩子未来所拥有的品质和力量。当孩子惹了祸，或引发社会问题的时候，每个人都会责备他们的父母，认为父母应该承担着主要的责任，其实父母应该受到的是训练而不仅仅是责备。因此，通过不同的途径和培训，提升家长的素质，让家长掌握科学、专业的育儿新理念、新知识和新方法，我国心理学工作者担负着时代的使命。

邢淑芬：要想实现立德树人、育智与育德相统一，首先，家长要具备一定的学习能力，实现自我的完善和发展。换句话说，家长想要育儿，需先育己，使自己成为具有底气和素养的"硬核"父母，让自己成为孩子从心理上可以认可的榜样，把家庭教育的着力点放在言传身教、潜移默化上。其次，丰富多彩的亲子活动应成为家庭教育中思想品德教育的重要载体。家长可以通过组织不同种类的家庭活动、文体活动和户外活动，利用强化技术、暗示的作用和情境的力量等心理学技术，在活动中有意识地培养孩子优良的道德品质和道德行为，让孩子的人生之路可以走得更高、更远，家长真正成为孩子健康成长的守门人。

三、很多妈妈认为这是一个充满养育焦虑的时代，从心理学的角度如何直面这一时代焦虑，引导家长形成正确的教育观、儿童观和成才观、成人观，帮助家长掌握正确的家庭教育的新方法和新模式？

俞国良： 家庭教育要站在"社会心理服务体系建设"的立场上。我国当前的家庭教育面临着前所未有的困境，儿童青少年成长和家庭教育是一个系统工程，我们需要跳出"家庭教育"来看家庭教育。首先，从原来的"家庭教育"延伸到现实的"家校合作"，打破家校双方"隔岸相望两茫然"的现有局面，促进家庭教育和学校教育协调发展、共同作用的大家庭教育观，从而减少因缺乏教育资源和教育方法而焦虑的家长。其次，在社会层面，家庭教育不再是个人行为，更是社会行为，良好的社会行为依赖于正确的家庭心态、理性的社会心态，而家庭心态、社会心态的培育取决于社会心理服务。因此，就家庭而言的教育是"小教育"，家庭、学校和社会联动的教育才是"大教育"，我们要促成从"小教育"向"大教育"的转轨、"内教育"向"外教育"的延伸，使家庭教育、学校教育和社会教育三者各司其职，优势互补，形成大教育联动系统。

苏彦捷： 作为一名儿童心理学工作者，我认为要想减少抚养焦虑最关键的是要形成一种正确的儿童观和人才观。家长的儿童观是家庭教育的首要元素，家长的教育需要遵循儿童身心的发展特点和基本规律，提供适合儿童发展需要的教育，而不是用"别人家的孩子"或用统一的"模式标准"来教育和塑造儿童。

家长要树立正确的人才观。新时代家庭要秉持"每个孩子都是独一无二的"教育理念，儿童成长和发展的道路要建立在个人优势的基础之上，正如积极心理学之父塞利格曼在其著作《真实的幸福》一书中一再强调："真实的幸福来源于优势和美德"，也就是说真正的幸福是做能发挥自己长项的工作，而不仅仅是我们感兴趣的工作，利用个人优势所获得的幸福感是建立在真实的基础上的。新时代家长要坚信"人无全才，人人有才"的人才观，做一个内心平静、平衡的家庭教育者，给孩子的身心健康成长提供一个良好的家庭生态环境。

　　邢淑芬：近几年来，我的课题组在家庭养育和儿童发展这个领域做了一些心理学实证研究的探索。我们的研究发现，焦虑的家长会更多地将自己的价值建立在孩子的身上，这样的家长会采用更多的侵入式的教养行为，这些具体的侵入式的教养方式包括通过引发儿童的内疚感和焦虑感来管理孩子的日常行为。我们的跨文化研究发现，与西方的母亲相比，我国母亲会采用更多的"爱的撤回"的教养行为，也就是我们经常会听到一些妈妈说"你再这样不好好学习，妈妈就不爱你了"。大量的心理学实证研究发现，这种侵入式的教养行为会导致儿童产生各种各样的心理社会功能的失调现象。

　　在当前的家庭教育中，出现了大量的"直升机式"家长和"割草机式"家长。"直升机式"家长是指家长就像直升机一样盘旋在孩子的上空，时时刻刻监控孩子的一举一动。"割草机式"家长是"直升机式"家长的升级版，他们不等着困难出现，而是一直走在孩子前面，随时替孩子清除成长道路上的一切障碍。无论是"直升机式"家长还是"割草机式"家长都不利于孩子独立性和自主性的培养。人本主义心理学家弗洛姆曾经这样说过："母亲—孩子的关系是矛盾的，在某种意义上是富有悲剧意味的。它要求母亲付出最强烈的爱，但这种爱又必须帮助孩子成长而远离母亲，最终完全独立……但大多数母亲都没能完成任务，即在爱孩子的同时又能让他离开，或希望他能离开。"后物质时代的父母要学会给予孩子深沉爱和智慧爱，注重培养孩子的自主性，让孩子可以做自己，成为一个可以自我引导、自我决定和自我发展的成熟个体。孩子的成长意味着他可以做自己的决定，虽然有时候会犯错误。新时代的家长关键在于让孩子做好上路的准备，而不是一味地为孩子铺平成长的道路，这样会阻碍孩子自主性和独立性的培养，让他们的承受压力和挫折的能力没有得到足够的锻炼与成长。

　　俞国良："十年树木，百年树人。"从历史上看，无论在任何时候，家庭都与时代同呼吸、共命运。社会发展与进步，离不开家庭教育的支撑。可谓"家是最小国，国是千万家"。今天，我们已然有了积累、有了力量、有了愿景，虽不完美，但眺望前方之时，我们欣然发现了家庭教育发展的希望。发展家庭教育，利在当代，功在千秋。树立新时代大家庭教育观，从家长做起，让家长的语言成为孩子进步的勋章，让家长的鼓励成为孩子成长的充电器，让家长的共情成为孩子一生享用的甘露，全社会合作共育，促进家庭教育向家庭教育服务转变，真正实现家庭教育的转型和腾飞。

青少年对新冠肺炎疫情的认知：社会心理服务视角
——本刊专访中国人民大学教授、博士生导师俞国良教授①

采访者：《黑龙江社会科学》杂志社编辑杨大威

受访者：中国人民大学教授俞国良（国家卫生健康委员会精神卫生和心理健康专家委员会委员、教育部中小学心理健康教育专家委员会秘书长和高等学校心理健康教育专家指导委员会副秘书长）

（1）疫情发生以来，正值寒假，广大高校、中小学在校生无法返校。从心理学上看，在这种特殊的居家封闭环境中，青少年容易有哪些心理状态？对他们的生活产生哪些影响？这些积极或消极的影响，具体对哪些学生影响较大？

俞：疫情猛于虎。在居家、封闭隔离环境下，青少年的心理状态需要分两个阶段来认识。在疫情之初，由疫情本身带来的一些问题是比较普遍的，由于人们对病毒的认识还不是很清楚，各种谣言和信息满天飞的时候，不仅青少年，所有社会大众都可能处于紧张、焦虑、恐惧的情绪之中，尤其担心自己或家人可能会被感染，也可能对政府管理或某些人（如吃野生动物的人）产生愤怒情绪等。一旦周围环境中有人出现咳嗽、腹泻、发烧等症状，人们就会更加害怕，怀疑自己已被感染，但又不敢出门上医院检查，在行为上表现为坐立不安、焦躁、失眠、反复洗手，花大量时间在网络上浏览各种关于疫情的信息，大量转发各种消息等。这些心理状态在疫情之初都是正常的表现。随着疫情的发展，各种官方信息开始公开透明，人们对病毒的认识逐步清晰之后，对疫情的焦虑和恐惧情绪逐步平复，进入响应政府号召、适应居家工作和学习阶段。在这个

---

① 载于《黑龙江社会科学》，2020（4），记者杨大威。引用时有改动。

阶段，青少年学生可能出现的状态有：生活懒散、无聊空虚、缺乏自律性、熬夜、睡懒觉、拖延作业、上网课不专心、学习效率低下、沉迷游戏、热衷网络、烦躁不安、自责自卑等。

疫情之初的不安、焦虑、恐惧等情绪，使青少年养成了原来觉得无所谓但现在必须养成的生活和卫生习惯，如出门戴口罩、勤洗手、保持社交距离等；随着疫情的逐步改善，那些社会适应良好、心理健康的青少年会逐渐适应居家隔离学习的情况，他们除了能高效完成网课的学习内容外，还能充分利用可自由支配的时间，学习自己想学、感兴趣的东西，如读书、创作、做义工、学美食、做运动、自主学习新知识等。但对于那些本身有心理行为问题的青少年来说，疫情这个重大的公共卫生危机事件，成为一个强大的诱发因素，使其心理行为问题变得更加明显。例如，亲子冲突更加严重，孩子对家长反感、敌意情绪增加，甚至发生吵架、家暴行为；抑郁程度加重，有的出现自残自杀行为；缺乏抗挫折能力、承受压力和管理情绪能力的青少年可能出现自我惩罚行为；导致时间管理能力受损，不能按时完成学习任务，陷入无聊、拖延、沉迷网络、自责自卑等恶性循环中。

疫情之下，长时间居家学习不能回学校，对于高校毕业班的部分学生来说压力较大，有的学生准备在春招时找工作，但线下招聘会均被取消，就业机会减少，面临较大的就业压力；部分硕士生、博士生完成毕业论文有困难，存在无法做实验，查找资料文献不方便等问题；英语等级考试、托福考试取消，部分学生可能因为没有拿到合格的外语成绩而无法顺利毕业等，会给毕业生带来较大的心理压力，急躁、焦虑、抑郁等情绪比较普遍。对于高三和九年级学生来说，高考和中考时间推迟，又多了一个月倍受"煎熬"的时间，好在高三和九年级学生一直在老师的带领下，在家有序学习，部分学生会因为多一个月的备考时间而表现得更好。总之，居家隔离学习对于所有青少年来说，体育运动时间减少，看电脑、手机的时间明显增多，导致身体素质下降、视力减退等问题。同时，青少年无比渴望与同龄人一起生活和学习，居家隔离减少了正常的人际交往，会使他们产生强烈的孤独感、无聊感，"做一天和尚撞一天钟"是他们当时心理状态的真实写照。

（2）请分享一些故事，新冠肺炎疫情暴发以来，以及学校陆续复课后，有哪些学生向您或同事寻求过心理咨询帮助？这些案例分别反映了哪些具有普遍意义的心理问题？

俞：根据教育部中小学、高等学校心理健康教育专家委员会各位委员对所在省市的调查研究，以及他们实际从事的心理咨询、心理健康教育工作实践，大中小学生典型的咨询问题包括：因居家隔离或延期开学而担心学习被耽误、学业压力与拖延惯性产生的心理冲突、因隔离在家想外出游玩而与家人发生严重冲突、居家久了与父母产生矛盾、担心疫情不敢去医院看病等。

对于中小学生群体来说，由于作业量比平时少了很多，因此他们普遍感到比平时轻松，有的同学认为学习效率提高了，不用拘泥于每节课 45 分钟，不仅可以提前学完，还能找课外的练习来提高自己；疫情带给中小学生很多的思考和认识，他们懂得不能盲目相信网络上的信息；疫情危机让他们在思考未来社会的发展及其对人才的需求，寻找适合自己发展的方向和专业。中小学生在疫情下展现出积极向上的精神面貌和良好的心理状态，这是在适度压力下激发出来的成长动力。现在面临这次全球性的公共卫生危机事件时，世界各国应对疫情的方式使政治、经济、生活发生了巨大的变化，这样强烈的冲击带给中小学生更多的思考和成长。显然，疫情带给青少年的不仅是困惑、灾难和痛苦，还有更多的成长和收获。

大学生群体的状况更加复杂些，以下的案例或故事也许能说明问题。案例一：本科生 C，严重抑郁，认知能力受到影响，失眠，精神状态不佳，经常有自杀的想法。其自我期待很高，希望能出国读研，但是父母在经济上不支持，C 现在的身体状态使他无法正常学习，伴有较高的焦虑，因疫情无法去医院及时诊断和治疗，导致其心理行为问题进一步加剧。案例二：研究生 A，从小父母关系不好，父亲脾气暴躁，经常无缘无故发脾气，A 原来回家就胆战心惊，常想自己躲起来，努力学习的目的就是想逃离家。疫情之下，他不得不待在家里，因为亲子关系问题，常常出现头痛、头晕症状，无法正常学习，感觉自己要死掉了，但医学检查并无问题。案例三：博士四年级学生B，因为原生家庭的问题，不会向人求助，好强，不会欣赏自己，也不会欣赏别人，对孩子苛刻。疫情之下在家完成论文，预答辩时被老师否定，她因此感到绝望。她的丈夫长时间在抗疫一线不能回家，有一个才上一年级的孩子，她在家和婆婆相处不好。由于疫情期间她既要写论文，又要带孩子，还要做家务，处于崩溃边缘，曾多次因焦虑而晕倒送医院急救。

以上大中小学生积极或消极的行为表现，从表面上看都是受疫情影响，但背后都有深刻的原生家庭的问题，由于父母的教养方式，有的学生在很小的时候就出现了一些强烈人生信念："我不值得被好好地对待""我是不重要的""必须努力""没有人是值得信任的"等。他们普遍的心理行为问题主要表现在以下几个方面。首先，在学习上缺乏兴趣、没有快乐感，以致产生厌学情绪，对学习和学校感到恐惧。其次，人际关系紧张，主要表现在与同学、老师及父母的关系处理不好。再次，自我意识强。大部分学生自我意识强，而社会意识、责任意识等淡漠，关心自己比关心他人更多。最后，社会适应能力弱。一些学生只能按部就班地生活，缺乏对突发事件、重大生活事件的应对能力，如果离开重要他人、社会支持就什么都做不了。

（3）在新冠肺炎疫情暴发以来，您本人都做过哪些相关工作？对于大学生、中小学生这个群体有哪些新的发现？在这个时期，他们表现出哪些和以往任何一段时间都不太相同的心理状态？这是什么原因造成的？

俞：疫情以来，几乎所有人都积极投身本次新冠肺炎疫情防控阻击战。联合国秘书长古特雷斯2020年5月13日就敦促各国政府、各级学校、卫生部门和科研机构采取紧急措施，团结一致，共同解决新冠肺炎疫情大流行期间的精神卫生或心理健康问题。我作为教育部中小学心理健康教育专家指导委员会秘书长，在疫情期间主持秘书处起草了教育部中小学心理健康教育专家指导委员会颁布的"疫情防控期间居家学习生活 10 条建议（见 2020 年 2 月 25 日教育部官网）"和"疫情居家期间中小学生典型心理问题及解答"。一是组织、指导全国六大区各位专家组组长，协调组建各大区中小学心理健康教育工作微信群，开通"心晴热线"；二是协调所属省市专家委员，及时总结通报本省在疫情期间开展的心理健康服务工作，加强联动；三是指导各省市通过开通微信端、电话热线、网络咨询等，免费提供一对一心理辅导，为在家隔离或延期开学担心学习被耽误、因隔离在家想外出玩而与家人发生严重冲突、居家久了与父母产生矛盾、担心疫情不敢去看病的中小学生提供心理服务。为湖北、广东、浙江、上海、天津、四川等 20 多省市教育部门以及中小学抗击疫情提供心理辅导、心理咨询和心理援助，并指导、联合和审定了有关省市的《中小学生抗击疫情心理防护指引》《中小学生防疫心理调适手册》《抗疫期间中小学生及家长心理防护手册》等。应有关部门邀请撰写了《疫情时期社会舆论引导的建议与对策》（北京市委《前线内参》2020 年第 7 期）、《健全疫情期间的社会心理服务建设》、《加强疫情期健康社会心态培育》等，为党和政府决策服务。

基于全国多地心理援助热线和自媒体集中反映的当下疫情期间学生典型心理调适问题，以及教育部中小学、高等学校心理健康教育专家指导委员会的相关调查研究，疫情期间学生表现出和以往任何一段时间都不太相同的心理状态。一是因疫情引发了更大强度的心理恐惧、焦虑和抑郁，具体表现为：心神不宁，总是很紧张、很担忧；十分害怕自己和家人在上班或开学后会被传染；情绪波动很大；身体上出现一些不适，如头疼、胃疼、睡眠不好、食欲改变等；做平时喜欢的事时也提不起精神。二是特别担心居家学习效果不佳、害怕学习成绩下降等问题，具体表现为：学习主动性差，需要反复催促和提醒；学习不认真，精力不集中，拖沓，或边学边玩；想好好学习可自己做不到；担心自己不能适应在网上学习的形式；担心居家学习效率不高导致成绩下降，导致烦躁和焦虑。三是亲子关系矛盾问题尤其突出，具体表现为：孩子天天宅在家里，家长居家工作，家长在家既要监督孩子学习，又要管生活，还要陪孩子玩耍，家长压力

"山"大。家庭亲子关系容易紧张，容易出现"鸡飞狗跳和家庭大战"的情况。四是居家生活枯燥、无聊的问题，具体表现为：脾气暴躁，易怒；作息不规律，早上不起晚上不睡，很懒散，总是坐着不动；快憋不住了，特别想出去。五是玩手机和游戏的时间大幅度增加，具体表现为：除了吃饭睡觉外，就是抱着手机，有时候学生自己也觉得用手机的时间太长了，但又控制不住自己。

(4)疫情会造成一定的心理恐慌。对于陆续返校的广大学生来说，从居家到返校的过渡期，可能会存在哪些心理状态的波动？如何进行调整？

俞：研究表明，新冠肺炎疫情可能在全球范围内造成空前规模的持久情感创伤，或许会在经济迅速复苏的希望化为泡影的同时，迫使数百万人竭力应对，让人身心俱疲。心理恐慌即恐惧，而学校恐惧主要源于疫情造成的心理恐慌。对于陆续返校的广大学生来说，恐惧的阴影笼罩心头，这表示我们正处于关键时刻面临重大挑战。躲避恐惧形同不战而降，只会削弱我们的力量。如果我们先行接纳，并且尝试克服恐惧，新的力量将在我们身上萌生。每战胜一次恐惧，我们就会淬炼得更坚韧。

第一，注意我们的恐惧想法。我们之所以感到恐惧，是因为我们有了恐惧的想法。若真想减弱或消除恐惧心理，就必须在思想上充满希望，而不是极度恐惧和忧心忡忡。

第二，分析我们恐惧的思想。把我们的恐惧想法记录下来，并根据积极思想的两条规则进行检验。在每一种消极想法的后面表达一种积极的思想，在我们为恐惧思想所折磨时，可以随时看到这些积极思想。

第三，试着做放松练习。当我们的恐惧思想袭来，而我们又无法控制的时候，就深呼吸，这样可以帮助我们安静下来(深呼吸，比平时略深一些。立即呼出，不要保留。呼出以后，闭气 6～10 秒，自己读秒，慢慢地在心里读："1，2，3……"6～10 秒后吸气，再毫无保留地呼出，然后再闭气 6～10 秒。这样的呼吸练习每次做两三分钟，直到你感觉安静为止)。

第四，转移自己的注意力。当恐惧突然袭来，而我们又不知所措的时候，就可以走出教室到操场或其他地方去散步，或发个短信息、打个电话和朋友聊聊天。我们可以同他们谈任何事情，唯一的事情是不能谈自己。另外，做体力活动也是一个转移注意力的好办法。有自行车吗？要是有，那就跨上自行车骑一段，直到筋疲力尽。

(5)疫情冲击了经济和就业形势。这对大学应届毕业生造成很大心理负担，不仅招工期短了，招聘岗位和需求也少了。大学生面对就业压力和严峻的就业形势，他们的心理容易出现哪些问题？他们应当如何调整心态，客观理性面对这种就业形势？

俞：新冠肺炎疫情导致许多人失业，数十亿人隔离，更为严峻的形势是，我们尚不能确定糟糕的日子何时结束。美国哥伦比亚大学医学中心心理学教授尤瓦尔·内里亚说："这次疫情作为创伤事件的规模之大几乎令人无法想象。"以"9·11"恐怖袭击事件或第二次世界大战为例，这两次事件引发的焦虑至少受到地域限制，而这次疫情"没有国界"。毫无疑问，疫情冲击了我国的经济和就业形势，对每一位毕业生来说都是严峻的考验。大学生在求职就业中会遇到各种困难和挫折，是放任自己的悲伤，还是逆流而上？在这种关键时候，良好的心态就成为求职就业成功，在激烈的竞争中争取一席之地的重要砝码。

第一，正确归因，提高求职就业的积极性。每个人在求职过程中都会由于诸多原因而遭遇挫折，如投递简历杳无音信、面试成绩不理想等。面对这些失败，我们的归因方式不同，对我们的影响就不同。心理学研究表明，若个体将失败归因于智力差、能力低等内部稳定因素，就会使个体丧失信心，降低以后行动的积极性；若个体将失败归因于运气不好、努力不够等内外原因中的偶然因素，则会使个体接受教训，努力改正不稳定因素造成的影响，并有利于提高今后行动的积极性。因此，求职者面对失败时应避免自我否定，要相信自己的能力，尝试用新的方式分析失败的原因，如将失败归为自己的准备不充分、努力不够等，并在接下来的求职中对这些不足加以弥补和改正。

第二，接纳现实，及时调整就业期望值。从心理学的角度看，当人们面临两个互不相容的目标时，会体验到心理上的冲突。理想与现实之间的冲突就是毕业生经常面临的一个问题。毕业生往往对未来抱有较高的期望值，希望找到一份福利待遇好、条件好且能充分发挥自身才能的工作。但在实际择业中，这种期望值却很难满足，因而内心矛盾重重，甚至错失很多就业机会。然而，理想与现实之间的差距是不可避免的，毕业生要做的不是怨天尤人，而是接纳现实，并根据自己的实际情况和就业形势，及时调整自己的就业期望值；树立长远的职业发展观念，放弃过去那种择业就是"一步到位"，要求绝对安稳的观念。当我们还没有能力找到自己理想的职业时，可以先选择一个职业实现就业，在工作过程中不断提高自己的社会生存能力，增加工作经验，然后再凭借自己的努力，通过正当的职业流动，来逐步实现自我价值。

第三，关注情绪，学会自我调适。在疫情期间求职就业，大学生可能会因承受心理压力而陷入过度焦虑之中。因此，掌握一定的心理调适方法和技巧是必不可少的。下面介绍几种常用的心理调适方法，大家可以根据自己的实际情况有选择地加以使用。一是积极地自我暗示。求职者应该多给自己积极的评价，并对自己有积极的期待。在日常生活中，在叙述一些自身的事情时也应多采用积极的词汇。二是适度宣泄。合理宣泄的方式有很多，如可以向老师、亲友倾诉自己的感受，以求得安慰和劝导；也可以通过大运动量的活动，寻找畅快淋漓的感觉去宣泄情绪，甚至可以痛哭一场来释放压抑的情绪。三是伸展身体。尽量舒展你的身体 10~15 分钟，如转动你的头部、尽量摆动上肢、张开嘴巴等。这些动作能够减轻你的肌肉疲劳，转移你的注意力，让你感到身心放松。四是调整饮食。生理学家认为，香蕉等水果中含有一种可以让人安神和愉悦的物质。所以，我们在参加面试或者心情低落时，可以适量吃一些水果。

（6）家长、学校以及社会各界，分别应当怎样为学生树立正确的心理健康氛围？

俞：我以为，心理健康氛围的形成，仅仅依靠学校的力量是远远不够的。因此，建立一个良好的家庭环境、和谐的社会环境和适宜的学校环境至关重要，而树立学校、家庭和社会心理健康教育一体化的"大心理健康教育观",也是大势所趋,势在必行。

第一,在个体层面,强调健康与幸福。一般地,健康包括生理、心理、社会三个方面,而这三者之间是相互影响、相互促进的关系。幸福,按心理学的理解,可划分为主观幸福感和心理幸福感。主观幸福感是由人的情感所表达的,幸福就是对生活的满意,拥有较多的积极情感和较少的消极情感;心理幸福感认为幸福并不只是情感上的体验,而更应该关注个人潜能的实现。心理健康教育在个体层面的工作,就是要让学生认识到健康与幸福的重要性,并教会学生保持健康、实现幸福的技能和技巧。需要强调的是,健康与幸福的学习目标应是技能、技巧,而不是纯粹的知识。脱离实际生活技能的知识往往会变成空洞的说教和试卷上的题目,无法让学生在生活中真正受益。同时,这种技能教育要充分考虑到学生的心理发展特点,因为每个学龄阶段的学生对健康、幸福的概念理解不同,适合学习和运用这些技能的生活场景、家庭环境、人际关系背景也不尽相同。可喜的是,在这方面,国内已经有不少学校进行了有益的尝试与探索。

第二,在人际层面,强调心理健康服务。就心理健康服务而言,它是以心理健康知识、理论为依据,在对一组已知事实和经验结果进行理解、解释的基础上,结合心理健康的方法与技能,预防或减少各种心理行为问题,提高心理健康水平的专业活动;就心理健康服务体系而言,该体系是一个由学校、家庭和社会整合的系统,以心理健康教育专业人员为核心的工作队伍,遵循心理健康的特点和规律,为人们提供不同层级的心理健康与心理保健服务,以及围绕该项工作的各种人财物的投入、教育培训、管理及相应的制度建设等。学校、家庭和社会系统,既有各自不同的功能,同时又作为一个整体,以促进全体成员的心理健康为追求。因此,人际层面的心理健康服务,重点是普遍开展学生心理健康教育与心理健康促进工作,使危机人群的心理行为问题得到关注和及时疏导,为他们提供有针对性的心理辅导、情绪疏解、悲伤抚慰、帮扶援助、家庭关系调解，以及重大生活事件和心理医疗救助、心理疾病应急救援等心理健康服务。其最终目标是营造良好的心理健康氛围，提升全民心理健康素养，为和谐社会建设固本强基。

第三，在群体层面，强调社会心理服务。社会心理服务是对社会态度（如民意）的描述，对社会认知（如偏见）的理解，对社会情绪（如心态）和社会影响（如社会舆论）的监测，对社会行为（如志愿者行为）的引导与控制。群体层面的社会心理服务包括积极的社会行为服务和公平的社会公共服务。积极的社会行为服务是对他人甚至整个社会有益的亲社会行为，即人们在社会交往中表现出来的谦让、帮助、合作、分享，甚至为了他人利益而做出自我牺牲的一切有助于社会和谐的利他行为及趋向，是维持人与人之间良好关系的重要基础，也是建立公正、和谐社会的重要保障，其最高境界就是人们常说的"无私奉献"。学生利他、亲社会行为的培养，不仅对整个社会是有益的，对施助者本身也是有益的，即所谓"予人玫瑰，手有余香"。公平的社会公共服务，强调向不同阶层、不同群体提供公共服务的公平、公正性，强调社会规范与社会分配在社会稳定、社会和谐中的重要作用。只有公平的社会公共服务，才能提高政府的公信力与权威性，才能强化群体中的团队合作与竞争，从而切实提高群体的内聚力和向心力，充分发挥群体在社会心理服务中的主体作用。

第四，在社会层面，强调社会心态培育。社会心态培育，可以理解为社会心态的养成、教育和引导，即将不良的社会心态转变为良好的社会心态的过程。社会心态具有弥散性，社会心态培育具有战略性、宏观性。消极的社会心态，如拜金主义、功利主义、犬儒主义、宗教极端主义等，不仅会对整个社会有腐蚀作用，对学生健康成长更会起到不良影响。从历史上看，无论在任何时候，学校都与时代同呼吸共命运。学校心理健康教育工作，是扭转消极社会心态，培育积极社会心态的重要阵地。无论是大学生还是中小学生，在他们步入校园，踏足社会之前，所接受到的影响大部分来自校园，较少有机会接触到社会问题和社会矛盾，具有较强的可塑性。此时加强正面社会心态的引导和教育，一方面有利于培养学生自身的良好社会心态；另一方面，学校对家庭、社区的辐射，以及三者的互动，也有利于学校及整个社会逐渐培育出并长期保持自尊自信、理性平和、积极向上的健康社会氛围。

（7）任何事物都有其两面性。疫情影响了正常生活，但也会加速学生备考和择业的心态成熟。比如，不少学生养成自律习惯，受用终身；不少毕业生认清现实，反而能更加脚踏实地，克服了好高骛远的心态。在心理学上，如何善用这种危机中存在的机遇，让心理状态和实际效用实现最优化？

俞：世界卫生组织心理卫生和药物滥用部门负责人凯斯特尔在 2020 年 5 月 14 日的发布会上表示，全球多国的调查均表明此次疫情加剧了民众的心理压力，在疫情严重地区尤甚。疫情导致紧张，紧张滋生压力，压力变成动力，这是人的心理状态的正常"化学反应"。压力是指人们在适应社会、适应生活的过程中，当环境的需求和自身的应对能力不匹配时，所感受到的一种身心紧张状态。毫无疑问，压力指代心理上的苦难：适度的压力能转化成动力，而过度的压力则会在一定程度上影响人们的身心健康。这种影响通常表现在情绪、认知、行为和生理等方面，如情绪上的焦虑、注意上的分散、行为上的冲动以及生理上的紊乱。

一方面，过度的压力会扰乱人的生理机制进而引发心理行为问题。从身心交互的观点看，身体健康是心理健康的基础，生理机能异常必然会在一定程度上导致心理健康问题的出现。有关人类疾病的统计发现，心身疾病所占的比例接近三分之一。压力对神经系统、消化系统、内分泌系统都有较大的影响。疫情期间我的一位在部委机关工作的朋友就由于工作压力过大，经常性地出现神经抽动、嗅觉味觉受损、头痛失眠、消化不良、疲倦感、头晕眼花、全身紧张等生理症状。一般而言，在压力过大的情况下这些症状往往会同时出现，并且持续时间较长。另一方面，过度的压力会损耗人们的心理资源进而催生心理行为问题。在压力状态下，人们的心理承受着巨大的负荷。因此，人们需要全力调动机体内各种能量或资源来加以应对。心理学研究表明，人们的心理资源是有限的，即人们对压力的承受能力存在一定的阈限。严重而持久的压力会让人们产生持续的心理紧张，对心理资源造成严重的损耗，使人思维狭窄、自我评价降低、自信心减弱、注意力分散、记忆力下降，最终导致心理疾患，如严重的焦虑、抑郁，甚至出现自杀企图和自杀行为。

虽然面临疫情，压力是不可避免的，但我们可以采取一些措施和方法，来减轻压力或化压力为动力。做好压力应对和心理调适，可以从四个方面入手。第一，可以从生理上加以调节。压力反应一定会在生理上留下印记，在所有生理系统中，只有肌肉系统是可以有意识地控制的。因此，我们可以尝试有意识地控制自己的生理、心理活动，以降低机体唤醒水平，增强适应能力，调整因过度紧张而失调的心理功能，保持健康的心理状态，具体方法包括：冥想法、自我暗示法、意象训练法、身体放松法和深度呼吸法等。第二，可以从认知上加以调节。美国心理学家埃利斯提出的情绪 ABC 理论认为，压力事件只是引发消极情绪和行为后果的间接原因，更为直接的原因则是个体头脑中的非理性信念。这种非理性信念具有以下三个特点：绝对化（这次高考我必须考好）；概括化（考试都考不好，还能干什么呢）；糟糕化（毕业后找不到工作，一切都完了）。因此，可以通过改变对压力事件的不合理认知，如改变对考试的不合理认知，进而改变消极后果。第三，可以从情绪上加以调节。积极情绪的扩展和建构理论认为，积极情绪能够降低个体心理疾病的易感性，使个体更好地应对负性或压力事件。一方面，积极情绪能够有效保护压力事件中的个体，减少事件引起的心理压力。另一方面，对于经历了严重负性事件的个体，积极情绪作为保护因素能够降低精神病症出现的可能性。研究发现，积极情绪对消极心态有着很好的保护和缓解作用。例如，对于一个饥肠辘辘的探险者来说，"我只有一个面包"和"我还有一个面包"，是完全不同的效果。第四，可以从人际关系上加以调节。诸多心理与行为问题的产生源于负面感受的累积效应。成长的路上多坎坷，当我们遇到压力和困惑时，可以找几个愿意倾听且能给出意见的人，将心中的想法告诉他们以释放内心压抑的情绪，排解压力带来的负面体验。所谓"把有意义的事情做得有意思，把有意思的事情做得有意义"。

新冠肺炎疫情对社会情绪影响：心理健康服务视角
——本刊专访中国人民大学教授、博士生导师俞国良教授[①]

采访者：《黑龙江社会科学》杂志社编辑杨大威

受访者：中国人民大学教授俞国良（国家卫生健康委员会精神卫生和心理健康专家委员会委员、教育部中小学心理健康教育专家委员会秘书长和高等学校心理健康教育专家指导委员会副秘书长）

（1）心理学对情绪和社会情绪是如何理解的？社会变迁中的重大社会生活危机事件，如新冠肺炎疫情是如何影响人的心理发展、社会情绪的？通常有哪些特殊症状？

俞："人非草木，孰能无情？"人们在日常生活中总会有喜怒哀乐等各种不同的情绪。情绪作为人类社会活动的重要组成部分，与人的身心健康和社会和谐密切相关。一百多年来，心理学家对情绪进行了长期而艰苦的科学探索，但由于情绪的多样性和复杂性，对于情绪的本质至今没有取得一致的看法。詹姆士-兰格从情绪活动的生物基础出发，认为情绪就是人们对身体变化的知觉，是内脏活动的结果。此后，伊扎德提出了情绪的分化理论，将情绪定义为"神经过程的特殊组合，引导特定的表达和相应特定的感觉"。受情绪生物学观点影响，过去人们一直将研究的重点放在情绪的生物、生理因素方面。

现在，心理学研究成果使人们进一步意识到，情绪无法脱离个体生存的社会环境。情绪是人与社会事件关系的反映，与人的动机、需要、人格等紧密相

---

① 载于《黑龙江社会科学》，2020（5），记者杨大威。引用时有改动。

连。由此，情绪的社会因素得到重视，社会情绪成为人们探索情绪问题的新视角。区别于以往生物学视野的情绪概念，社会情绪是指伴随整个社会心理过程产生的主观心理体验和心理感受，是人在长期社会生活与社会环境中所体验到和表达着的情绪。事实上，人作为社会关系的总和，从一出生开始所体验到的情绪，均不可避免地带有文化和环境的烙印。人在成长过程中，一直不断地从与周围人的交往中习得或学习如何表达和体验情绪。在这一过程中，人所在的社会环境、文化规范和道德信念等，均成为情绪表达与理解不可忽视的影响因素。社会文化的内涵和意义附加到与生俱来的基本情绪中，形成相互交织和相互渗透的诸多复杂情绪，这就是社会化的情绪。可以说，人的情绪就是社会情绪，人的成长过程就是情绪的社会化过程。

有鉴于此，重大社会生活危机事件作为人们遇到的无法按照通常方法应对的严重紧急事件，特别是重大公共危机事件，都会对社会情绪产生深刻影响，譬如此次新冠肺炎疫情。春节前后肆虐全国的重大疫情，给人民群众的生命安全和情绪状态带来了巨大冲击。北京于 1 月 24 日启动一级应急响应，直至 4 月 30 日从一级下调至二级应急响应，6 月 6 日由二级下调至三级应急响应，但在连续一周出现多例确诊病例后，又于 6 月 15 日宣布提升社区防控措施的应急响应等级。在这艰难的半年多时间里，居家隔离时的情绪低落，夜深人静时的孤独无助，生病不适时的焦虑不安，朋友亲人住院、离世的悲痛欲绝，无不给人的精神、心理、情绪蒙上一层阴影。在这个意义上，重大社会生活危机事件本身就是"应急病""心理病"，这表明人类已经从"传染病和躯体疾病时代"跨入"心理疾病和后精神病时代"。

在"心理疾病和后精神病时代"，突发的新冠肺炎疫情作为重要"导火索"，无疑大大加剧了各种形形色色的"心理病"，并使人们的心理异常或心理疾病逐渐由内化转变为外显。在心理学家看来，心理异常包括心理状态、心理活动过程、心理能力和个体心理特征的异常。它既可由生化、心理、社会、文化或环境因素引起，也可由重大社会生活危机事件直接激发，具体表现为：意识状态改变、注意障碍、心境障碍；感知觉、思维、情感情绪、意向和意志等心理过程异常；记忆和理解、道德判断等功能缺损；以及人格和性心理变态。一言以蔽之，就是心理发展偏离常轨。心理异常发展的直接结果便是心理疾病，这是一种病，但并不是一种灾难。意谓一个人因精神上的焦虑紧张和心理困扰，而使思维、情感和行为发生了偏离社会生活正常轨道的现象，既包括无聊、拖延、浮躁、郁闷、抑郁、焦虑、自私、贪婪和缺乏耐心等轻度的个体心理问题，也包括行为问题、品行障碍和自杀、酗酒、吸毒等严重的社会问题。

在新冠肺炎疫情影响下人们的心理异常和心理疾病种类很多，主要包括头痛，嗅觉和味觉受损，焦虑不安、神志失常和极度兴奋等。为此，联合国5月份警告：新冠肺炎疫情可能造成严重的精神健康危机。科学家则在3月份就发出警告，新冠肺炎疫情或造成空前规模的心理创伤、持久的情感创伤。研究表明，随着疫情变化和时间持续，部分群体表现出各种神经官能症，大脑机能活动能力减弱，如注意力不集中、记忆力减退、学习和工作效率降低等；情绪失调，表现为情绪波动、烦躁、焦急、抑郁等；睡眠障碍，如失眠、噩梦、早醒等；疑病性强迫观念，有各种明显的躯体不适应感，有慢性疼痛、急性头痛、腰痛，但检查不出器质性病变。在新冠肺炎疫情时期，又以情绪失调和疑病性强迫观念较为明显，具体症状为：一是焦虑情绪，主要表现为居家生活时烦躁不安、紧张焦虑，主动收集和讨论疫情进展，随时关注和分析疫情信息来源，并伴有明显的自主神经功能紊乱和运动性不安；二是恐惧情绪，主要表现为对"病毒""疫情""肺炎"的恐惧，进而扩展至社交恐怖、动物恐怖、疾病恐怖等；三是抑郁情绪，主要表现为情绪低落忧郁，整日闷闷不乐，自我谴责，睡眠差，缺乏食欲；通常遭受精神刺激后发病，出现难以排解的抑郁心境，对生活没有乐趣，对前途失去希望，认为自己没有用处，还会有胸闷、乏力、疼痛等症状，严重时会出现自杀观念或行为；四是疑病性强迫观念，以强迫性情绪为主，主要表现为对新冠肺炎疫情的强迫疑虑、强迫回忆、强迫性苦思竭虑、强迫性对立思想，并伴有强迫意向、强迫洗手、强迫性仪式动作等。例如，在疫情期间有人强迫自己每天洗手 500 次以上，总觉得任何物件都有可能携带"新冠肺炎病毒"，需要消毒。

（2）新冠肺炎疫情期间，负性社会情绪中类似抑郁、抑郁症等心理疾病的患病概率大大增加，它们的主要特征和原因是什么？有没有一些特定文化或社会环境因素的影响？

俞：新冠肺炎疫情期间，各种心理疾病尤以抑郁性神经症（简称抑郁症）为重。这是一种以情绪、心境低落为主要临床表现的精神疾患或心理疾病。据相关资料，目前抑郁症是仅次于心血管疾病的人类第二大疾病，疫情期间它更是影响人类健康的第一大心理障碍。抑郁症患者中 50% 的人有自杀念头，这 50% 的人里又有 15%～20% 实现了自杀。

实际上，抑郁症是一种最常见的心理障碍。根据研究，全世界抑郁症的发病率为 5%～10%，西方略高些为 13%～20%，终身患病率为 3%～5%。最近几年，世界范围内抑郁症的患者比例在逐年上升。我国发病率没这么高，在 20 世纪 90 年代有个统计，发病率是 5% 左右。这和中国人的内化情绪表达方式有关系。

抑郁是一个心理学概念，情绪低落是其最明显的特征，具体心理表现为：对事物失去兴趣、容易疲劳、注意力不集中、思维和反应比较迟钝，遇到困难和挫折时内疚感很强，对正常时产生情感反应的事件或活动缺乏反应，严重时会想到自杀；生理上则表现为经常失眠，或比通常早醒 2 小时以上，食欲不振、体重减轻、性欲丧失、浑身乏力、头痛头晕等。这些症状如果持续两周以上，就是表示人处于抑郁状态。

刚才提到的"郁闷"则是一个生活概念，而抑郁是个科学概念。我们常说"我很郁闷"，不会说"我很抑郁"。郁闷可能持续时间较短，几小时、几天就过去了，抑郁则一般要持续两周以上，会不同程度地影响人们正常的学习、生活和工作。

另外，我们还有必要分清楚抑郁和抑郁症的不同。两者的区别在于抑郁是一种心理状态，抑郁症则是一种神经症，一种心理疾病或心理障碍，症状轻重不一，有轻度、中度、重度之分。人们一般说的抑郁症以轻度、中度为主，它的很多表现和抑郁有类似的地方。情绪低落是抑郁和抑郁症的共同特征，如果这种情绪低落至少持续两年，间隔的时间不超过两个月，才能诊断为抑郁症。抑郁作为一种心理状态，每个人都会有，但抑郁症的比例则少多了。

新冠肺炎疫情期间，有人认为情绪低落就是患了抑郁症，害怕得不得了。其实，没这么严重。引发抑郁症有多种原因。第一是遗传因素。研究者发现同卵双生子抑郁同病率为 46%，而异卵双生子的同病率则为 20%；研究者还比较了患抑郁症、未患抑郁症的被收养者的亲属患抑郁的比例，结果显示前者是后者的 8 倍，而试图自杀的比率为后者的 15 倍。去甲肾上腺素和 5-羟色胺也与抑郁的病因有关。最重要的是个体自身的原因。例如，由于疫情期间居家上班，部分人觉得工作负担较重，认为自己没有能力完成，从而产生自卑、沮丧、无助、郁闷、焦虑、绝望等消极情绪。

第二是人际交往上的困难。以青少年为例，研究表明，40%的学生感觉同伴关系、师生关系、亲子关系紧张。现在学生大多数是独生子女，容易以自我为中心，不知道该怎样和人交往；而且他们正处于心理断乳期、疾风骤雨期的危险过渡期，加上自我封闭，情绪不稳定，与人沟通不畅，跟父母亲之间价值观有分歧，兴趣与学业存在冲突等，这些都是引发抑郁的因素。在学生疫情居家学习期间，各种亲子冲突就表现得淋漓尽致。

第三是人格特征，如性格内向、自卑、耐挫力弱、情绪不稳定，特别是对困难、失败的错误归因，很容易导致抑郁情绪。如果把失败总是归结为不可控的因素，如能力、运气、家庭背景等，就会影响其情绪，使其体验到更多的无助感与挫败感。

第四是生理原因。首先，缺乏睡眠。连续两个星期的睡眠混乱，会大大增加患病概率。在疫情期间学生心理咨询中，抑郁的比例是较高的，这和居家"生物钟"混乱、睡眠无规律也有关系。研究表明，学生连续两个星期的睡眠混乱，可能会大大增加患抑郁症的可能性。再者就是和自身体质有关。随着消极情绪占优势、抑郁情绪的常态化，对生活的兴趣减少了，身体健康水平也随之下降了，形成一个恶性循环。

最重要的原因，跟社会文化因素或社会心理因素有关。研究表明，许多社会压力都会增加患抑郁症的可能性。贫困人群、留守儿童、流动少年以及缺乏社会和婚姻支持的人群患有抑郁的比率相对较高。比方说家庭的经济条件两极分化很厉害，如果哪个学生家里无力支付自己的学费、生活费及其他各种读书所需费用了，很容易导致学生情绪不良。而且，贫富差异增加的同时，学生的攀比心理也可能会导致其心里总会有种失落感。单亲家庭以及父母亲关系紧张的隐性离婚家庭、家庭的人际沟通不畅通等，都会导致青少年情绪低落。特别是这次新冠肺炎疫情，作为重大公共卫生事件，确实给人们的学习和生活带来史无前例的压力。如果人们不能正确对待，没有正确归因，就容易产生抑郁。

需要注意的是，许多抑郁症患者没有确定的发病原因。任何人都有可能患抑郁症。抑郁与正常之间没有截然的界限，与其他不愉快情绪体验（如焦虑、厌倦、强迫、孤独、敌意）之间的区分也很困难。因此，对待抑郁与抑郁症，更应该具体情况具体分析。

（3）在您看来，所谓"心理病"产生的时代背景是怎样的？在新冠肺炎疫情期间，它对人们的社会情绪产生了怎样的影响，我们又该如何积极应对？

俞：世界社会经济不断发展，科学技术日新月异，职业竞争日益激烈，经济全球化趋势愈加明显，整个社会处于快速转型期，这是我们面临的宏观时代背景。不期而至的新冠肺炎疫情，导致停工、停市、停课、停学，社会发展基本处于停滞状态，人们普遍体验到了生活、就业、生存等宏观时代背景带来的压力，这些压力带来的既有正面效应，也有负面效应，这些负面效应便是所谓"心理病"产生的微观时代背景。联合国 2020 年 5 月 13 日发布的公共卫生摘要指出，新冠肺炎疫情不仅对人们的身体健康造成威胁，也同时增加了人们的心理痛苦：失去亲人的悲伤、失去收入来源的震惊、隔离和社交疏离措施的限制、对未来不确定性的恐惧等。诚如《人最高的是头颅——一个抑郁症患者的前世今生》一书作者加雷斯·奥卡拉罕所言："抑郁症本身并不是致命的，但它使正常、快乐、有益的生活成为不可能，并可能会促使我们自杀。"研究表明，92%的抑郁症患者对生活中的主要乐趣失去了兴趣，62%的抑郁症患者不能享受与他人在一起的快乐。可见，这种以抑郁症为典型代表的"心理病"的危害可想而知，而这种危害的大小则取决于压力的程度。

诚如前述，无论宏观时代背景还是微观时代背景，其"操纵变量"或"一双看不见的手"就是无处不在、无时不有的压力。心理学专家称，这次疫情危机将多种心理健康压力源结合在一起，这些压力源此前曾在其他灾难中被人研究过，但人们从未见过它们在一场全球危机中整合起来。众所周知，压力是一个外延宽泛的概念，涉及生理、社会和心理等方面。我把压力理解为，人们在面对威胁性情境或不良事件时所出现的生理或心理上的紧张状态。构成压力状态的因素，一是存在威胁性情境或事件，二是由此产生的心理变化和适应。日常生活中的压力会对人们产生明显影响，这种影响既有正面效应也有负面效应。一方面，适度或中等程度的压力对他们有积极作用，可以调动他们的生活与工作积极性，让他们跳起来能摘到"苹果"，体验到成功的愉悦。另一方面，压力过大或过重则会产生消极影响，降低他们的记忆力、观察力和思维力，干扰其短时记忆，并且限制其问题解决能力。因为当他们感觉到周围环境中有太多的压力，而又无法回避和解决这些压力时，就会产生不合理的恐惧反应，导致职业倦怠、工作焦虑、人际冲突等，严重影响其心理健康与正常的学习、生活、工作。有时，挫折感、失败感本身就是一种压力。可见，压力过重或过轻都不利于人们的心理发展，只有在中等程度的压力下，才能激发他们较强的成就动机，构建良好的社会支持系统，提高其面对压力积极应对的能力，进而促进其成长与发展。

与此相伴的问题是，怎样才能有效地应对各种压力。心理学者有各种答案并提供了诸多方法。但我以为，首要且能有效应对压力应以信仰为基础。信仰是什么？信仰可理解为人对于有关自然和社会的某种理论观点、思想或见解坚信不疑的看法。它是人们认识世界和改造世界的精神支柱，是从事一切活动的推动力和激励力量，也是人类自尊和自信的基础。人的世界观、人生观、价值观和道德观等，都是由信仰或信念所组成的一定的体系。信仰一旦确立后，就会给人的心理与行为以长期和深远的影响，决定着人成长与发展的方向、速度和效果；同时，某种信仰一旦动摇或瓦解，便是人的精神崩溃和行为退化的开始。试想，一个人缺乏理想追求，没有信念或信仰支撑，如何克服成长道路上的艰难险阻，如何直面人生旅程中的困难、挫折和失败？一个人若看不到未来，就把握不住现在；若把握不住现在，就看不到未来。生活历来是智者的游戏，而理想和信仰则是人生的导向标。在走向远方的征程中，理想的力量在于不会迷失方向，信仰的魅力在于即使身处逆境，亦能找到隐藏在我们内心的烛光。诚如泰戈尔所言："信念是鸟，它在黎明仍然黑暗之际，感觉到了光明，唱出了歌。"《忧郁》一书作者安德鲁·所罗门，先后毕业于美国耶鲁大学与英国剑桥大学耶稣学院，作为一名艺评家、《纽约客》《艺术论坛》专栏作家，他曾是一名三度饱受重度抑郁症困扰的患者。在历经数次崩溃，并努力探寻解决之道后，依靠信仰的支持，他写了这部集医学、心理、文学、历史、政治于一体，全面关照抑郁症的著作。他曾说"忧郁也许是人类无可逃避的恶魔，但爱、智慧与意志力的伟大力量，可以帮你走出绝望之域，那永远是神奇的一刻，美丽得不可思议"。这便是信念的力量！

（4）从心理健康服务视角来看，抑郁症、焦虑症等所谓"心理病"的治疗途径是什么？或者说现代人应该怎样走出这些心理困境？是时代改变还是自身调节？

俞：以抑郁症为例，在缺乏各种准备下的突发事件和危机事件中，大约95%抑郁症患者没有得到很好的诊断和治疗。一般地，抑郁症作为一种心理疾病，主要依靠心理治疗。目前心理治疗方面主要有支持疗法、认知疗法、人际疗法和精神动力疗法等。对已经确诊为重度抑郁症的患者大多采用药物治疗。

心理治疗则需要专业人员的帮助和支持。对于个人来说，重要的是早预防、早发现、早诊断、早治疗。

面对抑郁，学会情绪调节、积极乐观的心态最为重要。比如，面对仅有的一片面包，有人说"我只有一片面包了"，有人说"我还有一片面包啊"，这种乐观情绪很重要。再就是面对压力、面对挫折，要能够适应环境、调整心态。一般地，人们需要培养面对挫折时的抵抗力；同时要重视非智力因素，尤其是人格特征。心理学研究表明，人在面临困难、挫折和失败时，在遭遇疫情、灾难、伤残、死亡等重大生活事件时，容易出现紧张、恐惧、烦恼、郁闷、愤怒等消极情绪，此时如果能得到有效的情绪调适，这些紧张或痛苦情绪就能得到舒缓。因为人的情绪有积极与消极之分，它对人的行为往往具有促进或干扰作用，既可使人精神振奋，干劲十足，也能使人无精打采，工作和学习效率降低；同时，还直接影响人的身心健康。一个人如果长期处于忧虑、郁闷、紧张、压抑的情绪状态，就会使人的抵抗力和免疫力下降，引发多种疾病，包括抑郁症、焦虑症等"心理病"。

值得重视的是，青少年的抑郁主要通过心理治疗，而成年人则要通过心理治疗、药物治疗二者的结合。其中，重度抑郁更主要依靠药物治疗。因为青少年通过教师、家长的心理教育，有可能情绪好转，形成积极的心理状态；而对于大学生或成年人来说，别人的心理支持和心理援助效果有限，这时候就需要采用药物治疗。因此，有抑郁症状时及时向精神科医生和心理咨询专业人士求助，特别是有明显的自杀倾向时，仅靠心理治疗是不够的，积极的药物治疗尤为重要。

至于现代人应该怎样走出这些心理困境？是时代改变还是自身调节？我认为走出这些心理困境应倡导全面的健康观，依靠媒体的积极引导，向公众普及心理健康教育知识，除了由专业机构和社会团体组织干预外，一个更为重要的因素是心理调适。心理调适可分为自我调适与他人调适两种，其具体方法有生理调节、认知调节、行为调节、语言调节、人际调节等。

生理调节是以生理过程为基础，利用生理和心理彼此间的相互作用，通过生理改变、调节心理，进而使生理和心理都得到松弛的办法。生理调节可分为三类。一是由身体至心灵的放松，即以身体松弛为手段，最终达到心理放松效果。"呼吸调节法""肌肉放松训练""有氧训练"等，常用于抑郁、焦虑、恐惧心理的治疗和矫正。二是由心理至身体的放松，即以心理放松为手段，最终达到身体的松弛。三是身心锁链法，即利用自我意识，指示身体做出松弛反应，如"意念体温调节法"等。

认知调节是通过改变认识或认知而进行的心理调适。人的认知与心理状况存在密切联系，心理状况由经历这一事件的人对此事件的认知或解释所引起，人对不同情境存在不同的认知，因此，通过某种心理体验引起某种认知，或通过某种认知激活某种心理体验，就可以对心理进行有效调节。尤其是人对事件产生的不合理或不现实的归因往往会导致不良心理体验。要消除不良心理状况，就必须借助认知调节。认知调节的具体方法很多，有两点特别重要。一个是"换脑"——换一种认知来分析人或事物，更新观念，重新解释外部环境信息，重新思考、阐释问题。"横看成岭侧成峰"。另一个是"升华"——以一种新的、高层次的积极心理认知固着代替旧有的消极心理认知固着。例如，人们常说的"失败乃成功之母""化悲痛为力量"，就是从消极因素中，认识其中蕴含着的积极因素，从而使之成为奋发图强，取得成功的动力和契机。

什么是行为调节？行为调节是人们通过控制自己的行为来实现心理的改变。而注意转移则是一种常见的行为调节。当人高度集中在某一问题上并可能导致不利影响时，可以有意识地通过转移话题或从事别的事情来分散自己的注意力。例如，通过散步缓解紧张心理，在余怒未息时，去打球、下棋、看电影，以此来舒缓紧张心理。尽可能地回避导致心理困境的外部刺激也是行之有效的办法。比如，对恐惧心理的克服或对悲伤心理的排遣，变换一下生活环境，人就比较容易摆脱意外生活变故带来的重大心理打击。反应调整同样是很好的行为调节方式。反应调整是指心理被激发后，对外部行为的控制。例如，疫情期间"勤洗手，戴口罩，保距离"，就属于这种心理调适。

有人说，在紧张心理状态下，心中默念"不要怕""我能行""相信自己"等，能使人心理放松。上述做法叫作"自我暗示法"，其实就是语言调节。实验表明，语言活动既能唤起人愉快的体验，也能唤起痛苦的体验；既能引起某种心理体验，也能抑制某种心理反应。例如，人们在面临重大自然灾害或天灾人祸时，总说悲伤、悲观的话，就很难从不幸带来的痛苦中走出来，而有意识地多说些高兴、乐观的话，则有益于尽快摆脱心理阴影，去迎接新的生活。此外，当处于抑郁、焦虑、烦恼、失落、孤独等不良情绪状态时，家人、朋友、同事和老师主动与其沟通与交流，往往也能起到良好的心理调适效果。这就是人际调节。

（6）希望您有更多新冠肺炎疫情期间的社会情绪百态，推广至人们在日常生活中处理社会情绪困境、心理危机困境方面的表现和做法，与我们一起分享。

俞：实际上，新冠肺炎疫情所导致的社会情绪百态，已成为研究我国现阶段社会心理状况的实验对象。这里以人们的社会情绪困境、心理危机困境为例，仅谈三题。

关于无聊。新冠肺炎疫情期间，"我很无聊"已成为越来越多人的口头禅，用来表达自己无所事事、对什么都打不起精神来的状态。一般地，无聊是人们在日常生活中因为活动缺乏和兴趣丧失所产生的一种消极情绪体验。在日常生活中，人们所谈论的无聊主要包括空虚、郁闷以及使人无聊的状态。无论如何，无聊是一种不愉快的情绪体验，是一种特殊的情绪状态。这种状态主要由贫乏的外部刺激和内部刺激造成，即人们由于无法得到所需的满足，进而产生的冷漠、孤独、抑郁、无助等负性的综合情绪。它可以划分为状态性无聊和特质性无聊。前者是指人们在特定情境中所产生的短暂无聊体验，是一种可意识到的主观感受，多由单调重复的外部刺激或者认知能力缺乏所引发。后者是指人们在各种情境中产生的无聊倾向，是一种一般性的人格特质等。自身调控能力、人格特征、内在动机以及价值观等重要因素与这种特质倾向存在着千丝万缕的联系。研究表明，具有较高水平无聊倾向的人们会报告更高水平的抑郁症状或其他高水平的负性情绪，如焦虑、强迫、敌意等。此外，高水平的无聊倾向还会对人们的正常学习和生活产生不良影响，如容易产生厌学情绪、增加工作倦怠感、降低工作绩效以及增加冲动攻击性行为等。我们对 409 名大学生的研究表明，高水平的无聊倾向会降低主观幸福感，降低情绪调节和情绪管理能力，特别是会降低对抑郁情绪的调控能力；他们对于自身的情绪状态知觉较差，而且倾向于做出外部归因。显然，无聊状态就是抑郁或抑郁症的前奏。

关于浮躁。新冠肺炎疫情期间，人们对"视频会议"、"线上课程"乃至"外卖点餐"，某种程度上表现出"不管过程，只要结果"的浮躁情绪。实际上，浮躁是一种病态心理。它由个体通过群体发生，再由群体到个体不断整合，表现为对现实的恐惧和对未来的担忧，可以总结为飘、急、虚、粗、桀骜，即飘忽不定、急功近利、弄虚作假、粗心大意以及桀骜不驯。从个人来看，心浮气躁主要有以下几个原因。首先，对诱惑缺乏自制力。其次，个人面对的机会多、选择多，生活就容易失去重心。最后，攀比心理作怪。有些人希望靠走捷径获利，这也导致了浮躁。浮躁，让人们注重的只是当下。这种心理会使一个人的创造力下降。例如，研究一个新课题需要花很大气力，可有些人为了追求短期效益，就去模仿或剽窃他人的成果。更为严重的是，浮躁还会催生一些违法违纪现象，个人行为一旦渗透到社会中，就会对整个国家、社会产生极其恶劣的影响。要想摒弃浮躁心态，首先，要弘扬中华优秀传统文化。中华优秀传统文化能陶冶人的情操，让人更了解自己的心态，从而更好地摆脱浮躁。其次，要培养独立思考的能力。人们要根据自己教育、家庭、环境的实际情况，给自己设立一个更加实际的生活目标。最后，注重心理和谐。人们还要学会适应环境、顺应时代潮流。大多数时候，人们改变不了环境，就要学会接受现实和自我调整心态。

关于耐性。新冠肺炎疫情期间，特别是居家隔离时，明明有大把空闲时间，但人人显得很忙碌：忙于不停刷手机、通宵看电视和整天玩游戏。在现实生活中，"我很忙"并不只是借口或口头禅，激烈的竞争和快节奏的生活，的确让时间变得越来越"少"，人们禁不住感叹"时间都去哪儿了"。于是，人们开始习惯了"预订"，厌倦了等待。其实，人们变得缺乏耐性是一个复杂的社会问题。浮躁心理、社会压力、慢不下来的生活节奏固然都是助力，但毕竟只是外因。从内部因素来说，人们生活态度的转变才更关键。现代人忙于生活，几乎抽不出时间来修身养性，在他们的生活格言中，永远都是"追追追""快快快"，像被鞭子抽打着，似乎想停也停不下来。另外，不耐烦有传染性。当一个人等不及开始催促服务员上菜后，过不了多久就会有人效仿。或许人们只是处于无意识的模仿，却极易造成群体效应，在互相追赶中，人们可以等待的时间变得越来越短。心理暗示和换位思考可以培养耐性。当急脾气上来时，说句"慢慢来"；当菜迟迟不来时，安慰自己："别人先吃又怎样?"如果诸如此类的心理暗示还不足以平心静气，那就再试试换位思考。"你在等，别人也在等"，学会坐坐冷板凳，"如果我是他，在这种情况下也会这样，没必要大惊小怪的"。培养耐性与定力，理应如此!

构建中国特色心理学理论话语体系
——专访中国人民大学心理研究所所长俞国良[①]

中国特色社会主义进入新时代，新时代带来新课题。立足于我国当下正在发生的广泛而深刻的社会变革，从心理学角度回应、研究社会变革和社会变迁带来的当代中国人精神层面的巨大变化，总结提炼中国特色心理学新概念、新范畴、新表述，不仅能为我国经济社会发展提供现实助力，而且是构建中国特色心理学学科体系、学术体系、话语体系的题中应有之义。

社会发展变迁给心理学以及社会心理学研究带来了怎样的挑战和机遇？跨学科研究对于推进心理学以及社会心理学研究带来了哪些影响？应如何推进心理学以及社会心理学学科体系、学术体系、话语体系建设？围绕上述问题，记者采访了中国人民大学心理研究所所长俞国良教授。在他看来，急剧社会变迁下出现了许多新问题、新变化和新现象，响应现实的需要和回应实践的挑战，不但具有高度的本土独特性和全球启发性，而且有可能注入现存心理学以及社会心理学都不具备的活力，从根本上对学科进行创新。应走出一条既有中国特色又能与世界对话的学术发展之路，即面向社会、在社会实践中研究心理学，加强学科建设和理论建设，使其为我国经济社会发展提供智力支持。

研究应直面社会转型期心理变化

中国社会科学网：近年来，我国社会正经历广泛而深刻的社会变革，我国社会发展变迁为心理学以及社会心理学研究提供了难得机遇和研究样本。转型期心理研究的重要性日渐凸显。在您看来，社会发展变化给心理学/社会心理学

---

① 载于《中国社会科学网》，2021-03-01，记者张杰。引用时有改动。

研究带来了怎样的机遇？

俞国良：建设中国风格的心理学/社会心理学，归根结底还是要回归自己的文化传统，以及自己面对的社会现象和社会问题中来。当代中国，最大的社会现实是在全面深化改革中坚持发展中国特色社会主义，实现中华民族的伟大复兴。这是转型期心理现象的本质。

首先，能够提供丰富的研究资源。五千年历史文化和四十年社会变迁，其中动态、流变和丰富多彩的事实，能够为其知识建构提供足够丰富、特殊、具体的现象资源，从而成为其当前研究的"实验靶场"。重要的是，研究者要有民族立场、为社会服务的价值导向，有面向中国社会改革开放实践的问题意识，以及对国家发展和民族复兴的深切关怀。因为，日渐累积的文化自觉性和对社会现实的关注度，有可能在社会转型期得以显现。

其次，可以借助时间滞后研究调查富有中国特色的现象与问题，提高学科的话语权。在社会变迁方面，发生的某种社会现象要等到发生一段时间之后才能进入研究者视野，进行较清晰的研究。这样就能重点关注中国心理学/社会心理学(不含港台地区的相关学科)发展不同于国际(如欧洲)的特点，在坚守民族立场和民族利益，关注现实和直面问题的同时，坚持创新求真、承先启后，力争在第一时间获取关注度和发言权。

再次，扩大中华文化"软实力"的影响力。以转型期中华文化为背景，整理并吸收优秀的文化传统，研究社会文化变迁中我们自身面对的心理与行为的现象和问题。对此的把握，若秉持西方理论，则总会有隔靴搔痒的感觉，很难一语破的。因此，须以中国文化理解中国现象，这是对研究者的基本要求。同时，由于与西方文化背景的相区别性，这种主要以中国为代表的东亚文化，也会作为"文化视角"的内核，为全球心理学做出重要贡献。

最后，转型期心理现象的独特性是创新与特色化的基础，能激发学科的旺盛生命力。在急剧社会变迁下出现了许多新问题、新变化和新现象，响应现实的需要和回应实践的挑战，不但具有高度的本土独特性和全球启发性，而且有可能注入现存任何心理学/社会心理学都不具备的活力，从根本上对学科进行创新。并且，有理由成为探讨"经济全球化时代中国社会科学如何发展"的典型学科代表，使其成为中国特色心理学/社会心理学发展的重要路径。

建构跨学科交叉融合式研究新范式

中国社会科学网：心理学以及社会心理学研究取得进展需要自然科学和社会科学深度融合。推进心理学研究既需要自然科学性质的实验方法，也需要人文社会科学的理论知识。当前心理学/社会心理学的跨学科研究呈现出怎样的发展态势？

俞国良：在人类科学知识体系中，心理学起着整合多种学科知识的枢纽作用，被称为枢纽科学（hub science）。它一方面吸收自然科学的研究成果，另一方面又将本学科的研究成果输送给社会科学。其发展趋势除"神经革命"、应用革命外，主要表现为以下几方面。

第一，对社会现实的密切关注是其呈现鲜明活力的显著特征。以中国社会实际为基点，遵循中国优秀传统文化和历史背景，既研究群体心理现象，也研究个体心理发展；既重视实验、实证研究，也重视经验描述、定性分析，把基础研究和应用研究结合起来，把新学科、新方法、新理论和优秀传统文化有机结合起来，这应是未来发展的基本方向。

第二，对严谨科学方法的追求是其现在和将来不变的发展态势。其主要表现在研究方法、研究视角和研究主题三个方面，尤其是使用实验法来研究与当时社会现象密切相关的社会问题。同时，新兴技术在脑科学及认知神经科学研究上的努力会继续纵深，"社会认知神经科学"代表了未来发展的一个趋势。

第三，将以"人"为研究对象统整各学科的交叉融合研究。心理学/社会心理学既有基础研究的属性，又兼具应用研究的属性，这决定了它们是多学科的研究对象。心理学/社会心理学研究会越来越重视构建以人作为研究的基本对象，以人的发展为研究核心，以现实问题为导向，运用心理学的研究方法，坚定地站在解决问题的立场上，不断强化不同学科研究范式的有机结合，建构跨学科的交叉融合式研究的新范式。

发展解释中国人社会心理与社会行为模式理论

中国社会科学网：构建具有中国特色的学科体系、学术体系、话语体系是我国哲学社会科学的重要使命。立足于中国样本，根植于中国实践，提炼中国特色心理学研究标识性概念和理论是我国心理学研究的重要方向。对于如何推进心理学"三大体系"建设。您有何建议？

俞国良：目前，我们理应迎头而上，走出一条既有中国特色又能与世界进行对话的学术发展之路，即验证对比国内外研究成果，研究中国人心理发展中特有的和重要的心理现象，建立适合中国国情的心理学概念、理论及研究方法等，其基本途径是学习、选择、本土化。在此基础上，探索中国特色的发展道路，即面向社会、在社会实践中研究心理学，加强学科建设和理论建设，使其为我国经济社会发展提供智力支持。

具体包括："三大体系"建设应以辩证唯物主义为指导思想；以中国古代心理学思想为历史背景；以中华民族文化圈的影响为潜在变量；以中国人的心理与行为为主要研究对象；以揭示人类心理发展规律为基本任务；以社会现实为主要服务方向。我们还要选择中国人熟悉的概念、术语，寻找适合中国人的心理测量工具，发展解释中国人社会心理与社会行为的模式理论，以此来建构符合中国特色的心理学知识体系。

新时代背景下中小学心理健康教育的自我更新①

【编者按】在当前社会转型的特殊历史发展时期，我国社会经济、文化形态、价值观念和心理特征正发生着前所未有的深刻变革，使得人们的心理健康问题日益复杂，青少年的心理健康教育工作日益艰巨。促进人的全面发展和社会全面进步对心理健康教育工作者提出了新的、更高的要求。国家已就社会心理服务和促进青少年健康发展提出了一系列新理念、新思想、新举措，很多积极有为的心理健康教育研究者、实践者、管理者和推动者开展了卓有成效的探索工作，取得了很多新进展和新成果。为此，本刊特推出"主编访谈"栏目，意在通过对话与交流，以更加开阔的视角和更加多元的形式，为读者传递更多丰富的信息、更多有价值的理念。开栏首期嘉宾，我们邀请到的是中国人民大学的俞国良教授，本刊何妍主编将与俞教授共同探讨新时代背景下我国中小学心理健康教育的自我更新和自我优化问题。

访谈主持：

何妍，《中小学心理健康教育》杂志主编，《心理技术与应用》杂志常务副主编，北京师范大学教育学硕士、心理学博士。

本期嘉宾：

俞国良，中国人民大学教授、博士生导师、心理研究所所长，教育部中小学心理健康教育专家指导委员会秘书长，国家卫生健康委员会精神卫生和心理健康专家委员会副秘书长。在发展心理学、社会心理学和心理健康教育领域研

---

① 载于《中小学心理健康教育》，2021（1），记者何妍。引用时有改动。

究成果丰硕、著述宏富，其中发表心理健康教育相关论文 160 多篇，出版《现代心理健康教育——心理卫生问题对社会的影响及解决对策》、《现代教师心理健康教育》、《社会转型：心理健康教育报告》、"心育研究书系"等专著。受教育部委托，2002 年开始负责或主持了我国各级各类学校心理健康教育的指导纲要编制和修订工作，如《中小学心理健康教育指导纲要》《中小学心理健康教育指导纲要(2012 年修订)》《中小学心理健康教育特色学校建设标准(试行)》《中小学心理辅导室建设指南》《中等职业学校学生心理健康教育指导纲要》《高等学校学生心理健康教育指导纲要》等。

立场与站位

何妍：俞教授您好！自 2012 年教育部颁布《中小学心理健康教育指导纲要(2012 年修订)》(以下简称《纲要》)以来，各地中小学心理健康教育工作取得的成就有目共睹，但在理念、思路、方法与措施上还存在诸多问题和挑战。我们今天探讨的主题是"新时代背景下中小学心理健康教育的自我更新"，这里的新时代背景应如何理解和界定？

俞国良：这是一个新时代，也是一个复杂多变的时代，中小学生在见证世界缤纷色彩的同时，也在承受巨大的心理压力。习近平总书记在党的十九大报告中指出，"中国特色社会主义进入新时代，我国社会主要矛盾已经转化为人民日益增长的美好生活需要和不平衡不充分的发展之间的矛盾"，强调"加强社会心理服务体系建设，培育自尊自信、理性平和、积极向上的社会心态"，显然，我们正处在社会转型与社会心理变迁不断加速的特殊历史时期，在这样一个新的时代背景下，要求中小学心理健康教育不断进行自我更新，不断地优化和创新中小学心理健康教育的理念、思路、方法和措施，才能更好地为中小学生乃至社会经济的可持续发展服务。

何妍：在社会转型时期加强社会心理服务和体系建设的新时代背景下，中小学心理健康教育应持什么样的立场，如何给自己定位？

俞国良：社会转型，即经由传统型社会向现代型社会快速转变，是新时代的重要特征，是时代的制高点。目前，人们快节奏的生活方式，大强度的竞争压力，高目标的成就动机，使个体心理健康问题及其引发的社会矛盾、冲突日益凸显，导致个体心理、社会心理处于一种无序状态。当人民的需要从物质文化转变为美好生活，而美好生活需要自尊自信、理性平和、积极向上的社会心态。社会心态作为社会矛盾的"晴雨表和指示器"，心理健康则是人民"美好生活"的社会心理面向。在社会心理服务的大框架下讨论与实践心理健康教育、心理健康服务，这是中小学心理健康教育应持的基本立场；心理健康教育是心理健康服务的基础，心理健康服务是社会心理服务的核心，这是中小学心理健康教育的方法论基础。总体来讲，在新时代背景下，中小学心理健康教育一定要提高站位，即站在时代的制高点上。

何妍：就是说心理健康教育不仅是社会心理服务的重要组成部分，更是社会心理服务的延伸和基础，它们之间的这种关系具体体现在哪些方面？

俞国良：可以从四个方面来看。首先看服务的对象。中小学心理健康教育的服务重点是个体与群体，与社会心理服务的对象重合。其次看服务的目标。中小学心理健康教育旨在提高全体中小学生的心理素质与心理健康水平，与社会心理服务的目标有异曲同工之妙，即根据中小学生身心特点开展心理健康教育活动，关注和满足他们的心理发展需要，提升心理调适能力和社会适应能力，培养积极乐观、健康向上的心理品质，以及自尊、自信、自强、自立的个性特征，尤其关注留守、流动儿童的心理健康，为遭受校园欺凌和校园暴力、家庭暴力和性侵犯的中小学生提供及时的心理创伤干预，促进其身心可持续发展。再次看服务的类型与途径。中小学心理健康教育工作中的心理健康促进、发展性心理辅导、危机干预等都可以视为社会心理服务的组成部分，是社会心理服务的具体化。最后看服务的方式、方法及队伍建设。心理健康教育和心理健康服务是社会心理服务的"压舱石"。可以说，无论从服务的对象、目标、类型、途径，还是从服务的方式、方法及队伍建设来看，心理健康教育和社会心理服务都是高度契合的，这也充分体现了心理健康服务是社会心理服务的延伸，心理健康教育和心理健康服务可以成为为社会心理服务打基础、夯地基的"基础工程"。

方法及理念

何妍：基于这样的时代站位和基本立场，基于对心理健康教育和社会心理服务的关系的正确认识，您认为在方法层面，中小学心理健康教育工作在组织实施、机制建设、领导管理等方面应该如何进行相应的调整和改变？

俞国良：心理健康服务是社会心理服务的具体化，这决定了中小学心理健康教育工作在组织实施中要有全局观、整体观。无论是全面开展心理健康促进与教育，还是积极推动心理辅导和心理咨询服务，重视心理危机干预和心理援助工作，都可以视为社会心理服务的组成部分，都是为了在中小学生中倡导健康生活方式，有意识地培养积极心态，引导中小学生调适心理困扰和心理压力，提升心理健康素养，进而培育良好社会心态，营造健康向上的社会心理氛围。

中小学心理健康教育工作在机制建设中要有体系观、系统观。各地中小学要建立健全地区、学校、年级、班级、小组等各级心理健康服务体系，加强心理健康师资队伍建设，拓展心理健康服务领域和范围，为社会心理危机干预和疏导机制"劈山开路"，为进一步展开社会心理服务奠定基础。

社会心理服务包括微环境、中环境和宏环境系统，对应着个体、人际、群体层面的社会心理服务，这决定了中小学心理健康教育工作在领导管理中要有生活观、生态观。教育即生活，生活即环境。微环境系统是学生直接接触到的生活环境，健全的社会心理服务能够帮助学生在面临这些微环境系统中出现的问题时，舒缓负性情绪，发展积极情绪，并提供专业的帮助与辅导；中环境系统是两个或多个环境之间的相互作用与联系，对于学生来说，就是家校互动，为人际层面的社会心态培育扫清障碍；宏环境系统包括特定的文化、亚文化或其他更广泛的社会背景，社会心理服务体现在扶助和引导处境不良学生，对不良生活事件进行预警、疏导等。这些都能够有效调整相应学生群体的社会心态，为培养目标群体的良好社会心理打下坚实基础。

一句话，全面推进和深化中小学心理健康教育工作，必须树立"大心理健康教育观"。它的实质是从整体性和发展性的思路出发，充分考虑中国社会环境和新时代的发展特点，建立符合中国国情和富有中国特色的心理健康教育体制观，是对符合中国国情、富有中国特色的心理健康教育体制的认识、理解和判断。

何妍：我知道您一直在提倡和呼吁建立"大心理健康教育观"，请简要介绍一下"大心理健康教育观"背景、内涵和实现路径，同时也希望在时机合适的时候能就"大心理健康教育观"对您进行专题访谈。

俞国良：好的，感谢邀请！心理健康概念的历史演变，新时代赋予心理健康概念的新意义，以及与心理健康概念相关的教育实践，都折射出社会历史变迁对心理健康以及心理健康教育观提出了新要求和新挑战，在这样的背景下，我们提出了"大心理健康教育观"。其方向是坚持心理健康教育是德育与思想政治教育工作的重要组成部分，任务是提高全体师生以及家长的心理健康意识，理念是全面强化心理健康教育向心理健康服务的转变、问题导向向积极心理品质促进的转变，方法是大胆探索心理健康教育的新路径和新方式。

"大心理健康教育观"的实现路径，是在社会心理服务框架下，通过心理健康服务的中介作用，逐步走向社会心态培育。这是由我国社会发展的不平衡和不充分决定的，也是健康中国、幸福中国的历史使命所决定的。

挑战与趋势

何妍：我国的中小学心理健康教育在未来的发展中应重点关注哪些问题？

俞国良：有四个方面的问题值得关注。第一，从心理健康教育向心理健康教育与服务并重转变，着力提供优质的心理健康服务；第二，由侧重于中小学生心理行为问题的矫正，向重视全体学生心理健康的促进与心理行为问题的预防转变；第三，着力构建中小学生健康成长的生态系统；第四，加强中小学心理健康教师队伍的建设，强调以实证为基础的教育干预，重视教育效果的评估与反馈。

近年来，随着积极心理学的悄然兴起和蓬勃发展，学校心理服务的对象逐渐扩展到全体学生，强调面向健康的大多数学生进行心理健康教育，提高全体学生的心理健康素质，以预防和促进发展为导向。目前，我国学校心理健康教育正处在从教育模式逐渐向服务模式转变的过程中，这种转变是历史的必然，也是学校心理健康教育发展的必然。

何妍：从教育模式向服务模式转变是中小学心理健康教育的大势所趋，服务模式和教育模式最根本的区别在哪里？

俞国良：服务模式相对于教育模式，主要强调的是视角不同。教育模式有一个内隐假设，即教育者根据预设的内容和目标，有计划、有步骤地对教育对象实施影响，有"强人所难""居高临下"之嫌；服务模式则重视以学生自身的发展性需要为出发点，充分发挥学生的主动性和积极性，根据他们的心理发展规律和成长需要，提供相应的心理健康服务，即强调提供适合学生发展需要的心理健康教育。

何妍：中小学心理健康教育工作开展得如何，很大程度上取决于是否拥有一支素质精良的教师队伍，您对心理健康教育师资培养有何建议？

俞国良：在今后的工作中，教育行政部门应规范心理健康教育教师的职称评聘、岗位设置、工作量计算等相关制度，制定有针对性的绩效考核方案，并明确薪酬与绩效考核的关系以及职称晋升的途径，激发心理健康教育专兼职教师的工作热情。此外，国家教师教育政策应向心理健康教育专业倾斜，通过诸如减免学费、提供奖学金等手段，鼓励青年才俊投身该专业。为此，我们郑重呼吁：有关部门应确定中小学心理健康教育教师的职责，以及从事该项工作的基本条件和资质；确定专兼职教师的能力标准，包括教师心理健康的标准和教师心理健康的教育能力标准；确定专兼职教师的工作标准，包括工作内容、工作流程和工作途径方法等；对资格认证进行试点工作，确定认证标准、认证机构和认证方式；制定中小学心理健康教育基础培训和提高培训的方案，对非专业的心理健康教育教师进行基础培训，对专业的心理健康教育教师进行提高培训；定期对培训效果进行质量评估；定期开展对心理健康教育师资队伍建设的调查。

何妍：概括来讲，未来中小学心理健康教育工作如何不断自我更新和优化？

俞国良：对于未来中小学心理健康教育而言，宏观上应提高自身站位，站在新时代的制高点上，树立"大心理健康教育观"，在社会心理服务框架下开展各项工作。具体地讲，加强现代学校心理辅导制度建设是核心，编制具有中国本土特色的中小学生心理健康素质指标是基础，从实施心理健康教育走向心理健康服务并构建服务体系是途径，提供适合中小学生发展需要的心理辅导与心理健康服务是关键。

积极推进我国学校心理健康服务及体系建设①

【编者按】2021 年第 1 期本刊主编何妍就"新时代背景下中小学心理健康教育的自我更新"问题对俞国良教授进行了采访，访谈中指出"从教育模式向服务模式转变是中小学心理健康教育的大势所趋"，并提及服务模式和教育模式的根本区别。本期何妍主编和俞国良教授将继续深入探讨"学校心理健康服务及其体系建设"这一话题，带您了解什么是学校心理健康服务、什么是学校心理健康服务体系、国内外学校心理服务的现状和发展，以及如何推进我国学校心理服务体系建设。

学校心理健康服务及体系

何妍：俞教授好，在上期的访谈中，您提到从学校心理健康教育走向心理健康服务，这是学校心理健康教育发展的必然趋势，这种趋势同时也顺应了国际心理科学发展的新潮流。我们知道，心理学为学校教育服务的历程，根据关注人群和理念的不同，经历了医学模式、教育模式和服务模式。现阶段，我国学校心理健康工作正处在从教育模式逐渐向服务模式转变的过程中。在您看来，什么是学校心理健康服务，学校心理健康服务体系包含哪些内容？

俞国良：学校心理健康服务是一种专业活动，是教师以一般专业理论指导或原则为依据，在对一组已知事实和经验结果进行理解、解释的基础上，结合相应的心理学方法，进行心理健康教学、心理健康评估、心理辅导以及危机干

---

① 载于《中小学心理健康教育》，2021(4)，记者何妍。引用时有改动。

预等活动，进而提升学校全体成员的心理健康水平。学校心理健康服务的对象包括全校学生和全体教职员工。

学校心理健康服务体系是一整套的服务系统，它以心理健康教育教师为核心工作队伍，遵循心理健康的特点和规律，向学生和教职工提供不同层级的心理健康与心理保健服务，包含围绕该项工作的各种人力财物的投入、教育培训、管理及相应的制度建设等。

根据其目标和任务不同，可以划分为心理健康自评和他评系统、心理健康课程与教学系统、心理辅导与咨询服务系统以及心理疾病预防与危机干预系统。这四个系统作为一个整体，构成了各具特色的学校心理健康服务体系。

国内外学校心理健康服务的现状与发展

何妍：国外学校心理健康服务起步较早，经历了近一个世纪的发展，可以说发展更为成熟，根据您的研究，国外学校心理健康服务具有什么样的特点？与国外相比，我国心理健康服务的发展水平相对较低，但是近20年我国学校心理健康服务进入了快速发展的黄金时期，总体而言，我国心理健康服务目前呈现出什么样的特点和发展态势？

俞国良：我们课题组专门对国内外学校心理健康服务的现状和发展特点进行研究，概括来讲，国外学校心理健康服务具有三个方面的特点：整合化和信息化、专业化和精细化、全员化和全程化。

我国独具特色的学校心理健康服务体系正在形成中，虽然目前发展水平相对较低，但是表现出了快速发展过程中的阶段性特点，同时也存在一些需要解决的问题，如学校心理健康工作队伍亟须充实、从业人员的专业化水平需要提高、身份需要明确、服务经费需要增加等。

何妍：您刚才提到我国独具特色的学校心理健康服务体系正在形成中，这种"特色"的具体表现是什么，如何解读这里的"特色"？

俞国良：的确如此，尽管在发展过程中存在诸多问题，不可否认的是我国独具特色的学校心理健康服务体系正在形成中。仅从心理健康教育专业队伍来看，我国学校心理健康服务体系发展水平确实较低。然而，如果我们把视角向外拓展，关注到我国强大且稳定的德育和思想政治教师队伍，这是一支人员和制度上更有保障、更为成熟的学生工作队伍。不难发现，我国学校心理健康服务已具有全员参与模式的雏形，这独具中国特色的学校德育工作队伍在危机预防和干预工作中一直在发挥着重要的作用。在学校心理健康服务体系尚未建立和完善时，这支队伍也是相应工作的实际承担者，对危机预防工作有重要的积极影响。

我国学校心理健康服务体系建设

何妍：如何在借鉴国外经验的基础上，结合中国学校心理健康服务的现状，积极推进中国特色的学校心理健康服务体系建设？

俞国良：经过对国内外心理服务的现状和特点进行梳理，我们发现国内外学校心理健康服务体系的发展历程具有相似性，可以说，我国目前的发展现状是欧美发达国家曾经走过的阶段。因此，我们可以在借鉴国外经验的基础上，结合中国学校心理健康服务的现状，积极推进中国特色的学校心理健康服务体系建设。总的来讲，它包括四个方面的内容：编制本土化的心理健康评价工具、开发学校心理健康课程与心理健康教育资源、加强学校心理辅导与心理咨询工作、完善学校危机预防与干预服务系统。

何妍：在心理健康教育的实证研究和实践应用中，研究者和实践者大多是直接使用或修订其他国家的测评与评价工具。这样做直接导致的结果就是测量和评价的效度比较低，编制本土化的评价工具意味着什么？

俞国良：的确，编制具有中国特色的本土化心理健康评价工具目前是推进我国学校心理健康服务体系建设的首要任务。事实上，我国心理健康工作者和教育行政管理部门已经在努力推进此项工作。例如，北京师范大学董奇教授曾作为主持人，研发了中国儿童青少年心理发育标准化评价量表。我们自己的课题组编制的中小学生心理健康量表、中职生心理健康量表等，也系统考查了学生的自我、情绪、学业、人际及社会适应等方面的心理健康状况。目前，编制一套权威的、标准化的、有中国常模的中小学生心理健康量表，这是摆在我国心理健康研究工作者面前的艰巨任务。

何妍：学校心理健康课程是面向全体学生进行有计划的心理健康教育的重要途径，作为主渠道，课堂教学可以帮助学生解决发展性的心理困扰，促进他们的心理发展和自我成长。近年来，国内外的各级各类学校对心理健康课堂教学研究逐步增加，同时，也开设了各种心理健康课程，那么，应如何通过有效的课堂教学促进学生心理健康发展？

俞国良：开发学校心理健康课程与心理健康教育资源是学校心理健康服务体系建设中非常重要的内容，也是学校心理健康服务体系相对于社会心理健康服务体系最有特色的地方。

首先，课堂教学的内容设计要考虑到全体学生的共同需要。例如，国外心理健康课堂教学内容跨度较广，责任教育、情感教育、自我探索和成长、正确认识自己、提升面对困难的心理素质以及社会情绪学习等，这些内容是每位学生在发展过程中都会遇到的主题。我国中小学心理健康教育课程，也基本涉及了以上的内容。未来要做的工作是怎样更系统、更有层次地呈现不同的教学主题。

其次，课堂教学的呈现形式和侧重点要各具特色。研究者通过对我国中小学心理健康服务方法的调查发现，总体而言，教学方法中应用最多的是讲授法，这容易造成心理健康教育课程学科化的倾向。心理健康教育课应以活动和体验为主，根据课程需要，以班级或小组为单位，结合心理自测、角色扮演、情景模拟、游戏活动、讨论辩论、心理训练等多种方法，融入舞蹈、戏剧、绘画和音乐等艺术元素，让全体学生充分参与其中。通过这些方法的应用，激发学生积极的心理体验，经由体验获得领悟或促进行为上的变化，即体验式教学的有效应用。

最后，要不断丰富心理健康教育课程的类别，在面向全体学生设计教学内容的基础上，逐渐开发和开设有针对性的特色课程。

何妍：心理咨询室是学校开展心理健康教育的专门场所和重要阵地，心理辅导和咨询是帮助学生解决在学习、生活、成长中出现的问题，排解心理困扰的重要途径，但是也存在着不少需要改进的地方，有关这方面的工作，您有何建议？

俞国良：心理辅导与咨询工作在学校心理健康服务体系中承担着重要的角色和任务，是实现心理健康服务体系总体目标的重要途径。建议可以从以下三个方面进行改进，整体提升心理咨询和辅导的服务质量与服务水平。

一是帮助从业者提升专业水平。这一点受制于我国心理健康服务的现状，是整个学校心理健康服务体系所面临的共同问题。之所以在此处单独提出，是因为对于学校心理健康服务体系而言，心理辅导和咨询的专业水平较低对心理健康服务的负面影响最大。进行心理辅导和咨询时，来访者通常处在心理较为脆弱的状态，如果提供服务的心理健康教育教师专业水平较低，缺乏相应资质，则很可能给来访者带来重大的心理创伤。因此，对于心理辅导和咨询服务系统而言，从业者的专业水平是首要考虑的因素。

二是结合实际需要，不断丰富服务形式。一对一的个别心理辅导和咨询是最常用的形式，其优势是能够在较深的层面上提供个性化的服务。团体辅导或小组辅导，也是比较常用的形式，比较适合解决一些人际关系、新生适应或者成员具有相似问题的情况，其优势在于同时面对多个人，并且团体创造的实际人际接触体验，尤其适用于人际适应的主题。另外，推进同伴互助、朋辈辅导对于心理健康服务体系建设具有重要的意义。

三是根据来访者的特点提供适合的辅导方法或手段，提升服务质量。心理辅导和咨询的方法与手段具有多样性，如何选择合适的方法，可以从两个方面考虑。一是来访者的人格和问题类型。比如，如果来访者不善表达，则可以提供绘画、沙盘游戏等方法供来访者选用。二是来访者的年龄。如果面对的是小学生，心理辅导教师可以结合语言和非语言的方法，如谈话、讲故事或者与学生一起画画、玩玩具、做手工、做游戏等。

何妍：2020 年的新冠肺炎疫情，使教育管理者和心育工作者再一次深刻认识到建立学校心理危机预防和干预系统的重要性与紧迫性，您认为危机预防与干预系统在整个学校心理服务体系建设中应做好哪些方面的工作，才能做到科学有效？

俞国良：完善学校危机预防与干预服务系统需要做好三个方面的工作。

一是做好日常危机预防。日常危机预防是学校心理健康服务体系中的重要组成部分，通常包括三个层面：初级预防，即面向全体学生的心理健康教育；二级预防，指面向潜在危机个体的预防和干预；三级预防，指面向已经有严重心理困扰的学生，此类学生通常直接进入危机干预程序或转介，以避免可能的严重危机。

二是积极推进危机联动机制的建立，提升危机发生时的应对效率。学校危机干预事件，一般包括自杀、暴力冲突、意外事故、精神分裂、自然灾害等。这些事件通常对个体的学习和工作产生很大的影响与冲击，使他们处于危机状态。因此，危机干预的应对效率在此显得尤为重要，学校心理健康服务人员通过危机干预，帮助学生有效面对危机事件，帮助学生恢复到正常状态。另外，社会资源和人际支持是危机应对时的重要因素，有时仅仅凭借心理健康工作人员的力量就显得力不从心。因此，建立一个纵向危机应对联动机制，确保在第一时间及时响应，提供支援和帮助，这是危机发生后有效应对的保障。

三是发挥德育、思想政治工作队伍和班主任的力量。在学校心理健康服务体系建设中，各级各类学校要善于利用现有的资源，把德育或思政工作队伍作为心理健康服务体系的重要组成部分。推进这项工作的过程中遇到的最大阻碍可能就是工作方法和工作理念的差异。因此，可以对德育或思政工作队伍进行危机预防和干预知识的系统培训，尤其是掌握危机识别的方法和技能。在中小学校，与德育队伍相匹配的班主任队伍能够覆盖全体学生，并对学生较熟悉。如果班主任老师接受系统的危机预防、识别与干预知识和技能的培训，对于推进学校心理危机预防与干预服务系统的建设意义重大。

大心理健康教育观：背景、内涵和实现路径①

【编者按】"大心理健康教育观"是俞国良教授及其研究团队近年来一直在提倡和呼吁建立的一种新时代心理健康教育指导思想与理念。2021年第1期俞教授在本栏目的访谈中提及"大心理健康教育观"，在心理健康教育工作者中引发了广泛的关注和讨论，大家普遍认为这一理念站位高、视角广，符合我国社会现实和时代发展需要，具有很强的指导性和前瞻性，并希望学习与了解该理念相关的更多内容。本期何妍主编将与俞国良教授深入探讨有关"大心理健康教育观"的背景、内涵和实现路径，以飨读者。

背景与思路

何妍：俞教授好！请您首先谈谈"大心理健康教育观"提出的背景和思路。

俞国良：我们正处于一个社会转型的特殊历史发展时期，经由传统型社会向现代型社会的快速转变。如今，国家和政府越来越重视心理健康、心理健康教育在社会发展和社会建设中的重要作用。心理健康概念的历史演变，新时代赋予心理健康概念的新意义，以及与心理健康概念相关的教育实践，都折射出社会历史变迁对心理健康以及心理健康教育观提出的新要求、新挑战。

"大心理健康教育观"的实质是从整体性和发展性的思路出发，充分考虑中国社会环境和新时代的发展特点，建立符合中国国情和富有中国特色的心理健康教育体制观。具体来讲，首先，心理健康教育实践要考虑整体性，即考虑到

---

① 载于《中小学心理健康教育》，2021(7)，记者何妍。引用时有改动。

在我国开展心理健康教育实践的社会历史背景以及时代发展的背景。社会历史背景是指，我国的心理健康教育起步较晚，心理健康教育一直是德育与思想政治教育工作的一部分，因此，必须充分考虑两者在心理健康教育实践中所起的作用。时代发展的背景是指，既要考虑到国际心理健康教育的最新研究理念与趋势，如朋辈辅导、社区教育、体验式学习；又要考虑新技术的发展给人们带来的普遍影响（如互联网）和我国教育实践中凸显出来的实际问题（如大、中、小、幼不同学龄阶段的衔接）。其次，心理健康教育要考虑到发展性，即将消极应对的观念转变为积极发展的观念。一是要转变人们的心理健康教育观念，转变大众固有的，对心理行为问题的刻板印象或污名化。二是强调学生自身心理和成长需要，提供适合学生发展需要的心理健康教育。三是具体教育问题也需要考虑发展性，只有着眼于人的发展，即对积极心理品质的培养，才能促进心理健康积极方面的发展。

理念及内涵

何妍："大心理健康教育观"从内涵来讲，包含哪些内容？

俞国良："大心理健康教育观"就内涵而言，其方向是坚持心理健康教育是德育与思想政治教育工作的重要组成部分，任务是提高全体师生以及家长的心理健康意识，理念是全面强化心理健康教育向心理健康服务的转变、问题导向向积极心理品质促进的转变，方法是大胆探索心理健康教育的新路径和新方式。

何妍：为什么说必须"坚定正确的心理健康教育政治方向"？这一政治方向具体指什么？

俞国良："大心理健康教育观"的政治方向必须明确。我们认为这个明确的政治方向就是将心理健康教育作为学校思想政治工作的重要组成部分。首先，心理健康教育与思想政治工作具有内在契合性，是互相需要、互为补充的关系。

其次，无论是过去还是现在，无论是软件还是硬件，思想政治工作都为心理健康教育提供了充足的教育资源。最后，就具体问题而言，思想政治工作为心理健康教育提供了支持和帮助。毫不夸张地说，如果德育与思想政治工作到位，能够帮助学生树立积极向上的世界观、人生观、价值观，那么，很多心理极端事件是完全可以避免的。在实际操作过程中，德育与思想政治工作为许多心理健康问题的预防都起到了积极的促进作用。

何妍：*"大心理健康教育观"强调心理健康教育不仅仅专注有心理问题的人群，而要在整体上提高所有人的心理健康意识。这个工作具体应如何开展？*

俞国家：这个工作可以从学生、教师和家长三个层面同时展开。首先是提高学生的心理健康意识，形成去污名化的校园氛围。其次是提高全体教师的心理健康意识，形成全员教育的强大合力。最后是提高家长的心理健康意识，形成家校合作的紧密联系，通过加强家校合作，使心理健康知识和正确的心理健康教育理念普及到家长群体，可以防止出现"家庭环境抵消学校教育"的情况。

何妍：*"大心理健康教育观"的理念是全面强化心理健康教育向心理健康服务的转变、实现由问题导向向积极心理品质促进的转变，如何真正实现从理念到实践的这种转变？*

俞国良：促进学校心理健康教育从教育模式向服务模式转变，需要明确几方面的内容：第一，加强现代学校心理辅导制度建设是核心，心理辅导制度建设对学校心理健康服务模式的转变能起到制度保障、规范运行的作用；第二，编制具有中国本土特色的学生心理健康测评工具是基础，心理健康教育的服务模式要求以受教育者为主体，充分考虑他们自身的心理状况与需求；第三，从实施心理健康教育走向心理健康服务并建立服务体系是途径，这不仅符合我国的现实国情需要，也顺应了心理辅导的国际化趋势；第四，提供适合学生发展需要的心理辅导与心理健康服务是关键，应切实地从学生自身需求出发，以他们的健康成长与毕生发展为目标实施教育与干预。

实现由问题导向向积极心理品质促进的转轨，需要从以下四个方面入手。第一，加强课程教学建设，保障对全体学生的教育，心理健康课程的内容要从关注不良问题的矫正过渡到积极心理品质的培养，如自信、理性、友善等品格的培养。心理健康课程内容要注重时效性，形式要多样化，并且要保证一定的课时量，按照课程规划，定时、定量开展。第二，加强心理健康中心建设，实现从治疗有心理问题的学生过渡到对有心理问题倾向的学生进行预防和疏导。第三，加强转介机制建设，完善对个别学生的干预，转介机制建设至少应包含层次划分、衔接合作、转介标准制定等。第四，提供具有可操作性和实效性的心理健康教育师资培训模式，使教师在上岗后能够接受定时定点的培训。

何妍："大心理健康教育观"强调应重视心理健康和心理健康教育的经典理论内容，但在方式方法上可以与时俱进，紧随时代潮流。近年，我们欣喜地发现很多教师将心理咨询和辅导技术创造性地加以改造，并灵活地运用于学校心理辅导中。互联网线上教学的蓬勃发展，更是为大胆探索心理健康教育的新路径、新方法提供了各种机会和可能。

俞国良：是的，在方法上最关键的是要与时俱进，既应追随国际研究前沿，又要充分考虑中国实际国情，打开新视野，闯出新路径。例如，不断完善朋辈辅导制度，使具有相同专业背景的人在信息、观念或行为技能等方面，通过分享来实现心理健康教育目标；广泛开展社区心理健康教育，扩大心理健康教育的覆盖范围，学校和社区相互配合，促进双方工作绩效的共赢。

特别是充分利用互联网优势，探索在新媒介上提供心理健康服务的方式。首先，应该消除教师和家长对"移动上网终端"的污名化。其次，还应该考虑利用互联网的新方式。除了发布信息、采集信息的功能之外，结合机器学习和临床专业知识构建预测未来心理健康问题的指标，这也是一种新路径。最后，应尽快建立互联网不同平台和不同内容的分级制度，让儿童和青少年远离网络暴力和网络侵害。

此外，强调不同年龄阶段学生分类指导的心理健康教育推进方式，实现大中小学心理健康教育的无缝对接。对于心理健康教育的年龄阶段差异，我们认为应该落实大、中、小、幼心理健康教育的衔接，按照心理学规律区分不同阶段的心理健康教育内容，体现不同年龄阶段心理健康教育内容的差异性和递进性。

不同层面的实现路径

何妍："大心理健康教育观"如何实现，有哪些具体可行的实现路径？

俞国良："大心理健康教育观"的实现路径，是在社会心理服务框架下，通过心理健康服务的中介作用，逐步走向社会心态培育，具体可以分为四个不同的层面：在个体层面，强调健康与幸福；在人际层面，强调心理健康服务；在群体层面，强调社会心理服务；在社会层面，强调社会心态培育。

何妍：在个体层面，强调健康与幸福，也就是说在学校心理健康教育中，个体层面的工作，就是要让学生认识到健康与幸福的重要性，并教会学生保持健康、实现幸福的技能和技巧。

俞国良：是的。要强调的是，健康与幸福的学习目标应是技能、技巧，而不是纯粹的知识。脱离实际生活技能的知识往往会变成空洞的说教和试卷上的题目，无法让学生在生活中真正受益。同时，技能教育要充分考虑学生的心理发展特点，因为每个学龄阶段的学生对健康与幸福的概念理解不同，适合学习和运用这些技能的生活场景、家庭环境、人际关系背景也不相同。我们认为个体层面的心理健康教育以健康与幸福为重要目标，在教学过程中要落到实处，要让学生逐渐学会并掌握保持健康和获得幸福的实用技能，将其付诸实践并受益终身。

何妍：在人际层面，心理健康教育的重点是提供心理健康服务，而提供这一服务的载体则是心理健康服务体系，具体到学校心理健康服务中，其工作重点应是什么？

俞国良：人际层面的学校心理健康服务，重点是普遍开展学生心理健康教育与心理健康促进工作，让危机人群的心理健康问题得到关注和及时疏导，为他们提供有针对性的心理辅导、情绪疏解、悲伤抚慰、帮扶援助、家庭关系调解，以及重大生活事件和心理医疗救助、心理疾病应急救援等心理健康服务。无论是科学认识心理行为问题和心理疾病，传播自尊自信、乐观向上的心理健康意识，还是促进学生个性发展和人格完善，帮助学生更好地进行生涯规划和发挥潜能，针对学生在生活、学习、就业、人际交往、社会适应等方面产生的心理困扰进行心理咨询和心理治疗工作，都是为了建立社会主义的新型同伴关系、师生关系、亲子关系，提升全民心理健康素养，为和谐社会建设固本强基。

何妍：在群体层面强调社会心理服务包含哪些工作？学校心理健康教育在这一层面可以有何作为？

俞国良：群体层面的社会心理服务包括积极的社会行为服务和公平的社会公共服务。积极的社会行为服务是对他人甚至整个社会有益的亲社会行为，这是维持人与人之间良好关系的重要基础，也是建立公正、和谐社会的重要保障。学校心理健康教育对学生亲社会行为的培养，不仅对整个社会是有益的，对施助者本身也是有益的，即所谓"予人玫瑰，手有余香"。

公平的社会公共服务，强调向不同群体提供公共服务的公平、公正性，强调社会规范与社会分配在社会稳定、社会和谐中的重要作用。在心理健康服务中，更要体现教育的均衡性，应尽快出台各级各类学校心理健康教育的规范、教程和师资要求，这是推进当前心理健康教育的当务之急。

何妍：如何理解社会心态培育？学校心理健康教育可以在积极的社会心态

培育中发挥什么样的作用？

俞国良：社会心态培育，可以理解为社会心态的养成、教育和引导，即将不良的社会心态转变为良好的社会心态的过程。社会心态具有弥散性，社会心态培育具有宏观性。消极的社会心态，如拜金主义、功利主义、犬儒主义、宗教极端主义等，不仅会对整个社会有腐蚀作用，对学生健康成长更会起到不良影响。

从历史上看，无论任何时候，学校都与时代同呼吸共命运。学校心理健康教育工作，是扭转消极社会心态，培育积极社会心态的阵地。无论是大、中、小学生，在他们步出校园，踏足社会之前，所接受到的影响大部分来自校园，较少有机会接触到社会问题和社会矛盾，具有较强的可塑性。此时加强正面社会心态的引导和教育：一方面，有利于培养学生自身的良好社会心态；另一方面，通过学校对家庭、社区的辐射，以及三者的互动，也有利于学校乃至整个社会逐渐培育出并长期保持自尊自信、理性平和、积极向上的社会心态。这也是"大心理健康教育观"的终极目标！

文化潮流与社会转型对我国青少年心理健康的影响①

【编者按】青少年心理健康问题是世界各国普遍重视和面临的难题。以往以初中生、高中生、大学生为研究对象的横断历史研究结果表明，我国青少年心理健康状况发展趋势不容乐观，并且存在诸多风险因素。随着经济社会的持续高速发展，社会转型的进程不断深化，对青少年心理的各个方面产生巨大影响。与此同时，文化潮流尤其是互联网文化的兴起也可能影响到个体的心理健康。本期"主编访谈"将邀请俞国良教授分析探讨文化潮流和社会转型对青少年心理健康的影响效应，并进一步提出相应的对策与建议。

互联网文化潮流：青少年心理健康的重要风险因素

何妍：俞教授好！当今科技进步日新月异，使得互联网快速发展和普及，同时也掀起了互联网的相关文化潮流，使人们的生活方式、思维方式和人格特征发生了巨大变化，也对青少年心理健康产生了重要影响。您怎样理解互联网对当前青少年的深刻影响？

俞国良：当前的青少年大约出生于 1995—2005 年，可以说与网络的发展与兴起同步，这是以前青少年所不具备的文化特征和时代背景。在信息化、高科技背景下，互联网逐渐成为青少年接触社会环境的重要媒介，社会转型的特殊历史发展时期对青少年的影响，在文化潮流的作用下得到成倍数放大。一是互联网的快速发展使得信息的传播更加迅速、丰富，这种信息的存在为人们提供

---

① 载于《中小学心理健康教育》，2021（10），记者何妍。引用时有改动。

了比较的可能。二是自媒体的快速发展、过度的网络社交，使青少年丧失了部分现实生活中的社交机会，认为社交平台上所展现的就是他人真实的全部生活，进而引发自尊和自我效能感的降低，乃至对现实社会与现实生活的不满。

另外，相比于成年人，青少年更容易接受网络的"现代"生活方式，年龄和发展阶段的原因，导致网络对于青少年的吸引力很大，成为影响青少年心理健康状况的重要风险因素。因此，紧紧围绕互联网发展这一新兴文化潮流，探讨互联网文化对我国青少年心理健康的影响，能够更加清晰地厘清我国青少年心理健康状况发生流变的"路径图"。

何妍：可以肯定的是，互联网在给我们的生活带来巨大便利的同时，也成为影响青少年心理健康的重要风险因素，互联网文化对青少年心理健康的不良影响主要体现在哪些方面？

俞国良：我们认为，互联网文化对青少年心理健康的不良影响至少体现在三个大的方面。

第一，网络社交媒体的使用并不能够提升个体的心理健康水平。研究表明，社交媒体的使用与抑郁之间存在关联，能够对情绪和幸福感造成消极影响。日常生活经验也告诉我们，青少年对社交媒体的依赖程度越来越高，他们花费在当面社交、体育运动等"非屏幕"活动上的时间越来越少，而"非屏幕"活动是与抑郁症状、情绪困扰等呈现负相关的。也就是说，社交媒体与电子产品的使用能够通过直接和间接两条途径影响心理健康。网络骚扰、较差的睡眠质量、较低的自尊水平、不良的身体意象等，则是社交媒体使用影响青少年心理健康的中介变量。上述诸多变量或因素，显然不会给青少年带来稳定的快乐感、愉快感和幸福感，以及基于自身生活方式、生活质量而产生的生活满意度。

第二，网络过度使用和手机成瘾是心理健康的巨大隐患。对于青少年而言，网络与手机成瘾是影响他们心理健康水平的一大诱因，会产生一系列消极后果。比如，智能手机的不当使用与青少年孤独、酗酒、学业表现不良、冲动性、焦虑、抑郁等存在正向关联。网络虚拟世界中的"生活"会影响青少年现实世界中的正常学习、生活和工作，即通过减弱拼搏精神和平常心而降低心理幸福感与自我效能感。

第三，大量有害的网络信息会对青少年心理健康产生诸多不良影响。首先，网络信息给青少年提供了许多社会比较的机会，进而对心理健康产生消极影响。其次，网络信息良莠不齐，一些网络糟粕本身，尤其是网络欺凌和网络暴力的存在，就会对个体心理健康造成负面影响。最后，网络中存在的一些暴力、自杀、自伤的素材，也可能导致青少年模仿行为的出现，将极大地危害到青少年的人身安全与生命安全。

何妍：如您所说，互联网文化的兴起改变了青少年的生活方式，这种改变对其心理健康的影响无疑是显而易见的。如何才能减少互联网文化潮流对青少年的消极影响，您有什么好的建议？

俞国良：首先，从源头和政策上，国家和政府应加强对网络游戏、手机应用程序等的审核，加入防沉迷因素，如禁止未成年人注册某类网络账号，当游戏时间过长或使用某应用程序时间过长时，系统应及时予以提醒或禁止继续使用等，防止青少年迷恋网络。其次，从教育对策上，应加强对青少年正确使用网络与手机的指导，引导青少年多参与面对面的人际交往与户外运动，养成良好的生活方式与生活习惯，用良好的行为习惯代替不良的喜好与陋习。最后，从管理措施上，应加强对互联网企业的管理，进一步清除对青少年有害的信息，尤其是带有明显自杀暗示性或涉及自杀方法的网络信息，防止青少年通过网络产生自杀意念或行为，保护青少年健康上网、绿色上网。

社会转型：影响青少年心理健康的深层原因

何妍：您曾经在相关论著中多次提到社会转型对个体心理的影响，如果说互联网文化潮流是影响青少年心理健康水平的直接媒介，如何看待社会转型对青少年心理健康的影响？

俞国良：社会转型不仅意味着社会结构性的变革，也给人们带来了个体的心理性变革。在前期研究中，我们发现社会转型的过程会对个体的幸福感、安全感、信任感、社会心理特征、社会心理预期等产生深刻而持久的影响。在这种宏观的社会背景下，我国青少年的心理健康也必然要受到影响。研究者认为，社会转型所带来的由计划经济向市场经济的转变造成了经济发展的不均衡，这种不均衡使人们在收入上进行了比较，而忽视了绝对收入水平的提高。另外，社会转型所带来的个体化程度的提高，意味着个体最终要为自身的幸福负责，这会使个体在失败时反刍自己的错误，当个体处于不利局面时，会变得更加脆弱。这种情感上的"玻璃心"，会集中投射在其心理健康水平上。

何妍：作为影响青少年心理健康的深层原因，社会转型会通过什么样的方式影响青少年的心理健康。

俞国良：我们可以从社会转型带来的经济发展、社会多元化和环境不确定性三个方面，进一步分析社会转型可能带给青少年心理健康的影响。

首先，经济发展对心理健康尤其是对幸福感的影响始终是人们关心的话题，然而经济发展水平对心理健康的影响并不是线性的关系。幸福感的内涵在渐次扩大，经济发展使人们对"幸福感"的定义发生变化，从以往认为幸福就是吃饱穿暖，转变为对更美好生活的向往。此外，经济的快速发展使青少年群体的物质水平有所提高，部分青少年过度关注物质财富的重要性，从而产生的消极情绪体验，降低幸福感和生活满意度。

其次，当代社会是一个多元化的社会，这种多元化主要体现在两个方面。一是价值观的多元化，人们对于自己的生活有了越来越多的选择，青少年需要在多种价值观中进行取舍，其中的心理困扰、心理矛盾和冲突，会对青少年的心理健康造成影响。二是社会阶层的多元化对青少年的身份认同产生影响，有研究者认为，传统社会的同质性较高，现代社会的异质性较高，现代社会的这种异质性会影响青少年的归属感和认同感，使青少年体验到更多来自社会规范和社会认同的冲突。

最后，社会转型的过程带来了更多的环境不确定性，这是青少年心理健康水平下降的一大原因。随着现代化与社会转型的进程加快，社会整体的环境不确定性提高，而网络信息的空前丰富和快速传播使环境的不确定性进一步强化。而所谓"从小赢在起跑线上"之类的心灵鸡汤，更是对青少年心理健康的"雪上加霜"。

何妍：社会转型是大势所趋、时代发展的必然，在宏大的历史潮流面前，我们能够做些什么，以缓解社会转型给青少年心理健康带来的消极影响？

俞国良：社会转型虽然是历史的必然，不可逆转，但社会转型所带来的一系列社会问题，却是可以缓和，甚至是可以避免的。伴随社会转型而来的社会矛盾、心理冲突是青少年心理健康状况发生流变的深层原因，因此，在预防和减少网络对青少年心理健康造成消极影响的同时，还应针对社会转型制定相应对策。一是社会转型所带来的贫富分化、收入差距增大，可能对青少年心理健康产生消极影响。这就需要进一步推进教育公平，均衡教育资源，使经济困难的青少年学生能够享受相同教育条件，并且进一步完善学校资助政策，保障他们的日常生活水平。二是要引导经济困难青少年学生正确认识家庭经济困难和社会经济收入距离增大的现象。三是在青少年学生中进一步弘扬社会主义核心价值观，增进他们的社会认同感，引导青少年树立正确的奋斗目标，把个人理想和社会理想紧密结合起来，克服可能出现的极端物质主义倾向。

家庭和学校：可发挥中介和保护性作用

何妍：根据生态系统理论的观点，青少年的发展嵌套于相互影响的一系列环境系统之中，互联网文化潮流和社会转型作为影响青少年心理健康的两个重要因素，应如何理解两者之间的关系。学校和家庭这两个重要的环境系统，在其中发挥了什么样的作用？

俞国良：社会转型与文化潮流变迁本质上都是生产力发展和信息化不断推进的必然结果。前面我们分别分析了社会转型过程和文化潮流对青少年心理健康状况的影响，但两者之间的关系并不是线性的，更不是完全独立发挥作用，而是存在着叠加效应。因此，我们认为社会转型是青少年心理健康水平下降的深层原因，而文化潮流的变迁是青少年心理健康状况下降的直接媒介，社会转型的过程通过文化潮流的媒介作用共同影响着青少年的心理健康。

从生态系统理论的视角来看，社会转型和文化潮流对青少年心理健康的影响，需要依赖家庭和学校两个微系统进行传导。从家庭的角度来看，社会转型和文化潮流对家长的影响同样是巨大的，家长也会面对着更多的焦虑，这种焦虑会进一步传导给青少年。另外，随着经济的快速发展，越来越多的家长变得更为忙碌，进而忽视对青少年的教养和心理健康的关注。一些家长本身就是"低头族"，过度沉迷于电子产品之中，社会转型和文化潮流的叠加效应就通过家庭传导到了青少年身上。从学校的角度来看，对于青少年来说，教师的影响固然是重要的，但同伴关系对他们心理健康的影响可能更为巨大。以留守儿童为例，研究发现，留守儿童的同伴关系与心理健康之间也存在着密切联系。同伴关系是社会因素对个体心理健康产生影响的中介因素。

何妍：家庭和学校如何做，才能更好地发挥它们的缓冲和积极保护作用？

俞国良：文化潮流和社会转型的叠加效应，通过生态系统中的各个子系统对青少年心理健康造成影响，家庭和学校作为社会支持系统的重要载体，在其中不仅起到传导作用，而且能发挥保护性作用。如果能够构建良好的家庭环境和学校环境，则能防止社会因素对青少年心理健康造成伤害。在家庭层面，应努力营造和谐的家庭氛围，提升婚姻关系质量和亲子关系质量，这都有助于青少年心理健康水平的提升。在学校层面，则应提高学生对学校的认同感，增加学生参与学校管理的机会，引导他们积极参与校园文化活动；注重建立良好的师生关系，严惩一切师德禁行行为，使教师成为学生成长成才的领路人，成为他们心理健康的保健医生；教育学生发展良好的同伴关系，杜绝校园欺凌行为的发生，从而为青少年提供安全的微系统环境，抵御外在因素对青少年心理健康的侵扰。

生态系统视角下青少年心理健康的影响因素及机制①

【编者按】社会环境是影响青少年心理健康的重要因素，特别是快速变化的社会环境是影响个体心理健康水平的重大风险性因素。以往无论是研究层面还是实践层面都缺乏对社会转型这一时代背景的重视，未能阐明社会转型相关的中介变量及其影响机制，一定程度上阻碍了目前中小学心理健康教育的发展。有鉴于此，俞国良教授及其研究团队从生态系统理论的视角出发，提出了分析社会转型与青少年心理健康关系中介变量的理论框架，阐述了社会转型对青少年心理健康的影响机制。本期"主编访谈"邀请俞国良教授就该话题进行深入分享。

社会转型是重要的青少年心理健康影响因素

何妍：俞教授好！厘清青少年心理健康的影响因素是提升其心理健康水平的关键。然而，影响个体心理健康的因素是多层次、多方面的，在众多影响因素中，您认为在当前的历史时期影响我国青少年心理健康最重要的因素是什么？

俞国良：当前，对青少年心理健康影响因素的研究主要集中在两个维度：一是根据其与青少年心理健康的关系分为风险性因素和保护性因素；二是根据其来源分为个体因素和社会因素。其中，风险因素包括家庭、同伴、学校，以及发展中的行为问题等；保护性因素包含行为、情绪的自我调节、高质量的养育及同伴关系。个体因素包括物质滥用、早孕等生理因素，以及心理行为问题、

---

① 载于《中小学心理健康教育》，2021(13)，记者何妍。引用时有改动。

人格障碍等心理因素。

然而，人无法脱离环境而独立存在，个体的心理过程总是在一定的生活场景中展开，社会环境塑造着我们的心理与行为，中小学生也不例外。他们的心理健康水平不断受到社会因素的影响。对心理健康的研究，必须放置在社会这个大背景下进行。中国社会正经历着急剧的社会转型，经济转型、城镇化运动、教育体制改革等社会变迁改变了个体的学习方式、工作方式和生活方式，产生了诸如留守儿童等心理健康的高风险群体。因此，我们认为社会转型是当下我国青少年心理健康最重要的社会影响因素。

何妍：梳理社会转型对青少年心理健康的影响与机制，对于开展中小学心理健康教育工作有什么重要意义？

俞国良：梳理社会转型对青少年心理健康的影响与机制，这是开展中小学心理健康教育的前提条件。一方面，以往研究往往缺乏对于社会转型这一时代背景的考察，以及社会转型与青少年心理健康关系中介变量的理论总结，阻碍了该领域的研究进展。

另一方面，社会转型对青少年心理健康影响的研究结果也不一致。这就需要研究者更深入地探索相关的影响机制。布朗芬布伦纳等将个体心理的各种社会影响因素归纳为一个由微系统、中系统、外系统、宏系统和时间系统构成的生态系统，为社会转型对青少年心理健康的影响提供了很好的理论分析框架。我们认为，社会转型对青少年心理健康的影响，依赖于生态系统的传导；社会转型与青少年心理健康关系的中介变量隶属于不同的生态系统，它们单独或共同影响着青少年的心理健康，系统间的互动可能是造成现有研究结果不一致的主要原因。

社会转型与青少年心理健康关系的中介变量

何妍：生态系统理论的确提供了很好的分析框架，可以更好地考察整个社会系统对青少年心理健康的影响，有助于厘清各种社会因素与青少年心理健康的关系及其内部机制。在社会转型的进程中，有哪些重要的中介变量可以纳入相应的系统中加以分析？

俞国良：生态系统理论认为，社会影响可以归纳为以个体为圆心扩展开来的嵌套式系统。这一系统的核心是个体，嵌套系统由里向外依次是微系统、中系统、外系统、宏系统和时间系统。基于对以往研究的分析，依据生态系统理论中的各个系统的定义，我们将社会转型与青少年心理健康关系的代表性中介变量归纳在相应的系统中，考察各个社会因素的影响机制。这些代表性中介变量包括微系统中的亲子关系质量、学校环境与同伴关系等，中系统中的家校互动，外系统中的家长工作模式、社区环境、学校的课程设置与教师培训等，宏系统中的城乡差异、社会心态、价值标准的变化等。

何妍：微系统中的亲子关系质量、学校环境与同伴关系，如何在社会转型与青少年心理健康的关系中发挥中介作用？

俞国良：社会转型对青少年心理健康的诸多影响需要微系统的传导才能得以实现。其中，亲子关系质量是青少年心理健康的重要影响因素，相关指标包括亲子沟通的频率、父母的冲突、教养水平等。

再看学校环境。学校是青少年心理健康的保护性因素，包括支持性的师生关系、参与校园生活的机会以及对学校的认同等。如果学校能够建立良好的校园文化、积极的师生关系，给予学生参与学校管理的机会，就能够增强学生对学校的认同感，从而提升学生的学习动机、心理健康水平，并且减少风险行为的发生。

最后看同伴关系。纵观人的毕生发展，青春期或许是同伴关系对其心理影响最大的时期。一方面，中小学生在努力转变自己在家庭中的角色时，特别依靠朋友来寻求情绪支持，同伴能够帮助中小学生调节情绪，提供情感支持和安全感以及提升自信和认可度。另一方面，同伴关系也与中小学生的焦虑、忧伤、愤怒等消极情绪的增长显著相关。

何妍：您认为对于中小学生来说，最重要的中系统变量非家校互动莫属，我非常赞同您的观点，这不仅强调了家校互动作为青少年心理健康影响因素的重要作用，也为家校协同育人提供了理论支持。

俞国良：是的，对于中小学生来说，最重要、最典型的中系统变量就是家校互动对其心理健康的影响。英国研究者通过纵向调查研究发现，家长参与学校活动的程度越高，中小学生的心理健康水平也越高。基于此，一些研究者认为针对青少年心理健康的家校互动式干预能够取得较好的教育效果。比如，当整个家庭都参与到学校的干预项目时，中小学生表现出了更少的反社会与物质滥用行为。当然，在现实生活中，家长对学校活动的参与程度会受到家庭收入、工作模式等特定社会发展阶段其他因素的制约。

何妍：外系统变量有家长工作模式、社区环境、学校的课程设置与教师培训等，请分别谈谈它们的作用和影响。

俞国良：先说说家长的工作模式。经济转型、城镇化运动等社会转型导致许多父母不得不背井离乡寻求工作机会，他们或者将孩子留在老家，或者带孩子一起来到陌生的城市，形成了留守儿童、进城务工人员子女等较为特殊的中小学生群体。许多研究发现，留守儿童、进城务工人员子女的心理健康状况堪忧，表现在抑郁水平、孤独感较高和自尊水平、情绪稳定性、人际关系较差等，其原因可归结为各种社会因素的消极影响。

再看社区环境。世界卫生组织的报告指出，居住环境是个体心理健康的重要影响因素。与学校环境相比，现实生活中的中小学生往往无法自由选择他们生活的社区，较差的社区环境会降低他们的社会资本、集体自尊，增加他们出现内、外化心理行为问题的风险。

还有一个重要变量是学校的课程设置与教师培训。课程是学校实现教育目标的主要手段，开设心理健康的相关课程，能够促进中小学生的心理健康水平。培养专业化教师，通过培训等手段促进全体教师对青少年心理健康的认识，能够间接起到提升学生心理健康水平的作用。

何妍：宏系统中的变量包含城乡差异、社会心态、价值标准等，这些恰恰是我们最容易忽略的，社会转型是如何通过这些变量影响青少年心理健康的？

俞国良：在我国，社会转型引起了宏系统中城乡差异、社会心态、价值标准等的变化，这些变量的变化进而影响了中小学生的心理健康水平。我们的研究团队曾经探索了社会转型背景下青少年心理健康的结构与特点，发现城市高中生在学习、自我、人际关系、社会适应、情绪调节和职业规划方面普遍优于农村高中生。来自城市与农村不同区域、受教育程度与家庭经济收入高低的区别可能造成家长价值观、教育理念、教育方式的诸多差别，因而影响了中小学生的心理健康水平。

社会转型影响青少年心理健康的作用机制

何妍：我了解到您和研究团队近期提出了社会转型影响青少年心理健康的社会生态系统模型，这个模型很好地解释了社会转型影响青少年心理健康的作用机制。请您给我们介绍一下这个理论模型的具体含义和作用原理。

俞国良：我们提出的社会转型影响青少年心理健康的社会生态系统模型，聚焦于社会转型所引起的一系列社会环境变化与青少年心理健康的关系与机制：社会转型是当下我国青少年心理健康最重要的社会影响因素，其效果依赖于生态系统模型中各个子系统的传导来实现。并且，社会转型并非总是青少年心理健康的风险因素，也有可能提升中小学生的心理健康水平。

具体来讲，社会转型影响青少年心理健康的中介变量，先是时间系统、宏系统中的相关因素，如城乡差异等，其变化会传导至外系统、微系统，并通过微系统影响到中小学生的心理健康。例如，家庭模式、教育质量标准的变化可能导致家长工作、学校课程设置等的变化，进而影响到家庭、学校，并最终影响中小学生的心理健康。

社会转型对青少年心理健康的影响依赖于生态系统的传导。我们也应该看到，外系统、微系统中的任一因素发生变化，均能够影响社会转型与青少年心理健康的关系。

社会转型对青少年心理健康的影响是各系统间互动的结果，也意味着通过对某个子系统中要素的干预，有可能使社会转型成为青少年心理健康的保护性因素。

何妍：基于前面谈到的社会转型与青少年心理健康关系中介变量的理论分析框架、社会转型对青少年心理健康的影响机制和理论模型，您对中小学心理健康教育工作者有何建议？

俞国良：首先，对心理健康的考察必须考虑他们所处的社会背景，青少年心理健康教育尤其不能脱离时代背景。因此，在未来的研究与教育实践中，研究者应提高对社会转型与青少年心理健康关系问题的重视，深入发掘二者关系的中介变量，为社会转型背景下青少年心理健康教育的开展提供更坚实的实证基础。此外，提升青少年心理健康水平的措施不能局限于个体、家庭、学校等相对微观的层面，更要意识到价值观、城乡差距、社区环境等也是中小学生健康的重要影响因素。深化经济、教育等领域的改革，建设可持续发展的和谐社会，这是提升青少年心理健康水平的长期保障。

其次，社会转型对青少年心理健康的影响依赖于不同子系统中中介变量的互动与传导。未来的研究与教育实践应深入分析生态系统间互动的机制，为心理健康教育干预的设计与实施积累更为丰富的实证证据。依据社会转型影响青少年心理健康的社会生态系统模型，某一子系统中要素的改变，可能抵消其他子系统对青少年心理健康的消极影响。因此，未来青少年心理健康教育的开展，应注意到各子系统中的组成要素。社会改革要能够为中小学生提供健康成长的制度基础，而改革所引起的时间系统、宏系统的变迁还会引起外系统、中系统、微系统中相关因素的变化，从而形成促进青少年心理健康水平的合力。

心理健康框架下的生涯规划与生涯教育①

【编者按】随着新高考改革和新课程改革的不断深化，心理健康与生涯规划的教育理念已深入人心。2020 年 2 月，教育部颁布了《中等职业学校思想政治课程标准》，该课程标准的一个特色或亮点是将"心理健康"从选修变为必修课程，并与"职业生涯规划"课程合并为"心理健康与职业生涯"新课程，要求在心理健康框架下积极开展职业生涯规划与生涯教育。本期访谈将邀请主持该课程标准研制的俞国良教授，深入诠释心理健康与生涯规划的关系，并通过解读中职学校"心理健康与职业生涯"新课程标准的新特点，对该课程的实施提出相关建议。

心理健康与生涯规划的关系

何妍：俞教授好！在心理健康的框架下开展生涯规划和生涯教育是您一贯秉持的主张与理念，并且落实到了中职学校"心理健康与职业生涯"新课程标准的研制中，作为该课程标准研制的主持人和参与者，请您简要介绍一下这样做的理由是什么？

俞国良：生涯规划是个体在统筹考虑自我的智力、能力、职业偏向、价值观，以及面临的外界困难和机遇基础上，规划未来生涯发展历程，做好充分准备，调整和摆正位置，在社会和人生中正确定位自我，以实现社会适应和个人发展。在各级各类学校开展的以"生涯规划"为核心的教育活动与课程，就是生涯教育。我们主张在心理健康的框架下开展生涯规划和生涯教育，其理由是职

---

① 载于《中小学心理健康教育》，2021(16)，记者何妍。引用时有改动。

业生涯仅仅是人生生涯的一个重要阶段，而心理健康作为职业生涯的基础，横贯人的一生，并决定职业生涯规划的质量与效率、方法与路径，两者是相互联系、相互促进和互为因果的动态关系。也就是说，职业生涯规划是一种主动的、不断调整的、具有创造性的动态过程，是实现价值感、成就感和获得感的有效行动计划；心理健康是一种相对稳定的心理状态和良好的适应状态，是个体进行合理生涯规划、获得职业发展的前提和保证。概言之，心理正常或心理健康是成功职业生涯的前提，也是实施职业生涯规划、实现个人正常发展的心理结果，同时也是下一个阶段生涯的积极准备。

何妍：也就是说生涯规划与心理健康是相互联系、相互促进和互为因果的动态关系，而心理健康是个体实施生涯设计和职业规划的基础。

俞国良：是的，个体的心理适应与职业适应相互关联，不能割裂。从人的毕生发展看，生涯是个体心理与外部社会环境发生相互作用的产物，生涯交织在个体发展的生命广度和生活空间，处于动态而复杂的状态中。个体设计与实施生涯规划，心理正常或心理健康是基础。

从生命的广度分析，个体从儿童、青少年、中年到老年，在生理和心理方面经历着从不成熟到成熟再到衰老的过程。职业生涯面临从学校到职场的转变，从一个岗位到另一个岗位的转变，从一个职业到另一个职业的转变。每每进入新的阶段、新的职业、新的环境，个体都面临着从不适应到适应，从不平衡到平衡的变迁中。正常而稳定的心理健康状态是开展生涯规划的必要准备，只有对自我形成稳定的认识，做好自我管理和调适，才能为未来复杂多变的生涯做好规划。从生活空间的角度考察，个体不仅在不同生涯阶段扮演不同的社会角色，而且在同一阶段扮演不同角色，并经历着角色的变化和转换。例如，个体在青少年时期扮演了学生、子女，成年后，扮演了职员、父母、子女、配偶等多个角色。成长过程中面临不断变化，生活空间在不断拓展，个体需要对扮演的各种角色进行有机的协调与整合。只有在心理健康状态下，个体才能形成完整的自我概念，正确认识成长的自我、自我与他人、自我与社会、自我与世界的关系，及其关系的变化，在此基础上才能辩证地看待职业变化，做好生涯规划。

何妍：不同个体心理健康的状态，或者同一个体在不同时期的心理水平也都不尽相同，这种现象势必会影响到生涯规划的方法和效果，生涯教育和心理健康教育如何支持个体的生涯规划？

俞国良：现代社会信息量极大丰富，环境不确定性增强，社会变迁速度加快，个体的学习、生活、成长等社会环境的变化更加频繁。而生涯规划只能由自己来完成，具有不可替代性，心理健康状态决定了生涯规划的主动性与积极性，即生涯规划的质量和效率。因为每个个体的生涯都是充满变化与稳定、成长与危机、适应和冲突、有序和无序，心理健康状态下的生涯规划是一个主动、积极探索的动态过程，而不是被动接受的结果。在探索过程中，个体能辩证看待成长中的矛盾和冲突，并以此为契机，解决个人经验与环境的冲突，通过有目的的计划和调整，才能达到平衡和适应。

生涯规划的方法需要通过探究学习和体验学习掌握，而不能仅通过传统的知识学习来获得。生涯规划不是一次性完成的，也不是不能调整的、一成不变的。个体的心理健康决定了生涯规划的方法和路径，个体在生涯规划过程中，是否具有完好的人格结构、自我认知、社会认知、情绪调适、心理弹性、克服挫折的能力，很大程度上会影响并决定个体能否积极探索生涯人生。因此，开展生涯教育，需要通过鼓励学生身体力行，在探索中不断感悟、反思、领会，才能培养学生利用内部和外部资源发掘个人潜力，培养个人兴趣，内化价值观和人生观，实现生涯目标。这也是心理健康教育的主要任务。

中职"心理健康与职业生涯"新课程标准的特点

何妍：我们了解到，2002 年开始您参与或主持了我国各级各类学校心理健康教育的指导纲要编制、研究和修订工作，包括 2004 年教育部印发的《中等职业学校心理健康教育指导纲要》，以及 2008 年教育部颁布的《中等职业学校职业生涯规划教学大纲》《中等职业学校心理健康教学大纲》等。新颁布的课程标准与 2008 年的"心理健康与职业生涯规划"相比，这两个教学大纲有什么不同之处？

俞国良：中职"心理健康与职业生涯"新课程标准覆盖了国家和政府关于中等职业学生职业生涯与心理健康的有关要求，有机结合了中职学生心理成长和职业发展的元素，给出了多元、生动、可操作的教育教学指导，具有继承性、发展性和时代性。

具体来讲，这个新课程标准在内容上系统整合了 2008 年教育部发布的关于"心理健康与职业生涯规划"两个教学大纲。表现在将个人发展与职业理想，自我心理特点与职业发展，人际交往与健康生活，学会学习与职业素养、个人理想与职业规划结合起来，帮助学生在心理成长过程中学会并做好职业生涯规划，在职业生涯规划中实现自我成长。

其核心内容与"心理健康与职业生涯规划"两个教学大纲保持一致性、稳定性。在"心理健康"方面表现在：引导学生学会从自我评价和他人评价中，客观地认识自我；引导学生学会情绪调节，正确面对挫折、压力；引导学生与老师、同伴、父母和谐相处，建立积极健康的人际关系；掌握科学的学习方法，培养学习兴趣，激发学习动机。在"职业生涯规划"方面表现在：引导学生结合自身特点、专业和兴趣，根据社会发展的需要，树立职业观念，做好生涯规划，培养职业素养，打造理想自我，实现人生梦想。

何妍："心理健康与职业生涯"新课程标准在编制的逻辑思路上具有什么样的特点？

俞国良："心理健康与职业生涯"新课程标准的编制，按照从"小我"到"大我"的内在逻辑，系统设计了"时代导航 生涯筑梦""认识自我 健康成长""立足

专业 谋划发展""和谐交往 快乐生活""学会学习 终身受益""规划生涯 放飞理想"六个板块。由"个体我"到"人际我"，培养学生从正确认识自己到与同伴、父母、老师和谐相处；由"现实我"到"理想我"，培养学生辩证地认识挫折、冲突，不断成长，实现理想自我；由"职业我"到"社会我"，培养学生结合个人特点选择职业，为国家富强、社会发展贡献力量。

何妍：在经济全球化，信息技术飞速发展，社会变迁加快的背景下，我国进入中国特色社会主义新时代，国家对人才培养提出更高要求。实现"两个一百年"的奋斗目标和中华民族伟大复兴的"中国梦"需要一支知识型、技能型、创新型劳动者大军。"心理健康与职业生涯"新课程标准作为指导中等职业学校教师教学和学生学习的基本遵循，融入了哪些中国特色社会主义新时代的元素？

俞国良：新课程标准的时代性体现在几个方面。一是融入了"新时代"元素。"心理健康与职业生涯"新课程作为中等职业学校思想政治课程的重要组成部分，具有鲜明的政治性和导向性，关系到培养什么人和怎样培养人的问题。"新时代"的背景和特征，要求中等职业学校在教育教学中，必须将学生的职业理想与新时代的社会理想结合起来，将个人发展与国家发展结合起来。除了"新时代"特征之外，"大国工匠""工匠精神"等时代名词多次出现，体现了在新时代背景下对职业教育的新要求、新目标，引导新时代的中等职业学校学生践行精益求精、专注创新、持之以恒的敬业精神。

二是更多使用"素养"。中等职业学校思想政治课程标准将"职业精神"和"健全人格"作为中等职业学生的核心素养之一。核心素养是学生应具备的，能够适应终身发展和社会发展需要的必备品格与关键能力。此次在新课标中使用"素养"，融合最新的课程理念，引导中等职业学校培养学生适应时代发展和终身发展的必备品格与关键能力。

三是加强对"劳动教育"的重视程度。词频分析发现，此次在"心理健康与职业生涯"新课标中多次出现"劳动""劳模"等概念，充分体现了新课标对劳动教育的重视。

何妍："心理健康与职业生涯"新课程在教育教学方法上有哪些新的特点和突破？

俞国良：此次新课程标准的编制进一步丰富了"心理健康与职业生涯"新课程的教育教学方法。在教育教学指导方面，以往关键词体现出宏观指导性，如"评价""培养""传授""训练""引导""体验"等。例如，在新课程标准中，要求根据课程内容设计关于职业发展、职业理想、师生关系、同伴关系等议题，组织学生开展头脑风暴、社会调查、主题演讲、人物访谈、角色扮演、案例分析、小组讨论、情景剧表演等丰富的课程活动，提供了多元、具体可操作的教学指导建议。

对"心理健康与职业生涯"新课程标准的实施建议

何妍：中等职业教育属于高中阶段教育的一部分，中等职业学校学生不同于普通高中生，也不同于即将就业创业的大学生。在综合考虑"心理健康与职业生涯"课程标准的实施对策时，您认为在哪些方面是需要特别重视和关注的？

俞国良：我个人有几点建议供大家参考。一是把握课程定位。"心理健康与职业生涯"新课程是中等职业学校思想政治课的重要组成部分。把该课程定位为思想政治课程必修课的一部分，不仅具有强制性，体现了国家和政府的意志，并且发挥着其他思想政治课程不可替代的作用。这不仅是培养中等职业学生健康心理品质和良好职业素养的需要，也是我国社会主义现代化建设事业的需要。

中等职业学校学生处于青春期这个特殊阶段，在心理发展过程中面临的各种心理问题和心理冲突尤为突出，而毕业之后又面临职业选择和职业适应。因此，在中等职业教育阶段开展心理健康与职业生涯教育尤为必要。把握"心理健康与职业生涯"的课程定位，对于培养具有健康人格、掌握生涯规划能力的中职学生具有重要的现实意义。

二是坚持育人为本。中等职业学校"心理健康与职业生涯"新课程，要坚持以人为本、以育人为本，尊重中等职业学校学生心理发展特点和教育基本规律，在教育教学中充分提供学习素材，设计多元的实践活动，使中等职业学校学生能根据自身发展需要，主动探究，挖掘个人潜能。

三是体现时代特征。"心理健康与职业生涯"新课程，在实施过程中要根据我国社会主义现代化建设的新形式、新要求，指导学生将个人的职业理想与社会需求联结起来，将个人职业发展与国家发展联系起来，引导学生学好本领，培养职业素质，为服务国家建设，实现个人理想做好准备。

四是重视实践体验。"心理健康与职业生涯"新课程，在教育教学过程中要充分开展体验学习，心理成长和生涯规划需要结合个人自身心理特点、性向、价值观进行探索和实践。例如，设计访谈座谈、小组讨论、角色扮演、情景剧、社会调查、研究性学习、情境学习等，通过体验、感悟、反思，培养学生探究能力，发现问题，并通过探究解决问题，掌握规划人生的能力。

心理健康教育的"制高点"：创造力培养①

【编者按】建设创新型国家，人才是基础，关键在教育；创新型人才的培养离不开心理健康教育的支持。然而，有关创造力与心理健康的关系至今仍存在争论，心理健康教育在创新人才培养中的作用还没有得到应有的重视。针对这一困境，俞国良教授旗帜鲜明地提出"应牢固树立以创新人才的培养作为实施心理健康教育'制高点'的教育理念"，本期访谈将就相关问题邀请俞教授做深入分析，以期更客观地澄清创造力与心理健康间的关系，更准确地理解创造力培养和心理健康教育的内涵，从而为教育工作者在兼顾个体心理健康发展的同时促进创新型人才培养提供理论支撑。

创造力是心理健康的基本内涵与重要特征

何妍：俞教授好！在社会转型时期，创新人才培养和国民心理健康问题日益受到社会各界的高度重视。但是，提到创造力和心理健康，人们自然而然会想到有关"疯狂天才"的争论，似乎高创造力的天才总是与"心理异常"有着某种剪不断理还乱的联系。事实上，有关创造力和心理健康关系的争论长期以来一直存在并且相持不下，您认为造成这种困境的根本原因是什么？创造力和心理健康之间究竟有何关联？

俞国良：有关"疯狂天才"的迷思，历来被视为探讨创造力与心理健康关系的焦点，而造成这一困境的原因很大程度上是由对创造力和心理健康的误解所

---

① 载于《中小学心理健康教育》，2021(19)，记者何妍。引用时有改动。

致。要解决创造力与心理健康之间究竟有何关联这个理论难题，首先就要搞清楚它们各自的内涵是什么。

创造力既寓于伟大，也见诸平凡。每每谈及创造力，我们都会情不自禁联想到科学、艺术、文学等不同领域的杰作，如电脑的发明、毕加索《格尔尼卡》油画的创作、儿童在数学学习过程中的新发现等。创造力是人类智慧花园众芳中最灿烂的一朵，中外学者为探寻其奥秘而进行艰苦卓绝的努力，对其内涵的理解逐渐达成了共识，即创造力是由创造性人格、创造性过程和创造性产品组成的统一体，它至少包含两个基本要素：一是具有流畅性、独创性和变通性等，体现"新"的品质；二是具有适切性，对个人或社会是有价值的。

心理健康，一直以来都是一个较难界定的概念。当前，国内外心理学研究者对心理健康的理解较为一致地指向两个连续的阶段：一是适应性阶段，也就是社会适应良好，没有明显的心理疾病，这是基本的前提与条件；二是发展性阶段，也就是个体潜能（主要是创造力）的自由发挥，这是心理健康的目标。

从创造力和心理健康的内涵我们可以发现，创造力是心理健康在个体高级阶段的自我实现，心理健康为创造力的发挥提供了必要的前提，而创造力产生的结果又反作用于心理健康并促进其发展。也就是说，创造力是心理健康的基本内涵与重要特征，具体体现在适应性和发展性两个方面，这与人本主义心理学家马斯洛提出的"需要层次说"和"自我实现论"有异曲同工之妙。

何妍：是否可以这么来理解，心理健康的适应性包含了创造力的适切性，心理健康的发展性目标即创造力。"需要层次说"从适应性的角度，而"自我实现论"从发展性的角度分别解释了"创造力是心理健康的基本内涵与重要特征"。请您具体展开来谈一谈。

俞国良：可以这么理解。首先，以"需要层次说"为导向的适切性，是心理健康的题中应有之义。马斯洛将个人的需要层次归纳为 7 个不同的方面，我们在界定概念时，切不可将最高层次的"自我实现需要"理解为仅仅具有个体价值而对社会是毫无意义的。应该看到，无论是创造力还是心理健康，其评价标准都内在包含了"适切性"，也就是说它对个体或社会应该都是有价值的。与心理健康相类似，创造力不仅是一种心智过程，也是文化和社会事件，这就不能仅限于在个体层面上而要采用系统观来讨论其价值。从创造力和心理健康的内涵可以发现，创造力应具有的"适切性"是心理健康"需要层次"的反映与表现，它内在地要求创造力对个体或社会是有用的。一方面，它是符合个体特定需要的，亦即对个体身心的适应是良好的，有利于身心健康的；另一方面，"适切性"还意味着它能够对个体社会适应性具有一定的意义，否则就不能被称为具有创造力，而这也是心理健康的题中应有之义。因此，从这个角度来讲，创造力应是心理健康的基本内涵。

其次，以"自我实现论"为目标的发展性，包含了创造力潜能的发挥。马斯洛认为，人具有高于一般动物的潜能。其中，创造潜能就是人类独有的。后天的学习事实上就是使人的各类潜能由低到高逐渐形成和实现的过程，人生的最高追求就是自由创造。自由创造的实现是人的内在固有价值的实现，人性的完美就是走向自我实现。自我实现不仅具有适应性价值，而且还应涵盖发展性特征，且富有创造力也是必然要求。以马斯洛为代表的人本心理学家认为，创造潜能的发挥既受到文化和环境等因素的影响，同时也需要心理健康与精神自由。显然，创造潜能具有可塑性和敏感性，如果心理健康得不到保障，则很容易被淹没。此外，马斯洛还认为，自我实现不只是一种结局，它是在任何时刻、在任何程度上实现个人潜能的过程，即人要竭尽所能地利用和发展自己的天资、能力、潜能，使自己充满创造力并日趋完美。可见，心理健康的发展包含了创造力潜能的发挥，而创造力的发挥又提高了个体的心理健康水平，这两者相互促进并最终达到自我实现的目的。

心理健康是创造力发挥的重要前提与保障

何妍：前面我们提到，创造潜能的发挥需要心理健康与精神自由，如果心理健康得不到保障，创造潜能很容易被淹没，可见，心理健康在促进创造力培养和发挥方面扮演着非常重要的角色。

俞国良：是的，可以这么讲，心理健康是创造力发挥的重要前提与保障。首先，心理健康为创造力提供了认知结构前提。创造力是一种复杂程度远超一般认知活动的社会心理行为，创造过程是一个协同工作的过程，良好的心理健康状态可以为创造力提供必要的生理基础。人本主义心理学家罗杰斯认为良好的心理健康水平是创造力发挥的前提条件，应建立来访者和治疗者间的情感沟通，并最大限度地发挥来访者的主观能动性。近年来，现代医学和认知神经科学证明记忆、思维、执行功能等是创造力的重要认知结构前提。焦虑、抑郁等心理健康问题会影响个体的认知灵活性，而严重的心理健康问题（如抑郁症等）则会引起额叶皮质、杏仁核和海马体的功能异常。

其次，心理健康是创造力发展和发挥的非智力因素保障。依据库尔特·勒温的"心理动力场理论"，创造力不仅仅与智力因素有关，而且受人格、动机、情绪、心理韧性等非智力因素的制约，而这些非智力因素均有赖于个体良好的心理健康状态。

为了更客观地了解心理健康与创造力之间的关系，我们针对国内外的相关研究进行了一项元分析。研究结果表明，心理健康积极指标与创造力之间存在高度正相关，心理健康消极指标与创造力之间呈现中等程度的负相关。根据元分析的结果，我们认为，心理健康是创造力发展、发挥的重要前提和保障。创造力的发展有赖于个体内部心理状况，良好的内部心理状态能够有效地促进创造力的发展，反之则会阻碍创造力的发挥。

创造力与心理健康互为因果、相互促进

何妍：理论分析和实证研究都从不同的角度证明，真正心理健康的个体也是具备创造能力的个体，心理健康状态越好，创造力也就越高；反过来，创造力发展得越充分，越能够促进心理健康水平的提升。概括来说，创造力与心理健康就是互为因果、相互促进的关系。

俞国良：从一定意义上说，心理健康与创造力的最终目标是殊途同归的，创造力与心理健康两者之间就是互为因果并且相互促进的关系。创造力和心理健康一样，都是个体适应性的需求，最终目的都是更积极、更高层次的自我实现。罗杰斯认为，每个人都有自我发展、自我实现的本能倾向，正是这一倾向促使人们挖掘心理潜能，并不断地焕发出创造力。创造力的展现必须具备一定条件。罗杰斯强调，创造力存在于自我评价背景之中而非别人对自己的评价，创造性的个体必须对自己的工作进行内部评价。马斯洛也清晰地阐释了与罗杰斯相似的观点。他指出，自我实现者的创造力既不是被成功驱使，也不是像心理分析学派所主张的那样是"通过对被禁止的冲动和愿望的退行性控制而起作用"的结果。他认为，人性中存在自我实现的本能，人的创造力的发挥则是这种必然性趋势的具体表征。

何妍：其实在当前心理健康教育的探索实践中，创造力和心理健康相互促进、互为因果的实例不在少数，如表达性艺术治疗、正念训练、诗歌疗法等在学生心理辅导中的应用，这些创造性的活动有利于提高学生的心理健康水平，学生良好的心理健康状态同时也能促进创造力的培养和发挥。

俞国良：是的，越来越多的研究证据也表明，创造性活动对心理健康是具有积极意义的，从自我表达与自尊的发展到社会交往和参与的机会，乃至提供一种意义感和改善生活质量。表达性艺术治疗既是一种自发的艺术创造行为，同时也是在心理咨询中用于促进个体心理健康的有效的手段。表达性艺术是人类情绪释放的本能，随着近代心理学的发展，表达性艺术逐渐由创造领域引用到心理治疗中来。比如，弗洛伊德采用绘画的方式来释梦，荣格采用在画圈内进行艺术创造的方式以促进心理治疗。艺术治疗整合了包括音乐、舞蹈、视觉艺术、文学、戏剧等活动在内的各种富有创造力的活动，给当事人营造出一种安全、无威胁的氛围，鼓励个体实现自我对话。此外，心理治疗本身就是一种创造性过程，它要求咨询师和当事人共同努力，借以实现心理健康的目标。艺术不仅可以作为焦虑者传达消极恐惧和担忧的一种方式，还可以用来激发大脑右半球，并支持左半球实现更大的功能。

在开展心理健康教育和心理辅导、心理咨询的过程中，还经常会使用到冥想疗法，这种方式鼓励个体进行自由的想象，使身心得以放松与解脱，从而有利于心理健康水平的提升。在冥想的过程中，个体的创造性思维得到了很好的发展。目前，心理咨询师经常使用正念认知疗法，该疗法是一种基于冥想训练的心理辅导方式，能够有效改善个体的焦虑、抑郁、失眠等症状，有助于缓解压力，激发想象力和创造力。

此外，创造性的写作或诗歌疗法也被用于心理疾病的治疗与康复之中。诗歌疗法是有意使用书面和口头的词来治疗与促进个人成长。诗歌等文学作品能帮助人们充分了解自己，让人们及时体验到自己隐藏的一面。在一个训练有素的心理辅导人员的指导下，诗歌治疗参与者对文学的唤起做出情感上的反应，其中互动过程是不可或缺的。为回应所选文献而撰写诗歌或日记的过程是治愈和自我整合的重要催化剂。当诗歌治疗参与者通过诗歌、歌曲等形式讲述自己的故事时，就为治疗过程提供了重要的素材。找到他们自己的声音是自我肯定的一个步骤，之后往往是宣泄，释放更多的自我意识，产生新的见解和新的希望。

创新人才培养是实施心理健康教育的制高点

何妍：随着心理学的研究和普及，人们逐渐认识到了心理素质和非智力因素对促进个体成功的重要意义，但是由于长期受"问题导向"的影响，心理健康教育在人才培养中的价值没有得到应有的关注和重视。期待您的研究和呼吁，能够促使广大教育工作者转变教育观念，重新审视心理健康与创造力的关系，高度重视心理健康教育在创新型人才培养中的积极作用。

俞国良：的确，在我国，心理健康教育在创造力培养中的价值相对受到了忽视。事实上，小到一个人日常生活中的情绪状态或人际适应，大到一个国家的社会心理服务或社会心态建设，无不与心理健康息息相关。心理健康不仅是个体创造性人格与创造力发展、发挥的心理积极作用的前提与保障，同时它也是一个国家与民族保持积极向上的精神面貌、迸发创造活力的一个关键要素。

目前，我国正处于社会转型的特殊历史发展时期，创新人才培养和社会心态建设是社会发展的当务之急，积极提供适应中小学生发展需要的心理健康教育已经被摆到了更加重要的位置上。我们认为，在今后的心理健康教育工作中，应牢固树立以创新人才的培养作为实施心理健康教育"制高点"的教育理念。

为了促进中小学生创造力发展并有效地维护其心理健康水平，可以从培养中小学生学习和探索新事物的兴趣、促进自我意识的协调发展、帮助其提高人际交往能力和社会适应能力这四个方面实现突破。兴趣的培养，自我意识、人际关系及社会适应性的发展不仅是心理健康的体现，而且能够提升学生克服困难的信心与坚韧性等积极心理品质的发展，同时还能激发其创造热情，从而更好地开展创造性活动。通过对心理健康与创造力两者关系的梳理与分析，我们发现，以心理健康教育促进创造力培养的教学改革能够起到事半功倍的效果。因此，在教育观念上应牢固树立创新人才培养离不开心理健康教育这一指导思想，让创新人才培养与心理健康教育相互渗透。

何妍：创新型人才培养是心理健康教育的"制高点"，心理健康教育如何促进创新型人才的培养，您认为可以从哪些方面入手并加以考虑？

俞国良：从理论角度，我们可以从认知、情感、意志和行为四方面来考虑。首先，在认知方面，要培养中小学生清晰的自我认知，让他们能够正确认识自己的同伴关系、师生关系和亲子关系；其次，在情感方面，要引导中小学生不断调适情绪，并能够对他人的情感给予及时且积极的反应；再次，在意志方面，通过磨砺中小学生坚忍的意志，帮助他们建立健全人格，最终能够实现创造力的充分发挥；最后，在行为方面，要强调中小学生行为的协调适度，实现学校适应和社会适应良好。在具体教育实践中，要树立"大心理健康教育观"，中小学心理健康教育应以创新型人才培养作为制高点的观念，在切实有效地实施心理健康教育的基础上，培养具有创新意识、创新思维、创新人格的创新型人才。

何妍：在中小学，心理健康教育的主要渠道和重要途径还是课程，如何通过课程建设和教学改革更好地促进中小学生心理健康与创造力的共同发展，您有何建议？

俞国良：我们认为，积极促进心理健康课程改革是心理健康教育和创造力培养的关键，必须积极促进有利于中小学生心理健康与创造力共同发展的教学改革。

首先，在课程设置上应当具有针对性，不宜搞一刀切，要依据中小学生不同年龄阶段、性别、人格特征、心理状况与认知水平的差异而区别对待。

其次，在心理健康教育的过程中还应注意形式的多样化，采用诸如心理情景剧表演、曼陀罗涂色、创造性诗歌写作等富有创造力同时也具有心理辅导价值的活动形式，这是一个行之有效的办法。

最后，为了给学生提供良好的心理健康教育保障，努力完善心理咨询与心理辅导机制也是至关重要的。建立与完善心理咨询和心理辅导机制，是积极关注中小学生心理健康、培养创新型人才过程中的重要一环。结构良好的心理咨询和心理辅导机制在制度上应能够及时了解学生心理需求，为学生疏导、解惑、指路。心理辅导可以通过团体心理辅导和心理主题班会的形式予以展现。在内容上，可以采用更加贴近生活与学习的主题，如人际交往、情感问题、学习困难等，促进个人发展。在形式上，可以采用演讲、社会实践、心理测评与训练、心理情景剧等多种形式，积极引导并促进中小学生自我实现的发生。

如果将心理健康比作供给创造力之花生长的土壤，那么，创造力之花的绽放也使心理健康的价值得到更多的体现。毫无疑问，若要满园鲜花自由地绽放，肥沃的土壤是关键。肥沃的土壤，也有赖于"落花成泥"的无私奉献。

手机依赖对青少年心理健康的影响及应对思路①

【编者按】随着科技的进步和发展，智能手机正在深刻地改变着人们的生活方式，对手机的不当使用也对青少年的生活、学习、身体和心理等各个方面造成了负面影响，手机依赖日益成为困扰万千家长和教育工作者的棘手问题。手机依赖会对青少年的心理健康产生什么消极影响？手机依赖是如何产生的，受哪些因素的影响？如何依据这些影响因素制定积极的预防和干预方案？本期访谈将邀请俞国良教授就以上问题进行深入分析，并分享其有关手机依赖的最新研究成果。

手机依赖对青少年心理健康的消极影响

何妍：俞教授好！教育部办公厅在 2021 年 1 月颁布了《关于加强中小学生手机管理工作的通知》，要求切实加强手机管理，各地和学校确保中小学生手机有限带入校园、禁止带入课堂。这是出于对青少年学业发展和身心健康的保护，也反映出青少年群体中手机不当使用这一问题的紧迫性，从学者的角度，您是如何定义并看待手机依赖问题，它与个体心理健康之间是什么样的关系？

俞国良：手机依赖一般又称为手机成瘾、手机使用障碍或问题性手机使用，是指在无成瘾物质条件下的手机使用失控状况，主要表现为过度或不当使用手机，对个体带来明显心理、社会功能损害的现象。目前对于手机依赖的实证探讨所依据的理论基础都源于网络成瘾，根据网络成瘾研究领域奠基者扬

---

① 载于《中小学心理健康教育》，2021(22)，记者何妍。引用时有改动。

（Young）的研究，网络成瘾的发生率约为 5%，考虑到手机已经成为当代人的首要上网设备，我们推测手机依赖问题的比例可能与之相仿。

手机依赖反映的是个体对现实问题的逃避，因而，手机依赖可以被视为一种非建设性的消极应对风格。手机依赖程度高的个体因沉浸于手机的使用而忽视了现实生活中的其他重要方面，他们为了寻求慰藉、舒适感和刺激等而过度使用手机。根据应对风格理论，如果人们消极、被动地处理生活中所面临的问题，而不去积极、主动地解决问题，那么，他们的心理健康状况会很差，心理健康水平会很低。

何妍： 具体来讲，手机依赖会对青少年心理健康的哪些方面造成消极影响？

俞国良： 我们可以把心理健康问题划分为内化与外化两个方面进行分析。手机依赖可能会对个体心理健康的内化问题造成显著影响。例如，一项针对土耳其大学生的研究发现，手机依赖能够显著预测个体的焦虑和抑郁水平；一项针对澳大利亚成人的研究发现，手机依赖伴随着消极情绪等一系列反映低幸福感指标；一项针对黎巴嫩大学生的研究发现，手机依赖和感知到的压力存在显著正相关；此外，针对国内青少年学生的研究发现，手机依赖能够显著预测青少年学生的抑郁和自尊水平。

目前有关手机依赖和外化问题的研究相对较少，但是已有研究依然发现了二者之间存在的显著关联。例如，一项针对 3 万多名美国人的研究发现，手机依赖水平高的个体更可能存在饮酒和危险性行为等问题；一项针对沙特阿拉伯大学生的研究发现，手机依赖能够显著预测网络欺凌行为。此外，在人际关系方面，手机的问题性使用能够显著负向预测青少年的同伴关系；在学业表现方面，手机的问题性使用能够显著负向预测青少年的学业成绩；不仅如此，手机依赖还能够显著预测个体的生活满意度、生活意义感、睡眠质量等。

由此我们可以发现，手机依赖不仅能够显著预测个体的内化、外化问题，还能够预测个体的价值观、学业表现、睡眠质量和人际关系等。并且，这些消极影响在不同年龄、不同性别、不同文化、不同地域的个体中都广泛存在，所以说，手机依赖的消极影响在世界范围内的不同群体中都普遍存在。

需要注意的是，目前学术界和研究者对于手机依赖的研究，大多关注的只是个体对手机这一"媒介"（medium）的依赖或成瘾状况，而近来有研究者提出，我们应该关注使用者对具体的手机使用"内容"（content）的依赖或成瘾状况。这一观点认为，用户或使用者真正依赖或成瘾的对象并不是手机本身，而是安装在手机上的各种应用程序，如游戏、购物、社交、短视频等。基于该观点，未来的研究可以更多关注手机游戏成瘾、手机购物成瘾、手机短视频成瘾等手机依赖问题，探讨手机依赖对个体心理状况、心理健康造成的影响及其作用机制。

手机依赖的影响因素及心理机制

何妍：手机依赖对青少年心理健康的消极影响涉及方方面面，不仅对当前的心理状况会有影响，对未来的发展也有预测作用。因此，有必要探讨积极、有效的预防和干预措施，探明手机依赖的影响因素是制定干预方案的基础。基于进化心理学的理论观点，个体的心理与行为发展都是环境因素和个体因素交互作用的结果。请您首先谈谈环境因素对手机依赖有着什么样的影响？

俞国良：环境因素对手机依赖问题具有预测作用。根据网络使用的补偿理论，如果个体在现实生活中处于一种消极的状况，那么他就有可能通过使用网络来逃避当下的现实状况，并试图通过网络来实现其在现实生活中无法得到满足的需求，进而增加了网络成瘾的可能性。基于该理论，如果现实环境让个体感觉到不适，那么他就有可能通过使用手机这一上网设备来逃避现实中的困境，进而可能出现手机依赖问题。不同群体在人生的不同阶段，都会面临生活中的各种问题。例如，青少年可能面临亲子关系、同伴关系以及学习困难等学习和生活中的常见问题；成年人可能面临恋爱婚姻、经济收入、职业选择、生涯发展等日常生活中的普遍问题，这些问题都可能导致手机依赖的产生。

此外，环境因素中的不良现实因素、重大公共危机对手机依赖有预测作用。例如，研究发现，同学关系越差，青少年就越有可能出现手机依赖问题。值得一提的是，环境因素对手机依赖的效应不仅具有同时性，还具有继时性的特点。也就是说，早年的生活环境因素也能够显著预测个体在以后人生阶段中的手机依赖状况。例如，有研究发现，大学生在儿童期遭受的忽视和虐待能够显著预测其手机依赖问题。

何妍：网络使用的补偿理论更多关注的是现实环境因素对手机依赖的影响，而忽略了个体因素在其中发挥的重要作用，请您谈谈有哪些因素会影响个体对手机的依赖？

俞国良：个体因素对手机依赖的影响，我们可以先从网络成瘾的 I-PACE 模型（The Interaction of Person-Affect-Cognition-Execution Model）谈起，该理论认为某些生理、人格、情感、认知和执行功能等个体因素能够显著预测网络成瘾问题，并且这些个体因素彼此间的交互作用也能够显著预测手机依赖问题。已有实证研究支持了这一理论假设。例如，在个体人格特质方面，寻求刺激、妒忌、控制情绪等均能显著预测手机依赖。然而，I-PACE 模型对个体因素的分类存在一定问题，该模型将个人因素划分为 P（Person）、A（Affect）、C（Cognition）、E（Execution），虽然这一分类方式有其相对系统的思考，但从心理学的角度来看，这一分类方式显然是缺乏理论依据的。并且，该分类中涉及的某些变量，可以同时划分到不同的类别中（如该模型中提到的一些人格因素既可以归为 P 类也可以归为 E 类），这种对个体特质分类方式的模糊性容易让人产生困惑，也较难起到理论所应有的指导实践的作用。

何妍：网络使用的补偿理论与 I-PACE 模型分别解释了环境因素和个体因素对手机依赖问题的预测作用，但都存在不足与局限性，并且个体的心理与行为是多种因素交互作用的结果，这种交互作用有时还是动态发展的，具有延时性。据我们了解，您的研究团队近期提出了一个新的手机依赖解释模型，能够进一步阐明手机依赖的心理机制，请您详细介绍一下。

俞国良：确实，补偿理论与 I-PACE 模型都只是片面关注环境或个体的单方面因素对手机依赖的影响，都没有能够深入探讨环境因素与个体因素对手机依赖影响可能存在的动态整合过程。我们认为，可以按照心理学的一般范式将个体因素划分为相对稳定的特质性心理因素(如人格特质)和稳定性相对较弱的状态性心理因素(如心理健康状况)。前者更多体现的是人格特质等相对稳定或不可变的心理特点，后者则包括心理健康状态等稳定性相对较弱的心理特点。以往研究表明，状态性因素，如孤独感、抑郁症状、担心错过、无聊感等，均能够显著预测手机依赖问题。环境因素又能够影响个体的状态性心理因素，继而影响个体的手机依赖问题。也就是说，状态性心理因素能够在环境因素和手机依赖的关系中起中介作用。

因此，基于网络使用的补偿理论、I-PACE 模型以及有关手机依赖领域的实证研究，我们提出了"环境因素→状态性心理因素→手机依赖"的整合模型。与此同时，根据易感性差异假设(differential susceptibility hypothesis)，在某些稳定特质上存在差异的个体受到环境因素的影响会存在程度乃至方向上的不同。也就是说，稳定的个体特质可能在"环境因素→状态性心理因素→手机依赖"的作用过程中存在调节作用。根据上述理论与实证研究，我们进一步提出了环境因素、状态性心理因素、特质性心理因素与手机依赖的整合模型。

何妍：这个整合模型与您前面介绍的两个理论模型最大的区别在哪里？它具有什么样的特点？

俞国良：与单方面关注环境因素或个体因素对手机依赖影响理论有所不同，我们提出的理论模型不仅整合了环境因素与个体因素作用于手机依赖的有机动态过程，还将个体因素区分为特质性心理因素和状态性心理因素，并清晰地界定了这两种类型的个体因素在环境因素作用于手机依赖中扮演的不同角色。总体而言，该假设模型能够相对全面、简洁地帮助人们更好地了解手机依赖的心理发生机制。例如，新冠肺炎疫情作为一种消极的外部环境因素，不仅能够直接影响个体的手机依赖，还能够通过影响个体的状态性心理因素（如心理需求的满足、心理健康水平等）进而作用于手机依赖，同时，个体的特质性心理因素（如人格特点、应对风格等）在这一作用过程中可能起到调节作用。

手机依赖的积极应对与矫治思路

何妍：鉴于手机使用的广泛性以及手机依赖问题对青少年心理健康的消极影响，有关手机依赖的预防和干预工作应引起更多的重视。根据手机依赖问题产生的心理机制，我们是否应该从环境因素和个人因素两个方面去积极应对，并制定相关的预防措施和干预方案？

俞国良：手机依赖问题的出现时间还相对较短，学术界对于其是否具有病理性成瘾特质还存在争议，目前对该问题的探讨仍处于初期的理论研究阶段，相应的预防和干预措施还较少，相对成熟并得到广泛认可与实施的预防和干预措施及方案则更少，这对手机依赖问题的应对与矫治工作带来一定的困难。为了启动该领域的实践工作，我们针对手机依赖问题产生的心理机制提出了一些具有针对性的预防和干预思路，仅供实际工作者在"摸着石头过河"时做参考。

如您所说，我们可以有环境因素、个体因素两种取向的预防和干预思路。先说说环境因素取向，根据前面提到的网络使用的补偿理论观点，现实生活中的各种消极因素，会导致个体产生网络成瘾或手机依赖问题。因此，如果我们能够在日常生活中识别这些消极的外界环境因素，并尽可能减少或者避免这些消极因素，就有可能降低个体的手机依赖问题。基于上述考虑，我们可以群体为划分对象，首先了解不同群体面临的具有典型特征的不良现实因素，进而针对不同群体的现实压力提出具有独特性的预防和干预方案。

例如，处于儿童期的个体因生理及心理发育的不成熟，他们更加需要父母的关爱和照料。因而，对于儿童这一群体而言，他们的潜在现实风险因素更多来源于父母，为了减少手机依赖的发生，父母应当关注他们自己对孩子的关爱和照料。对于青少年群体而言，他们面临学业、同伴关系、亲子关系、师生关系等多重现实压力，同时他们的自控能力还相对较弱，因而这一群体出现手机依赖问题的可能性更高。一方面，我们要更加关注青少年群体的手机依赖问题；另一方面，我们也要意识到青少年群体面临的压力可能来自多方面，针对该群体的预防和干预工作应该综合多方面因素，既要做到有针对性、有的放矢，也要争取做到多管齐下、全面干预。

同时，我们也要意识到，虽然人们能够以人口学等特征划分各类群体，但每个人所面临的现实问题都具有各自的独特性。在对个体的手机依赖问题进行干预时，应该"因地制宜""量体裁衣"，切不可一概而论。例如，虽然同属于青少年群体，但每个人面临的压力可能各有不同。有的青少年面临的现实压力可能主要来自学业，学业倦怠等问题可能让他们在现实生活中难以感受到较高的自我价值，进而驱使他们可能通过使用手机中的游戏等应用程序来逃避这些问题；有的青少年面临的现实压力可能来自同伴关系，人际沟通技巧的缺失，让他们难以在现实生活中和他人进行积极的人际互动，进而导致他们可能通过使用手机中的社交网站、应用程序来逃避和弥补这一现实状况；有的青少年面临的现实压力可能来自家庭因素，父母间的冲突或父母对他们的漠不关心，使他们在现实生活中感受不到家庭的爱与温暖，因而导致他们通过使用手机来寻求慰藉。

何妍：可见，仅仅针对环境因素的预防和干预措施显然是不够的，并且不少环境因素也不是心理干预措施可以改变的。因此，从可干预、可改变的角度，有必要结合个体因素与个体特质来开展手机依赖的预防和干预工作。

俞国良：是的，"人无法改变环境，就只能改变自己"。前面我们提到可以将个体因素划分为特质性心理因素和状态性心理因素。考虑到特质性心理因素

（如人格特质等）相对难以改变，并且具有某些风险特质（如冲动性高、自控力弱、情绪稳定性差等）的人群更可能产生手机依赖问题，在开展手机依赖的预防和干预工作时，我们应该重点关注这些高发、易发群体。而对于状态性心理因素（如心理健康）而言，这些因素的可干预性相对较高，可以采取一些心理辅导、心理咨询的方法对个体进行干预，从而减少手机依赖问题的产生。此外，正如我们在前文中论述的，个体的状态性心理因素是环境因素等远端风险因素作用于手机依赖的重要近端因素，对状态性心理因素的干预应该成为手机依赖预防和干预工作的重点之一，即通过心理健康教育，全面提高全民心理健康水平。其中，认知行为疗法、正念训练等心理疗法都是潜在的、提高心理健康素质的有效干预方式。

目前，国内有研究者总结了国内外针对网络成瘾的干预方案，其中，认知行为疗法、家庭治疗等被普遍认为是潜在的有效干预方案。需要注意的是，对于手机依赖问题而言，这些干预方案大多处于理论建构阶段，其临床有效性还有待进一步检验。同时，我们也应该看到，无论是认知行为疗法还是家庭治疗，它们也都是从干预个体因素和环境因素的角度出发制定的相应方案，这与我们在文中论述的理论视角具有一致性且殊途同归。显然，对手机依赖问题的预防和干预工作，应该结合环境因素和个体因素进行全面考虑，并对不同群体和个人对症下药，制定具有针对性的矫治方案。整体来讲，国内外针对手机依赖问题的预防和干预方案还相对滞后，该领域有待进一步探索和实践。

青少年无聊的心理效应及应对策略①

【编者按】无聊作为一种消极情绪体验，在现代社会背景下对人们心理和生活的负面影响日益凸显，并逐渐成为当下一个新兴的研究主题。青少年无聊与其心理健康关系的研究也引起了学界的关注，本期访谈将邀请俞国良教授介绍有关青少年无聊的心理效应和形成原因，以帮助教育工作者正确地认识和理解青少年的无聊现象，并根据青少年无聊的类型、特征和影响因素，制定科学、有效的应对和干预措施，为青少年心理健康保驾护航。

青少年无聊的概念、类型及特征

何妍：俞教授好！身处信息爆炸和竞争日益激烈的现代社会，我们发现有越来越多的人喜欢将"无聊"一词挂在嘴边，显得无所事事、无精打采、对什么事都提不起兴趣，呈现的是一种不怎么积极的情绪状态。青少年由于学业负担过重、闲暇时间过少、自主发展兴趣的空间过小，无聊的倾向和程度似乎很明显。我们应该如何科学地认识和理解无聊的内涵及青少年无聊现象？

俞国良：无聊又称无聊症候群或无聊综合征，英文为"boredom"。无聊并不是现代社会的独特现象，作为一种情绪状态和一个永恒话题，早在我国先秦时期就已被提及。关于无聊的内涵，从词汇学、哲学等不同角度考察会有不同的理解。从心理学的视角来看，无聊的定义也是多样而丰富的，如费舍将其定义为"因个体对当前活动缺乏兴趣并且无法集中注意力所产生的一种不愉快的情绪

---

① 载于《中小学心理健康教育》，2021(25)，记者何妍。引用时有改动。

体验"；巴莱特将其界定为"因生活和活动缺少意义而诱发的消极情绪体验"。就科学性和严谨性而言，当下研究倾向于将无聊界定为因外部刺激的低感知和内生兴趣的匮乏，导致心理需求难以充分满足时所体验到的空虚、茫然、无趣、厌倦、烦闷等不愉悦的复合情绪体验。值得注意的是，无聊并非一味的空虚低落，它同样存在着唤起性，即无聊的个体的唤醒水平可能是动态变化的。从某种意义上说，无聊也有积极一面，如有助于自我反思、预警和保护作用以及激发人类的创造力等，这些特殊含义不在我们今天的讨论范围。

关于青少年无聊现象，先前有调查发现，在 12～19 岁青少年群体中有 51% 回答"很容易感到无聊"，而在青春期的学生中，91%～98% 的学生在某个时候经历过无聊。正因为如此，无聊已成了当下一个新兴的研究主题，众多研究基于心理健康视角展开了系列探讨，发现无聊不仅与焦虑、抑郁、压力、自杀意念等内化问题存在密切关系，还与手机依赖、情绪化进食、认知失败行为、攻击、自杀等外化问题有关。更为可怕的是，研究发现无聊竟然是人类"折寿"的重要因素，与感觉充实的人相比，备感无聊的人因心脏病或中风致死的风险高出 2.5 倍。因此，正确认识和理解和青少年的无聊现象，了解其形成机制和心理效应并给予及时的疏导，对于青少年的心理健康、成长成才至关重要。

何妍：从心理健康视角来看，一般情况下青少年无聊是一种消极的情绪体验，根据您的研究，青少年无聊有哪些表现形式和类型？

俞国良：青少年无聊表现为多种形式，按照持续时间的长短可归为两大类：一般型无聊和特定型无聊。一般型无聊又称为无聊倾向，用来表示对无聊的易感程度，指相对持久的无聊情绪反应和行为风格，是一种心境，属于一种人格特质，具有弥散性和稳定性，反映的是青少年对生活本身感到无聊。特定型无聊是指个体在特定情境下所感受到的暂时的无聊体验，存在多种亚类别，与青少年有关的主要有学习无聊、休闲无聊、闲暇无聊和关系无聊等。

除了以上分类外，按照效价和唤醒度又可分为无谓型无聊、神游型无聊、找事型无聊、聒噪型无聊以及无感型无聊。其中无感型无聊是最新发现的一种无聊形式，约有36%的受测学生会体验到这种无聊。该类无聊进一步发展往往成为倦怠感，进而恶化为抑郁感，因而是产生消极影响最大的一种无聊类型。

何妍：青少年中存在的无聊现象具有哪些突出的特征？

俞国良：青少年无聊的特点可以从表现特征和发展特征来理解。从表现特征来看，青少年无聊一般突出表现在10个方面：（1）经常觉得没意思，心理空虚，不清楚干什么；（2）希望结交朋友，但关系一般；（3）自我中心化严重，经常有抱怨和消极的言谈；（4）缺乏责任感和从事活动的激情或动力；（5）物质渴求感强烈，着迷于感官刺激的满足；（6）自信心不足，常因主观因素拒绝成人的建议；（7）投机取巧，缺乏深度思维及正确的价值观，精神生活乏味；（8）行为方式简单或退化，话题常与性和暴力有关；（9）对自身缺乏洞察力，常有无力感，成长停滞在童年期；（10）缺乏有意义的休闲及兴趣。

从发展特征来看，有研究分析了青少年无聊的年龄、年代和时代特征。首先是年龄特征，总体而言，青少年无聊水平从八年级到高一年级再到高三年级经历了一个先升后降的过程，高一年级最高，高三年级最低。其中，男生在高一年级时无聊水平最高，在八年级和高三年级时无聊水平相当，女生的无聊水平从八年级到高一年级则呈现出持续下降的特点。其次是年代特征，青少年的无聊水平从2008年到2010年无显著变化，之后开始缓慢增加，其中，男生的无聊水平自2014年开始上升，女生的无聊水平则从2010年开始上升。最后是时代特征，八年级学生的无聊水平自2008年至2012年无显著变化，之后开始显著上升；高一年级学生的无聊水平自2008年至2010年无显著变化，之后开始显著上升；高三年级学生的无聊水平自2008年至2017年一直在显著上升。

青少年无聊的心理效应与心理后果

何妍：我们发现随着时代的变迁，青少年的无聊水平呈现出整体上升的一种态势，这一现象不得不引起我们的重视，同时应该特别关注无聊会有哪些心理效应和心理后果，它会对青少年的心理健康产生哪些不利影响？

俞国良：青少年无聊本身作为一种消极情绪体验能够对其自我、情绪、学业、人际和社会适应等心理健康的其他要素产生破坏作用，从而形成了心理健康的消极情绪—辐射效应，导致整体心理健康水平的下降。

具体来讲，无聊会对青少年的"自我"产生影响。研究发现，无聊能够扰乱青少年的自我调控系统，降低其意志控制水平及自我控制能力；无聊可能导致情绪调节及自我效能感的降低，令青少年的生活满意度和幸福感水平下降；无聊情绪的弥漫甚至降低青少年对外界刺激的感受性，使其思维变得呆板而迟钝，因而在学习和活动中经常会出现一些认知失败行为。

无聊还会对青少年的"情绪"产生影响。有研究发现，无聊与焦虑、抑郁、孤独感等心理健康的常见指标存在显著正相关的关系，即无聊水平越高的青少年，越容易表现出焦虑、抑郁和孤独感。

无聊也会对青少年的"学业"产生影响。毫无疑问，青少年的主要任务是学习，而无聊会导致其学业适应不良，较为典型的是引发学业拖延行为，以及引发青少年学业倦怠的出现，进而导致逃学甚至辍学。学业适应不良又可能会对青少年的心理健康恶化产生连锁反应。

无聊更会对青少年的"人际关系"产生影响。研究发现，无聊水平较高的青少年不仅脾气暴躁、易发怒、敌意心重、好冲动，还容易表现出身体攻击、言语攻击和关系攻击等多种形式的攻击行为，进而威胁人际关系和良好社会支持系统的构建。

无聊还能影响青少年的"社会适应"。无聊会催生一系列的非适应性行为，无聊水平较高的青少年往往存在两类较为明显的社会适应障碍：一类是行为上瘾，如网络成瘾、手机成瘾、游戏成瘾及社交媒体成瘾等；另一类是物质使用，如对毒品、烟、酒等物质使用的明显偏好。

可见，青少年无聊对其整体心理健康的影响可谓牵一发而动全身，不容小觑，更不容忽视。

青少年无聊产生的原因及应对策略

何妍：其实了解青少年无聊产生的原因是我们制定科学应对策略的基础，您认为青少年的无聊体验主要和哪些因素有关？

俞国良：青少年无聊产生的原因是复杂的，可能与青少年自身的生理心理特点有关，也有可能与活动的性质和环境因素有关。首先是自身因素，从生理特点来看，容易感到无聊的青少年可能与多巴胺水平偏低有关，而多巴胺分泌不足以使个体在活动过程中难以产生兴奋和刺激的感觉；从心理特点来看，容易感到无聊的青少年往往在人格、情绪和情感上存在易感缺陷。研究发现，具有情绪障碍人格特质的青少年在识别和表达情绪上均存在困难，使其在人际交往中情绪的信号功能无法充分发挥，导致其情感诉求难以满足，因而很难在生活中找到目标和意义，最终陷入无聊的深渊。

活动性质也会对青少年无聊产生影响。根据唤醒理论，当注意力没有保持在最佳的唤醒水平时，就会产生无聊。因此，当一项任务太简单导致刺激不足，或任务太难导致过度刺激时，都会使刺激水平与青少年的认知发展阶段不相称，因而容易出现无聊。

此外，环境因素也可能成为青少年无聊的诱因。研究发现，青少年无聊感的增加与当下互联网普及和数字媒体频繁使用有关。今天数字媒体已经深深融入青少年的学习和生活中，甚至休闲娱乐也离不开数字媒体的身影。新异刺激几乎全方位占领了青少年的感官，使青少年失去了应对重复、平淡的日常生活的能力，对低水平刺激的容忍度日益降低，令无聊现象越来越凸显。

何妍：青少年无聊情绪的产生和凸显同时受内部因素与外部因素的影响，那么，相应的预防、干预、教育等应对措施是否也应主要从内部因素和外部因素来加以考虑？

俞国良：青少年无聊的预防和干预从内、外部因素着手"内外兼治"，才能实现事半功倍的效果。从内部因素考虑青少年无聊的应对方法和教育对策，一是要培养青少年的自尊心和自信心。自尊和自信不仅代表了青少年重要的心理素质，也反映了当代青少年积极向上的心态、风气和面貌，更顺应了党的十九大报告中加强社会心理服务体系建设的发展路径和主旨要义。心理学研究表明，自尊的提升可增强青少年的价值感和自我认同感，进而提升生命意义感和主观幸福感，最终减少无聊情绪。关于自尊培养的方法，可以从引导青少年应用恰当的自我提升策略、合理的归因方式及多元的自我评价入手。需要注意的是，培养自尊也要掌握"火候"，要做到不偏不倚，让青少年摆脱自卑感的同时避免自大和自恋情况的出现，否则对于无聊情绪的缓解无济于事。同时，培养自信有利于增强青少年的自我效能感，从自我决定理论的视角来看，有利于增强青少年的胜任感。自信心的增强有利于青少年积极应对学习上和生活上的困境，面对各项任务时会表现出更多的好奇心以及创造性，并能沉浸于解决问题的过程，更少地知觉到无聊情绪。关于自信心的培养，教师和家长可以让学生直接体验更多成功经历，在经历中收获成功的喜悦；还可以以身作则或寻找榜样人物，对青少年起到激励作用；也可以给予青少年更多言语上的鼓励和鼓舞，让青少年大胆尝试，挑战自我；还可以培养青少年积极的情绪和乐观的心态，积极情绪通过拓展心理资本和应对资源，也能助力自我效能感的提升。总之，自尊和自信的培养与提升是减少无聊情绪的基础。

二是要培养青少年的自主性和自控力。自主性是三种基本心理需求之一，对于正处于叛逆期的青少年而言尤为宝贵。自我决定理论认为，只有某一活动或任务可由自身意志支配和决定，青少年才会为之产生热情和动力。因此，培养青少年独立自主思考和解决问题的能力有利于满足青少年的基本心理需求，促进青少年内在动机的形成，从而找到活动的目标和意义，降低无聊感。关于提升主动性的策略，首先要减少对青少年的心理控制和行为控制，允许青少年在遵纪守法、不越红线的前提下，自主探索，找到自身的兴趣点并为之付出努力。其次要提升青少年的个人成长主动性，让青少年在了解自身的亮点、优势和价值的基础上，加强职业生涯规划，树立崇高的理想和目标，增强责任感和使命感，将付出和努力置于自身的光明前景与民族的伟大复兴征途中。只有"为所应为"，才会减少无聊感的产生。此外，青少年正处于"疾风骤雨"期，自控力还不够成熟，思维方式也存在片面性，这使得青少年很难静下心来审视事物与活动的价值和意义，总在寻求刺激，却发现做什么事情都可能只有三分钟热度，难以摆脱无聊的侵袭。因此，除了自主性外，还可以着力提升青少年的自控力。利用心理辅导、心理咨询中的冥想策略，帮助青少年掌握调节身心的技巧，提高做事的专注力和情感投入程度。当沉浸体验产生时，青少年无聊情绪便会自动削减。

何妍：从外部因素考虑，作为影响青少年成长的重要的三个环境变量，学校、家庭和社区可以采取哪些积极的策略以应对青少年无聊？

俞国良：从外部因素考虑，一是要建设良好的客观环境。青少年无聊的产生与外部刺激的缺乏有关，在干预和矫正时应注意打造丰富多彩的生活环境。由于青少年并未走出象牙塔式的学校生活，其主要任务是学习，因而校园环境的建设应该着力丰富学校资源，提升教学质量。就学校资源而言，应打造高质量的师资队伍，"火车跑得快，全凭车头带"，教师是为学生传道、授业和解惑之人，高质量的师资队伍能够激发青少年的成长动力和探索精神，使其在成长的路上不无聊；还要为青少年建设整洁的课堂环境和优美的校园环境，以陶冶情操，培养青少年的审美能力。就学校教学而言，应设置合理的教学目标，灵活选用教学方法，合理搭配教学素材，让教学进程不断匹配青少年的"最近发展区"，因为揠苗助长会挫伤青少年的积极性，因循守旧扼杀青少年的好奇心，都会导致无聊的产生。除了学校环境的建设外，家庭和社区作为青少年休闲的主要场所，客观环境的建设也不容忽视。家庭可以种植盆栽、喂养萌宠等，为青少年相对单调的学习生活增添一抹色彩。社区可以量力而行，适当配备室内休闲设施和室外休闲场所与资源，如运动健身室、室外篮球场等，让青少年的天性得以自由展现，也让青春期躁动的心灵有所安放。

二是要营造积极的心理环境。心理环境的建设主要包括家庭氛围和学校氛围的建设，其对无聊情绪的削减作用往往比客观环境更大。家庭氛围不同于教养方式，它包括所有家庭成员之间的整体互动模式，不局限于父母与子女之间的相处模式，良好的家庭氛围有助于青少年基本心理需求的满足，使其体验到更多的积极情绪，减少无聊感的产生。就家庭氛围的营造而言，需要警惕出现忽视型、批评型和冲突型家庭氛围。忽视型家庭氛围下的成员间往往缺乏充分的互动、关心和深入了解。青少年置身于此，心理需求得不到充分满足，就会感觉生活索然无味。在批评型和冲突型家庭氛围中，成员之间则增加了指责和攻击的频率，会剥夺青少年原本的心理需求，不利于其无聊情绪的控制。此外，学校氛围营造对于青少年无聊情绪的预防也大有裨益。学校氛围的营造可从多个方面入手，如建设良好的师生关系、同伴关系，以及良好的校园秩序与纪律等，满足青少年的关系需求，为无聊情绪的缓解提供必要的社会支持；也可以着手减轻青少年的学业压力和学习负担，满足其胜任需求，让青少年在成功和成长的激励中体味学习的快乐与意义；还可以鼓励学生发展的多样性，以满足其自主需求，让青少年在自主探索中寻求幸福和价值。总之，只有营造积极的心理环境，才能从根本上满足青少年的心理需求，减少无聊感。

心理健康教育一体化：完善人格是核心①

【编者按】心理健康教育是一项任重道远的系统工程，未来需要整体规划各年龄阶段心理健康教育的具体目标和详细内容，形成横向符合学生年龄特征，纵向符合人格发展规律，大中小幼各阶段有效衔接的心理健康教育一体化新格局。俞国良教授及其研究团队经过系统研究指出，完善人格是中小学心理健康教育一体化的核心，促进道德认知是基础，设置课程是关键抓手。本期访谈将邀请俞教授分享人格发展与心理健康教育一体化的关系、各学龄阶段学生的人格发展特点和关键任务，以及当前心理健康教育一体化面临的挑战。

以人格发展为核心，构建心理健康教育一体化新格局

何妍：俞教授好！随着青少年心理健康问题日益受到国家、政府、社会和学界的关注与重视，心理健康教育一体化构建成为发展方向和趋势，这是心理健康教育自身发展的内在需求，也是时代的外在要求。作为较早关注这个问题的学者，您提出可以从人格发展的视角考察大中小幼心理健康教育一体化格局的构建，是基于什么样的理论思考？为什么说完善人格是心理健康教育一体化的核心？

俞国良：大中小幼心理健康教育一体化格局的构建，从人格发展的视角考察是有规可循的，发展心理学的"人格发展观"是实施大中小幼心理健康教育一体化的理论基础。

---

① 载于《中小学心理健康教育》，2021(28)，记者何妍。引用时有改动。

不同学龄段的个体面临的突出问题不尽相同，典型性心理健康问题的出现，是一个由量变到质变的"煮饺子"过程，整体上呈现出阶段性爆发的特点。从人格发展的观点看，心理健康问题的阶段性变化规律与个体人格发展的阶段性特点不谋而合。埃里克森认为，与个体生理发展的年龄特征类似，人格的发展和完善也不是一蹴而就的，而是按照一定的成熟程度分阶段向前推进的，同样存在明显的年龄特征，每个阶段皆有发展的主要任务与目标，均要经历一场心理社会困境的考验。困境会导致发展危机的出现，也意味着发展机遇的来临，危机的成功解决会使个人和社会之间产生平衡，发展出积极的心理品质，进而进入下一阶段的顺利成长。反之，则容易导致一系列心理健康问题，不利于个体的健康成长和良性发展。

从毕生心理发展理论和生态系统理论来看，心理发展具有很大的可塑性，无论前进、衰退或停滞都可以借助外在环境加以促进或修正，并且遵循"选择、替代和最优化"原则，在不同阶段把握恰当的促进要素，选择适合发展的、可替代发展的，以实现发展的最优化。因此，学校心理健康教育工作应遵循学生身心发展规律，以个体人格发展的整体性、独特性、稳定性、社会性为核心，把握不同学段学生的心理社会性发展任务，形成大中小幼心理健康教育一体化新格局，以促进其身心全面、协调、有序发展，使不同阶段的学生均达到心理发展的最优化。

幼儿人格发展与心理健康教育

何妍：根据毕生发展理论，不同年龄阶段会有不同的心理发展特点和发展任务，个体的人格发展也遵循这个规律，请您按照从幼儿、小学、中学到大学的发展顺序，分别介绍一下不同年龄阶段学生的人格发展特点和目标任务。

俞国良：我们先从幼儿阶段说起，幼儿通常指3~6岁的学龄前儿童，该阶段是个体心理机能的快速发展时期，也是人格系统发展和完善的开端。幼儿在与外界环境的交互影响中逐步展现出个性或人格的"花纹"，其中最明显的是自我意识的发展。从整体上看，幼儿自我意识的各个方面随着年龄的增长逐渐成熟。具体来讲，自我概念和认知水平还处于具体形象阶段，还不会描述内部的心理特征；自我评价能力比较差，评价时往往依据外部的线索而非独立判断，聚焦于个别方面而非多个方向，主要涉及外部行为而非内在品质，具有强烈的情绪色彩而非理性思考；自我体验逐渐出现但是容易受到外界的暗示；自我控制能力偏弱，在活动过程中容易表现出冲动性并缺乏坚持性，到幼儿晚期个体才具备一定的自控能力。此外，幼儿的社会适应性也获得了初步的发展。随着年龄的增长，幼儿的亲社会情感和行为更加具有主动性与社交性，同时他们也变得更合群，更懂得与人交往的社会规范，羞耻感等内在道德情感也慢慢发展出来。

何妍：基于幼儿的人格发展特点，这一阶段幼儿发展的主要目标是什么？围绕主要目标和任务，幼儿园和家长应该在哪些方面促进幼儿的人格发展？

俞国良：埃里克森认为这一阶段幼儿发展的主要目标是获得"主动感"，体验"目的"的实现，否则个体就会在自由发展的过程中遭遇创伤和挫折，导致心理危机的出现，进而引发一系列心理健康问题。因此，在幼儿阶段科学地开展心理健康教育，不仅是必要的，也是必然的。

在这一阶段要把握并平衡生态系统理论中的家庭和幼儿园等重要的微系统对儿童发展的促进作用，围绕发展的主要任务，着重培养幼儿积极、稳定的情绪情感，帮助幼儿树立自尊和自信，培养良好的行为习惯以及提升基本的社会适应能力，使幼儿人格获得最优化发展。第一，家园双方应同心协力，创设良好的环境氛围来培养幼儿的自尊心和自信心。第二，要塑造幼儿的情绪稳定性。第三，要培养幼儿良好的行为习惯。第四，提高幼儿的基本社会适应能力，引导合作交往，不断适应新环境，扣好心理健康的第一粒"纽扣"，为日后的心理健康发展夯实基础。

小学生人格发展与心理健康教育

何妍：小学阶段儿童的身体和心理进一步发育，活动空间和场所不断扩展，交往对象增加，学习内容更加丰富，这些都推动了学生人格的发展。总体上，小学生的人格发展呈现怎样的特点？构成儿童人格的各个成分有什么发展和变化？

俞国良：自我意识作为人格核心，仍然是小学阶段儿童人格发展的重要方面。总体来看，小学生对自身的认识有一个不断加深的过程，但它并不是直线发展的，表现为渐变上升的趋势。首先，从自我概念来看，小学生的自我概念产生了分化，由原来对个人的整体认识转向对具体领域的认识，如对自己的社会能力、认知能力的认识等。其次，从自我评价能力来看，小学生开始更多地使用内在特质评价自己，虽然这仅是一个发展趋势，但其自我评价的独立性和稳定性也获得了进一步发展。再次，从自我情绪体验来看，小学生的自我情绪体验逐渐深刻而复杂，且与自我评价的发展密切相关。最后，从自我控制来看，小学生自控能力的发展从低年级向高年级呈现线性增长趋势，且女生的自控水平在初始状态和后续的发展速度上均高于男生。此外，小学生人格系统中的亲社会性在该阶段也获得了进一步发展，大致呈现二次增长的变化规律，在3~7岁时发展最为迅速，而后增长变缓，在11岁之后开始下降。

何妍：总体来看，小学生的人格发展延续了幼儿的渐进趋势，进步与发展明显，在这一阶段小学生发展的主要目标是什么？根据小学生的人格发展，心理健康教育应着重抓哪些方面的内容？

俞国良：在小学阶段，儿童面临着新的发展任务，发展目标在于获得"勤奋感"。该阶段心理健康教育工作的载体和环境与幼儿阶段均存在着差别，应注重在学习活动中、课堂情境下根据小学生人格发展特点开展心理健康教育。

一方面，应该继续引导小学生形成良好的自我意识。首先，要引导他们恰当地认识自己，做出客观的自我评价。其次，要培养小学生的自尊和自信，引导他们正确悦纳自我。最后，要增强自我控制能力。家长和教师可以引导小学生认识学习、生活环境中的基本规则，培养小学生的自律精神；还可以教给他们正确的归因策略和情绪调节技巧，着力提高情绪调节能力，为培养理性平和的心态播撒良种；还要身体力行或正确运用奖惩措施，引导小学生学会抵制诱惑，避免游戏成瘾和社交媒体依赖等现象的出现。

另一方面，要注重提高小学生的社会适应性，包括学习适应、人际适应和生活适应等。首先，在学习适应方面，家长和教师应因势利导，注重培养小学生的学习兴趣，端正其学习态度，激发小学生的成长主动性，预防厌学和嫉妒现象出现，同时要指导小学生树立正确的学习观，用积极乐观的心态应对学习压力，并教给小学生高效的学习策略，培养其良好的学习习惯。其次，在人际适应方面，应倡导小学生在人际交往中坦诚相见，宽以待人，理解互助；鼓励他们在互相信任和尊重的基础上，主动与老师和家长沟通，获得良好的社会支持。最后，在生活适应方面，要提升小学生的生活自理能力，鉴于校园是他们学习和玩耍的主要场所，应帮助小学生适应新环境、新集体和新的学习生活、校园生活。

中学生人格发展与心理健康教育

何妍：中学阶段是个体从幼稚向成熟过渡的特殊发展时期，恰好与"疾风骤雨"的青春期相对应，在这一阶段，中学生人格发展的各个方面有着怎样特殊的特点？

俞国良：青春期伴随着生理、心理上的剧烈变化，中学生的人格发展也呈现出新的特点，主要表现在自我意识、情绪稳定性、亲社会等方面。

首先，自我意识的发展。青春期是自我意识发展的第二个飞跃期，自我概念、自我评价、自我体验和自我控制等各方面的发展呈现出曲折波动的特点。其次，情绪稳定性的发展。该阶段中学生的情绪变化较大，呈现出动荡不定、易冲动、易走极端的特点。再次，中学生意志品质的发展，自觉性和独立性、行事的果断性以及自制力和坚韧性都比小学阶段有了很大的进步。最后，中学生的亲社会性人格特质在该阶段维持着平稳状态，外倾性在七年级之后呈下降趋势，到高中时期出现缓慢回升。

何妍：新的发展特点也预示着新的发展任务，这一阶段的人格发展应主要解决什么问题，与此相对应的心理健康教育目标是什么？

俞国良：青少年在中学阶段的主要发展任务是形成自我认同感，防止角色混乱。要建立自我认同感，就必须对内部的自我和外部的环境有充分的认识，否则就极易产生自我认同感危机，导致诸多心理困扰和生活适应问题。

因此，面向全体中学生的心理健康教育目标之一是使他们进一步认识自我。首先，在该阶段要关注生态系统理论中的外层系统和宏观系统对个体发展的影响，防止其对青少年的自我同一性构建产生负面影响。具体而言，教师和家长可以从生理、心理、社会三个层面帮助他们全方位地了解青春期时的自己，加深自我认知。在帮助中学生了解自己的基础上，应进一步帮助他们正视自己的现状，扬长避短，接纳自己并欣赏自己，进一步提升自尊、自信等积极自我体验。

其次，该阶段还要培养中学生积极向上的心态，提高情绪的稳定性。教师要引导他们勇敢面对自身的情绪，尤其是消极情绪，学会分析情绪的来源，寻找有效的办法排除不良情绪，避免不良情绪的恶性循环。教师还可以指导中学生学会技术性地发泄不良情绪，或通过适当地延迟情绪爆发时间来进行情绪的调控。

再次，要重视中学生意志品质的塑造。不仅要帮助中学生理解学习目标的意义和结果，在教学中鼓励他们确定目标、制定规划、实施计划，提升自主性和自觉性；还要设置困难情境，鼓励他们通过自己的意志力克服困难，提高抗逆力。

最后，要重点从人际、学习、生活等方面，进一步提升中学生的社会适应性。在人际适应方面，要引导中学生树立正确的交往理念，掌握正确的交往规则，促进和谐人际关系的建立，防止社交焦虑、不良同伴交往和校园欺负现象的出现。在学习方面，要帮助初入学的初中生、高中生做好入学适应工作，在教学过程中要着力培养中学生的创造性思维能力、批判性思维能力，还要培养中学生，尤其是中职生的生涯规划意识，帮助他们初步确立职业生涯规划和人生奋斗目标，为真正意义上的成长、成才奠定基础。

大学生人格发展与心理健康教育

何妍：大学生的心理健康教育是心理健康教育一体化的重要组成部分，请您简要介绍一下大学阶段学生的人格发展特点和心理健康教育的目标任务。

俞国良：在大学阶段，学生在同伴、家庭、学校和社会多方面作用的影响下，人格发展呈现出独特的积极态势，自我系统和社会系统逐渐发展成熟并统一于个体发展过程中。首先，个体的自我意识逐渐成熟，但并不完善。其次，大学生的情绪稳定性与中学生相比有所提升，情绪日趋稳定，但与成年人相比仍会有大起大落、动荡不安的时候。再次，大学生的意志品质也获得了发展，表现得更加成熟。最后，大学生的社会适应性也得到了发展和完善，随着年级上升而提高。另外，大学生已经能够意识到自身对他人和社会的意义与责任，能够尊重他人，求同存异，互帮互助。

在大学阶段，个体面临的主要任务是建立良好的社会关系以获得"亲密感"，但由于大学生人格发展仍然存在一定的不足，他们难免会出现人际交往问题，陷入孤独感之中。因此，该阶段心理健康教育的首要任务是着力提升大学生的人际交往能力。大学阶段处于延缓偿付期，青春期的动荡仍然存在，并在时间上延长了，因此，大学阶段同样面临着自我意识的整合问题。教师要帮助大学生学会高效学习，为成才奠定基础。最后，还要提高大学生的情绪智力水平。总之，大学生心理健康教育要在人格发展趋于成熟的基础上，充分发挥大学生的主观能动性，帮助他们了解心理健康知识，并学会做自己心灵的"保健医师"。

心理健康教育一体化面临的挑战

何妍：心理健康教育可以参照人格发展的一般规律，针对不同年龄段学生的人格发展特点和发展任务开展心理健康教育，但当前心理健康教育一体化工作依然面临很多的困难和挑战，针对这些问题，您有哪些建议？

俞国良：问题与挑战确实不少。首先，从关注的对象来看，长期以来，由于大学阶段心理健康问题的爆发式出现，使得该阶段心理健康教育开展得如火如荼，而中小学生乃至学龄前儿童的心理健康教育工作，却未受到应有的重视。殊不知，成年期诸多心理健康问题均会打上童年期的烙印。因此，如同智育培养的连贯体系一样，心育的过程也应该形成大中小幼一体化教育新模式，心理健康教育工作同样需要从娃娃抓起。因为这个时期的社会依恋是其日后形成一切人际关系的基础。

其次，从心理健康的内容来看，各学段心理健康教育工作的内容安排还不尽合理，存在着内容缺失、要素不全、倒挂和重复等问题，这大大降低了心理健康教育工作的针对性和实效性，未能充分发挥心理健康对促进个体健康成长的应有作用。因此，未来应针对特定年龄阶段人格发展的关键期，顺势而为，提出更为合理的培养、促进方案。同时，针对特定年龄阶段人格上存在的发展不足之处，有针对性地进行预防和控制。显然，抓住主要矛盾，有的放矢地开展心理健康教育，才能提高该项工作的效率和质量，更好地促进不同年龄阶段学生的全面健康成长。

　　最后，从心理健康教育工作的统筹实施来看，虽然国家和政府颁布的相关政策明确规定教育行政部门要积极开展心理健康教育工作，但始终缺乏专门的机构和组织来统一领导，协同规划，分级实施，动态评价该项工程的实施效果，这使得心理健康教育一体化工作在基础教育、职业教育、高等教育三个领域，各自为政、各管一段、各守一摊的散乱、断裂局面。因此，未来应加强心理健康教育工作在政策层面上的统筹规划和统一领导，统一研制学校心理健康教育一体化工作的方案或实施办法。

　　总之，心理健康教育工作是实现立德树人教育目标的重要保障，是保证各类学生可持续发展的重要补给源。未来心理健康教育工作任重而道远，需要以毕生心理发展理论为指导，以人格发展为核心，依据生态系统理论中的发展要素，整体规划各年龄阶段心理健康教育的具体目标和详细内容，形成横向符合学生年龄特征，纵向符合人格发展规律，大中小幼各阶段有效衔接的心理健康教育一体化新格局。

心理健康教育一体化：促进道德认知是基础①

【编者按】心理健康教育是一项任重道远的系统工程，未来需要整体规划各年龄阶段心理健康教育的具体目标和详细内容，形成横向符合学生年龄特征，纵向符合人格发展规律，大中小幼各阶段有效衔接的心理健康教育一体化新格局。俞国良教授及其研究团队经过系统研究指出，完善人格是中小学心理健康教育一体化的核心，促进道德认知是基础，设置课程是关键抓手。本期访谈将邀请俞教授分享道德认知发展在大中小幼心理健康教育一体化过程中的重要作用，以及各学龄阶段学生的道德认知发展特点和心理健康教育重点。

道德认知发展是心理健康教育的重要组成部分

何妍：俞教授好！道德教育是学校德育与思想政治教育的重要内容，它与心理健康教育是什么样的关系？在心理健康教育一体化发展的进程中，为什么强调道德认知发展是心理健康教育的重要组成部分？

俞国良：作为个体心理发展的一个方面，道德发展是个体认识社会伦理道德规范和准则，形成道德认知、道德情感和道德行为的过程。其中，道德认知是道德发展的核心，包括道德印象的获得、道德概念的掌握、道德评价和道德判断能力的发展、道德信念的产生和道德观念的形成等。道德发展，特别是道德认知的发展，遵循着一定的心理客观规律，即道德认知发展的年龄阶段性。此时，单纯依靠德育发挥的作用就会受到限制，必须结合和借助不同年龄阶段

---

① 载于《中小学心理健康教育》，2021(31)，记者何妍。引用时有改动。

学生心理健康教育的"中介"和"调节"，才能实现道德认知的有序发展。因此，我们说大中小幼道德认知发展与心理健康教育是同步的，二者是互为因果的关系。

道德认知作为心理健康教育的重要组成部分，主要基于以下几个理由。

第一，从理论上考察，道德认知发展需要心理健康教育的支撑。根据心理学中认知发展学派的理论观点，为了实现道德认知的良好发展，个体身心成熟、拥有充足的经验，以及环境与个体心理认知结构之间的交互作用缺一不可。这就意味着，道德认知的培育并不单纯局限于社会伦理规范与道德习俗知识的简单传授，还强调运用心理健康教育的理论、知识和方法来匡助道德认知发展。科尔伯格的"三水平六阶段"道德认知发展理论进一步认为，每个学段的道德认知发展都有着质的差异，道德认知发展无法进行跃迁，但高阶的道德认知又包含低阶的结构和功能。因而学校应尊重个体道德认知发展规律，有针对性地开展心理健康教育，在大中小幼不同学段开展侧重点相异的心理健康教育，帮助学生处理道德认知的冲突和矛盾，促进其道德认知由低到高、由浅入深发展，使不同年龄阶段的学生都能实现道德认知有序发展。这也是实现大中小幼心理健康教育一体化的重要任务。

第二，从含义上解析，道德认知健康是心理健康的标准之一。道德健康状况会直接影响个体总体健康的水平，心理健康也蕴含着道德健康的内容，心理健康的标准也应囊括道德健康的标准。道德健康者具有辨别真与伪、善与恶、美与丑、荣与辱等是非观念的认知能力，这种道德认知能力，不但是智力的重要组成部分，同时也要求个体能按照社会道德规范准则来约束及支配自己的思想与行为。这种对道德规则的认知健康，也属于心理健康的范畴。因而，在心理健康教育中，同样不可疏忽教育对象的道德认知发展，不能脱离主体对社会规则的尊重、理解、认同和运用，而只关注"纯粹"的心理健康。

第三，从功能上考量，道德认知健康是心理健康的前提和保证。道德认知的良好发展有助于个体道德积极情绪，如自豪感、钦佩感、羞耻感的获得，促进其公正道德信念的养成、道德判断能力的发展，以及诚信行为、利他行为等道德行为的出现，从而帮助个体从消极心理状态中恢复，重获心理平衡。此外，许多心理学派也将道德认知健康视为心理健康的隐性内在前提，如精神分析学派的弗洛伊德区分了本我、自我和超我，其中超我是由社会规范、伦理道德、价值观念内化而来，是道德认知化的自我，它在本我、自我和超我中处于最高层，凌驾于本我与自我之上，具有引导和控制本能冲动的作用，同时也监督着自我对本我的限制。可见，超我所代表的道德认知，在个体心理健康中起着重要的"引领"作用。

第四，从结果上分析，道德认知不良会引发一系列心理健康问题。伴随着积极心理学的兴起，大量研究者开始关注人类的积极品质，如宽容、公正、感恩，对个体心理健康及和谐发展的影响。这种带有鲜明价值取向的"美德"，不但体现了有关道德认知的全部内涵，而且反映了人们已然注意到道德认知的不良发展对心理健康的消极作用。确实，许多实证研究发现，不良道德认知倾向对个体的非道德行为具有较强的预测作用，能够引起个体社会适应程度降低，人际信任崩塌，导致其遭受社会舆论及公众的谴责，从而陷入心理行为问题的泥潭。现实生活中诸多心理健康的危机案例和极端事件也表明，道德认知不良是抑郁、焦虑和自伤自杀的"导火索"。

从大中小幼道德认知发展到心理健康教育

何妍：心理健康教育的一体化构建，涉及学生从幼儿到大学的各个发展阶段，从大中小幼道德认知发展到心理健康教育的过程考察，其理论基础是什么？幼儿的道德认知发展具有哪些显著的特点？从道德认知视角来看，幼儿心理健康教育应着重加强哪些方面？

俞国良：从大中小幼道德认知发展到心理健康教育的过程考察，科尔伯格"三水平六阶段"道德认知发展理论是基础，也是从道德认知视角梳理和分析心理健康教育一体化在不同年龄阶段教育内容的理论依据。

幼儿期是道德认知形成与发展的重要时期。幼儿所接受的善恶是非观念，将会深刻影响到其成年后的道德行为表现。根据科尔伯格道德认知发展理论，幼儿期的道德认知主要表现为前习俗水平的第一阶段，即"惩罚与服从为导向"。此时，他们认为规则是由权威制定的，必须对其无条件服从；而行为好坏是由所得结果确定的，得到赞扬就是好的，受到批评惩罚就是坏的。它具有表面化及自我中心的特点。首先，表面化。一方面，幼儿在进行道德判断时容易受到个体的外在形象影响，这与其思维认知水平仍处在具体形象阶段不无关系。另一方面，幼儿往往会忽视行为的意图而将结果的好坏视为更加重要。其次，幼儿的道德认知表现出自我中心的特点，他们不考虑他人的利益或无法区分出行为者与他人利益之间的区别，只从自己的立场与观点去认识事物，而不能从客观的、他人的角度去认识事物。

从道德认知视角，幼儿心理健康教育的重点是培养其正确的自我意识、人际交往规则意识，帮助幼儿有序地进行生活适应。第一，家长和教师应重视培养幼儿正确的自我意识，避免对幼儿做出道德"审判"。在尊重幼儿自我中心的特点的同时，逐步培养幼儿正确的自我意识，帮助其自尊自信、自我认同与自我效能感的建立。第二，家校要同心协力，培养幼儿的人际交往规则意识，包括人际交往的规则意识、情绪情感宣泄的规则意识等。第三，帮助幼儿有序地进行生活适应。在家庭和学校中，家长和教师应主动培养幼儿的社会交往能力，同时创设良好的道德认知培育环境，协助幼儿的道德认知发展向下一个阶段迈进。

何妍：小学生的道德认知发展具有哪些显著的特点？从道德认知视角，小学阶段的心理健康教育应着重加强哪些方面？

俞国良：随着年龄的增长以及正式进入学校接受教育，小学生心智能力有明显的提升。与此同时，他们的道德认知也从"以惩罚与服从为导向"进入了更高阶段的"以工具性的相对功利主义为导向"，这属于科尔伯格前习俗水平的第二个阶段。小学生已经能区分个人利益与他人利益的区别，道德认知具有功利化与实用主义倾向的特点。首先是功利化。小学生的道德认知往往以自己的利益为根据来判断好与坏，他们渐渐摆脱了对权威及惩罚服从的依赖，开始考虑个人的利益是否受到损害。其次是实用主义倾向。他们往往不考虑行为结果是否会违反社会公序良俗，也不考虑是否会影响和谐人际关系的构建，只在公平、互惠的原则上追求自身利益的最大化，通过实用主义将彼此之间相互冲突的利益结合起来。

从道德认知的视角，小学生心理健康教育的重点是帮助其正确认识自己，调适情绪，建立良好的人际关系，进一步提高生活与社会适应能力。第一，正确认识自己、调适情绪。尽管道德认知发展具有其客观心理规律，但并不意味着不加干预，任其"繁荣"。了解自我、认识自我、接纳自我，初步学会情绪的自我控制和自我调节，是小学生心理健康教育的重要内容。第二，建立良好的人际关系。引导小学生将他人利益考虑在内，协助其建立良好的同伴关系、师生关系。第三，进一步提高生活与社会适应能力。不仅要帮助他们适应学校环境、学习和生活环境，适应学校纪律、社会习俗和道德规范，而且要引导他们进一步适应不同社会角色，培养他们从小形成学校与社会肯定的道德习惯，做出亲社会行为。

何妍：中学生的道德认知发展具有哪些显著的特点？从道德认知视角，中学阶段的心理健康教育应着重加强哪些方面？

俞国良：随着生理和心理的剧烈变化，中学生的道德认知在青春期这一阶段迎来了质的飞跃，即从前习俗水平跨越到习俗水平。初中生的道德认知发展跨进了习俗水平的第一阶段，即"以好孩子为导向"。高中生的道德认知发展阶段处于习俗水平的第二阶段，即"以维护法律与秩序为导向"。

初中生的道德认知发展表现为人际化和寻求认可的特点。首先，人际化意味着个体的道德价值开始以人际和谐为导向，倾向于顺从传统的要求并符合大多数人的意见。其次，初中生的道德认知以谋求赞赏和认可为基本准则，无论是在道德推理还是道德判断中，都倾向于将受到赞赏的行为当作"金科玉律"，并借此指导自身，希冀获得周围人的认可。

因此，初中生心理健康教育的重点是帮助其科学认识青春期的身心特征，在自我认识的基础上学会调控情绪情感，正确对待异性交往及继续引导其建立良好的人际关系。第一，关注青春期的自我。要帮助初中生增强自我意识，客观地认识自我、评价自我，正确认识青春期的生理性特征和心理特点。第二，强调情绪的力量。鼓励他们进行积极的情绪体验与表达，特别是在道德认知层面，受到广泛褒扬与赞赏的道德榜样可以催生积极情绪，使他们能够在原有道德认知基础上"共情"，并进行顺应、认知和同化的加工，从而形成道德新知，并抑制不良道德认知及行为。第三，继续引导初中生建立良好的师生关系、亲子关系和同伴关系，促进其道德认知阶段向高阶发展，倡导法律法规的重要性。

高中生的道德认知表现为社会化及"以规则为中心"的特点。一是社会化。在这个阶段，高中生能够把人际关系中的期望与社会期望区分开来，并采纳社会化的观点，将社会行为规范、准则等内化为自己的行为标准，包括履行社会义务，避免破坏制度等。二是以规则为中心。高中生的道德认知倾向于服从社会规范，遵守公共秩序，尊重法律的权威。凡是有悖于法律的，即被高中生认为是不可取的、不道德的。

因此，高中生心理健康教育的重点是在客观的、正确的自我意识的基础上，树立远大的理想目标，同时进一步发展良好的人际关系，特别是异性同伴关系，提高承受困难和应对挫折的能力，增强社会适应能力。第一，确立正确、客观的自我意识。在客观、正确的自我意识基础上，树立远大理想，坚定信念，形成正确的世界观、人生观和价值观。第二，培养积极的人际交往能力。帮助学生正确认识自己的人际交往状况，尤其是学会正确地把握与异性交往的尺度，把握友谊和爱情的区别、界限，防止因人际交往不良而出现道德认知错误等。

第三，提高情绪的调节和控制能力。帮助他们提高自身调控情绪的能力，以及应对挫折的耐受力、心理弹性、意志力等，使其正确对待学习与生活中的失意，在出现挫折或失败时能够坚守道德认知底线，坚决杜绝有损他人、学校与社会的不道德行为。第四，增强社会适应能力。在引导高中生充分了解自身兴趣和性格特点的基础上，帮助他们确立自己的职业志向，并进行职业生涯规划，树立社会担当意识和社会责任感。

何妍：大学生的道德认知发展具有哪些显著的特点？从道德认知视角，大学阶段的心理健康教育应着重加强哪些方面？

俞国良：大学时代是个体道德认知发展的成熟阶段，他们越来越注重现实，其道德判断已经超越了法律秩序的标准，拥有更深刻的认识，特别是对墨守成规的社会契约的理解。根据科尔伯格道德认知发展理论，大学生处在后习俗水平的第一阶段，即"以法定的社会契约为导向"。大学生道德认知发展具有复杂化与可逆性特点。

从道德认知的视角，大学生心理健康教育的重点是帮助大学生正确认识和处理学习成才、择业交友、恋爱婚姻、社会适应和健康生活方式等方面的问题。第一，强化自我意识；第二，强调情绪的自我管理；第三，完善人格；第四，提高人际沟通能力；第五，增强社会适应能力。

道德认知发展为心理健康教育一体化固本强基

何妍：道德认知发展在大中小幼心理健康教育一体化过程中发挥着重要作用，但是由于我国正处在社会转型的特殊发展时期，社会心理和个体心理的快速变迁带来一系列的道德失范、道德危机等现象，不良道德乃至违法犯罪行为也逐渐出现低龄化倾向，这为大中小幼心理健康一体化工作带来了新的挑战，教育工作者应从哪些方面"破题"，才能更好地应对这些挑战？

俞国良：首先，亟须关注社会消极现象的影响。心理健康教育一方面要关注学生主动的道德认知发展状况，另一方面也必须注意到社会消极现象对其道德认知潜移默化的影响。特别是当下互联网及信息技术迅速发展，出现物质主义、拜金主义、享乐主义，社会责任感、集体荣誉感被弱化，容易使教育对象受此影响，出现道德认知偏差或道德价值观的偏移。因此，心理健康教育工作需开展多种多样的道德实践活动，使教育对象真正融入现实的道德情境中去，形成正确的自我意识，丰富其道德实践的情绪情感体验，促使他们在学习、生活、人际交往和社会适应中不断对自身进行纠偏，形成正确的世界观、人生观和价值观。

其次，亟须强调家庭、学校和社会的共同协作。心理健康教育绝不止于学校，道德认知发展也并非仅仅依靠家庭。学校心理健康教育应和家庭心理健康教育、社会心理健康教育互相支撑、互相补充、相互促进。具体而言，第一，以家庭心理健康教育为重要基础。家庭心理健康教育在树立儿童纪律与规则意识、培养道德人格、养成道德情绪情感及道德习惯中发挥着重要作用。倘若家庭心理健康教育严重缺位，那么，学校和社会的心理健康教育就如无本之木、无源之水。第二，以学校教育为主要阵地。学校应充分发挥"主渠道"作用，从自我、学习、人际、情绪情感、社会适应等方面入手，不留余力地促进学生健康发展。如此，才能为道德认知发展筑牢根基，道德情感和道德行为才会得到充足的"心理营养"。第三，以社会心理健康教育为关键依托。开展社区心理健康教育，打造相互包容、相互尊重的社区氛围；运用大众媒体的积极力量，致力于减少偏见和社会排斥的形成；培养良好的社会心态、社会风气，特别是大力倡导社会主义核心价值观，促进大学生对国家和社会的认同，增强他们的归属感、安全感和责任感、使命感。

最后，亟须重视道德认知的监督、测评及干预。从道德认知发展和心理健康教育视角来看：第一，对自我意识偏低偏差的学生，可以重点关注其认识自我、接纳自我的程度，帮助其确立正确、客观的自我意识，防止不良道德自我评价和不良道德信念的出现；第二，对学习兴趣降低和学习能力不足的学生，着重其学习能力的培养、学习动机的激发，引导其体验学习的快乐，从而预防不良道德认知的出现，如防止学生通过课业抄袭、学术不端等不道德行为提升学业成绩等；第三，对情绪调控能力较差的学生，鼓励他们进行积极的情绪管理，而非通过自伤、攻击、破坏等行为宣泄情绪；第四，对人际交往困难的学生，则应帮助其建立公平、互惠、友好的人际关系，培养沟通、合作与分享的道德认知观念，促进利他行为、亲社会行为等道德行为的养成；第五，对于由社会适应问题引发的道德认知不良，应帮助其正确处理学习与生活中出现的挫折和困难，提高耐受力和心理弹性、意志力等，注重培养其社会责任感和社会担当，强调社会道德规范与规则的重要性，使其逐步适应来自学习、生活、社会的各种变化和不确定性。

总之，促进道德认知健康发展是大中小幼心理健康教育一体化面临的重要任务，它不仅关乎儿童青少年道德行为习惯的养成及品德、美德的塑造，更与为国家和社会培养德智体美劳全面发展的新时代社会主义接班人息息相关。因此，未来的大中小幼心理健康教育一体化，在尊重道德认知发展客观规律的基础上，应以促进道德认知发展为核心，以防止不良道德认知倾向为要务，使学生道德认知发展既符合年龄特征又能朝着高阶段靠拢，并最终形成相互衔接、有机统一的心理健康教育一体化体系。

心理健康教育一体化：课程是关键抓手①

【编者按】心理健康教育是一项任重道远的系统工程，未来需要整体规划各年龄阶段心理健康教育的具体目标和详细内容，形成横向符合学生年龄特征，纵向符合人格发展规律，大中小幼各阶段有效衔接的心理健康教育一体化新格局。俞国良教授及其研究团队经过系统研究指出，完善人格是中小学心理健康教育一体化的核心，促进道德认知是基础，设置课程是关键抓手。本期访谈将邀请俞教授分享心理健康课程一体化的基本含义、目标任务、实现路径和课程评价体系建设。

大中小幼心理健康课程一体化的内涵与价值逻辑

何妍：俞教授好！课程是各级各类学校开展心理健康教育的主渠道，您多次提出，要想有效地推进和实现心理健康教育一体化，最主要的路径就是在各级各类学校中开设专门的心理健康课程，并逐步完善大中小幼心理健康教育课程的一体化。请您首先谈谈心理健康教育课程一体化的内涵与基本特征。

俞国良：大中小幼心理健康课程一体化是心理健康教育一体化的核心内容、关键抓手，所以对心理健康课程一体化内涵进行探讨时，不能脱离心理健康教育一体化的内涵。我们认为，心理健康教育一体化包括纵向与横向两个维度，纵向指大学、中学、小学以及幼儿时期心理健康教育之间的过渡与衔接；横向指在任一学段的心理健康教育工作中应注重对教育资源的整合，发挥环境中各

---

① 载于《中小学心理健康教育》，2021(34)，记者何妍。引用时有改动。

个因素的心理健康教育价值。在此基础上，我们提出，大中小幼心理健康课程一体化，一方面是指在遵循各个年龄阶段学生心理发展特征的基础上，准确规范各层级诸类型心理健康课程的属性、目标、内容与方法等，使各学段之间心理健康课程能够有效衔接，分层递进，最终实现一体性的贯通与连接；另一方面是指合理整合、利用其他学科资源，将心理健康课程与其他相关学科有机融合，创造性地开设相关综合课程、融合课程等，以充分发挥学科间的心理健康教育功能。我们这里所关注的"大中小幼心理健康课程一体化"主要是指纵向的一体化，也就是强调大中小幼心理健康课程的过渡与衔接。

从这个基本含义可以看到，大中小幼心理健康课程一体化主要具备三个特征。一是差异性。大中小幼心理健康课程一体化强调尊重不同年龄阶段学生的心理发展特点，遵循由浅入深、循序渐进的教育原则，差异化安排各学段心理健康课程的具体目标、教学内容与实践策略。并且，在把握同一年龄学生群体心理发展特点的同时，关注个体间的心理差异，对同一年龄阶段不同学校类别和学习层次间的心理健康课程进行差异设计，分类实施。二是整体性。心理健康课程一体化在追求因材施教、差异指导的同时，仍坚持整体观和系统论的指导思想，使各个学段的心理健康课程形成一个开放而有序的闭合系统，其中能够反映心理健康教育领域的共识，体现整体性的育人理念及人才培养目标。三是连贯性。心理健康课程一体化要求大、中、小学以及幼儿阶段，要有的放矢地重点关注与之相衔接学段的心理健康课程教学情况，加强与上、下学段之间的有机衔接，起始年级和毕业年级共同做好承上启下工作，帮助各学段学生尽快适应变化，顺利开启下一阶段的学习任务。

何妍：为什么要强调构建大中小幼纵向衔接、螺旋上升的一体化心理健康课程，它的内在价值逻辑是什么？

俞国良：构建大中小幼纵向衔接、螺旋上升的一体化心理健康课程，是为学生健康成长、成人成才固本强基，全面提升新时代心理健康教育质量的重要举措。为此，需要深刻理解和把握心理健康课程一体化的内在价值逻辑与价值本质。

第一，大中小幼心理健康课程一体化是对"人的全面而自由发展"的马克思主义学说的坚持。在马克思主义理论中，"人的全面而自由发展"是人自身发展的高级形态和人类社会历史发展的必然趋势，意味着人的劳动能力、社会关系、个性等方面自由、和谐的发展，这些也正是心理健康教育首要关注的问题。心理健康教育旨在通过各种实践活动帮助个体建立良性的社会关系，使个体的心理需要得到满足，获得能力、素质与个性的全面、自由、和谐的发展，从而拥有人生意义感与幸福感。而为了促进个体"全面而自由的发展"，心理健康课程就必须开展一体化建设，弥补当前学段间存在的断层，改变心理健康课程教学随意化、碎片化、割裂化的状态，使心理健康教育成为学校系统性和整体性教学工作的重要组成部分，从而促进完整、健全个体的教育与培养。

第二，大中小幼心理健康课程一体化是对立德树人根本任务和"全过程育人"教育要求的贯彻落实。"全过程育人"是"三全育人"的重要组成部分，它要求将立德树人的根本任务融入学校教育，包括课程教学、学生成长、教师发展等全过程，并推进至大中小幼一体化发展，建立长时段、可持续、贯穿式的人才培养链条。大中小幼心理健康课程一体化无疑是对这一创新理念与实践模式的呼应与弘扬。毫无疑问，大中小幼心理健康课程一体化建设就是要协调、整合各学段心理健康课程要素，打通心理健康课程从幼儿园到大学的学段连接，形成节节贯通的心理育人链条，以充分发挥心理健康教育"铸心育才"的教育功能。

第三，大中小幼心理健康课程一体化是对心理健康教育现实问题的观照。长期以来，我国学校心理健康教育在各学段间相对独立，缺乏学段之间的连续性，导致学生在由低学段到高学段过渡时极易出现心理行为问题，给心理健康教育实践带来了困惑和难题。实证研究也表明，当前大学生对高校心理健康教育现状以及大中小学心理健康教育衔接情况的满意度较低，心理健康教育无法满足学生的多样化心理需求。一体化的心理健康课程在遵循人的自然属性的基础上，通过把握不同学习阶段、不同学校类型学生的心理发展特点和成长需要，使心理健康课程与教学能够真正"以学生为中心"，及时解决学生遇到的各种发展性心理行为问题，这是对学校心理健康教育现实需求的切实回应。

大中小幼心理健康课程一体化的目标与任务

何妍：可见课程一体化不仅是大中小幼心理健康教育一体化中最为关键的一环，更是实现大中小幼心理健康教育一体化的重要抓手。接下来，我们要做的就是明确心理健康课程一体化建设的目标与任务，以更好地指导实践层面工作的展开。

俞国良：我们认为，心理健康课程一体化的目标可以从宏观、中观、微观三个层面进行理解。

在宏观层面，大中小幼心理健康课程一体化是为了"全面贯彻党的教育方针，落实立德树人根本任务，发展素质教育，推进教育公平，培养德智体美劳全面发展的社会主义建设者和接班人"。各学段的心理健康课程要根据学生身心特征和教育规律，培育其自尊自信、理性平和、积极向上的健康心态。

在中观层面，大中小幼心理健康课程一体化的目标是为社会心理服务体系建设助力。党的十九届四中全会《中共中央关于坚持和完善中国特色社会主义制度、推进国家治理体系和治理能力现代化若干问题的决定》明确指出，要健全社会心理服务体系和心理危机干预机制，而学校心理健康服务是社会心理服务体系建设的重中之重，课程则是学校心理健康服务的主渠道。只有这样，才能不断完善学生成长的"校园生态系统"，提供学生发展所需的心理健康教育。

在微观层面，大中小幼心理健康课程一体化则是为了提高每一位学生的心理健康水平。推进大中小幼心理健康课程一体化，意味着要面向全体学生，使每一位学生在心理健康课堂上都能够收获心理健康知识，提升心理健康意识，掌握心理保健方法，实现心理健康素质与思想品德素质、科学文化素质的协调发展。

何妍：具体来讲，需要完成哪些任务才能实现这三个层次的目标？

俞国良：具体来讲，大中小幼心理健康课程一体化的主要任务有以下四个方面。

一是课程标准一体化。心理健康课程标准作为一种纲领性、规范性文本，其中应包括心理健康课程性质、课程理念与设计思路、课程目标、课程内容、学业质量、课程实施等总体规划和说明，它犹如一根指挥棒，是心理健康课程的灵魂所在，也是提高课堂教学质量、实现心理健康课程内涵式发展的重要基础。有关部门应组织全国各地的相关专家学者和优秀教师，投入充足的财力、物力与精力，研发出不同学段的心理健康课程标准，使幼儿教育、初等教育、中等教育和高等教育各教育层次内部，以及层次之间形成相互贯通、逐级递进的一体化心理健康课程标准体系，以保障心理健康课程在大中小幼各学段顺利展开。

二是教材一体化。国家须在各学段推出系统化、权威性的心理健康示范教材，也就是说，要打造出一批既符合心理学学科知识逻辑，又符合学生心理发展逻辑和教师教学逻辑的高质量心理健康教材，以满足教师和学生教与学的需要。具体来说，大中小幼心理健康教材都应达到以下标准：符合国家主流意识形态与该阶段心理健康教育目标；教材内容具有系统性和逻辑性，聚焦于该年龄阶段学生的心理发展任务，符合该阶段学生的学习特点，并且能够联系学生的真实生活，引入新时代背景下的新问题，解决学生的实际需求；知识、案例、活动、训练等不同板块有机组合在一起，内部结构均衡、合理，兼具知识性、活动性、实践性及综合性；突出学生的主体地位和教师的引导作用，能够激发学生学习过程的主动性和参与性。

三是师资队伍一体化。高素质、高水平的师资队伍是提升心理健康课程质量的关键，也是心理健康课程可持续发展的重要基石。未来，心理健康教育教师队伍建设应朝一体化方向发展，实现师资配置与发展一体化，职前、入职与职后培养一体化，大中小幼跨学段培训一体化。其中，师资配置与发展一体化是师资队伍一体化的基础。要在配齐、配足、配好各学校心理健康教育师资的基础上，建立跨地区、跨学校的数字化资源共享平台、专业能力训练平台以及教师发展联盟，打造区域间、校际心理健康教育师资的协同创新发展模式。职前、入职与职后培养一体化是师资队伍一体化的重要一环，决定着心理健康教育师资队伍的质量。应改变传统的一次性服务的观念，探索构建"WTPTP"（网络教学—教师指导—教授、行业专家引领—团队共进—入职与发展档案）等师资一体化培养途径，不断提高心理健康教育教师的终身学习与发展能力。大中小幼跨学段培训一体化是师资队伍一体化的核心，要扩大教师培训的涵盖学段，提升各学段教师对心理健康教育一体化的认识与理解，促进教师间的相互沟通与学习，帮助其更好地在教育教学中落实一体化任务。同时，促成不同学段间教师的共同研讨，推动心理健康课程一体化的教学与相关研究。

四是教学内容一体化。课堂教学是课程建设的微观层面，也是供给心理健康之花自由绽放的肥沃土壤。不同学段的心理健康课程要以该学段的课程标准或教育内容为依据，根据学生身心发展阶段性和连续性的特点与规律，具体安排每一学期、每一单元、每节课的教学内容，实现心理健康教学内容在各学段间的过渡与衔接。同时，在教学内容的呈现形式上，应针对不同教学材料的特点以及不同年龄阶段学生的认知发展规律，有侧重地运用知识讲授、案例分析、专家讲座、同辈互助、团体辅导、心理训练、问题讨论、情境体验、角色扮演、游戏辅导、心理情景剧等教学形式，使不同层次、不同学段的学生在享受不同教学形式带来的学习乐趣的同时得到收获。并且，要充分挖掘、利用校内外资源，随时补充、更新、整合教学内容，以进一步充实心理健康课堂的教学内容，提升心理健康教育教学的效果。

大中小幼心理健康课程一体化的路径与评价

何妍：现在我们已经明确了大中小幼心理健康课程一体化的目标和课程任务，在这个基础之上，需要一线教育工作者将大中小幼心理健康课程一体化具体落实在具体的教育教学实践中，关于实践路径的选择，您有何建议？

俞国良：在实践路径的选择上，大中小幼心理健康课程一体化应以习近平新时代中国特色社会主义思想为指导，以变革心理健康课程结构为核心，以制度化课程建设和评价为保障措施，加快新时代心理健康教育一体化的优化升级。

第一，把握心理健康课程一体化建设的根本方向，明确心理健康课程发展的新趋势。课程是学校育人的根本载体，心理健康课程一体化建设要把"培养担当民族复兴大任的时代新人"作为出发点和落脚点，始终站在"立德树人""心理育人"的高度，进行顶层设计、统筹规划，将习近平新时代中国特色社会主义思想有机地融入各学段的心理健康课程目标、课程内容、教材等方面，使心理健康课程真正发挥出树立心理健康意识，掌握心理保健方法，提高心理健康素质的重要作用。有鉴于心理健康教育要立足于育人，这就意味着心理健康课程需要由关注部分学生的心理问题或心理疾病，转变为帮助和促进全体学生的全面发展。对此，各个学段心理健康课程目标应着重体现乐观、自信、进取、友善等积极心理品质的培养；课程内容要具有新颖性、实效性，要从学生的身心实际出发，考虑到学生的心理成长规律，且课程形式要丰富、多样，突出课堂教学的引导性与参与性。

第二，统筹谋划各学段心理健康课程，推进心理健康课程的纵向衔接。大中小幼心理健康课程一体化建设须在坚持立德树人，培养德智体美劳全面发展的社会主义建设者和接班人的根本目标下，通过心理健康课程跨学段、跨年级的统筹设置，实现课程的纵向有机衔接。首先，不同学段的心理健康课程目标不应如出一辙，而是要遵循发展心理学中人格发展的一般规律，以解决该学段学生的心理矛盾，促进学生积极心理品质的发展为指向。其次，在课程目标的指导下，基于不同学段学生的心理特征和发展水平，从学生真实的生活世界中选择出心理健康课程所涉及的知识、原理、技能、价值观等，使它们保持适当的比例，且整体具备丰富性、多样性和实用性。最后，要遵循课程组织连续性和顺序性的原则，将不同阶段精心选择的课程内容由浅入深、由简到繁地"螺旋式"组织起来，并设计相应的教学活动，使学生能够在实践活动中将外部信息内化为自身的心理品质。

第三，注重优化心理健康课程管理体系，系统推动课程制度化建设。完善的课程制度能够对心理健康课程一体化建设起到保障作用。为此，一是要继续强化心理健康课程的分级管理体制。国家要在课程建设中发挥权威与领导作用，从大局出发，对心理健康课程未来发展进行顶层设计和整体规划，并提供相应的政策与资金支持。同时要注重协调地方政府、学校、社会等各主体间的关系，使之能够有效配合，共同推动心理健康课程一体化建设。二是要健全课程管理规范。必须不断精细化、操作化现有的课程管理工作章程和有关规定，使其能够成为心理健康课程一体化建设的坚实后盾。三是要着力提高心理健康课程管理人员的专业素质。要组织开展相关的培训，培养符合要求的专门性人才，使之能够做出科学决策，为心理健康课程一体化建设固本强基。

何妍：按照您建议的路径科学合理地推进心理健康课程一体化，进展和效果究竟如何，还需要进行正确的评价才能揭晓。在大中小幼心理健康课程一体化建设中，应如何把握课程评价改革的方向，设计科学的课程评价体系，才能使评价发挥出应有的导向、修正和服务功能？

俞国良：心理健康课程评价要以提高学生心理健康水平为本，采用科学的方法收集、整理、分析课程的有关资料，在评价过程中不仅要关注预设目标的达成程度，还要将教师与学生在课程教学过程中的全部情况纳入评价范围，据此形成多元一体的综合课程评价体系。

一是课程目标与内容的评价。在对课程目标进行评价时，评价者首先要识别心理健康课程的目标是否被单纯地设置为心理学知识与理论的普及与传授。正确的心理健康课程目标应同时关注学生的知识掌握、心理体验以及行为发展。其次，应考察心理健康课程目标是否能够从根本上反映出"提高心理健康意识，提升心理健康素养"的时代要求，以及该学段学生的心理发展需要与任务，课程目标的语言表述是否具体、精确、可操作，是否有利于实现心理健康课程的整体性与层次性、个性与共性的统一。心理健康课程内容的评价主要是对教材的评价。教师和学生是教材的主要使用者，所以在听取专家学者和行政部门人员意见的同时，还须通过问卷调查、访谈、观察等多种形式，深入了解教师和学生对心理健康教材的使用感受，以此综合评判教材的科学性和有效性。

二是课程实施的评价。心理健康课程实施的评价，包括对课程实施过程和实施结果的评价。就课程实施过程的评价而言，一方面要判断该课程是否严格按照各学段课程设计的标准与要求按时、按量展开，另一方面要考虑到心理健康课程的建构性与生成性，结合师生互动的具体情境判定课堂教学组织形式与方法是否恰当、有效。对心理健康课程实施结果的评价是指对学生学习成效的评估。在评价时要注重学生心理发展的全过程，将诊断性评价、过程性评价、发展性评价等方式结合起来，对学生的知、情、意、行各个方面进行考察，切忌出现以考试分数来衡量学生心理健康课程学习效果的弊病。同时，开展学生自评、教师评价、家长评价、同伴评价等多元主体评价，综合运用心理量表、心理问卷等定量评价手段以及交谈、观察等定性评价手段，积极开发心理体验记录卡、心理发展档案袋等新型评价工具，使评价得以促进学生心灵的健康成长。

三是课程决策与管理的评价。课程决策与管理的评价代表着课程评价范围的扩大以及课程评价的发展方向，对心理健康课程的改善与革新起着重要的推动作用。因此，在心理健康课程一体化建设过程中，应在对心理健康教育实践情况真实把握的基础上，使评价进一步关注到：如何调整心理健康课程的结构，使心理健康课程发挥更大的功效；如何更好地契合学生的心理发展状态和认知机制，使学生的收获最大化；如何面向地区、学校的整体情况以及教师的心理健康教育工作情况，进而开展切实、有效的评估；如何加强心理健康教育的分级管理等。这些都是使心理健康课程系统良性运行必不可少的条件。

专访 | 中国人民大学教授俞国良：
迈出高质量教材建设"万里长征第一步"①

　　高等院校教材建设是打造中国特色高质量教材体系的具体实践，是发展高等教育、培养复合型人才、创新型人才的基础。近期，国家教材委员会发布《关于首届全国教材建设奖奖励的决定》。中国人民大学教授俞国良主编的教材《心理健康》（第五版）获得全国优秀教材（职业教育与继续教育类）一等奖。为此，中国教育在线就高校继续教育教材建设相关情况，对俞国良进行了专访。

　　提及获奖，俞国良谦虚地表示，《心理健康》教材获首届国家教材奖，纯属误打误撞，并为我们讲述了教材编著背后的小故事。"2009年某天，高等教育出版社副总编贾瑞武亲率手下'干将'反复游说，以出版人的责任感、山东汉子的执拗，把我从一个1999年聘任的心理学专业教授、博导，硬是拖到了中等职业学校《心理健康》教材编写的轨道上，而且还是一门选修课程，可谓'无心插柳柳成荫'。"

　　俞国良在采访中表示："《心理健康》教材乃至心理学学科，目前仍是一匹成长中的'小马驹'，至多在人们心目中因为教材斩获一等奖，由'小马驹'变成了'小黑马'。从'小马驹''小黑马'真正成为一匹'骏马''千里马'，仅是万里长征的第一步，今后的路更长、更远、更难。

---

　　① 载于《中国教育在线》，2021-11-30，记者韩明晓。引用时有改动。

一、明确教材建设在教育教学中的重要地位

国家教材委员会在全国范围内开展教材建设评选工作，可以充分调动教材建设领域的积极性，给予教材建设工作者更多的荣誉感和使命感，吸引顶尖优秀人才加入教材建设队伍，推进教材建设工作。

俞国良认为，党中央、国务院如此高度重视教材建设，主要基于以下三点考虑。

第一，教材是教育教学的关键依据。教材建设有助于提高教材水平，提升教学质量，在一定程度上弥补教师授课不足，全面落实教材的育人功能。

第二，教材是国家事权，是立德树人的重要载体。教材建设有助于解决"培养什么人""怎样培养人""为谁培养人"的根本问题。

第三，教材是社会主义核心价值观和先进文化的传播媒介，代表了国家意志和教育导向。加强教材建设既传承经典、体现基础，又展现前沿、有所创新，有助于以习近平新时代中国特色社会主义思想指导教育实践，形成注重内涵、高质量发展的高等教育体系。

作为一个从教35年的高校教师，俞国良认为，此次开展的教材建设评选工作在高校教育教学中具有重大意义。

一是促进了教材建设激励保障制度的完善。建设完善的激励保障制度，从物质和声誉两方面对教材建设工作进行激励，对于教材建设者来说，资金支持可以让他们无后顾之忧、全身心投入教材建设工作中，提升工作效率；同时精神支持给予的荣誉感和使命感，增强了工作的积极性和创造性。

二是促进了教材建设标杆和典型的树立。通过对教材建设先进代表和优秀成果的遴选，树立教材建设的优秀标杆和先进典型，引领我国教材建设的前进方向，形成积极向上、奋发有力、攻坚克难的教材建设新局面，推动精品教材建设成果涌现。

三是促进了教材建设成果的展示。成果的展示为社会各界了解我国教材建设工作提供了重要窗口，使教材建设工作主动接受人民和社会的检阅，获得人民和社会的理解与支持，从而为教材建设创设良好的社会支持环境。

二、教材建设中的四大问题和三大对策

高校在教材建设方面有哪些需要改进之处？如何做才能让教材更符合教育需求，凸显教育成就？俞国良表示，虽然我国高等院校的教材建设工作在党和国家的关爱下取得了前所未有的成果，但仍存在以下需要改进之处。

第一，教材"千书一面"，存在重复现象。造成这种局面主要有两方面原因：一是部分高校教师，特别是"双肩挑"领导，为应付检查、晋升职称、评奖等个人目的，粗制滥造、东拼西凑编制教材；二是在经济利益的驱动下，出版商、教材建设管理者、高校教师都热衷于出书，个别高校教师利用工作之便向学生摊派。

第二，教材内容陈旧，滞后于人才培养的需要。许多教材仍沿用几十年前的图片、内容和教学要求，无法满足当前立德树人、培养新时代社会主义接班人的基本要求。

第三，教材不能满足教学改革实践。在深化教育评价改革的大背景下，许多传统专业因不能满足社会需求被迫进行改造合并，涌现了许多交叉专业、交叉领域。然而，教材建设往往滞后于教育改革的速度，仍采用原来的教学内容、教学设置，导致高校诞生了许多"空壳"专业。

第四，教材缺乏针对性。目前，许多高等院校的教材建设无法满足不同教育层次、教育对象的需求，成人自考、高职高专等教育教学大多沿用本科教材，或对其进行部分删改，使得我国高等院校教材缺乏针对性。

针对上述问题，俞国良表示，要让教材更符合当代高等教育发展需求，应从以下几个方面入手。

第一，明确教材建设管理职责。各高等院校要建立明确的教材建设管理机构和制度，从整体上统筹规划教材建设工作，包括审核学校教材立项出版、确定教材建设经费、制定教材内容、审定教材选用等。

第二，教材内容要以科学性、先进性为导向。在教材建设中，高等院校要从教学和学生的实际需求出发，选择国内外最新的研究成果、最顶尖的研究方向作为教学内容，充分反映相关研究领域的前沿动态、最新发展。

第三，教材编写要更有针对性。根据学生不同的教育层面、职业规划及年龄特点，提供适合他们学习需求的教材。例如，培养应用型人才的教材建设，应积极鼓励高等院校与相关领域高层次企业管理人员、高级技术工作人员、商业精英等合作编写教材，使学生接触到前沿的理论与实践，缩短课堂与岗位的距离。

三、以心理学教材建设为支点，编写高质量教材

作为有着 30 多年心理学研究与教学实践的专家，俞国良结合心理学教材建设所面临的难题，从如何更好地满足学生的学习需求、突破教材建设难点方面提供了思考路径。

(一)明确心理学教材设计思路

在设计思路上，《心理健康》教材落实立德树人根本任务，坚持正确的政治方向和价值导向，贯彻落实党和国家的新精神、新要求，遵循"贴近实际、贴近生活、贴近学生"的原则，根据《中等职业学校学生心理健康教育指导纲要》《心理健康教学大纲》等设计。

设计的逻辑思路为："学习心理健康知识—参加心理健康活动—掌握保持心理健康方法"三个相互联系、逐步递进的学习模块，构建了完整、科学的中等职业学校心理健康教学内容，设置了五个教育专题：知识篇(心理健康基本知识)，成长篇(悦纳自我、健康成长)，生活篇(和谐关系、快乐生活)，学习篇

(学会学习、有效学习)，职业篇(提升职业心理素质)，并在各专题下结合中等职业学生的实际设计了不同的主题模块，形成了完整、有机、层次性和逻辑性强的心理健康教育教学体系。

(二)关注心理发展特点，合理编排内容

在内容编排上，该教材内容主要包括心理健康基本知识和成长、生活、学习及其职业心理素质等方面，即引导学生了解心理健康的概念和标准，关注自己生理和心理发展特点，主动进行心理调适，做积极、乐观、善于面对现实的人；学会欣赏自我，积极接纳自我，敢于接受生活的挑战，追求自己的人生价值，直面成长中的心理行为问题；正确认识人际交往和社会适应障碍的成因，理解和谐人际关系、快乐生活的意义，追求健康的生活方式；了解激发学习兴趣和动机的方法，理解终身学习概念的新内涵，坚定学习自信心，体验学习过程中的积极感受，树立终身学习和在实践中学习的理念。特别引导学生了解职业心理素质的重要性，正确对待求职就业与创业过程中出现的心理行为问题，勇于面对职业压力与职业倦怠，认同职业角色规范，不懈追求创业和创新。教材内容面向全体学生，以心理案例为切入点，进行心理健康知识普及和心理健康辅导。重点通过活动让学生主动参与其中，并在活动中进行体验和调适，加深对心理健康的认识，树立心理健康意识，掌握心理调适的方法，并在实践中加以应用。

(三)彰显教材特色，促进知、情、意、行的和谐协调发展

《心理健康》教材主要表现出以下特色。

(1)充分体现党和国家意志，具有明确的思政(德育)课教材的育人功能。本教材为中职德育课国家规划教材，由教育部统一审定，强调思想性、方向性和育人的针对性、实效性，思政(德育)功效显著，把教育目标定位于提高中职学生心理素质，为成为担当民族复兴大任的时代新人，成为德、智、体、美、

劳全面发展的社会主义建设者和接班人奠定基础。

（2）彰显鲜明的职教特色，坚持心理素质培养与职业教育目标相结合。教材重视培养中职学生分析问题和解决问题的能力，通过知识传授的学习环节，案例教学探究体验的思考环节，成长工作坊和拓展性训练的实践活动环节，使学生逐步具备正确认识和分析解决其学习、生活、成长、求职就业中的心理行为问题的能力。

（3）全面落实立德树人根本任务，促进中职学生知、情、意、行的和谐协调发展。重视学生运用心理健康知识和方法，解决他们在现实生活中面临的心理行为问题，帮助他们体验和领悟自己的成长，达到知、情、意、行的和谐协调发展。

（4）遵循教育教学规律，反映课程教学和评价的综合化。教材把相关学科内容进行了整合，建构了新的知识结构体系，体现了课程的综合化；评价体系强调多主体评价，重视学生自我反思、体验、感悟、收获和成长记录等评价方式。

（5）易教宜学，配套丰富多元的教学资源。除本教材外，配备了教学参考书、教学设计、自测与指导、教育案例集等纸质教辅，以及借助 Abook、MOOC 等平台建设的教学设计、教学课件、教学视频等数字化资源，支持线上线下混合式教学。

（四）注重创新，凸显教学效果

《心理健康》教材在创新方面主要表现为以下特点。

（1）教材内容的创新。突破传统教材重视心理健康知识、轻视调适方法的倾向，按照"促进中职生成长、生活、学习和求职就业"这一主线索，将心理健康知识、心理调适方法与常见心理行为问题有机融为一体，构建了内容新体系。

（2）教材体例上的创新。教材将心理健康知识与心理调适方法，灵活地呈现在"心灵故事""心海导航""体验大本营""成长工作坊""拓展性训练"等栏目中；把校内外、课内外、普及和提高、个别咨询和团体辅导等内容有机融合。教材图文并茂，具有较强的可读性，有趣、有用、有效。

（3）教学方法与学习方法上的创新。本教材重视学习方式和教学方法的灵活多样性。根据教学内容以及配套的教学资源，教师可以采用启发式、案例教学、角色扮演、情景模拟法等教学方法，学生在学习过程中可以采用讨论、分享、辩论、反思、自我测试等学习方式。教学方法与学习方法的灵活多样，使教学效果更加明显。

四、重视实践应用，社会、经济效益双赢

《心理健康》教材依托调查研究和教学实际，融入先进的教学理念和教学成果。在教材历次修订和使用过程中，主编和团队进行了大量的调查研究工作，先后 30 余次召开心理学专家、心理健康教育专家、"职业技术学校心理健康教育研究与开发项目"课题组成员、部分省市教育行政和研究部门负责人、中职教师、学生参加座谈会，广泛征集和吸纳心理健康教育方面的先进教学理念和教学成果，并将这些内容有机融入教材中。

同时，针对中职学校教学实际，使教材充分贴近中职学生的实际状况和实际需求，符合中职学生的认知、情感发展特点。

在 2020 年教育部组织的中等职业学校思想政治教材情况调研、2015 年教育部组织的全国中等职业学校德育课实施情况中，本教材及课程受到广大师生的一致好评，成为最受欢迎的中职思政课、德育课教材之一。2013 年 4 月在对河南、陕西、四川、重庆 12 所中职学校的调研表明，有 96% 的教师认为该教材取得了非常好或较好的教学效果；97% 的教师认为该教材的课时安排合适；90% 的教师认为该教材的栏目与单元设置是合理实用的。在 2009 年面向全国多个省（自治区、直辖市）215 所中等职业学校 23923 名学生、1863 名教师的调查表明，91.36% 的学生对采用该教材所开设的心理健康课"有兴趣"，93.96% 的学生觉

得这门课对自己"有帮助"，93.29%的学生觉得教材内容"符合"自己的特点和需要。

《心理健康》教材经过12年的教学实践应用，产生了较好的社会效益和经济效益。作为中职德育课选修课国家规划教材，本教材覆盖全国大多省（自治区、直辖市），影响面广，年均销量保持在50万册以上，到目前已销售册数约600万册。

以课程教材为依托，培养了大批心理健康教育骨干教师。从2009年开始，通过教育部、各省市教育行政、教研部门委托组织的培训活动，以及近10年的全国中职德育课教师说课大赛等活动，对使用本教材的大批中职心理健康教育教师进行了培训，培养出了一批优秀心理健康教育教师，这些教师在所在地区、学校的心理健康教学中发挥了重要的榜样、骨干作用。

《心理健康》教材教学效果显著，实现了心理健康课程的育人功能，提高了广大中职学生的心理健康素质。实践证明，通过把教育目标定位于提高全体学生心理素质上，促进了全体学生心理素质的全面提高和身心协调发展。

附录 1

————

作者写给十四岁女儿、儿子的信

我把自己一点人生经验捧付给你们①

亲爱的女儿、儿子：

这是十四年来，你们收到来自爸爸的第一封信。

本以为，给自己的女儿、儿子写封信，对于"舞文弄墨"的我来说，信手拈来就成。殊不知，下笔似有千斤重，更不知何处落笔。为什么？你懂的！

十四年前，当我陪着你们的妈妈挺着"大肚子"在北太平庄附近遛弯时，冷不丁看到大街旁的橱窗里站着一对可爱且昂贵的布娃娃，我满心欢喜，不顾囊中羞涩，毫不犹豫把"他们俩"请回了家（至今仍在书柜里陪着我）。天遂人意，三个月后惊喜来临，你们俩正式"加盟"我家。从此，家里有了不一般的生气与活力，我不仅荣幸升格成为父亲，而且有了专属的"小棉袄"和"开心果"。当每天拖着一身疲惫回家时，"一见你们就笑"。谢谢你们俩！

十四年后，当我望着逐渐比肩高的儿子、不屑于拉我手的女儿，时时感到茫然、失落，有时甚至悲从中来。哦，时间都去哪儿了？弹指一挥间，你们都长大了！

小时候，你们常常对我说，不愿意长大，永远要偎依在父母怀里。其实，我何尝不想呢！然而，天意不可违，长大了是件好事，这是自然规律，"人总归都要长大"。但长大也不尽是好事，你们将会面临更多初涉人世的诸多挑战。作

————

① 载于《中国教育报》，2017-04-27。引用时有改动。

为一介布衣书生、一名无权无势的父亲，我有莫名的担心、害怕、焦虑和恐惧，唯恐生活会戏弄你们、欺骗你们、伤害你们，作为父亲却无能为力。这是何等的残忍！现在我力所能及的，是把自己的一颗怜爱之心和一点人生经验捧付给你们，也许日后对你们有用。

漫漫人生路上亲情友情爱情不可少。记得儿子刚满百日，我因公差去广东，在电梯口看着泪眼婆娑的儿子，也差点掉下眼泪。还有女儿，无论多晚多饿，非得等妈妈回家后才肯一起吃饭。这就是亲情。宝贝们，无论走得多远、跑得多累、回来得有多晚，家永远是你们歇脚、避风的港湾。但家毕竟太小、太窄，你们需要走出去瞧瞧外面的世界。实际上，友情的陪伴会比父母更长、更久。儿时的玩伴，两小无猜；少年时的友情更是弥足珍贵。希望你们在中学阶段有一批"臭味相投"的同学、伙伴，一起踢球，一起嗨歌，一起八卦，更希望其中有几位朋友能成为你们一生的知己知交。当然，有异性朋友、有模棱两可的爱情，我也不反对，相信你们有能力处理。就像儿子在第一次收到"我爱你"纸条时的答复，"我也很爱我自己"。请谨记：志同道合者可遇不可求，初恋和人生伴侣者更是稀世珍宝，需要耐心等待，并加倍珍惜。

在快节奏生活中健康与幸福最为重要。无论时代如何变化，请你们永远要把生活摆放在正确位置上。生命中生活第一，生活中健康第一。大多数人秉承"生活的理想是为了理想的生活"，我也同样。你俩都是普通人，儿子喜欢踢球、喜欢活动，女儿喜欢田径、喜欢游泳。我希望你们能继续保持运动的好习惯，但眼睛近视已是没办法的事情了，只能依靠你们在日后的学习、生活中加以注意和重视。我希望你们能通过合理饮食，持之以恒的体育锻炼，避免不良习惯和嗜好的诱惑；同时要积极预防疾病，自觉寻求医疗保健方面的帮助，以及具有身体健康的广博知识和高度责任感。但健康不仅是身体健康，还包括道德健康、心理健康，是灵与肉、物质与精神的完美结合。同样，幸福不仅是快乐的情感体验，也是自我实现和心理潜能的优化，更是良好心态、宁静心灵的和谐统一。因此，你们放学回家，我常问的第一句话往往是"今天开心吗，高兴吗"。可见，幸福之路就在你们脚下，就在日常学习生活中。请相信：积极、健康且幸福地生活，这是一种极致的生命境界。要达到这种境界，青春期是关键。你们现在就应该努力成为一个阳光少年，以负责任的态度养成健康的生活方式，过一种积极、有尊严、高质量的生活。

在纷繁复杂社会中读书学习是为上策。年少时，一定要认真读书学习。所谓"少壮不努力，老大徒伤悲"是有道理的。瞧瞧爸爸现在的生存状态，就是你们日后的缩影；人到中年才明白了一些人生道理，但人不能倒过来"重新活一次"啊。因此，你们现在有读书条件和学习机会，看看《论语》《孟子》，读读唐诗宋词，听听古典音乐，背背英文单词，记记数理公式，这是童子功，其力无穷。我始终认为，年少时一定程度的"死记硬背"是必需的！至于你们的学习成绩，我是不担心的，像现在这样保持在年级中上水平就可以了。我更关心的是你们能在中学阶段的学习过程中，学会学习、善于学习、高效学习。在这里，良好的学习习惯和正确的学习方法尤为重要。谨此郑重建议，女儿的学习习惯和儿子的学习方法，可以取长补短，共同提高。因为读书学习是一辈子的事，也是你们在中学后"可持续发展"的有力保证。特别希望你们多读些经典名著，在生命与灵魂的深处与大师相遇、神交，既是一种学习提高，也是一种幸福享受。在这纷繁、浮躁、喧嚣的社会中，能让人静心坐下来的唯有书，唯有通过读书与大师"对话交流"，才能彻底"禅定"。另外，我虽不主张"学而优则仕"，但对通过读书学习去经世济民、学以致用则是十分支持的！希望你们把"穷理"与"经世"结合起来，勇于任事，"论须有益于社会，文须有益于人民"，反哺社会大众和父老乡亲。

吃住要一流、玩乐要二流、穿戴要三流。人们常常说，最难忘的是妈妈的味道。但在我们家，可能爸爸做饭的次数远多于妈妈，烹饪技术也略为高明些。实际上，这一方面源于我小时候吃了上顿没下顿的记忆（说来不好意思，我有一个理想就是开一家属于自己的小饭馆，可以方便吃喝）；另一方面我也希望给你们树立一个榜样，吃喝要讲究、要一流，美食是享受，是创造，"自己动手则丰衣足食"。在这方面，女儿已学会番茄炒蛋，儿子尚须进一步努力！说到住，应该追求舒服和便利、简洁和有格调、优雅和实用，这也是一种境界，对于你们来说尚有些遥远。现在你们最关心的是玩乐，这是人之常情，无可厚非。学会玩乐，不但需要强壮的身体，更需要知识、技术和心灵的投入。旅行、远足、游园、玩耍，无不如此。我希望你们俩都能有一两项兴趣爱好，三四项运动技能，但一定要避免"玩物丧志"或"游戏上瘾"。在这方面儿子要引以为戒，女儿则须学习提高。在漫漫人生路上，玩乐毕竟是生命的陪衬、生活的辅料，因为绝致的玩家是极少数，而且他们的人生往往一波三折。至于服饰搭配和穿戴打扮，这是一门专门的学问。我以为只要干净整洁、美观大方和合身得体即可，不必追求所谓名牌或时尚，归根结底，衣服是穿给别人看的，舒服、适合自己的就是最好的！这里唯一需要叮咛的是，穿戴要对得起你们的同学和"观众"，破袜必须穿在新鞋中！

把功名利禄居心于有意与无意之中。 年少时，谁没有功名利禄、光耀祖宗、报国报民之心？所谓"洞房花烛夜，金榜题名时"，这也是一种理想抱负和人生追求！可是，你们千万不要被这种功名利禄蒙住了双眼。我不反对你们在年少时有些名利思想，关键在于知道如何做"加减法"的问题，这是辩证法。"不想当将军的士兵就不是好士兵"，何况血气方刚、意气风发、激扬文字的少年？但我的人生经验证明，名利毕竟是身外之物，尚有更重要的事等着你们。具体梳理如下。一是积淀智慧。这是比知识更重要、更有用、更有力量的利器。二是培育勤奋。我常常对弟子说，"你们比我聪明，但我比你们勤奋"。勤能补拙是良训。三是保持上进。具有积极上进的人生态度，任何困难挫折都是人生道路上的一段插曲。四是发现机遇。能够发现并抓住机遇，这本身就是一种能力，但机遇只垂青于有准备的人。五是刻意低调。谦虚使人进步，骄傲使人落后。成绩面前要低调，失败面前要高调；做人要低调，做事要高调。你们俩在合著的《同题异构写童年》一书出版后的低调想法和做法，我很欣赏。一句话，要勤于耕耘，少问甚至不问结果，这样就能把功名利禄居心于有意与无意之中。不忘初心，把握现在，预想未来，就能把有意义的事情做得有意思，把有意思的事情做得有意义，实现无为而为之。要坚信春华秋实的轮回，且命运总是公平的！

十四岁，你们告别了童年期，我没有准备鲜花和奖杯，也没有购买蛋糕和礼物，只有三十年前与周向潮伯伯合著的第一部书《初涉人世的十大挑战》送给你们，权且作为生日礼物吧，也请你们理解父亲送你们这一生日礼物的寓意。

十四岁，你们进入了青春期，我和你们的妈妈也将进入更年期。我们需要互谅互帮互让。明天，我们将不会在饭后再替你们擦嘴、洗脸，不会在早晨再催你们起床、洗漱，更不会在晚上替你们打洗脚水和铺床。但是，我们会永远做好饭菜等待你们回来，等待你们回家。

我衷心希望：十四年前，父母是你们的骄傲；十四年后，你们是父母的骄傲。作家汪曾祺在其著作中提道，"多年父子成兄弟"。我同样盼望，你们俩也能成为我和你们的妈妈的"兄弟姐妹"。

此致

祝生日快乐

父亲：俞国良

2017 年 4 月 18 日

附录 2

————

作者写给十八岁女儿、儿子的信

一个父亲给 18 岁儿女的叮嘱①

亲爱的女儿、儿子：

网络时代，我很少给你俩写信。"手机教养"已成了一道独特的"风景"，我也不例外。

其实，父母给孩子写信，不一定是好事，也不一定是坏事。呵呵，对此你们俩不必做过多解读或"价值判断"。但可以肯定：一定是有重要的事！

我清晰地记得四年前，我曾写过一封信，你们俩由此告别无忧童年，步入烦恼少年；四年后，我再给你们俩写信，是因为你们俩将转身进入青年人行列，指点江山、激扬文字；而我则步入老年，每况愈下，日暮西山。在你们俩的生日这天，我一介布衣，仍无以为赠，唯有"家书抵万金"。

实事求是地说，我虽然一直在"双一流"高校工作，作为教授、博导也有二十多个春秋，却始终认为自己仅仅是一流大学的"三流"教授而已，主要原因与教训有三。一是做人没有"童子功"；二是做事缺乏哲学素养；三是做研究与学问对经典了解得太少。现在回看过往人生，做人得过且过，做事草草了事，做研究一知半解，做学问有待时日，至今忙碌无为，没有建树，愧对儿女。为了避免让你们俩重蹈覆辙，我要唠叨几句，分享一些生活经验和感悟，把自己一

————

① 载于《中国教育报》，2022-02-27。引用时有改动。此文发表前，欣悉女儿、儿子分别被斯坦福大学和霍普金斯大学提前录取，甚慰。

点人生教训捧付给你们，希望"亡羊补牢，犹未为晚"。又唯恐你俩嫌我啰唆、教条，在这里我只说一句话：认真做人、做事、做研究与学问，天道酬勤。

一是认真做人。前提是"生命至上"。哲学家苏格拉底曾说，生命中最有价值的事，莫过于生命本身！你俩作为一对"龙凤胎"，能够顺利地降生到这个世界上，本身就是一个奇迹，更不要说在成长过程中可能遭遇的各种风险、疾病、安全的挑战。因此，你们俩必须时刻珍爱生命。无论人生何种狂风骤雨、艰难险阻，在伟大的生命面前都是十分渺小的。

生命又是一个独特的"角色"。正如世界上找不出两片完全相同的叶子一样，世界上找不出两个完全相同的人。自从你们俩在妈妈的子宫中相遇、相识，彼此就是两个独立的个体。虽然时至今日，姐姐仍然责怪时为婴儿的弟弟最后给了"关键"一脚，不得不做了姐姐(提前 2 分钟出生)，但弟弟仍一直承担着"哥哥"的角色：总是为姐弟偶尔的争吵承担全部责任，在姐姐急躁的"小我"和父母之间建立沟通桥梁，并把他无私的爱变成最美丽的承诺——付诸行动。小时候，当姐姐哭了几小时后，弟弟会收起恐龙玩具(这对于他来说绝对是个罕见的举动)，抑或他正在阅读的书籍，默默地站在姐姐身边。当姐姐哭到第三个小时的时候，弟弟也开始哭了。他说："如果你想继续哭，我会加入你的行列，这样你就不必独自哭泣了。"虽然从姐姐记事那一天起，弟弟从来不曾成功地把她从眼泪中解救出来，但他善良、温馨的话语和行动，在随后的 10 年里代表了他们的姐弟关系。实际上，这里的亲情、友情和同情心、同理心，并不是双胞胎之间的神奇产物，而是做人的"角色"立场。

认真做人的一个前提是"宽容"。因为生命是唯一的、独特的、脆弱的，所以我们需要一生用力用心去呵护。首先要接纳生命、关爱自我；其次是对生命持有积极的态度，更要厚爱生命。记得儿子上小学时，被其他同学无意推了一把摔倒在地，当时几个门牙随即掉落，送北京大学第三医院，被拒收，再送北京口腔医院缝了七针，我们虽然很难过，但也没有追究这个同学的责任；女儿上初中时，作为班干部，催收作业时不小心被同学的铅笔尖戳入眼睛，接近眼球的晶状体，送第二炮兵总医院后医生不敢贸然手术，只好送北京协和医院就医。事后这名同学与父母一道来家中道歉，我们轻描淡写予以冷处理。宽以待人，严于律己，将心比心，换位思考，这是做人的基本态度。

至于做人的具体方法，我绝无资格说教，人生美德均可仿效，更需要你们俩自己在现实生活中寻觅、发现和践行。如果你们俩一定要质询我的意见，我以为认真做人，做一个好人、善人、真人足矣。这意味着：设身处地，见义勇为；乐善好施，助人为乐；自尊自强，厚德载物。其实在我看来，做一个普通的人、对他人有用的人、对社会有贡献的人，即一个好人、善人、真人。例如，你们俩都非常关心周围的人，关心那些被边缘化的人，与对方分享你们的生活点滴。特别是与对方分享一切——对不公正的愤怒、幸福快乐的时刻，以及对一个更美好世界的憧憬与急切期盼。因为儿子以及他制作的带有幽默和爱的温暖人心的音乐，他患有疾病的同学勇敢地度过了两个月的住院治疗。诸如此类事情，就非常值得首肯。

二是认真做事。前提是"责任为重"。责任决定细节，小事决定成败。人的生命与其他生命的本质区别在于人的心理生命和社会生命。前者指人具有自我意识，能自觉地思考、调控；后者指人的生命是一种社会关系存在，它决定了生命的尊严、权利和义务等责任行为。然而，每个人在责任面前，都曾有徘徊、犹豫不决的时候。一次，我出门在外诸事不顺，当凌晨2点宾馆房间渗漏的雨水经天花板上的灯滴到枕头上时，我从睡梦中惊醒。恍惚中，我把手伸向水滴的落点，发现另一个枕头和部分床单都淋湿了。为了阻止雨滴溅落到脸上，我把一个枕头竖立起来作为"栅栏"，挡住了雨水的偏转。几小时后，我自然醒来，而床的另一边已经成为被"枕头墙"围起来的"海洋"。我又开始进入自己的审思。这一次，我心中的乌云一扫而空，克服了那种让我自己不知所措的自卑感和无助感；我感受到身体的力量；不再自扰，不再徘徊在过去而持有过高的自尊心。在发现了生命中的水滴后，我意识到自己的生命仍在一个个夜晚中徘徊。中国有句古话"亡羊补牢"，说的是一个牧羊人在狼吃光了羊之后，修理破篱笆的故事。对于我来说,"羊"还活着,我有决心逐步为自己修建枕木篱笆。这一次,我没有了对周围人的埋怨,也没有了悔恨和自我谴责。我清楚地知道,与其说是让人失望,不如说是懈怠和懒惰的"我",真正让自己失望!明天,我有责任从小事开始,试着改变自己的做事方式。对此,相信你们俩与我殊途同归。

确实,"世界因我而有所不同",一个人生命的意义和价值,在于对自我、社会和他人负责。首先是对自己负责,特别是对自己的生命及其生命价值负责,然后是对社会、国家和民族负责,最后才是对他人、职业和家庭负责。令人欣慰的是,虽然你们俩在同一所学校就读,但各做其事、各负其责,在两条平行的轨道上健康成长。其实我知道,姐姐自律勤奋,做事一丝不苟,精益求精,且今日事今日毕;弟弟很聪明,对音乐有更好的品味和创作热情,吵架后道歉和安慰对方的速度也更快——尽管姐弟俩至今仅仅吵过两次架:第一次是关于杜鲁门总统在第二次世界大战中对日本投掷原子弹是否是最后的手段(那天他们争吵了 7 小时);第二次是关于蒂姆-奥布莱恩的《士兵的重负》读起来更像小说还是非小说。尽管姐弟俩时有争论、吵架,但结果仍是一起致力于满足求知,追求卓越,双方的分歧促使姐弟俩更深入、努力地思考和认真、踏实地做事。其实,荀子曰"不积跬步,无以至千里;不积小流,无以成江海",说的也是做事的道理。

小时候,我们都曾梦想着有惊人的成就,赢得世界冠军抑或成为诺贝尔奖得主,以一种美好的方式改变世界。长大后,也许很多人没有真正实现自己的梦想。毫无疑问,当我们第一次知道"梦想"的概念时,我们都是拥有伟大梦想的人。然而,随着成长,事情可能开始发生某些变化,我们更多在考虑现在:今天的外语课要考什么,明天的物理实验怎么做,后天我还能在截止日期前完成数学作业吗,这个女孩/男孩到现在为什么还不给我回短信……于是,在无情的时间老人面前,开始品味"真话不全说,假话全不说"的真谛。需要叮嘱的是,青年人必须认识到自己的社会责任,并将其内化为自身的社会信念,最终外化为社会责任行动。勇于担当社会责任，不仅关系到自身的生命、生存、生活和生涯，更关系到社会、国家和民族的未来。认真做事，应先从点滴小事开始，勿以恶小而不为；再做好事，人最难的就是一辈子做好事；最后成就大事，为人类发展与社会进步贡献自己的力量。真正把有意义的事做得有意思，把有意思的事做得有意义。

三是认真做研究与学问。其前提是"身心健康"。身心健康是人类永恒的话题，也是做研究的"物质"基础。良好的健康状态可以开发个体心理潜能，提高学习能力、发展能力与研究质量，适应家庭和社会生活，支持可持久的人际生态和环境，并有助于安全、高效、快乐地融入社会。它既是一种发展资源，也是一项发展目的。有过撰写博士论文经历的人都知道，写博士论文与其说这是一场智力、脑力游戏，倒不如说这是一次身体耐力、健康素质的较量。在一次闲聊时，儿子曾与我谈及健康状态对其学习等研究性活动的深刻影响。当他想在课堂研讨中大声说出自己的想法和观点时，却因为喉咙疼痛而改变了声带，同时他也无法停止咳嗽，于是说话断断续续、词不达意；当他受到球星梅西赢得金球奖的鼓舞，渴望重新感受足球比赛中的兴奋感时，却因受到腿伤和关节疼痛的影响，连连错过训练机会，同时在技术上也大大落后；当他想提高学业成绩、完成学习目标时，却因心绪不宁、无精打采而无所事事，反而利用空闲时间打电子游戏进行放松，有时甚至超过完成作业的最后期限；当他知道需要撰写研究性论文时，却在手机应用程序上不间断地划动，羡慕他人在假期中旅行和享受乐趣。确实，有时我们难免会看到另一个自己：凌乱的头发，呆滞的眼神，虚弱的身体。这是做研究的天敌。

与"身心健康"相关的是"幸福感体验"。幸福感（主观幸福感、心理幸福感、社会幸福感的总称）是衡量个体生活和适应状态的重要标准，也是国际上通行的衡量人民生活质量和社会发展水平的重要指标。"做研究"也一样，一定要听从发自"内心"的召唤。首先自己对研究要有兴趣，兴趣作为最好的老师，能激发对主题的选择，促进研究活动的持续推进以及研究结果的顺利产出，享受快乐兴奋的体验，这是主观幸福感的表现。其次是自己的能力和知识结构能够驾驭研究，对自己充满必胜的信心，让自身的心理潜能得以充分发挥，以促进更大的成功，并形成一个"自我实现"的良性循环，这是心理幸福感的反映。最后是所做研究可以不断展开、不断深化，即实现研究的可持续发展，同时能进一步关注研究主题和研究结果的社会功能、社会价值，并在这个过程中体会到无与伦比的快乐和幸福体验，这是社会幸福感的源泉。对此，女儿曾经从事"社会人类学"研究，对我国贵州一个少数民族地区文化习俗、社会心理状况进行调查，儿子对"古生物学"动物化石的溯源进行研究。你们俩充分运用自己的聪明才智来启发和塑造研究的理论支撑、技术路线，所做的研究可圈可点。

需要提醒的是，任何学习、生活和工作都是在"做研究"，因为研究本身就是一个认真提出问题并以系统的方法寻找问题答案的过程。在这个过程中，我以为"听、说、读、写"能力至关重要。一是"听"。从聆听专家教授的讲座、教诲中受益，激活思维、启发思路、唤醒灵感；或从倾听同学老师的发言、建议中受益，确定选题、修订设计、完善方案。二是"说"。与他人分享自己的各种见解，理解对方眼中的火花。通过阐述、说明、论证自己的研究设计方案，讲清楚"做什么、为什么做、怎么做"，从旁人的分析、讨论和点评中获益。三是"读"。广泛阅读国内外该研究领域的文献资料至少三百篇，尤其是经典理论和经典实验研究，从中借鉴和汲取经验教训，古为今用、洋为中用。四是"写"。把自己的思考、研究过程用文字表达出来，在这个过程中不断调整和修改，使研究计划和方案更加切实可行，也有完整的研究过程和研究成果可以发表。实际上，"写"是另一种形式的研究。如果既会写文献综述、调研报告，也会写研究报告、实验报告，则是"锦上添花"。

当然，相较于做研究，更高的层位应是"做学问"。对此，我尚是一个门外汉、初涉者，正在不断探索、试错中。积我半生教学、科研经历，这里有两点建议可供参考。第一，做学问应该是一个系统工程，需要"全面发展"的基座加以支撑。全面发展，有利于提高自己的德行修养，培养良好品德（德育）；有利于开发自己的智力和创造力，成为创新型人才（智育）；有利于培养自己坚忍不拔的拼搏精神，增强身体素质（体育）；有利于培养自己健全的人格，促进审美能力的提高与发展（美育）；有利于形成良好的劳动习惯，增强生活与社会适应能力（劳动教育）。第二，做学问可能会有三个阶段：大致、精致、极致。分别对应青年时期求学的本科、硕士和博士阶段；在成人期，其含义会更加广泛而深刻，很可能就是做学问的三个境界："大致"就是了解人事物研究的概要或主要内容；"精致"是对人事物精巧细致研究的认识与理解；"极致"则是对人事物极为精致的把握与创新，这是一种做学问的最高境界，大有"会当凌绝顶，一览众山小"的感觉。我衷心希望你们俩能达到这种境界，但"天降大任于斯也，必先苦其心志，劳其筋骨，饿其体肤。"你们俩要有足够的"体力"储备和精神准备。

值此我从教 35 周年的日子里，终于迎来了你们俩 18 岁生日。衷心希望你们俩在今后的人生旅程中，学做一个好人、善人、真人；多做小事、做好事、做大事；掌握做研究的"听、说、读、写"本领；实现做学问从大致到精致再到极致三境界的跨越。一句话，让我们一起努力，先做新时代的"三好学生"：把自己培养好，把本职工作做好，把生命健康管理好。

此致

祝生日快乐

父亲：俞国良

2021 年 4 月 18 日

附录 3

————

作者写给人到中年的自己的信

人到中年，应该补课"生涯规划"和"心理健康"①

人的一生，假如可以划分为两个阶段，我以为就是中年前和中年后。中年期为 40~60 岁，其中的关键年龄是 55 岁，因为这是一个让人左右为难、百感交集的尴尬年龄。

55 岁，大抵事业有成、功名小就，该有的都已来了；

55 岁，可能江河日下、大势已去，不该有的已经很难再来了；

55 岁，也许情到深处、身居高位，但"不识庐山真面目，只缘身在此山中"。

体力、精力、健康、幸福，乃至能力、权力、财富、名利，无不如此。

（一）

大约五年前，我一直觉得自己很年轻，能吃能睡，精力充沛，身体良好；一对龙凤胎生龙活虎，朝气蓬勃，身心茁壮成长。于是，我就兴致勃勃地畅想、规划着未来，希望在事业上、专业上更上一层楼，反正中老年期离我远着呢。直到有一天，一位海外的亦师亦友、美国纽约州库克大学副校长黄天中教授送我一册日本学者大前研一所著的《后五十岁的选择》，我才醍醐灌顶，幡然醒悟。哦，弹指一挥间，不知不觉我已晃到人生"知天命"的门口了。此后几年，对于年龄，我有一种来自本能的忧患意识，几近乎"年龄恐惧症"，经常站在"夕阳中回忆朝阳"，不断向孩子和学生们唠叨自己年轻时的故事，唯恐被人遗

————

① 载于《新课程评论》，2017(10)。原标题为：《人到中年，应该补课"生涯规划"》。引用时有改动。

忘。这显然是开始"衰老"的重要标志。但从"生涯规划"的角度，也许这是一件有意义的"大事"：在对自己人生故事的叙述中，检讨生涯，反思人生！

我出生于钱塘江畔萧山滩涂中赵家湾旁一个农民的家庭，小时候给我最大的感受便是物质的匮乏和生活的贫困。2000 年 7 月 18 日接受中央电视台《东方之子》栏目的专访，当回答主持人白岩松的"你小时候印象最深的一件事是什么"时，我讲了一件埋在记忆深处的伤心事：三四岁时，一家人吃了中饭没有晚饭下锅，母亲向邻居二婆婆借米未果而归。傍晚，当父亲辛勤劳作一天拖着疲惫的身体回家后，看到冰凉的灶台和蜷缩在一起嗷嗷待哺的四个儿女，那种生活重压下激愤、自责和无奈的表情。此情此景，我至今历历在目。

但人生也有"馈赠"，那就是"穷人的孩子早当家"。我今天尚能烧菜做饭，且自以为手艺不错，颠覆了所谓"四体不勤、五谷不分"的知识分子形象，应该受益于五六岁时迫于生计的锻炼和身体力行。说来不好意思，那时我最大的理想就是有一家属于自己的小饭馆，抑或当一名小饭馆的服务员也行，至少可以吃饱。这很可能就是我儿时的"生涯规划"。

我今天可以自豪地向孩子和学生们宣称"你们比我聪明，但我比你们勤奋"，这同样受益于在小学放学后割猪草、拾麦穗和干农活的田间实践，受益于在周末、节假日参加生产队劳动每天二个工分、一毛六分钱的劳动锻炼。现在回头来看，确是"千金难买少时贫"啊！当然，那时也有快乐。中午和傍晚时分，可以上树捉知了，下河捕鱼虾，在庄稼地里捉迷藏，在竹园子里练摔跤。特别是逢年过节时的一元压岁钱、一件新衣服和一块大肥肉，那是童年时代的最美好记忆。当我读初中时终于看到了美丽的小镇，读高中时看到了繁华的集镇，考上大学体检时到了县城，第一次看到火车，那种惊讶、高兴、快乐劲儿甭提了。从此，一颗理想的种子——"读书（知识）可以改变命运"就悄然地播下了。现在看来，这也许是我青少年时期无意识的"生涯规划"了。

生活的理想，乃是为了理想的生活。这种生活，需要信念和目标的支撑，需要忍耐和等待，更需要感恩和"顿悟"。感谢我国改革开放的总设计师邓小平，使我这个农家子弟有机会进入省城念大学。此时，青少年时期埋在心底的理想种子开始发芽，"命运就在自己手中""生活可以负我，但我不辜负生活"。然而，为此艰苦奋斗、卧薪尝胆的滋味，可谓酸甜苦辣，五味杂陈。"土气"乡下人见到"洋气"城里人的无奈，方言俚语遭遇标准普通话的无助，穷酸"丑小鸭"碰到高贵"白天鹅"的无力，不一而足。大学四年寒窗苦读，闭门造车，终于幸运地挤到了大城市一所大学的角落，成了一名"人类灵魂的工程师"，更重要的是有了一个栖息、立足的地方。可惜目标太多、期望偏高、"欲望"无尽，只好奋斗不息啊。无奈之下，凭着"无知者无畏"的精神，从学士到博士，从博士到教授，从乡下人变成城里人，并开始学习交际，尝试恋爱，接着按部就班走进婚姻的殿堂，生儿育女。为人夫、为人父、为人师，显然这是自己的主动选择，也是命运使然。现在盖棺论定，应该说我 35 岁前的生涯规划是明确的，也是成功的！

35 岁成为教授后的人生，便是柴米油盐酱醋茶，老婆孩子热炕头；一心"功名利禄"，几堆"狐朋狗友"。"自我"在日常生活中逐渐迷失，"生涯规划"几乎成为奢侈品的代名词。看来，少年得志，未必是好事！就这样，浑浑噩噩又是 15 年，50 岁"知天命"的当头棒喝，使我"大梦初醒"。看来，人生如无明确的"生涯规划"，确实就会像"盲人骑瞎马，夜半临深池"，其结果只能是一事无成，抑或是心脏平添一两个支架而已！

（二）

五年后的今天，我已经走到了 55 岁的边缘地带，接近中年期的尾巴。现在，已经不再纠结于年龄的递增，而是真诚地接受即将步入中老年的事实。

此时此刻坐在书桌前，我扪心自问：我光溜溜地来到这个世界，人生给予我很多、很多。父老乡亲的恩泽、中小学老师的启蒙以及大学、研究生时代导师的栽培，把我从一个钱塘江畔滩涂中滚爬出来、吃了上顿没下顿的农民孩子培养成为一名博士、教授，从一个混沌未开的自然人锤炼成为自食其力、渐谙世事的社会人，而我究竟为这个世界做了什么，奉献了什么？特别是 30 年来中国社会所发生的翻天覆地的变化，每个生逢其时的人无不被这种变化所熏陶和震荡，作为生于斯长于斯的一个普通学者，应如何向时代感恩，向国家致意，向社会致敬，为人民服务？人生过半，我到底学了什么，做了什么，悟了什么，今后应该怎么办？生命的"手机"究竟是选择"关机""待机"，还是重新"开机"？我想，很多中年人可能与我有相同的困惑、感受，"心事数茎白发，生涯一片青山"。对此，我冥思苦想，至今仍然没有答案。只能喟然感叹：人生如梦，能返回去再活一次有多好！这显然有点狂人妄语的味道。

看来，人到中年应该是补上"生涯规划"这一生命课程的时候了。

何谓"生涯"？顾名思义，"生"就是生命或人生，"涯"就是边际。生涯就是人生发展所有阶段和所有角色的整合。这是生命之河的宽度。人生价值取决于生涯发展，生涯无止境，追求无绝期。实际上，生涯规划应该在人出生后就开始了，重点是中小学阶段。人到中年开始生涯规划，确实属于生命列车的"晚点"，但我也只能自我安慰：亡羊补牢，犹未为晚。迟到的春天总比没有春天好！

如果溯源，"生涯规划"概念源于20世纪初在美国出现的职业辅导，主要通过各种资讯、信息，帮助个人选择职业，做好就职准备，进入自己喜欢和擅长的职业领域。后来，生涯规划或职业辅导从只关注行为的外在表现、以提供信息为主转变为注重个体的心理特质和心理过程，并主张以纵贯一生与人类发展的观点来看待生涯规划。生涯就纵向看，关注范围从幼儿园到退休，再到死亡，即人一生发展中的各个阶段；就横向看，其范围不仅仅局限于职业选择和职业活动，而是覆盖了人们生活的方方面面。目前生涯规划的内涵完全超越了职业辅导，其内容包括从诸如生涯能力发展、自我概念发展、价值观发展，到选择的自由、个体差异、人际关系、社会适应等。黄天中教授认为，生涯规划是有目的有计划地设计规划不同人生阶段，在考虑个人的智能、性格、价值，以及阻力和助力的前提下，做出合理安排，并借此调整和摆正自己在人生中的位置，以期自己能适得其所、最佳发展和自我实现。人到中年，已积累了足够多的生命、生活、生涯体验的"原料"，贵在对此的精细"加工"，在体验中领悟，在领悟中调适，重新建构自己的人生知识经验，从而获得"生涯智慧"，形成健康的人生态度。据此，中年期的人生，显然需要精心"规划"和重新"打造"。

因为人到中年，是人生的转折点。虽然职业、事业达到顶峰，但他们"上有老，下有小"，尚需要对孩子和父母"扶上马送一程、陪一路"，这种双重责任使生活压力很大。就身体而言，中年人开始逐步走向衰老，表现在精力、体力和健康诸方面，包括原发性衰老与继发性衰老。前者与年龄有关，不可逆转；后者与个人行为经验积淀和社会无法消除的不健康条件有关，可以通过努力逆转。就智力而言，中年期"流体智力"下降，而"晶体智力"一直稳定增长，甚至会持续到生命的尾声。中年期是某些最为复杂的心理能力和专业技能达到顶峰的时期。

对此，发展心理学家埃里克森（Erik Homburger Erikson）认为，中年期是获得繁衍、避免停滞阶段。在这个阶段的主要任务是，在自己的工作中做出成绩，支撑家庭并关照年轻人的需要。但这一阶段有两种发展可能：一种是向积极方面发展，个体除关爱家庭成员外，还关爱社会上的其他人，以及关注下一代甚至子孙后代的幸福；另一种是向消极方面发展，只顾自己以及家庭的幸福，不顾他人的困难和痛苦。如果这一阶段的危机成功解决，就会形成关爱的美德。反之，就会形成自私自利的品格。我以为，当前中年期之所以成为腐败犯罪的高发年龄段，很可能与他们错误的生涯规划有关。

生涯教育家苏帕（Donald Super）则认为，如果把人一生的生涯发展划分为成长、探索、建立、维持和衰退五个时期，人到中年的生涯发展主要表现在"维持期"。中年人在职场上已取得相当的地位，但较少有创意的表现。其主要任务是维持他们在职业领域中已有的地位和成就，把职业上升到事业、志业的高度，找出工作上新的难题，同时也需要发展新的技巧。他进一步认为，人一生的生涯在不同阶段都要经历成长、探索、建立、维持和衰退的问题，中年人也不例外。他们在成长中会受到个人特质的限制，在探索中需要辨识新问题并寻求解决方案，在建立中学习新的技能，在维持中面对竞争时要巩固自己，在衰退中要集中于主要的活动。这是又一轮的内循环，其结果决定了中年人的人生意义与价值。

一言以蔽之，人在中年时针对该阶段的发展任务进行生涯规划，甚至开始做一些退休计划是十分必要的，这将有助于自我认识、自我实现，有助于生活的良好适应和自我满意度的增加，令"三观"更加清晰、稳定，人生更加丰富、灿烂。

（三）

以我之陋见，人到中年，生涯规划中的认知和践行至关紧要，主要体现在以下几方面。

一是复盘第一人生。第一人生属于青年期。在这个年龄阶段，人的生命力、学习力、创造力、行动力和冲刺力处于巅峰状态，老年人无所畏惧地积累着人生的"第一桶金"，创造着中年时看来一个又一个人生奇迹。然而，更多的青年人则是按部就班就职就业，结婚生子孝敬父母，人生就在这种明日复明日的"似曾相识"中消逝。有可能的话，应该每隔五年，复盘一次。国家有一个"五年规划"，个体的发展也同样需要。无论经历了成功还是失败，个体先重新反思近五年做过的事、走过的路，再按照目前的社会经济和科技态势，寻觅、开拓自己未来五年想做的事、想走的路，为第二人生的开始做好准备。通过复盘青年期，个体明确方向，设定目标，树立勇气，拓宽视野，锻炼心智，强化技能，以便日后有所作为。其中，年龄优势就是青年人生涯规划的最大资本，也是复盘第一人生的最大动力源。人生是有阶段性的，每个阶段都有自己的目标和发展任务，错过了关键期就很难弥补。如前所述，就我个人的人生经验教训而言，35岁很可能是复盘第一人生的关键期。历史上的许多伟人、科学家、企业家，都是在35岁时就为中老年后登峰造极的辉煌人生奠定了基础。

二是启动第二人生。第二人生属于中年期。所谓"人到中年，棋到中盘"，这是自然规律不可抗拒。年轻时选择太多，不知如何取舍，然而因为年轻，无论做何种选择，都可以重新来过。年轻人就有生命的资本，中年人就不一样了，此时他们手中的生命资本减少，悔棋不行，唯有前行，于是，他们战战兢兢，性情不敢纵，名节不敢污，权贵不敢违，唯恐因出局而晚节不保。在我看来，如果前盘有误，唯有重启。人到中年，正视失败，接受挑战，重新归零，重新"开机"，方能启动中年期的生涯规划，为日后的"重生"埋下伏笔。值得注意的是，这次"开机"有所不同，你必须承认自己身心已经衰退，"夕阳无限好，只是近黄昏"，但一定要尽心尽力发一隅之光，全心全意做一朵绽放在原野上的无名小花。竭尽自己的专业能力，为他人和社会助力。同时，把生命的重点放在个人的健康和生活上，生命中生活第一，生活中健康第一，健康中幸福第一；把生活的重点放在家庭的亲情上，以感恩的心态效力家庭和孝敬长辈，以此展开美好人生新的开始。很显然，这是与以前不一样的生活，才算是中年期的人生，才算是无怨无悔的第二人生。

三是适应多变人生。人到中年，对变幻不定的人生和世界会显得迟钝，即灵活性远远不如从前。在网络化和数字化时代尤其如此。实际上，适合中年人的职业、事业，主要靠自我寻找，这是一个抽丝剥茧的过程。中年人对于社会变革，仅做减法是不行的，而且会越减越多。实际上，对变革的适应，优势属于年轻人而不是中年人。此时中年人要沉住气，要有定力和智慧，以不变应万变。这不变的东西便是信念和价值观，以及与此相关的名利观、发展观、社会观、人生观、世界观。中年人可以凭此无价之"票"搭上时代潮流的列车，前提是要把大脑放空，彻底抛弃陈旧知识和经验，彻底抛弃"职业遗传因子"和"察言观色"的习惯，从内心去寻觅对变幻人生的真正理解，敢于服从自己内心的选择，并及时聆听时代变革的召唤，逐步适应这种变化，凭借生涯智慧把两者有机统一起来，让大脑成为随时吸收下一轮新事物的海绵，以此为中年时的人生续航。例如，人到中年，应该有意识改变交往对象，从职业社区走向生活社区，借此从职业化的同质社会中解脱，逐步与阶层、等级和名利告别，轻松上阵，使日后的生活更加丰富多彩。

四是活出真实人生。人到中年，要活在当下，活出真实的、现实的"我"，做一个精神自由的人。不要再在爱人、家人和朋友面前逞强示好，"打肿脸充胖子"，虚荣心满满，给他们不切实际的期待；不要承担无法载负的责任，无论工作、生活的责任，还是智力、体力的责任，都是如此；不要牢骚满腹、怪话连篇、愁眉苦脸，好像全世界都欠你、对不起你；也不要整天瞻前顾后、忙忙碌碌，为权力、财富和名利奋不顾身。中年时的人生，目光应该由"外"转"内"，多花时间陪陪父母和爱人，多花金钱栽培孩子和孝敬长辈，多用知识贡献社会和父老乡亲，多用精力提升自己的生涯智慧和生活质量。特别要忠于自己内心的需要和选择，对于想做的事、想干的活、想寻的梦，就要立刻践行。不要拖延、不要犹豫，也不要在意别人的脸色和看法，尤其不要安慰自己"等到退休后再做"。有些事当下不做，就永远不会再做了！例如，孝敬父母，就要趁他们健在时，多多陪伴和照顾，以父母的事为优先等级，设法满足他们的各种要求，而不要等他们去世时再自责并追悔莫及。真正把有意义的事情做得有意思，把有意思的事情做得有价值，把功名利禄居心于有意与无意之间，重过程而不重结果。这是人到中年时应该具有的生涯智慧！

五是体验幸福人生。人到中年，事业有成，经济安全，儿女长大，身体硬朗，家庭和睦。此时首要的任务便是保持心态平衡、心理健康，真正做到知足常乐；同时应根据自己的生活现状，认真思考如何体验、享受幸福和充实今后的人生。只要有心，幸福之路就在眼前。千万不要与自己过不去，年届退休，不愿服老；仍持有"再让我的人生开花一次"的野心，与年轻人争荣誉、争高低、争资源，这实际上是自取其辱。因为时至今日，胜负已有定论。重要的是进行一次总盘点，找到幸福人生的关键和方法，再从这个结果进行思考：这件事很重要，必须继续做；这项人际关系不重要，不必在意；这是不需要做的工作，会自讨没趣。所有这些，都是为了向幸福人生靠拢。例如，可能对于你来说，读书、写作就是幸福人生的源泉；而对于我来说，旅游和美食更为重要。人到中年后，应该将时间和金钱投入到体验幸福和享受人生上，说自己内心的话，做自己喜欢的事，追求自己的心安理得与踏实。如果还一再担心"万一"不知何时到来，以至于对生活心灰意冷，这不是本末倒置吗？同样，要过退休后充实的幸福生活，最好现在就开始准备，夯实经济基础，培养生活乐趣和寻找玩伴，健身强体和膳食平衡，诸如此类。人到中年后，这已经是最后的"起跑"机会了。

六是善后苦乐人生。人到中年后，胜负已初步揭晓，这是最能看清全盘人生的结局并开始倒计时的时候。退休前后，切戒冒险和借钱。你已没有优势凭欲望赚钱，你也没有资本凭本事还钱。但你可以把一生的积蓄化零，支持孩子或年轻人创意创业，支持社会公益事业。退休前后，切戒逞能和卖老。发挥余热未尝不可，这样生活会更充实，但千万别将"发挥余热"当作职业，或当作兴趣，继续前行奋斗，因为此时更重要的工作应该是休闲、娱乐。做喜欢的事、做简单的事、做轻松的事、做开心的事。读书、学习、养花、种草、钓鱼、下棋、健身、旅行、烹饪，诸如此类都可尝试。例如，我的最爱就是读书和美食，退休前后每天读点经典，写点心得体会，抑或做一桌好菜等待家人品尝，这是人生一大乐事！当然，退休后也可以试着移居目前住宅以外的地方，从城市到农村或到山区、海滨，从一线城市到二线或到三线、四线城市，或者相反。实际上，这种寻觅最适合自己居住的地方本身是一件费心费神费时的事，也是一件十分有趣的事。也许，你会意外地发现理想之地，岂不是一举两得。如果时间、精力和条件允许，对自己的人生做个彻底了结，像美国前总统克林顿一样撰写一部《我的人生》也未尝不可，很可能又是另一种明智选择。

人生无常，生涯有道。人到中年，只要认真"生涯规划"，对生活有理想、有目标、有追求、有愿景，对生命有信心、有耐心、有恒心、有爱心，那么，生涯之门就会洞开，人生之路就有坦途。所谓"50 而知天命，60 而耳顺，70 而从心所欲，不逾矩"，这不仅是生命的一种境界，更是生涯的一种理想和目标。前事不忘后事之师，我始终坚信：认真把握今天，把握现在，把握现时，尽管是人到中年的"临门一脚"，也终会出现"情天再补虽无术，缺月重圆会有时"的时候。

附录4

————

作者心理健康教育著译一览(**2000** 年至今)

1. 心理自测文库(10 册),俞国良(戈骆)主编,台北:国际少年村出版社,2000。

2. 小学心理健康教育教师指导手册(上、下册),俞国良、陈虹主编,北京:开明出版社,2001。

3. 中学心理健康教育教师指导手册(上、下册),俞国良、陈虹主编,北京:开明出版社,2001。

4. 课外心理(6 册),林崇德、俞国良主编,沈阳:辽宁人民出版社,2001。

5. 心理健康教育(24 册),俞国良主编,北京:中国和平出版社,2002。

6. 心理健康教育教程(上、下册),俞国良副主编,北京:人民教育出版社,2004。

7. 心理健康教育(学生用书、教师用书),俞国良主编,北京:高等教育出版社,2005。

8. 现代心理健康教育——心理卫生问题对社会的影响及解决对策,俞国良主编,北京:人民教育出版社,2007。

9. 心理健康教育读本(24 册),俞国良主编,北京:北京师范大学出版社,2008。

10. 现代教师心理健康教育,俞国良、宋振韶著,北京:教育科学出版社,2008。

11. 心理健康(中职国家规划教材),俞国良主编,北京:高等教育出版社,2009。

12. 心理健康教学参考书，俞国良、李媛主编，北京：高等教育出版社，2009。

13. 心理健康自测与指导，俞国良主编，北京：高等教育出版社，2009。

14. 心理健康教育案例集，俞国良、文书锋主编，北京：高等教育出版社，2009。

15. 生涯自测与指导，俞国良主编，北京：高等教育出版社，2009。

16. 大学生心理健康通识，文书锋、胡邓、俞国良主编，北京：中国人民大学出版社，2010。

17. 心理健康经典导读（上、下册），俞国良、雷雳主编，北京：开明出版社，2012。

18. 健康与幸福（12 册），俞国良、雷雳等译校，杭州：浙江教育出版社，2012。

19.《中小学心理健康教育指导纲要（2012 年修订）》解读，林崇德、俞国良主编，北京：北京师范大学出版社，2013。

20. 心理健康（24 册，国家纲要课程教材），俞国良主编，北京：北京师范大学出版社，2013。

21. 健康与幸福（高中上、中、下册），俞国良、雷雳等译校，杭州：浙江教育出版社，2013。

22. 心理学大师心理健康经典论著通识丛书（17 册），俞国良主编，杭州：浙江教育出版社，2013。

23. 心理健康（中职国家规划教材，修订版），俞国良主编，北京：高等教育出版社，2013。

24. 心理健康自测与指导（修订版），俞国良著，北京：高等教育出版社，2013。

25. 大学生心理健康通识（第 2 版），文书锋、胡邓、俞国良主编，北京：中国人民大学出版社，2013。

26. 心理健康教育（24 册），俞国良主编，合肥：安徽大学出版社，2013。

27. 心理健康教学参考书（修订版），俞国良、李媛主编，北京：高等教育出版社，2014。

28. 心理健康教学设计选，俞国良主编，北京：高等教育出版社，2014。

29. 成长不困惑，俞国良等译校，北京：中国人民大学出版社，2014。

30. 心理健康教育（十二五高职教材），俞国良主编，北京：人民教育出版社，2014。

31. 中等职业学校心理健康教育培训教程，俞国良主编，北京：高等教育出版社，2016。

32. 心理健康教育教学参考（小学），俞国良主编，北京：北京师范大学出版社，2017。

33. 心理健康教育教学参考（初中），俞国良主编，北京：北京师范大学出版社，2017。

34. 心理健康教育教学参考（高中），俞国良主编，北京：北京师范大学出版社，2017。

35. 20 世纪最具影响的心理健康大师，俞国良著，北京：商务印书馆，2017。

36. 社会转型：心理健康教育报告，俞国良著，北京：北京师范大学出版社，2017。

37. 大学生心理健康，俞国良主编，北京：北京师范大学出版社，2018。

38. 心理健康（中职国家规划教材，第三版），俞国良主编，北京：高等教育出版社，2018。

39. 心理健康教学参考书（第三版），俞国良、李媛主编，北京：高等教育出版社，2018。

40. 心理健康自测与指导（第三版），俞国良著，北京：高等教育出版社，2018。

41. 心理健康大师：认知与评价，俞国良等著，北京：开明出版社，2019。

42. 心理健康（中职国家规划教材，第四版），俞国良主编，北京：高等教育出版社，2019。

43. 心理健康自测与指导（第四版），俞国良著，北京：高等教育出版社，2019。

44. 心理健康教学参考书（第四版），俞国良、李媛主编，北京：高等教育出版社，2019。

45. 心理健康（中职国家规划教材，第五版），俞国良主编，北京：高等教育出版社，2020。

46. 心理健康自测与指导（第五版），俞国良著，北京：高等教育出版社，2020。

47. 心理健康教学参考书（第五版），俞国良、李媛主编，北京：高等教育出版社，2020。

48. 中小学校心理健康教育研究，俞国良著，北京：北京师范大学出版社，2020。

49. 高等学校心理健康教育研究，俞国良著，北京：北京师范大学出版社，2020。

50. 心理健康教育理论政策研究，俞国良著，北京：北京师范大学出版社，2020。

51. 心理健康教育学科融合研究，俞国良著，北京：北京师范大学出版社，2021。

52. 心理健康教育前沿问题研究，俞国良著，北京：北京师范大学出版社，2021。

53. 心理健康经典理论思想研究，俞国良著，北京：北京师范大学出版社，2022。

图书在版编目（CIP）数据

心理健康教育焦点访谈研究／俞国良著 . —北京：北京师范大学出版社，2022. 10

ISBN 978-7-303-27820-6

Ⅰ . ①心… Ⅱ . ①俞… Ⅲ . ①心理健康—健康教育 Ⅳ . ①G444

中国版本图书馆 CIP 数据核字（2022）第 037079 号

图 书 反 馈 意 见	gaozhifk@ bnupg. com	010-58805079
营 销 中 心 电 话	010-58807651	
北师大出版社高等教育分社微信公众号	新外大街拾玖号	

XINLI JIANKANG JIAOYU JIAODIAN FANGTAN YANJIU

出版发行：北京师范大学出版社　www.bnup. com
　　　　　北京市西城区新街口外大街 12-3 号
　　　　　邮政编码：100088
印　　刷：北京盛通印刷股份有限公司
经　　销：全国新华书店
开　　本：710 mm×1000 mm　1/16
印　　张：29. 75
字　　数：440 千字
版　　次：2022 年 10 月第 1 版
印　　次：2022 年 10 月第 1 次印刷
定　　价：88. 00 元

策划编辑：周雪梅　　　　　　责任编辑：葛子森
美术编辑：李向昕　　　　　　装帧设计：邓　聪
责任校对：陈　荟　　　　　　责任印制：马　洁